Anreizwirkungen und Arbeitsmarkteffekte der Ausgestaltung einer Arbeitslosenversicherung

SCHRIFTEN ZUR WIRTSCHAFTSTHEORIE UND WIRTSCHAFTSPOLITIK

Herausgegeben von
Rolf Hasse, Jörn Kruse, Wolf Schäfer, Thomas Straubhaar
und Klaus W. Zimmermann

Band 32

PETER LANG
Frankfurt am Main · Berlin · Bern · Bruxelles · New York · Oxford · Wien

Sven Schulze

Anreizwirkungen und Arbeitsmarkteffekte der Ausgestaltung einer Arbeitslosenversicherung

PETER LANG
Europäischer Verlag der Wissenschaften

Bibliografische Information Der Deutschen Bibliothek
Die Deutsche Bibliothek verzeichnet diese Publikation in der Deutschen Nationalbibliografie; detaillierte bibliografische Daten sind im Internet über <http://dnb.ddb.de> abrufbar.

Zugl.: Hamburg, Helmut-Schmidt-Universität, Universität der Bundeswehr, Diss., 2004

Gedruckt mit Unterstützung der
Helmut-Schmidt-Universität,
Universität der Bundeswehr Hamburg.

D 705
ISSN 1433-1519
ISBN 3-631-53167-2

www.peterlang.de

Vorwort

Diese Arbeit entstand während meiner Tätigkeit am Institut für Theoretische Volkswirtschaftslehre der Helmut-Schmidt-Universität (Universität der Bundeswehr Hamburg). An erster Stelle danke ich meinem Doktorvater Prof. Dr. Franco Reither für seine fortwährende Unterstützung, seine fachliche Beratung und für die mir gewährte akademische Freiheit. Prof. Dr. Jochen Michaelis danke ich für die Übernahme des Zweitgutachtens und die damit verbundenen Verbesserungsvorschläge. Den Herausgebern Prof. Dr. Hasse, Prof. Dr. Kruse, Prof. Dr. Schäfer, Prof. Dr. Straubhaar und Prof. Dr. Zimmermann danke ich für die Aufnahme meiner Arbeit in diese Schriftenreihe.
Bedanken möchte ich mich außerdem bei denjenigen, die durch ihre Diskussionsbereitschaft und ihre Anmerkungen sowohl zur optischen als auch zur inhaltlichen Verfeinerung dieser Arbeit beigetragen haben. Alle verbliebenen Fehler und Ungenauigkeiten gehen selbstverständlich zu meinen Lasten.
Bekanntlich wird nicht das Beginnen, sondern nur das Durchhalten belohnt. Nach dem erfolgreichen Abschluß einer langwierigen Arbeit besteht die Belohnung für diejenigen, die einem das Durchhalten erleichtert haben, in Worten des Dankes. Dank gebührt zunächst meiner Lebensgefährtin Ina für die aufgebrachte Geduld, die regelmäßigen Aufmunterungen und den ständigen Ansporn. Ihr seelischer Beistand hat wesentlich zum Gelingen dieses Projektes beigetragen. Der größte Dank gilt allerdings meinen Eltern. Ohne sie hätte ich diesen Weg nicht beschreiten können und die vorliegende Arbeit wäre weder begonnen noch vollendet worden. Deshalb ist ihnen dieses Buch gewidmet.

Hamburg, im August 2004

Sven Schulze

Inhaltsverzeichnis

Abbildungsverzeichnis

Tabellenverzeichnis

Variablenverzeichnis

T	Zeitbudget
H	Arbeitszeit
L	Freizeit
w	Reallohnsatz
C	Konsumgüterbündel
g	Empfangene Zahlung pro Einheit der Freizeit L
λ	Lagrange Multiplikator
c	$[C/T]$
l	$[L/T]$
l_k	Kritischer Wert von l
r	Lohnersatzrate
v	Teil des Zeitintervalls der Arbeitslosigkeit, für den Arbeitslosengeld bezogen wird
M	Qualifikationsperiode
m	$[M/T]$
A	Warteperiode
a	$[A/T]$
D	Höchstbezugsdauer des Arbeitslosengeldes
d	$[D/T]$
f	Übergangsrate von Arbeitslosigkeit in Beschäftigung
s	Übergangsrate von Beschäftigung in Arbeitslosigkeit
N	Anzahl der Beschäftigten
U	Anzahl der Arbeitslosen
E	Anzahl der Erwerbspersonen
u^*	Gleichgewichtige Arbeitslosenrate
b	(Reales) Arbeitslosengeld
β	Diskontfaktor
i	Zinssatz

$\overline{w}$	Reservationslohn
k	Suchkosten pro Periode
ϕ	Hazardrate
ρ	Eingangsrate der Jobangebote
Z	Größe der Belegschaft
z	Anteil der vorübergehend entlassenen Belegschaft
e	Grad des experience ratings
G	Gewinn des Unternehmens
O_s	Entlassungssubvention pro Arbeitnehmer
Y_i	Nachfrage nach dem Output des Unternehmens i
Y	Gesamtnachfrage
F	Anzahl der Unternehmen, die am Gütermarkt agieren
P_i	Produktpreis des Unternehmens i
P	Aggregiertes Preisniveau
η	Absolute Preiselastizität der Güternachfrage
Q_i	Output des Unternehmens i
Q	Gesamtoutput der Unternehmen
N_i	Beschäftigung im Unternehmen i
K_i	Kapitalstock des Unternehmens i
W_i	Nominallohnsatz im Unternehmen i
α	Produktionselastizität des Faktors Arbeit
h	Zahl der Haushalte
κ	Parameter für die Wettbewerbsintensität auf dem Gütermarkt
p	$\log P$
ω	$\log W$
y	$\log Y$
χ	$\log K$
ζ	$\log E$
n	$\log N$
w_i^{sub}	Subsistenzlohn
N_i^{sub}	Subsistenzbeschäftigung
o	Relative Bedeutung von Lohn vs. Beschäftigung in der Stone-Geary-Nutzenfunktion

δ	Alternativeinkommen
$U_{F,G}$	Nutzenniveaus der Spieler F und G im verallgemeinerten Nash-Produkt
μ	(Relative) Verhandlungsmacht der Gewerkschaft
$u(\cdot)$	Individuelle Nutzenfunktion eines Erwerbstätigen
σ	Parameter für die Strenge der Arbeitsverwaltung
γ	Parameter für die nicht-pekuniäre Ausgestaltung der Arbeitslosenversicherung
Ω	Aufschlagfaktor auf das Alternativeinkommen
u^*	NAIRU (Langfristig gleichgewichtige Arbeitslosenrate)
W_a	(Durchschnittlicher) Nominallohnsatz der anderen Sektoren
P_t^e	Erwartetes Preisniveau (für die Periode t)
p_t^e	log P_t^e
$\triangle p$	Inflationsrate
Ξ_t	Vektor exogener Variablen, die u_t erklären
ι	Koeffizientenvektor von Ξ_t
ϵ_t	Störterm
ξ	Persistenzkoeffizient
u_s^*	Kurzfristige NAIRU
m	Matching-Rate
v	Quote der Vakanzen
q	Rate, mit der Arbeitslose (bzw. Sucher) auf Vakanzen treffen
θ	Anspannung des Arbeitsmarktes $[\frac{v}{u}]$
ν	Rate idosynkratischer Schocks
π	Anwerbekosten des Unternehmens
j	Produktivität eines Jobs
V	Erwarteter Gegenwartswert einer Vakanz
J	Erwarteter Gegenwartswert eines besetzten Jobs
S	Gegenwartswert des erwarteten Einkommens während der Arbeitslosigkeit
X	Gegenwartswert des erwarteten Einkommens während der Beschäftigung
τ	(Relative) Verhandlungsmacht des einzelnen Arbeitnehmers
R	Reservationsproduktivität

Abkürzungsverzeichnis

ABM	Arbeitsbeschaffungsmaßnahmen
AFG	Arbeitsförderungsgesetz
AFKG	Arbeitsförderungskonsolidierungsgesetz
AFRG	Arbeitsförderungsreformgesetz
ANBA	Amtliche Nachrichten der Bundesanstalt für Arbeit
AVAVG	Gesetz über Arbeitsvermittlung und Arbeitslosenversicherung
BA	Bundesanstalt für Arbeit
BGBl.	Bundesgesetzblatt
BIP	Bruttoinlandsprodukt
BMWA	Bundesministerium für Wirtschaft und Arbeit
GG	Grundgesetz
PSA	Personal Service Agentur
RWR	Real wage rigidity
SGB	Sozialgesetzbuch
SVR	Sachverständigenrat zur Begutachtung der gesamtwirtschaftlichen Entwicklung

Kapitel 1

Einleitung

Das in Deutschland herrschende Unterbeschäftigungsproblem ist gravierend. Hervorstechende stilisierte Fakten der deutschen Arbeitsmarktlage sind die im internationalen Vergleich hohe Arbeitslosigkeit bei unterdurchschnittlicher Erwerbsbeteiligung und der relativ hohe Anteil der Langzeitarbeitslosen an der Gesamtzahl der Arbeitslosen.[1] Als hauptverantwortlich hierfür gilt eine hohe Regulierungsdichte vor allem am Arbeitsmarkt. Dessen Institutionen und Regelungen führen zu struktureller Arbeitslosigkeit, welche in der Bundesrepublik Deutschland den weit überwiegenden Anteil der gesamten Arbeitslosigkeit ausmacht.

Die vorliegende Studie befaßt sich mit der Arbeitslosenversicherung und demnach mit einer zentralen Institution von Arbeitsmärkten. Mittels einer theoretischen Untersuchung werden systematisch ihre ökonomischen Anreizwirkungen herausgearbeitet. Darüber hinaus werden die resultierenden Effekte auf die (strukturelle) Arbeitslosigkeit aufgezeigt. Trotz der umfangreichen Zahl an theoretischen Veröffentlichungen zur Arbeitslosenversicherung fehlt bisher eine kohärente und umfassende Darstellung. Ziel der vorliegenden Arbeit ist es, diese Darstellung zu liefern. Das weitere Anliegen dieser Untersuchung besteht darin, der Kritik von Atkinson & Micklewright (1991) gerecht zu werden, nach der die Arbeitslosenversicherung in der ökonomischen Modellbildung zumeist stark vereinfacht wiedergegeben wird. Vielfach wird die Ausgestaltung der Arbeitslosenversicherung auf ihre Leistungen, d.h. auf die Höhe des Arbeitslosengeldes, reduziert. Da-

[1]Vgl. für einen umfassenden Überblick zum deutschen Arbeitsmarkt in international vergleichender Perspektive z.B. Eichhorst et al. (2001).

mit werden entscheidende Systemkomponenten ausgeblendet. Hierzu gehören vor allem die zeitlichen Ausgestaltungsmerkmale wie die Bezugsdauer, die Qualifikationsperiode und die Wartezeit vor dem Leistungsbezug. Daneben sind Aspekte der Verwaltung zu beachten, worunter sowohl die Regelungen zur Leistungsberechtigung als auch deren Durchsetzung sowie die Sanktionierung abweichenden Verhaltens zu verstehen sind. An den geeigneten Stellen wird deshalb der Vielschichtigkeit existierender Systeme Rechnung getragen, indem auch diese Facetten modelltheoretisch berücksichtigt werden.

Zwei weitere Überlegungen sind ferner hervorzuheben.

Erstens tauchen in der öffentlichen Diskussion über die Arbeitslosenversicherung mit gewisser Regelmäßigkeit populistische Begriffe wie "faule" oder "arbeitsunwillige" Arbeitslose auf.[2] Stattdessen ist zu betonen, daß die Ausgestaltung der Arbeitslosenversicherung ökonomische Anreize setzt, die das Handeln rationaler Wirtschaftssubjekte bestimmt. Es ist also die Frage zu stellen, wie eine Arbeitslosenversicherung anreizkompatibel ausgestaltet werden kann, ohne sie ihres Hauptzweckes - der Absicherung gegen unfreiwillige und unverschuldete Arbeitslosigkeit - zu berauben.

Zweitens ist die herrschende (strukturelle) Arbeitslosigkeit nicht monokausal durch die Ausgestaltung der Arbeitslosenversicherung zu erklären. Entscheidend ist nicht nur die Summe der verschiedenen Arbeitsmarktinstitutionen, sondern auch deren Interaktion, und zwar sowohl untereinander als auch mit den anderen Politikfeldern. Demnach können unterschiedliche institutionelle Arrangements zum selben Ergebnis am Arbeitsmarkt führen. Die arbeitsmarktpolitischen Erfahrungen anderer Staaten können mithin zwar lehrreich sein, jedoch ist das schlichte Kopieren erfolgreicher Strategien nicht notwendigerweise zielführend. Zu suchen und umzusetzen ist also eine schlüssige Strategie, die eine Reform der Arbeitslosenversicherung mit einschließt. Diese Untersuchung soll für diesbezügliche Reformüberlegungen in Deutschland Denkanstösse liefern.

Die Arbeit ist wie folgt aufgebaut:

Im Kapitel 2 werden zunächst Gründe rekapituliert, die für eine Arbeitslosenversicherung sprechen. Neben wohlfahrtsstaatlichen Aspekten, insbesondere der Absicherung gegen unfreiwillige Arbeitslosigkeit, sind hier die automatische Stabilisierung im Konjunkturzyklus und eine Erhöhung der Matchingeffizienz zu nen-

[2]Vgl. zur Untersuchung dieses Phänomens Oschmiansky et al. (2001).

nen. Unter letzterem ist dabei zu verstehen, daß die Leistungen einer Arbeitslosenversicherung dem Einzelnen ermöglichen sollen, nach einer - vor allem qualifikatorisch - passenden Beschäftigung zu suchen, anstatt jedes Angebot annehmen zu müssen. Die Existenz einer Arbeitslosenversicherung ist demzufolge volkswirtschaftlich sinnvoll, jedoch ist ihre konkrete Ausgestaltung unter ökonomischen Gesichtspunkten oftmals problematisch.

Kapitel 3 untersucht die Rolle der Arbeitslosenversicherung in einigen ausgewählten Partialmodellen des Arbeitsmarktes. Abschnitt 3.1 betrachtet hierbei zunächst die Arbeitsangebotsseite. Im Unterabschnitt 3.1.1 wird neben dem neoklassischen Grundmodell vor allem eine Erweiterung desselben präsentiert, mit der es möglich ist, die Wirkung der zeitlichen Ausgestaltungsmerkmale auf die Arbeitsangebotsentscheidung zu ermitteln. Unterabschnitt 3.1.2 befaßt sich mit der Bedeutung der Arbeitslosenversicherung in Suchmodellen. Diese Modellklasse spielt im Untersuchungszusammenhang wegen der Berücksichtigung von Friktionen und den damit verbundenen Kosten eine wesentliche Rolle. Auch hier wird neben dem einfachen Grundmodell eine Modellerweiterung betrachtet, die Aussagen hinsichtlich der Effekte der zeitlichen Ausgestaltung der Arbeitslosenversicherung ermöglicht. Abschnitt 3.2 wendet sich der Arbeitsnachfrageseite zu. Dabei wird jedoch nicht der Lohnnebenkostenaspekt der Abgabe zur Arbeitslosenversicherung thematisiert. Stattdessen werden in den Unterabschnitten 3.2.1 und 3.2.2 zwei weniger offensichtliche Effekte bezüglich der Arbeitsnachfrage betrachtet. Dies ist zum einen der unternehmerische Anreiz, vorübergehende Entlassungen zu tätigen, womit Kosten zu Lasten der Arbeitslosenversicherung externalisiert werden. Zum anderen können sich bei sektoral unterschiedlicher Volatilität der Outputnachfrage Quersubventionierungen zwischen Wirtschaftsbereichen ergeben, welche auf den Einfluß der Arbeitslosenversicherung auf die Einstellungsentscheidung der Unternehmen zurückgehen. Da mit dem *experience rating* eine Methode existiert, die diese Effekte zumindest abschwächen kann, wird sie im anschließenden Unterabschnitt 3.2.3 diskutiert. Obgleich es sich dabei im engeren Sinne um eine Politikmaßnahme handelt, erscheint ihre Behandlung im gegebenen Zusammenhang gerechtfertigt, weil sie sich auf die Arbeitsnachfrage bezieht.

Kapitel 4 widmet sich allgemeinen Gleichgewichtsmodellen des Arbeitsmarktes und den Wirkungen der Ausgestaltung der Arbeitslosenversicherung innerhalb der ausgewählten Modelle. Während die Ausführungen zum neoklassischen Mo-

dell in 4.1 kurz gehalten werden, bildet das Modell mit unvollkommenem Wettbewerb (das Preissetzungs-Lohnsetzungs-Modell) in Abschnitt 4.2 einen zentralen Bestandteil dieser Arbeit. Es werden in den Unterabschnitten 4.2.1 und 4.2.2 die Preissetzungs- und die Lohnsetzungskurve als wesentliche Elemente des PS/WS-Modells hergeleitet. In Unterabschnitt 4.2.3 wird dann gezeigt, wie die Ausgestaltungsmerkmale der Arbeitslosenversicherung über die Lohnsetzung auf das allgemeine Gleichgewicht wirken. Ergänzt wird dies in Unterabschnitt 4.2.4 durch Ausführungen zur Persistenz oder Hysterese dieses Gleichgewichtes und zum Zusammenhang zwischen Schocks und Institutionen. Abschnitt 4.3 geht über zu Matching-Modellen, die auf der Idee zweiseitiger Suche am Arbeitsmarkt basieren. Auslöser der Suchprozesse sind dabei erneut Friktionen am Arbeitsmarkt. Auch in diesem Zusammenhang wird gezeigt, wie in einem einfachen Ansatz nicht nur das Arbeitslosengeld, sondern auch die zeitlichen und administrativen Komponenten der Arbeitslosenversicherung das allgemeine Gleichgewicht beeinflussen.
Kapitel 5 geht der Fragestellung nach, ob eine Arbeitslosenversicherung zwingend von staatlicher Seite bereitgestellt werden muß, oder ob eine Stärkung privatwirtschaftlicher Elemente möglich und ratsam ist.
In Kapitel 6 werden weitere Ausgestaltungsfragen aufgegriffen, die zuvor nicht oder nur kurz angesprochen worden waren. Im wesentlichen geht es um die Optimalität der Leistungen der Arbeitslosenversicherung und mithin um den Widerstreit erwünschter und unerwünschter Anreize und Effekte. Die Frage nach der Optimalität der Leistungen kann entweder die Höhe des Arbeitslosengeldes (Abschnitt 6.1) oder das Zeitprofil des Arbeitslosengeldes (Abschnitt 6.2) betreffen. Als verwandte Ausgestaltungsfragen sind diejenigen nach nicht-pekuniären Merkmalen einer Arbeitslosenversicherung aufzufassen; diese werden in Abschnitt 6.3 weiter vertieft.
Die Gegebenheiten der Arbeitslosenversicherung in Deutschland werden in Kapitel 7 behandelt. Abschnitt 7.1 beleuchtet dabei neben der Historie der deutschen Arbeitslosenversicherung (Unterabschnitt 7.1.1) die tagespolitische Aktualität der Jahre 2002 und 2003, indem in Unterabschnitt 7.1.2 eine Zusammenfassung und Beurteilung des sog. Hartz-Konzeptes vorgenommen wird. Die detaillierte Beschreibung der Ausgestaltung der deutschen Arbeitslosenversicherung im Zeitablauf in Unterabschnitt 7.1.3 und die Beschreibung ihrer quantitativen Implikationen in Unterabschnitt 7.1.4 vervollständigen diesen ersten Teil der deskriptiven

und empirischen Untersuchung. In Abschnitt 7.2 wird auf der zuvor präsentierten Datenbasis ein Index der Großzügigkeit der deutschen Arbeitslosenversicherung konstruiert. Zum einen soll dies der Objektivierung und Quantifizierung des oftmals auch in nicht-wissenschaftlichen Publikationen verwendeten Begriffes der Großzügigkeit der Arbeitslosenversicherung dienen. Zum anderen finden in der ermittelten Maßzahl neben der Lohnersatzrate auch Elemente der zeitlichen Ausgestaltung und administrative Daten Eingang.

Kapitel 8 schließt diese Studie ab, indem die wesentlichen Ergebnisse zusammengefaßt werden und ein Ausblick denkbare Reformwege für die deutsche Arbeitslosenversicherung zur Diskussion stellt.

Kapitel 2

Ökonomische Grundlagen einer Arbeitslosenversicherung

In diesem Kapitel sollen zunächst einige Gesichtspunkte beleuchtet werden, die das Vorhandensein einer Arbeitslosenversicherung begründen.[1] In einer Gesamtbeurteilung jedes Arbeitslosenversicherungssystems sind diese Nutzen zwingend mit zu berücksichtigen.
Grob unterscheiden lassen sich drei Oberpunkte: Wohlfahrtsstaatliche Aspekte, die Arbeitslosenversicherung als automatischer konjunktureller Stabilisator, sowie der Zusammenhang zwischen Arbeitslosenversicherung und Matchingeffizienz. Im Kern entspricht diese Dreiteilung einem sozialpolitischen, einem wirtschaftspolitischen und einem arbeitsmarktpolitischen Ziel der Arbeitslosenversicherung.
Sofern in den verschiedenen später präsentierten Modellen über diese Klassifikation hinausgehende positive Effekte einer Arbeitslosenversicherung auftreten, werden diese an der jeweils geeigneten Stelle diskutiert.

2.1 Wohlfahrtsstaatliche Aspekte

Dem einzelnen Wirtschaftssubjekt dienen die Leistungen der Arbeitslosenversicherung zur materiellen Absicherung im Falle der Arbeitslosigkeit.[2] Dies entspringt

[1]Implizit wird - mit Ausnahme von Kapitel 5 - stets von einer staatlichen Bereitstellung ausgegangen.

[2]Vor allem in den USA wird diesbezüglich gelegentlich über die Angemessenheit der Leistungen diskutiert. Gemeint ist damit, ob die Leistungen ausreichen, einen bestimmten Lebens- oder

den gesellschaftlichen Wertideen der Sozialpolitik: Vermeidung von Armut und Herstellung sozialer Gerechtigkeit.[3] In der Bundesrepublik Deutschland ist das Sozialstaatsprinzip zudem im Grundgesetz festgeschrieben.[4] Im Zusammenhang mit der Arbeitslosenversicherung bilden das Solidaritäts- und das Subsidiaritätsprinzip sowie das Kausalprinzip die wesentlichen Gestaltungsprinzipien.[5] Sie liegen ebenso den anderen Sozialversicherungen zugrunde. Wie in den anderen Sozialversicherungen vermischt sich auch in der Arbeitslosenversicherung das Äquivalenzprinzip mit dem Solidarprinzip.

Das Äquivalenzprinzip postuliert die Entsprechung von Beiträgen und Leistungen, während das Solidarprinzip Umverteilungseffekte einfordert. Inwieweit speziell die Arbeitslosenversicherung für die Umverteilung von Einkommen einstehen sollte, ist allerdings fragwürdig. Eine Einkommensumverteilung scheint, sofern politisch gewünscht, bei der Steuerpolitik besser aufgehoben zu sein. In der Arbeitslosenversicherung schwächen absichtlich hervorgerufene Umverteilungen den Äquivalenzgedanken. Allerdings ergeben sich zusätzliche Umverteilungen daraus, daß einerseits das Risiko der Arbeitslosigkeit zwischen verschiedenen sozio-ökonomischen Gruppen differiert. Andererseits erfolgt eine Differenzierung der Beiträge zur Arbeitslosenversicherung gemäß dem Risiko im allgemeinen nicht. Folglich ergeben sich Umverteilungswirkungen von "guten" zu "schlechten" Risiken.[6]

Die Umverteilung von Risiken ist in der Arbeitslosenversicherung allerdings durchaus gewünscht, obwohl dies die Anreize vermindert, von einem schlechten zu einem guten Risiko zu werden. Mit anderen Worten schwächt die Umverteilung von Risiken in der Arbeitslosenversicherung die individuelle Humankapitalbildung.[7]

Konsumstandard während der Arbeitslosigkeit aufrechtzuerhalten. Neuere Studien wie Hamermesh & Slesnick (1998) oder O'Leary (1998) bejahen die Angemessenheit; zu einer älteren Gegenmeinung siehe Vickery (1979). Ausgelöst wurde die Debatte vermutlich dadurch, daß in den USA eine finanzielle Absicherung nach Ablauf des Bezugs von Arbeitslosengeld kaum gewährleistet ist. Wegen der Möglichkeit Arbeitslosen- oder Sozialhilfe im Anschluß an das Arbeitslosengeld zu beziehen, ist dieser Punkt in der Bundesrepublik Deutschland nur von nachrangiger Bedeutung.

[3]Vgl. zum Themenkomplex der Sozialpolitik bspw. Frerich (1987) oder Lampert (1991).

[4]Art. 20, Abs. 1 GG lautet: „Die Bundesrepublik ist ein demokratischer und *sozialer* Bundesstaat."(Hervorhebung durch den Verfasser).

[5]Vgl. zu den Gestaltungsprinzipien der Sozialpolitik z.B. Frerich (1987), S. 30-35, Lampert (1991), S. 411-417 oder Brümmerhoff (2001), S. 321f.

[6]Vgl. Brümmerhoff (2001), S. 340. Für Schweden finden Björklund et al. (1991), S. 159-163, eine eindeutige Umverteilung von den höheren in niedrigere Einkommensgruppen.

[7]Für eine Analyse dieses Gesichtspunktes siehe Brown & Kaufold (1988) und Dellas (1997).

Die bisherigen Ausführungen weisen auf den von Okun (1975) identifizierten Widerstreit zwischen Gleichheit und Effizienz (*equality and efficiency*) hin. Die Antwort auf die Frage nach dem erwünschten Ausmaß von Gleichheit und Risikoabdeckung kann dabei nur normativ gegeben und begründet werden. Da der trade-off zwischen Effizienz und Gleichheit in der Literatur zur optimalen Arbeitslosenversicherung thematisiert wird und dies Gegenstand des Kapitels 6 ist, soll die Diskussion hier nicht vertieft werden. Aus denselben Erwägungen wird die Kontroverse private versus staatliche Bereitstellung der Arbeitslosenversicherung zunächst zurückgestellt. Sie wird in Kapitel 5 aufgegriffen.

Typischerweise wird der sozialen Sicherung, und mithin auch der Arbeitslosenversicherung, neben der Herstellung von Chancengleichheit und der Absicherung gegen Risiken und Ungewißheit, die Wahrung sozialer Stabilität als Aufgabe zugewiesen. Der innerstaatliche und soziale Friede dürfte in der Tat umso leichter aufrechtzuerhalten sein, je größer die gesellschaftlich akzeptierte Absicherung des Einzelnen gegen ökonomisch ungünstige Ereignisse ist. Politische Unruhen werden demzufolge unwahrscheinlicher. Dasselbe gilt für das Auftreten unerwünschter Begleiterscheinungen nicht-abgesicherter Arbeitslosigkeit, wie z.B. vermehrte Kriminalität.[8] Man kommt trotzdem nicht umhin, im Rahmen eines Kosten-Nutzen-Kalküls die Notwendigkeit einer staatlichen Rundumversorgung zu bezweifeln. Erstickt dies gänzlich Leistungsbereitschaft oder Eigeninitiative, so ist diese soziale Sicherung negativ zu bewerten.

Weiterhin dürfte die Akzeptanz technologischer Veränderungen oder Umbrüche durch eine Arbeitslosenversicherung erhöht werden.[9] Die Tatsache, daß für vorübergehende Arbeitslosigkeit eine finanzielle Absicherung besteht, vermindert die Angst vor dem Jobverlust und reduziert damit die Widerstände gegen ökonomische Umwälzungen.

Aus der Sicht des Individuums ist eine Periode der Arbeitslosigkeit nicht notwendigerweise mit als nützlich empfundener zusätzlicher Freizeit verbunden. Vielmehr kann diese Zeit auch als Leidenszeit empfunden werden.[10] Dann erscheint

[8] Vgl. Schmid & Rosenbaum (1995), S. 122 und Schmid (2002), S. 59-63.

[9] Vgl. Danziger et al. (1981), S. 976, die dieses Argument jedoch auf das gesamte System staatlicher Transfers beziehen.

[10] Vgl. Clark & Oswald (1994) für eine Quantifizierung der durch Arbeitslosigkeit verursachten Unzufriedenheit in Großbritannien. Demnach ist das Wohlbefinden der Arbeitslosen geringer als das der Beschäftigten. Allerdings nimmt das Leid der Arbeitslosigkeit mit ihrer Dauer ab.

es gerechtfertigt, die Leistungen der Arbeitslosenversicherung auch als (vorübergehende) Kompensation für psychische und physische Belastungen anzusehen.
Ein von einigen Autoren überdies vorgebrachter Punkt, daß eine Arbeitslosenversicherung dazu führen könnte, den Druck auf Politiker in Zeiten hoher Arbeitslosigkeit zu verringern[11], ist allerdings mit Skepsis zu betrachten. Es mag sein, daß sich der Drang zum Aktionismus verringert und die Regierung dementsprechend ein Interesse an einer Arbeitslosenversicherung hat. Auf der anderen Seite leistet dies einer mangelhaften Internalisierung der Kosten und Folgen der Arbeitslosigkeit Vorschub. Eine Politik der ruhigen Hand könnte damit schnell in das Unterlassen struktureller Reformen münden. Von größerer Bedeutung dürfte aber die Tatsache sein, daß sich die Sozialversicherungen scheinbar hervorragend für das Verteilen von Wahlgeschenken eignen. Diese politökonomische Überlegung begründet das eigentliche Interesse des politischen Unternehmers an der staatlichen Arbeitslosenversicherung.[12]

2.2 Automatische Stabilisierung im Konjunkturzyklus

In Analogie zu anderen fiskalischen Eingriffen wirkt die Arbeitslosenversicherung konjunkturell wie ein automatischer Stabilisator.[13] Automatische Stabilisierung bezeichnet an dieser Stelle die Dämpfung zyklischer Fluktuationen (des BIP und der Beschäftigung) um einen hypothetischen Trend.
Die Wirkung als automatischer Stabilisator ergibt sich (theoretisch) daraus, daß sich die Einnahmen und Ausgaben der Arbeitslosenversicherung im Konjunkturverlauf antizyklisch verhalten.[14] Im Aufschwung und mit zunehmender Beschäftigung nehmen die Beitragseinnahmen zu, während die ausgezahlten Arbeitslosengelder sinken. Im Abschwung sinken die Beitragseinnahmen mit abnehmender Beschäftigung, während die ausgezahlten Arbeitslosengelder steigen. Dem Wirtschaftskreislauf wird mithin im Aufschwung weniger Geld aus der Arbeitslosenversicherung zugeführt und gleichzeitig mehr entzogen. Im Abschwung verhält

[11] Vgl. Schmid & Rosenbaum (1995), S. 122.

[12] Vgl. Brümmerhoff (2001), S. 342f.

[13] Osman & Ylä-Liedenpohja (2002) bezweifeln allerdings die Wirksamkeit dieses Effektes. Gemäß ihrer Argumentation wiegt die Destabilisierung der Produktion und damit der Angebotsseite schwerer als mögliche nachfrageseitige Wirkungen.

[14] Vgl. Brümmerhoff (2001), S. 355.

es sich dagegen umgekehrt. In beiden Fällen kommt es zu einer Milderung der jeweiligen konjunkturellen Schwankung.[15]
Wichtigste Bedingung für die Funktionsfähigkeit dieser Wirkungskette ist allerdings, daß die Ausgestaltung des Systems in keiner Phase Änderungen unterliegt. Die stabilisierende Wirkung wird abgeschwächt, wenn in Rezessionszeiten die Beitragssätze erhöht und die Leistungen gekürzt werden. Dasselbe gilt in Boomzeiten bei Senkungen der Beitragssätze oder Ausweitungen der Leistungen.
Im Vergleich zu anderen diskretionären fiskalischen Maßnahmen besteht der Vorteil der Arbeitslosenversicherung in ihrer direkten Wirkung. Zeitverzögerungen treten nicht auf, d.h. es kommt zu keinen entscheidungs-, umsetzungs- oder wirkungsbedingten lags.[16]
Alleine aus den vorangegangenen Überlegungen heraus eine pauschale Ausweitung der Leistungen oder der Gruppe der Anspruchsberechtigten herzuleiten, erscheint aber zweifelhaft. Diese Sicht kann mit den vielfältigen weiteren Anreizwirkungen der Arbeitslosenversicherung begründet werden. Stattdessen sind Reformgedanken, die positive und negative Effekte simultan bedenken, zu begrüßen.
In engem Zusammenhang mit der automatischen Stabilisierungsfunktion steht die Frage, inwieweit die Leistungen der Arbeitslosenversicherung dazu beitragen, bei Arbeitslosigkeit starke Rückgänge des individuellen Konsums zu verhindern. Sofern eine konjunkturelle Stabilisierungsfunktion nicht direkt nachgewiesen werden kann, wären geringe Einbußen des lebensnotwendigen Konsums durch Arbeitslosigkeit zumindest ein indirektes Indiz für stabilisierende Effekte.[17]
Gruber (1997) zeigt für die USA für den Zeitraum von 1968 bis 1987, daß der Glättungseffekt hinsichtlich des privaten Konsums signifikant und stark ausgeprägt ist. Ohne Leistungen der Arbeitslosenversicherung bräche der Konsum um 22% ein, mit der Arbeitslosenversicherung entspricht der Rückgang der privaten Konsumausgaben durch Arbeitslosigkeit nur etwa einem Drittel dieses Wertes.

---

[15] Empirische Untersuchungen zu dieser Argumentation sind kaum vorhanden. Bougrine & Seccareccia (1999) bzw. Chimerine et al. (1999) finden für Kanada bzw. für die USA in den Jahren 1947-1992 bzw. 1972-1997 einen stabilisierenden Effekt der Arbeitslosenversicherung vor allem in Abschwüngen.

[16] Vgl. Brümmerhoff (2001), S. 355-357.

[17] Auch hier spielt die Problematik der Angemessenheit der Leistungen eine Rolle. Der normative Charakter der Lösung dieser Fragestellung konfligiert allerdings mit ökonomischen (Effizienz-)Überlegungen. Deshalb beschränkt sich die Betrachtung hier auf die Frage, ob sich eine Glättung des Konsums ergibt oder nicht.

Der genaue Grund für die große Relevanz der Arbeitslosenversicherung bleibt dabei allerdings unklar. Sowohl kurzsichtiges Verhalten der Arbeitnehmer in dem Sinne, daß sie während einer Beschäftigung zu wenig Ersparnisse bilden, Kreditmarktrestriktionen während der Arbeitslosigkeit oder auch die fehlende Möglichkeit zur privaten Versicherung gegen Arbeitslosigkeit kommen in Frage. Wie Gruber (1998) sowie Engen & Gruber (2001) zeigen, bewirkt die staatliche Arbeitslosenversicherung zumindest ein crowding-out privaten Vorsichtssparens. Für die Bundesrepublik Deutschland weist Heer (2002) einen eindeutig negativen Einfluß der Arbeitslosenversicherung auf die aggregierte Ersparnis nach. Die fehlende Möglichkeit eines Arbeitslosen durch Kreditaufnahme seinen Konsumstandard zu halten, erscheint mangels Kreditsicherheiten in jedem Fall plausibel, wurde bisher aber noch nicht empirisch überprüft. Das gleiche gilt im Hinblick auf eine private Arbeitslosenversicherung.

2.3 Verbesserung der Matchingeffizienz

Der grundsätzliche Gedanke, daß das Arbeitslosengeld die Such- und Matchingeffizienz verbessern kann, entstammt der Suchtheorie.[18] Das Arbeitslosengeld ermöglicht einem (arbeitslosen) Sucher, bei der Aufnahme einer Beschäftigung wählerischer vorzugehen. Deshalb ist er nicht gezwungen, das erstbeste eingehende Angebot oder ihm unangemessen erscheinende Angebote anzunehmen. Stattdessen kann er weitersuchen, bis er auf das für ihn passende Angebot trifft, sofern Höhe und Dauer der Leistungen aus der Arbeitslosenversicherung es zulassen. In dieser Interpretation wirkt das Arbeitslosengeld wie eine Subvention auf die Jobsuche.[19] Dies grenzt sich von den Vorhersagen der suchtheoretischen Grundmodelle ab. Diese implizieren, daß eine längere Suche negativ zu bewerten ist, weil hierdurch die gleichgewichtige Arbeitslosenrate steigt.

Bleibt dem Sucher mehr Zeit für produktive Suche, und ist diese erfolgreich in dem Sinne, daß bessere matches zustandekommen, so ergeben sich weitergehende positive Effekte. Paßt der betreffende Job besser zu den Fähigkeiten des Suchers, so wird seine Produktivität hier höher sein als in anderen Jobs, die er vorher ablehnen konnte. Die höhere Produktivität hat dann eine höhere Entlohnung zur

[18] Siehe dazu Abschnitt 3.1.2.

[19] Vgl. Burdett (1979a).

Folge. Dies lindert das vor allem in den USA verbreitete Phänomen der "working poor", denn der Zwang zur Aufnahme ungeeigneter Beschäftigungen wird reduziert.[20]

Ein weiterer Vorteil besserer matches liegt in geringeren Umschlagsraten von Arbeitskräften. Diese Minderung des "turnovers" ist auf die Verringerung der Wahrscheinlichkeit zurückzuführen, daß sich im Laufe des matches herausstellt, daß dieses unvorteilhaft für eine der beiden Seiten ist.

In eine verwandte Richtung, nämlich die Zusammensetzung der Beschäftigung, zielen Überlegungen von Acemoglu (2001). Er zeigt, daß in einem Modell mit zwei Arten von Jobs - guten und schlechten im Sinne von hoch und niedrig bezahlt - Wohlfahrtsverbesserungen durch die Arbeitslosenversicherung möglich sind. Sucher, die ohne Arbeitslosengeld niedrig bezahlte Jobs angenommen hätten, können durch das Arbeitslosengeld auf einen gut bezahlten Job warten. Aus diesem Grund werden schließlich mehr gut bezahlte Jobs geschaffen. Weil dies die Wahrscheinlichkeit einen guten Job zu finden erhöht, verstärkt sich der Effekt zu ungunsten der schlechten Jobs. Insgesamt nimmt damit der relative Anteil der guten Jobs zu und die durchschnittliche Arbeitsproduktivität steigt. Dies gilt dann im Vergleich zu einem Gleichgewichtszustand ohne Arbeitslosenversicherung auch für die gesellschaftliche Wohlfahrt. Dieses Ergebnis entspricht dem Argument von Atkinson & Micklewright (1991) und Atkinson (1995), daß eine Arbeitslosenversicherung den Anteil marginaler Jobs an der Gesamtzahl der Jobs zurückdrängt. Die ökonomische Logik ist dieselbe wie vorher. Da Sucher durch das Arbeitslosengeld eher Angebote ablehnen können, werden weniger niedrig bezahlte Jobs geschaffen. Ihre Anzahl und relative Bedeutung nimmt mithin ab.

Burdett (1979a) nutzt die Idee, daß eine begrenzte Bezugsdauer des Arbeitslosengeldes zu einem sinkenden Anspruchslohn des Suchers führt, für eine Schlußfolgerung bezüglich der Zusammensetzung der Gruppe der Arbeitslosen. Kurz nach Beginn der Arbeitslosigkeit führt demnach das Arbeitslosengeld dazu, daß ein anspruchsberechtigter Sucher wählerischer sein kann. Da der Anspruchslohn mit dem Näherrücken des Endes der Bezugszeit allerdings sinkt, wird der Sucher weniger wählerisch. Folglich hätte das Arbeitslosengeld einen negativen Einfluß auf den Arbeitsanreiz zu Beginn der Arbeitslosigkeit, aber einen positiven Einfluß auf den Arbeitsanreiz mit fortschreitender Arbeitslosigkeit. Daraus folgt zwar ei-

[20] Dieser Punkt wird z.B. von Marimon & Zillibotti (1999) betont.

nerseits eine Erhöhung der erwarteten Dauer der Arbeitslosigkeit. Andererseits vermindert sich nach dieser Argumentation der Anteil der Langzeitarbeitslosen an der Zahl der Arbeitslosen.

Die vorgenannten Argumente unterliegen allerdings einer wichtigen Einschränkung. Sind die Leistungen der Arbeitslosenversicherung zu großzügig ausgestaltet, so werden ineffizient viele Angebote abgelehnt. Das Arbeitslosengeld fungiert nicht mehr als Subvention für die Suche sondern als Hindernis für die Arbeitsaufnahme. Auch effiziente und gesellschaftlich wünschenswerte matches kämen nicht zustande.[21]

Demnach ist es gerechtfertigt, weitere Anreizmechanismen der Ausgestaltung der Arbeitslosenversicherung zu untersuchen. Dies geschieht in den folgenden Kapiteln 3 und 4 in partiellen und allgemeinen Gleichgewichtsmodellen des Arbeitsmarktes.

---

[21] Vgl. Marimon & Zillibotti (1999), S. 268.

Kapitel 3

Die Arbeitslosenversicherung in Partialmodellen des Arbeitsmarktes

Im mikroökonomischen Rahmen sind die Wirkungen einer Arbeitslosenversicherung bereits recht umfassend untersucht worden. Im folgenden sollen die wesentlichen Ideen vorgestellt werden. Dies geschieht einerseits, um zum Teil modifizierte anstelle der gebräuchlichen Darstellungsweisen vorzustellen. Vor allem soll aber andererseits gezeigt werden, welche Effekte eine Arbeitslosenversicherung und ihre Ausgestaltungsmerkmale in partialgleichgewichtigen Arbeitsmarktmodellen haben. Der erste Abschnitt dieses Kapitels befaßt sich dabei mit der Arbeitsangebotsseite, wobei nacheinander das statische Arbeitsangebotsmodell und Suchmodelle behandelt werden. Der zweite Abschnitt geht über zur Arbeitsnachfrageseite.

3.1 Arbeitslosenversicherung und Arbeitsangebot

3.1.1 Statisches Modell des Arbeitsangebotes

3.1.1.1 Das neoklassische Grundmodell ohne und mit Arbeitslosenunterstützung

Eine Herleitung des Arbeitsangebotes im neoklassischen Sinne findet sich in nahezu jedem Lehrbuch der Arbeitsmarktökonomik.[1] Dieses Modell wird als statisch bezeichnet, weil ein repräsentatives Individuum zu einem bestimmten Zeitpunkt unter den dann herrschenden Bedingungen eine Entscheidung über sein Arbeitsangebot fällt.
In der einfachsten Variante entscheidet der Einzelne über die optimale Aufteilung seines Zeitkontingents T auf die Arbeitszeit H und die Freizeit L, so daß gilt:

$$T = H + L. \tag{3.1}$$

Die Arbeitszeit wird hierbei pro Einheit mit dem (realen) Lohnsatz w vergütet, der sich unter den Bedingungen vollkommener Konkurrenz auf dem Arbeitsmarkt einstellt. Für die Budgetrestriktion gilt:

$$C \leq w \cdot H. \tag{3.2}$$

C sei hierbei das vom Individuum nachgefragte Konsumgüterbündel. Zur Vereinfachung wird Nicht-Lohneinkommen nicht berücksichtigt, solange keine Arbeitslosenversicherung existiert.
Neben dem durch das Arbeitseinkommen finanzierten Konsum spendet dem Individuum die in Anspruch genommene Freizeit Nutzen. Die Nutzenfunktion ist quasi-konkav, zweifach stetig-differenzierbar und der Grenznutzen nehme in C und L jeweils ab, d.h. es gilt

$$U = U(C, L) \qquad \text{mit} \qquad \frac{\partial U}{\partial C} > 0, \frac{\partial U}{\partial L} > 0 \quad \text{und} \quad \frac{\partial^2 U}{\partial C^2} < 0, \frac{\partial^2 U}{\partial L^2} < 0. \tag{3.3}$$

Das Individuum maximiert seinen Nutzen unter der Nebenbedingung der Budgetrestriktion, die einen trade-off zwischen Arbeitsleid und möglichem Konsum

[1] Vgl. z.B. Franz (1999), S. 28ff. oder Wagner & Jahn (1997), S. 10ff.

anzeigt, durch die Wahl einer Kombination von C und L bzw. H. Mit Hilfe eines Lagrange-Ansatzes kann folgende Optimalitätsbedingung hergeleitet werden:

$$\frac{\frac{\partial U}{\partial L}}{\frac{\partial U}{\partial C}} = w. \tag{3.4}$$

Das reziproke Verhältnis der Grenznutzen entspricht also dem Lohnsatz. Mit anderen Worten ist im Optimum die Steigung der Indifferenzkurve gleich der Steigung der Budgetgeraden. Aus dem Gesagten folgt für die aggregierte Arbeitsangebotsfunktion:

$$H = H(w). \tag{3.5}$$

Diese einfache Darstellung in Anlehnung an die Theorie des Haushaltes und dessen optimale Konsumentscheidung verwendet eine Reihe von Abstraktionen, von denen als wichtigste die folgenden zu nennen sind:

- Der gewichtete Preis des zusammengesetzten Güterbündels C ist auf Eins normiert.

- Arbeitsangebotsentscheidungen im Familienkontext sind ausgeschlossen. Der Einzelne entscheidet über sein Arbeitsangebot alleine und ohne Berücksichtigung des Arbeitsangebotsverhaltens und der Arbeitsplatzsituation von Familienmitgliedern.

- Die Arbeitnehmer können ihre Arbeitszeit frei wählen.

- Die Freizeit L ist ein normales Gut.

- Auf keiner Seite des Arbeitsmarktes existiert Marktmacht und es liegt Mengenanpasserverhalten vor.

- Nicht-pekuniäre Eigenschaften des Arbeitsplatzes und der Arbeit selbst spielen keine Rolle.

In diesem Unterabschnitt sollen diese Annahmen aufrechterhalten bleiben. Lediglich die Wirkung der Gewährung einer Arbeitslosenunterstützung sei im folgenden untersucht.

Unterstellt sei, daß dem Individuum uneingeschränkt Arbeitslosenunterstützung in dem Sinne zusteht, daß es für nicht gearbeitete Zeit Zahlungen erhält und diese

außerdem unabhängig davon bekommt, ob die Beendigung eines Arbeitsverhältnisses freiwillig durch Kündigung oder unfreiwillig durch Entlassung zustandekam. Des weiteren heißt dies, daß die Zahlung der Unterstützung zeitlich unbegrenzt erfolgt und vor einer Inanspruchnahme keine Arbeitszeit geleistet worden sein muß. Weiterhin sei die Suche nach einer (neuen) Beschäftigung nicht mit Kosten verbunden. Ebenso sei der Einzelne nicht verpflichtet, Suchanstrengungen zu dokumentieren und gegenüber der zahlenden Instanz nachzuweisen.
Darüber hinaus wird von einem langen Planungshorizont T (bzw. einer stetigen Betrachtung der Zeit) ausgegangen. Das Individuum optimiert damit nicht über die Wahl der täglichen oder wöchentlichen Arbeitszeit sondern über die Tage, Wochen oder Monate in Arbeit bzw. Freizeit.
Aus diesen Annahmen folgt unmittelbar, daß die Freizeit und die Zeit in (kompensierter) Arbeitslosigkeit übereinstimmen. Ist g die pro Einheit der Freizeit empfangene Zahlung, so lautet die Budgetrestriktion:

$$C \leq w \cdot H + g \cdot L. \tag{3.6}$$

Die Budgetgerade verläuft damit flacher als im einfachen Fall. Anders ausgedrückt: Die Opportunitätskosten der Freizeit nehmen durch die Zahlung einer Arbeitslosenunterstützung ab, weil dem Individuum durch den Konsum von Freizeit nicht mehr der Lohnsatz sondern der um die Arbeitslosenunterstützung reduzierte Lohnsatz entgeht.
Über den Lagrange-Ansatz

$$\max_{C,H} \Lambda = U\left[C, (T-H)\right] - \lambda \cdot (w \cdot H + g \cdot L - C) \tag{3.7}$$

erhält man die Kuhn-Tucker-Bedingungen:[2]

$$\frac{\partial U}{\partial C} - \lambda \leq 0, \qquad C \geq 0, \qquad C \cdot \frac{\partial U}{\partial C} = 0, \tag{3.8}$$

$$\frac{\partial U}{\partial H} + \lambda \cdot w + \lambda \cdot g \leq 0, \qquad H \geq 0, \qquad H \cdot \frac{\partial U}{\partial H} = 0, \tag{3.9}$$

$$w \cdot H + g \cdot L - C \geq 0, \tag{3.10}$$

$$\lambda \geq 0, \tag{3.11}$$

$$\lambda \cdot (w \cdot H + g \cdot L - C) = 0. \tag{3.12}$$

[2]Die Formulierung der Kuhn-Tucker-Bedingungen ist deshalb notwendig, weil damit auch die Randlösung der Nicht-Partizipation abgedeckt wird. Ihre Formulierung erfolgt in Anlehnung an Chiang (1984), S. 724ff.

Aus (3.8) folgt:

$$\frac{\partial U}{\partial C} - \lambda = 0. \tag{3.13}$$

Für die Fälle der Partizipation $H > 0$ und der Nicht-Partizipation $H = 0$ gilt:

$$\text{Für H>0:} \quad \frac{\partial U}{\partial H} + \lambda \cdot w + \lambda \cdot g = 0. \tag{3.14}$$

$$\text{Für H=0:} \quad \frac{\partial U}{\partial H} + \lambda \cdot w + \lambda \cdot g < 0. \tag{3.15}$$

Da außerdem

$$\frac{\partial U}{\partial H} = -\frac{\partial U}{\partial L} \tag{3.16}$$

ist, liefert Umstellen von (3.13) nach λ, Einsetzen in (3.14) bzw. (3.15) und Umformen:

$$\frac{\frac{\partial U}{\partial L}}{\frac{\partial U}{\partial C}} = w + g \quad \text{für H>0} \quad \text{und} \tag{3.17}$$

$$\frac{\frac{\partial U}{\partial L}}{\frac{\partial U}{\partial C}} > w + g \quad \text{für H=0.} \tag{3.18}$$

Die Aussage dieser Optimalitätsbedingungen bleibt dieselbe wie bisher: Das Individuum wählt diejenige Indifferenzkurve, die die Budgetgerade tangiert. Sofern es keinen Tangentialpunkt gibt, nimmt das Individuum - wie aus (3.18) ersichtlich - nicht am Erwerbsleben teil.[3] Das Auftreten dieser Ecklösung (und damit der Nicht-Partizipation) ist dabei umso wahrscheinlicher, je höher g ist.

Die Einführung einer Arbeitslosenunterstützung hat aber nicht unter allen Umständen einen eindeutigen Effekt. Während der Substitutionseffekt in bezug auf die Freizeit eindeutig positiv ist - diese wird wegen ihrer geringeren Opportunitätskosten verstärkt in Anspruch genommen - hängt der Einkommenseffekt davon ab, welcher Art das Gut Freizeit ist. Auszugehen ist davon, daß Freizeit ein normales Gut ist, so daß der Einkommenseffekt den Substitutionseffekt nicht überkompensiert. Nur wenn Freizeit ein inferiores Gut wäre, träte dies ein.

Die Arbeitslosenunterstützung hat hier den Effekt einer Verringerung des Arbeitsangebotes, so daß gilt:

$$H = H(w, g) \qquad \text{mit} \qquad \frac{\partial H}{\partial g} < 0. \tag{3.19}$$

[3] Auf diese Differenzierung zwischen Partizipation und Nicht-Partizipation wurde anfangs verzichtet. Mit der hier vorgenommenen Unterscheidung wird zusätzlich illustriert, daß die Arbeitslosenversicherung auch die Frage tangiert, ob überhaupt Arbeit angeboten wird oder nicht.

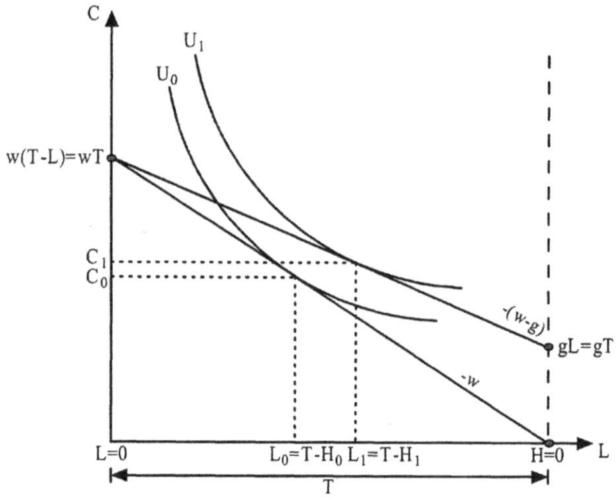

Abbildung 3.1: Neoklassisches Arbeitsangebot und Arbeitslosenunterstützung

Abbildung 3.1 verdeutlicht abschließend das Gesagte. Die in $w \cdot (T-L)$ beginnende und in $H = 0$ endende Budgetgerade ist diejenige ohne eine Arbeitslosenunterstützung; diejenige, die in $g \cdot L$ endet, die Budgetgerade mit einer Arbeitslosenunterstützung. Erstere hat eine Steigung von $-w$, letztere eine Steigung von $-(w-g)$. Während das Individuum ohne Arbeitslosenunterstützung $L_0 = T - H_0$ an Freizeit und C_0 des Güterbündels konsumiert, nimmt es mit Arbeitslosenunterstützung $L_1 = T - H_1$ in Anspruch und konsumiert C_1 des Güterbündels. Hierbei ist $L_1 > L_0$, $C_1 > C_0$ und $U_1 > U_0$.

Die vorgestellte einfache Darstellungsweise bedarf einiger einschränkender Anmerkungen.

1. Grundsätzliche Einwände gegen die Modellannahmen sind insbesondere:

   - Eine freie Wahl der Arbeitszeit ist nahezu keinem abhängig Beschäftigtem möglich. Durch tarifvertragliche Regelungen oder unternehmerische Anforderungen festgelegte Arbeitszeiten lassen dem Einzelnen u.U. sogar nur die Wahl zwischen der Annahme oder der Nicht-Annahme einer spezifischen Stelle.

- Aspekte wie kollektive Lohnverhandlungen, Marktmacht auf einer oder auf beiden Seiten des Marktes oder unterschiedliche Eigenschaften (Heterogenität) der Arbeitnehmer bleiben ausgeblendet.
- Die isolierte Betrachtung jedes Individuums ignoriert die Interdependenz der Arbeitszeitentscheidungen innerhalb einer Familie. Vermutlich beeinflußt die Arbeitsplatzsituation der anderen Familienmitglieder die Entscheidung des Einzelnen für oder gegen (freiwillige) Arbeitslosigkeit und damit für oder gegen den Bezug von Unterstützungszahlungen.
- Die Differenzierung in Arbeitszeit und Freizeit, oder anders ausgedrückt Nicht-Arbeitszeit, läßt außer acht, daß Nicht-Arbeitszeit durchaus für andere Tätigkeiten genutzt wird als zur Erholung. Besonders die Humankapitalbildung durch Lernen oder die heimische Produktion als Teil der Freizeit führt zu einem veränderten Arbeitsangebotsverhalten.

2. In klassischer Tradition wird Arbeitslosigkeit nur als freiwilliges Phänomen angesehen. Jedes Individuum hätte also ohne Suchkosten zum herrschenden Lohnsatz die Möglichkeit, sofort eine Beschäftigung zu finden. Strukturell oder friktionell bedingte (unfreiwillige) Arbeitslosigkeit wird damit ausgeblendet. Des weiteren ist es denkbar, daß Arbeitslosigkeit für das Individuum mit Leid verbunden ist. Die Belastung durch den Zustand der Arbeitslosigkeit wäre dann als nutzenmindernd in die Nutzenfunktion zu integrieren.[4]

3. Die Finanzierung der gewährten Unterstützung wird nicht näher betrachtet. Gelegentlich wird sogar unterstellt, daß die Unterstützungsleistungen aus einem Budgetüberschuß des Staates gezahlt werden.[5] Stattdessen ist realistischerweise davon auszugehen, daß die Unterstützungskasse ihre Einnahmen aus Sozialversicherungsbeiträgen erhält. Diese wirken wie eine Einkommensteuer, verkomplizieren die Analyse beträchtlich und verändern gegebenenfalls die Untersuchungsergebnisse.[6] In Abbildung 3.1 dreht sich die Bud-

[4]Vgl. zu diesem Argument Oswald (1997).
[5]Vgl. z.B. Grubel & Maki (1976), S. 276.
[6]Eine entsprechende Analyse soll hier unterbleiben.

getgerade mit einer Arbeitslosenunterstützung beispielsweise um den Punkt $g \cdot L$ nach links[7] und der oben abgeleitete Effekt könnte sowohl verstärkt als auch konterkariert werden.

4. Die institutionelle Ausgestaltung hinsichtlich der Gewährung einer Arbeitslosenunterstützung wurde bisher denkbar einfach gehalten. Beispielsweise ist die Dauer des Leistungsbezuges oftmals begrenzt. Ebenso erwirbt das Individuum erst durch das vorherige Leisten von Arbeit einen Anspruch auf die Leistungen. Weiterhin ist vor dem Bezug der Arbeitslosenunterstützung teilweise eine Warteperiode vorgeschaltet. Außerdem kann der Erhalt von Zahlungen an den Nachweis einer Suchtätigkeit gekoppelt sein. Schließlich spielt auch der Grund einer Kündigung im allgemeinen für den Leistungsanspruch eine Rolle. Freiwillige Kündigungen von Seiten des Arbeitnehmers können diesen ausschließen.[8]

Der Rest dieses Unterabschnittes konzentriert sich ausschließlich auf die Rolle der institutionellen Gegebenheiten einer Arbeitslosenversicherung. Hierbei wird hauptsächlich auf die in Fortin (1984) vorgestellte Erweiterung des Grundmodells zurückgegriffen. Dies hat zwei Gründe. Erstens eliminiert sie das Problem von Sprungstellen in der Budgetgeraden, die bei obiger Darstellung aufträten.[9] Zweitens läßt sich mit Hilfe dieses Ansatzes auf einfache Weise ein *Index der Großzügigkeit der Arbeitslosenversicherung* konstruieren, der über die Lohnersatzrate hinausgeht.[10]

---

[7]Unterstellt ist dabei, daß auch auf die erhaltene Unterstützung die Sozialabgabe geleistet wird.

[8]Diese Aufzählung erhebt keinen Anspruch auf Vollständigkeit. Sie deckt nur die wichtigsten Merkmale ab, die denkbar sind, jedoch in der vorherigen Darstellung keinen Eingang gefunden haben.

[9]Das Phänomen einer geknickten Budgetgerade bleibt allerdings bestehen.

[10]Die Lohnersatzrate ist definiert als Quotient aus der (Netto-)Unterstützungszahlung und dem letzten (Netto-)Lohnsatz.

3.1.1.2 Eine Erweiterung des Grundmodells

Im wesentlichen korrespondiert die Grundidee des folgenden Modells mit derjenigen der neoklassischen Variante. Unterstellt wird eine Nutzenfunktion, die unter Berücksichtigung einer Budgetrestriktion maximiert wird.
Für die Nutzenfunktion gelte:

$$U = U(c, l) \qquad \text{mit} \qquad \frac{\partial U}{\partial c} > 0, \frac{\partial U}{\partial l} > 0 \quad \text{und} \quad \frac{\partial^2 U}{\partial c^2} < 0, \frac{\partial^2 U}{\partial l^2} < 0. \tag{3.20}$$

Die kleinen Buchstaben c und l deuten an, daß beide Werte auf die Gesamtzeit T bezogen sind; anders ausgedrückt ist $c = C/T$ und $l = L/T$. Durch eine derartige Definition von l sind mehrere Intervalle von Arbeitslosigkeit innerhalb des betrachteten Zeitraums berücksichtigt, die sich im Endeffekt zur gesamten Nicht-Arbeitszeit l addieren.
Damit läßt sich die Budgetrestriktion wie folgt formulieren:

$$c \leq w \cdot (1 - l) + w \cdot r \cdot v. \tag{3.21}$$

Das durchschnittliche Einkommen c über das Zeitintervall der Länge T setzt sich mithin zusammen aus dem Netto-Lohneinkommen und den Netto-Unterstützungszahlungen. Neben dem Netto-Lohnsatz w seien r die Netto-Lohnersatzrate und v der Teil des Zeitintervalls, für den das Individuum Unterstützungszahlungen erhält. Dabei gilt $v \leq l$.
Die institutionellen Gegebenheiten der Arbeitslosenversicherung spiegeln sich in den Parametern r und v wider. Beide sind von der gesetzgebenden Instanz festgelegt und exogen. Bezüglich der Regeln, die v bestimmen, gelte:

- Ein Anspruch auf Arbeitslosenunterstützung besteht nur, wenn ein Minimum an Arbeitszeit M geleistet wurde. Bezogen auf das gesamte Zeitintervall T können sich dann die Anteile $m = M/T$ und l zusammen höchstens zu Eins addieren, d.h. $m \leq 1 - l$.

- Bevor Zahlungen geleistet werden verstreicht eine Warteperiode A, deren Anteil an der Gesamtzeit [$a = A/T$] höchstens dem gesamten Nicht-Arbeitsanteil entsprechen kann, d.h. $a \leq l$.

- Schließlich sei eine Höchstbezugsdauer der Länge D angenommen. Bezogen auf T ist dann $d = D/T$.

Damit ist der Anteil v kompensierter Arbeitslosigkeit gleich $(l-a)$ oder d, je nach dem, welcher Wert kleiner ist, und zwar sofern $l \geq a$ und $l \leq (1-m)$ gelten. Andernfalls erhält das Individuum keine Zahlungen und v ist gleich Null.
Die genannten Bedingungen sind nun in die Bugetrestriktion zu integrieren. Zu diesem Zweck werden zunächst in einem Diagramm mit dem Zeithorizont auf der Ordinate und dem Nichtarbeitszeitanteil auf der Abszisse die drei Bereiche für die kompensierte Freizeit kenntlich gemacht, die sich aus den Vorgaben bezüglich Qualifikationsperiode M, Warteperiode A und Höchstbezugsdauer D ergeben. Dies ist in Abbildung 3.2 dargestellt.[11] Hieraus läßt sich ableiten, welche Werte von v einkommensmaximal sind, denn für jeden gegebenen Wert von l maximiert jedes T, das v maximiert, auch c, und zwar weil

$$\frac{\partial c}{\partial v} = w \cdot r > 0. \tag{3.22}$$

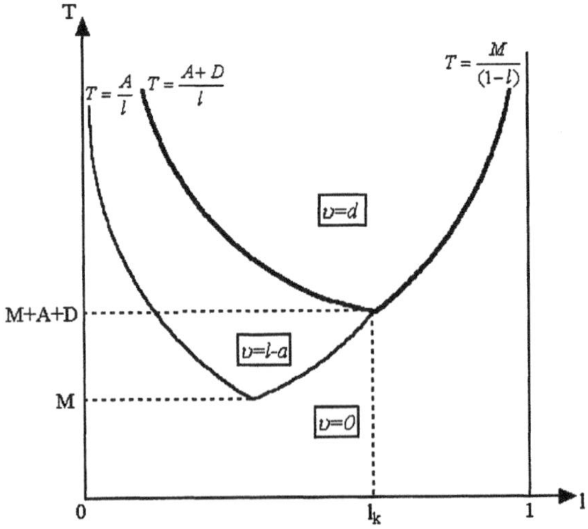

Abbildung 3.2: Zeithorizont und kompensierte Arbeitslosigkeit

In Abbildung 3.2 ist der Bereich $v = 0$ derjenige, für den das Individuum keine Unterstützung erhält; dies ist der Fall, solange noch nicht die Qualifikationsperiode M abgeleistet wurde. Dieser Bereich liegt unterhalb der Linien $T = \frac{A}{l}$ und

[11] In Anlehnung an Fortin (1984), Grafik Nr. 1, S. 277.

$T = \frac{M}{1-l}$. Im Bereich $v = l - a$ erfüllt das Individuum die Qualifikationsbedingung M und hat die Warteperiode A abgeleistet. Er liegt zwischen den Linien $T = \frac{A}{l}$ und $T = \frac{A+D}{l}$ und oberhalb von $T = \frac{M}{1-l}$. Den Bereich $v = d$ schließlich kennzeichnet die Überschreitung der Höchstbezugsdauer D. Er liegt oberhalb von $T = \frac{A+D}{l}$ und von $T = \frac{M}{1-l}$.
Im letzten genannten Bereich wird v maximiert; jedoch wird das Individuum seine Wahl nur auf Werte von v beschränken, die auf der fett eingezeichneten Linie liegen. Wichtig ist außerdem der Übergang von $T = \frac{A+D}{l}$ zu $T = \frac{M}{1-l}$. Er konstituiert den kritischen Wert von l, der in Abbildung 3.2 als l_k bezeichnet ist. l_k zeichnet sich dadurch aus, daß die Dauer der Arbeitslosigkeit $l \cdot T$ bis hierhin die Summe aus Wartezeit A und Höchstbezugsdauer D nicht überschreitet. Aus

$$\frac{A+D}{l} = \frac{M}{1-l} \tag{3.23}$$

folgt deshalb für den kritischen Wert:

$$l_k = \frac{A+D}{M+A+D}. \tag{3.24}$$

Wie sich aus Abbildung 3.2 ablesen läßt, nimmt T unterhalb bzw. oberhalb von l_k die folgenden Werte an:

$$\begin{aligned} \text{Für } 0 \leq l \leq l_k\text{:} \quad T &= \frac{A+D}{l} \quad \text{und} \\ \text{für } l_k \leq l \leq 1\text{:} \quad T &= \frac{M}{1-l}. \end{aligned} \tag{3.25}$$

Es ergeben sich damit zwei wesentliche Implikationen für das Verhalten der Arbeitnehmer. Erstens besteht ein Anreiz, D voll auszuschöpfen. Bis l_k verzichtete das Individuum andernfalls auf kompensierte Nichtarbeitszeit v und damit auf die Maximierung von c, so daß die Dauer der Arbeitslosigkeit $A+D$ entsprechen wird. Jenseits von l_k verbleibt die Dauer der Arbeitslosigkeit aus demselben Grunde bei $A+D$. Zweitens ist der Anreiz gering, mehr Arbeitszeit als M zu leisten. Dies geschieht nur unterhalb von l_k; darüber hinaus wird immer genau M angestrebt, weil andernfalls v entweder auf Null fällt, sofern $M < T \cdot (1-l)$ wird, oder v kleiner wird, sofern $M > T \cdot (1-l)$ ist. Aus dem Zusammenhang $v = D/T$ ergibt sich durch Einsetzen von T:

$$\begin{aligned} \text{Für } 0 \leq l \leq l_k\text{:} \quad v &= l \cdot \frac{D}{A+D} \quad \text{und} \\ \text{für } l_k \leq l \leq 1\text{:} \quad v &= (1-l) \cdot \frac{D}{M}. \end{aligned} \tag{3.26}$$

Damit wird deutlich, daß bis l_k ein positiver Zusammenhang zwischen kompensierter Nichtarbeitszeit v und Nichtarbeitszeit l besteht. Währenddessen ist der Zusammenhang über l_k hinaus negativ. Algebraisch ausgedrückt gilt:

$$\begin{aligned} \text{Für } 0 \leq l \leq l_k\text{:} \quad \frac{\partial v}{\partial l} &= \frac{D}{A+D} > 0 \qquad \text{und} \\ \text{für } l_k \leq l \leq 1\text{:} \quad \frac{\partial v}{\partial l} &= -\frac{D}{M} < 0. \end{aligned} \tag{3.27}$$

Abschließend liefert Substitution von v in die anfängliche Budgetrestriktion (3.21):

1. Für $0 \leq l \leq l_k$:

$$\begin{aligned} c &= w \cdot (1-l) + w \cdot r \cdot \left(l \cdot \frac{D}{A+D}\right) \\ \Leftrightarrow \quad c &= w \cdot \left[1 - l \cdot \left(1 - r \cdot \frac{D}{A+D}\right)\right]. \end{aligned} \tag{3.28}$$

2. Für $l_k \leq l \leq 1$:

$$\begin{aligned} c &= w \cdot (1-l) + w \cdot r \cdot \left[(1-l) \cdot \frac{D}{M}\right] \\ \Leftrightarrow \quad c &= w \cdot (1-l) \cdot \left(1 + r \cdot \frac{D}{M}\right). \end{aligned} \tag{3.29}$$

Das Resultat ist als Effizienzlinie zu verstehen, die einen trade-off zwischen Güterbündel und optimalem Nichtarbeitszeitanteil unter Berücksichtigung institutioneller Beschränkungen der Arbeitslosenversicherung wiedergibt.
Die Steigungen für die jeweiligen Abschnitte lauten:

$$\text{Für } 0 \leq l \leq l_k\text{:} \quad \frac{\partial c}{\partial l} = -w \cdot \left(1 - r \cdot \frac{D}{A+D}\right); \tag{3.30}$$

$$\text{für } l_k \leq l \leq 1\text{:} \quad \frac{\partial c}{\partial l} = -w \cdot \left(1 + r \cdot \frac{D}{M}\right). \tag{3.31}$$

Die Steigungen geben jeweils die Opportunitätskosten der Arbeitslosigkeit an. Für Werte unterhalb von l_k sind diese kleiner als der Nettolohnsatz w, so daß die Arbeitslosenversicherung die Wirkung einer Besteuerung des Lohnes hat. Für Werte oberhalb von l_k sind die Opportunitätskosten größer als der Nettolohnsatz w, so daß die Arbeitslosenversicherung die Wirkung einer Subventionierung des Lohnes hat.

Unter Zuhilfenahme eines Lagrange-Ansatzes können auch hier die Optimalitätsbedingungen hergeleitet werden. Diese lauten:

1. Für $0 \leq l \leq l_k$:

$$\frac{\frac{\partial U}{\partial l}}{\frac{\partial U}{\partial c}} = w \cdot \left(1 - r \cdot \frac{D}{A+D}\right). \tag{3.32}$$

2. Für $l_k \leq l \leq 1$:

$$\text{Bei } l_k \leq l < 1: \quad \frac{\frac{\partial U}{\partial l}}{\frac{\partial U}{\partial c}} = w \cdot \left(1 + r \cdot \frac{D}{M}\right); \tag{3.33}$$

$$\text{bei } l = 1: \quad \frac{\frac{\partial U}{\partial l}}{\frac{\partial U}{\partial c}} > w \cdot \left(1 + r \cdot \frac{D}{M}\right). \tag{3.34}$$

Unterstellt man grob zwei Gruppen von Arbeitnehmern, eine Gruppe G_H mit hoher Affinität zur Arbeit (bzw. geringer Affinität zur Freizeit), und eine Gruppe G_L mit geringer Affinität zur Arbeit (bzw. hoher Affinität zur Freizeit), so ergeben sich infolge der Einführung einer Arbeitslosenversicherung drei wesentliche Schlußfolgerungen.[12] Erstens sinkt entsprechend Bedingung (3.32) für die Gruppe G_H der Arbeitsanreiz, weil die Arbeitslosenversicherung aufgrund ihrer Wirkung als Steuer den Nettolohnsatz reduziert. Zweitens steigt laut Bedingung (3.33) der Arbeitsanreiz für die Gruppe G_L, weil die Arbeitslosenversicherung aufgrund ihrer Wirkung als Subvention den Nettolohnsatz erhöht. Drittens steigt laut Bedingung (3.34) aus demselben Grund der Partizipationsanreiz für die Gruppe G_L, und sei es nur, um die Anspruchsberechtigung auf den Erhalt von Zahlungen zu erlangen. Der Nettoeffekt der Arbeitslosenversicherung auf das Arbeitsangebotsverhalten ist demnach theoretisch nicht eindeutig.
Die Abbildung 3.3 illustriert die effiziente (c, l)-Linie.[13] Der kritische Wert l_k markiert die Knickstelle dieser Linie.

Es bleibt die Frage zu beantworten, welche komparativ-statischen Wirkungen Veränderungen der institutionellen Parameter r, A, D und M haben. Diese wirken über zwei Kanäle. Zum einen hängt der kritische Wert l_k von A, D und M ab. Zum anderen ändert sich die Steigung der Effizienzlinie in Abhängigkeit von

[12] Diese Folgerungen gelten weiterhin nur unter der Voraussetzung, daß die Freizeit ein normales Gut ist und der Substitutions- den Einkommenseffekt überwiegt.

[13] Vgl. Fortin (1984), Grafik Nr. 2, S. 277.

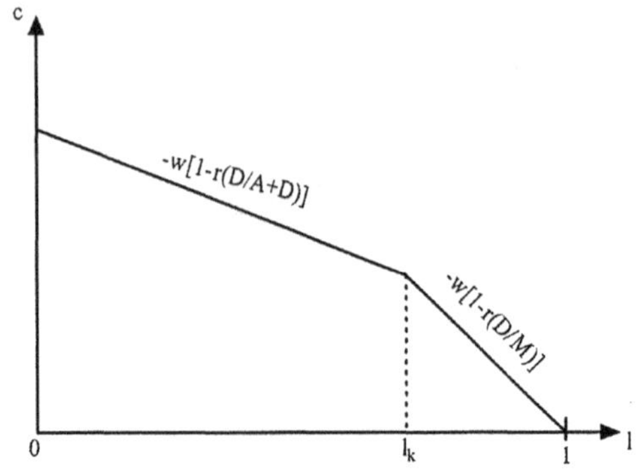

Abbildung 3.3: Effizienzlinie bei Berücksichtigung von Qualifikationsperiode, Wartezeit und Höchstbezugsdauer

r, A, D und M. Aus diesem Grund werden jeweils nur isolierte Variationen von r, A, D und M betrachtet, um einander kompensierende Wirkungen auszuschließen. In Bezug auf die Effizienzlinie muß dabei erneut eine Fallunterscheidung zwischen Werten von l unterhalb und oberhalb von l_k getroffen werden.

1. Änderungen der Lohnersatzrate r beeinflussen lediglich die Steigung der beiden Abschnitte der Effizienzlinie, die Lage des kritischen Wertes l_k bleibt unberührt. Algebraisch gilt:

   a. Für den Bereich $0 \leq l \leq l_k$:

   $$\frac{\frac{\partial c}{\partial l}}{\partial r} = w \cdot \frac{D}{A+D} > 0. \tag{3.35}$$

   Für diesen Bereich wird die Effizienzlinie somit flacher, wenn r erhöht wird.

   b. Für $l_k \leq l \leq 1$:

   $$\frac{\frac{\partial c}{\partial l}}{\partial r} = -w \cdot \frac{D}{M} < 0. \tag{3.36}$$

   Der zweite Bereich der Effizienzlinie wird durch eine Erhöhung von r demzufolge steiler.

Graphisch ist dies in Abbildung 3.4 dargestellt.

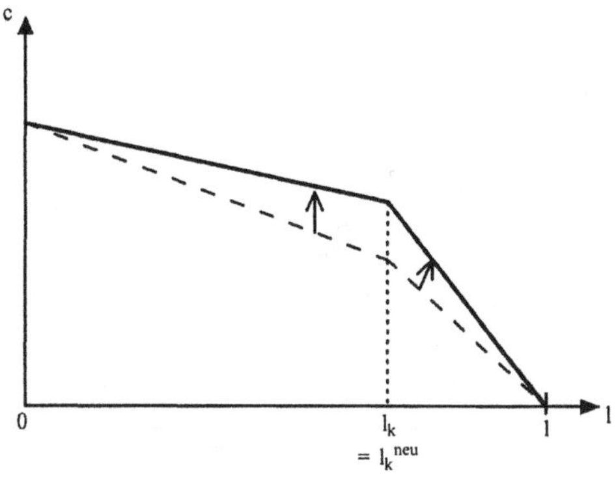

Abbildung 3.4: Änderung der Effizienzlinie bei Erhöhung der Lohnersatzrate r

2. Variationen von A wirken wie folgt.

   - Der Zusammenhang zwischen kritischem Wert l_k und Warteperiode A ist positiv, denn es gilt:

$$\frac{\partial l_k}{\partial A} = \frac{M}{(M+A+D)^2} > 0. \tag{3.37}$$

   Dies bedeutet, dass l_k für $dA > 0$ weiter rechts als im Referenzfall liegt.

   - Auf die Effizienzlinie wirken Änderungen von A auf die folgende Weise.

     a. Für den Bereich $0 \leq l \leq l_k$:

$$\frac{\frac{\partial c}{\partial l}}{\partial A} = -w \cdot r \cdot \frac{D}{(A+D)^2} < 0. \tag{3.38}$$

     Für diesen Bereich wird die Effizienzlinie somit steiler, wenn A erhöht wird.

     b. Für $l_k \leq l \leq 1$:

$$\frac{\frac{\partial c}{\partial l}}{\partial A} = 0. \tag{3.39}$$

     Auf die Steigung im zweiten Bereich der Effizienzlinie hat eine Änderung von A keinen Einfluß.

Graphisch ist dies in Abbildung 3.5 dargestellt.

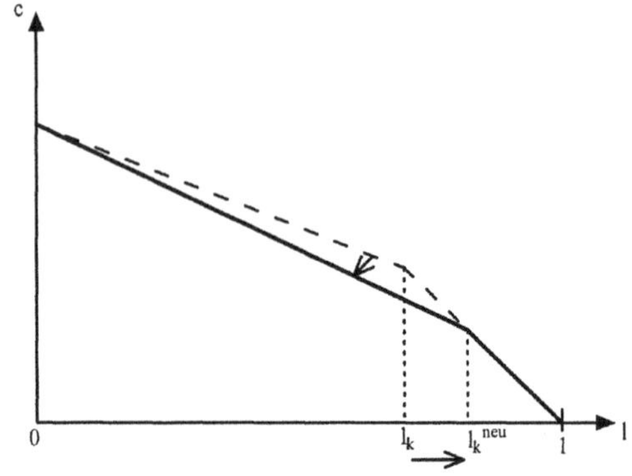

Abbildung 3.5: Änderung der Effizienzlinie bei Erhöhung der Wartezeit A

3. Algebraisch haben Variationen von D folgende Wirkungen.

   - Auch der Zusammenhang zwischen kritischem Wert l_k und Bezugsdauer D ist positiv, weil:

$$\frac{\partial l_k}{\partial D} = \frac{M}{(M+A+D)^2} > 0. \tag{3.40}$$

   Dies bedeutet, dass l_k sich für $dD > 0$ nach rechts verschiebt.

   - Auf die Effizienzlinie wirken Änderungen von D auf die folgende Weise.

     a. Für den Bereich $0 \leq l \leq l_k$:

$$\frac{\frac{\partial c}{\partial l}}{\partial D} = w \cdot r \cdot \frac{A}{(A+D)^2} > 0. \tag{3.41}$$

     Für diesen Abschnitt wird die Effizienzlinie bei einer Erhöhung von D also flacher.

     b. Für $l_k \leq l \leq 1$:

$$\frac{\frac{\partial c}{\partial l}}{\partial D} = -w \cdot r \cdot \frac{1}{M} < 0. \tag{3.42}$$

     Der zweite Abschnitt der Effizienzlinie wird demzufolge bei einer Verlängerung der Höchstbezugsdauer D steiler.

Graphisch ist dies in Abbildung 3.6 dargestellt.

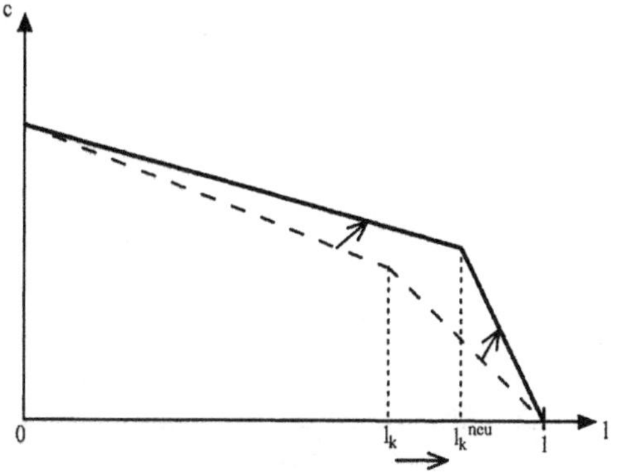

Abbildung 3.6: Änderung der Effizienzlinie bei Erhöhung der Bezugsdauer D

4. Sofern M variiert wird, gilt Folgendes.

- Der Zusammenhang zwischen kritischem Wert l_k und Qualifikationsperiode M ist negativ:

$$\frac{\partial l_k}{\partial M} = -\frac{A+D}{(M+A+D)^2} < 0. \tag{3.43}$$

Dies bedeutet, dass sich l_k durch eine Erhöhung von M nach links verschiebt.

- Auf die Effizienzlinie wirken Änderungen von M auf die folgende Weise.

  a. Für den Bereich $0 \leq l \leq l_k$:

$$\frac{\frac{\partial c}{\partial l}}{\partial M} = 0. \tag{3.44}$$

  Auf die Steigung im ersten Abschnitt ist eine Veränderung von M also ohne Einfluß.

  b. Für $l_k \leq l \leq 1$:

$$\frac{\frac{\partial c}{\partial l}}{\partial M} = w \cdot r \cdot \frac{D}{M^2} > 0. \tag{3.45}$$

  Sofern die Qualifikationsperiode M erhöht wird, wird der zweite Abschnitt der Effizienzlinie flacher.

Graphisch ist dies in Abbildung 3.7 dargestellt.

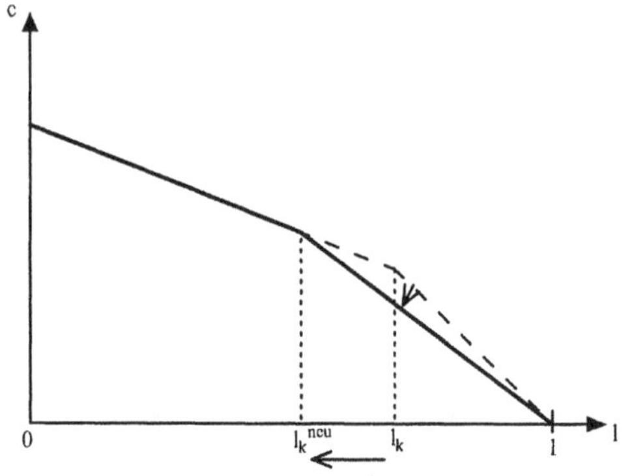

Abbildung 3.7: Änderung der Effizienzlinie bei Erhöhung der Qualifikationsperiode M

Aus diesen analytischen Überlegungen lassen sich ceteris paribus die folgenden Schlußfolgerungen ziehen.

Eine Erhöhung der Lohnersatzrate r vergrößert den Möglichkeitenraum des Individuums. Die genannten Effekte der Verringerung der Arbeitsanreize für die Arbeitnehmergruppe G_H und der Erhöhung des Arbeits- und Partizipationsanreizes für die Arbeitnehmergruppe G_L werden verstärkt. Der Nettoeffekt dieser beiden gegenläufigen Verhaltensweisen bleibt weiterhin uneindeutig.

Wird die Warteperiode A vor dem Bezug von Unterstützungszahlungen erhöht, so bedingt zum einen der flachere Verlauf des ersten Abschnittes der Effizienzlinie eine Erhöhung des Arbeitsanreizes für die Gruppe G_H. Dies wird durch die Erhöhung des kritischen Wertes l_k und damit durch die Verlängerung dieses Abschnittes der Effizienzlinie verstärkt. Zum anderen sinkt aus diesem Grund für die Gruppe G_L die Attraktivität eines Bezuges von Arbeitslosengeld, was den Partizipationseffekt abschwächt.

Eine Verlängerung der Höchstbezugsdauer D wirkt im Prinzip wie eine Erhöhung der Lohnersatzrate, denn auch hier vergrößert sich der Möglichkeitenraum für das Individuum durch eine Verschiebung der Effizienzlinie nach außen. Die Effekte einer Verringerung der Arbeitsanreize für die Arbeitnehmergruppe G_H und einer Erhöhung der Arbeits- und Partizipationsanreize für die Gruppe G_L werden jedoch durch eine Erhöhung des kritischen Wertes l_k zusätzlich verstärkt.

Eine Verlängerung der Qualifikationsperiode M erhöht über einen flacheren Verlauf des zweiten Abschnittes der Effizienzlinie den Arbeitsanreiz für die Gruppe G_L. Dies mildert folglich die negativen Anreizwirkungen der Arbeitslosenversicherung.

Die vorangegangenen Ausführungen verdeutlichen, daß die Untersuchung der Ausgestaltung einer Arbeitslosenversicherung nicht nur auf die Höhe der Lohnersatzrate beschränkt bleiben kann. Ebenso wichtig ist beispielsweise der Zeitraum, für den Arbeitslosengeld gewährt wird, und der Zeitraum, der vor einem Anspruch auf Arbeitslosengeld beitragspflichtig gearbeitet worden sein muß. Empirisch impliziert dies, daß es offenbar nicht problemadäquat ist, die Großzügigkeit einer Arbeitslosenversicherung auf die Variable der Lohnersatzrate zu reduzieren. Konsequenterweise sollte dies bei der Betrachtung des Zusammenhanges zwischen Arbeitslosigkeit und Arbeitslosenversicherung - und damit bei der Suche nach einer geeigneten Meßgröße für die Generosität der Arbeitslosenversicherung - berücksichtigt werden.[14]

Drei spezifische Punkte seien abschließend vermerkt.

1. Im Modellaufbau ist eine Minimierung von M durch die Individuen ebenso im vorhinein angelegt, wie die Maximierung von D.
   Letzteres ist damit zu erklären, daß die Existenz einer Warteperiode A bis zum Leistungsempfang dazu führt, daß es für den Einzelnen rational ist, die gesamte Bezugsdauer auszunutzen, um diese Wartezeit zu kompensieren.

2. Zwar wurde eine verhaltensbezogene Unterscheidung in zwei Arbeitnehmergruppen getroffen - eine Gruppe G_H mit hoher Affinität zur Arbeit und eine Gruppe G_L mit geringer Affinität zur Arbeit - eine Differenzierung dieser Gruppen über unterschiedlich ausgeprägte Nutzenfunktionen unterblieb jedoch. Da die verhaltensbezogene Unterscheidung nur illustrative Zwecke hat, erscheint dies jedoch gerechtfertigt, zumal von einer Spezifikation der Nutzenfunktionen keine grundlegend neuen (oder abweichenden) Erkenntnisse zu erwarten sind.

3. In empirischer Hinsicht fehlt weiterhin eine eindeutige Tendenz für oder gegen die Modellaussagen. Moffitt & Nicholson (1982) bestätigen aber mit einem leicht modifizierten Ansatz die ermittelten Hypothesen.

[14] Siehe hierzu Abschnitt 7.2.

Die beiden theoretischen Diskussionspunkte böten zwar durchaus die Möglichkeit für Modellerweiterungen, jedoch ändern diese nicht die grundsätzlichen Aussagen des neoklassischen Arbeitsangebotsmodells.
Der nächste Abschnitt modelliert die Suche einer (arbeitslosen) Erwerbsperson nach einer Beschäftigung, womit eine dynamische an die Stelle der zuvor präsentierten statischen Perspektive tritt.

3.1.2 Suchmodelle

Im Gegensatz zum statischen neoklassischen Modell unterstellt die Suchtheorie die Existenz von Friktionen auf dem Arbeitsmarkt. Ursache dieser Friktionen ist das Vorliegen unvollständiger Informationen im Hinblick auf Löhne und die Lokalisation von Jobs, sowie die Tatsache, daß Informationen nicht kostenlos sind. Betrachtet wird demzufolge ein Agent, der unter Unsicherheit rationale Entscheidungen hinsichtlich des Sammelns und des Verwendens von Informationen trifft. Untersuchungsgegenstand der Suchtheorie ist folglich die optimale Strategie des Agenten zur Auswahl einer Alternative aus verschiedenen Möglichkeiten.[15]
Auf die Makroebene übertragen weisen Friktionen auf die Bedeutung von Stromgrößen am Arbeitsmarkt hin. Mit N als Zahl der Beschäftigten, U als Zahl der Arbeitslosen, s als Übergangsrate aus Beschäftigung in Arbeitslosigkeit und f als Übergangsrate von Arbeitslosigkeit in Beschäftigung gilt für das Stromgleichgewicht in der einfachsten Variante des Stromgrößenmodells:[16]

$$f \cdot U = s \cdot N. \tag{3.46}$$

Darüber hinaus sei E die im Zeitablauf konstante Zahl der Erwerbspersonen, so daß sich mit $E = N + U$ ergibt:

$$f \cdot U = s \cdot (E - U). \tag{3.47}$$

Durch Umstellen und Auflösen erhält man für die gleichgewichtige Arbeitslosenrate u^*:

$$u^* = \frac{U}{E} = \frac{s}{s+f}. \tag{3.48}$$

[15]Vgl. Mortensen (1986), S. 850.
[16]Vgl. hierzu z.B. Lindbeck (1999), S. 5f. oder Landmann & Jerger (1999), S. 51-54.

Als bedeutsamer Faktor, der die Höhe des Parameters f bestimmt, wird - neben Regelungen bezüglich des Kündigungsschutzes und Mindestlöhnen - die sozialstaatliche Absicherung im Falle von Arbeitslosigkeit angesehen. Je generöser diese ausgestaltet ist, desto schwächer sind die Anreize, eine neue Beschäftigung aufzunehmen, umso geringer ist dann f, und umso höher ist die gleichgewichtige Arbeitslosenrate. Diese Überlegungen stehen jeweils im Hintergrund der suchtheoretischen Analyse.

Suche am Arbeitsmarkt kann als produktive Tätigkeit aufgefaßt werden, da sie einer Investition in das Auffinden von Informationen entspricht. Dies gilt vor allem für die Suche eines Arbeitslosen nach einer Vakanz. Im weiteren Verlauf des Unterabschnittes soll ausschließlich diese Suchaktivität betrachtet werden. Erklärungen für den Grund der Arbeitslosigkeit werden ebenso ausgeklammert wie die Suche "on-the-job".
Die erste rigorose Abhandlung zu dieser Thematik, verbunden mit dem Hinweis, daß die Suchtätigkeit zudem die Effizienz der Allokation des Faktors Arbeit verbessern kann, geht auf Stigler (1961, 1962) zurück. Er untersucht ein Modell nicht-sequentieller Suche, in dem die Zahl der Kontakte zu Jobs, und damit Unternehmen, vom Sucher im vorhinein festgelegt wird. Bei gegebenen und konstanten Suchkosten wird von Seiten des Suchenden derjenige Job mit dem höchsten Lohngebot angenommen. Anders formuliert sieht sich der Arbeitsuchende mit dem Problem konfrontiert, die optimale Zahl an Bewerbungen ex ante zu bestimmen, um aus den resultierenden Angeboten das beste auszuwählen. Unterstellt wird dabei, daß die Maximierung des Lebenseinkommens angestrebt wird und daß sich die wesentlichen Eigenschaften des Jobs mit Hilfe des Lohnes erfassen lassen. Die Optimalitätsbedingung schreibt unter diesen Umständen einen Ausgleich der marginalen Suchkosten mit dem erwarteten marginalen Nutzenzuwachs aus der Suche vor.[17]
Es läßt sich jedoch zeigen, daß die nicht-sequentielle Strategie von einem sequentiellen Vorgehen in dem Sinne dominiert wird, daß die sequentielle Suche zu einem höheren erwarteten Gegenwartswert des künftigen Einkommens führt. Unter sequentieller Suche wird ein Verhalten verstanden, bei dem der Sucher nach Erhalt eines Angebots entscheidet, ob er dieses annimmt oder stattdessen weitersucht.

[17] Vgl. Stigler (1961), S. 96, Smith (1994), S. 148f. und Mortensen (1986), S. 853.

Der Sucher muß demnach im vorhinein lediglich festlegen, wann ein Angebot für ihn akzeptabel ist. Die methodische Basis zur Herleitung der Entscheidungsregel bildet die Theorie der *optimal stopping rules* bzw. Bellman's Prinzip der dynamischen Optimalität. Die grundlegenden Arbeiten in diesem Zusammenhang gehen auf Mortensen (1970a), McCall (1970), sowie Lippman & McCall (1976a, b) zurück.[18]

Aufgrund seiner Bedeutung für die Analyse der ökonomischen Effekte einer Arbeitslosenversicherung soll das sequentielle Suchmodell im folgenden detaillierter beleuchtet werden. Zu diesem Zweck wird in 3.1.2.1 zunächst das elementare Modell mit seinen Annahmen und Aussagen vorgestellt. Im Anschluß daran werden in 3.1.2.2 Kritikpunkte und in der Literatur vorgebrachte Erweiterungen diskutiert. Schließlich befaßt sich der darauffolgende Unterabschnitt 3.1.2.3 mit der Rolle der Arbeitslosenversicherung und ihrer Ausgestaltung in suchtheoretischen Modellen.

3.1.2.1 Das suchtheoretische Grundmodell

Unterstellt sei, daß die nicht-pekuniären Eigenschaften der angebotenen Jobs identisch und bekannt sind.[19] Das Such- und Entscheidungskriterium reduziert sich damit einzig und allein auf den Lohnsatz w. Angenommen sei weiterhin eine dem Sucher bekannte am Markt herrschende Verteilung der Lohnsätze $F(w) = prob\{w \leq w\}$ mit $F(0) = 0$. Unbekannt ist dabei nur, welches Unternehmen welchen Lohnsatz bietet. Die Verteilung ist zudem exogen vorgegeben und zeitinvariant. Dies bedeutet zum einen, daß die Löhne hier keine Signalfunktion erfüllen; ihre Endogenisierung im Sinne einer Bestimmung über Marktmechanismen unterbleibt.[20] Zum anderen ist die Verteilung unabhängig von vorher eingegangenen Angeboten und der konjunkturellen Lage[21].

Die Suchkosten k sind bekannt und im Zeitablauf konstant. Sie beinhalten hierbei eine direkte Komponente in Form der aufgewendeten Ressourcen und eine indirekte Komponente, welche sich in der aufgewendeten Zeit und somit den Op-

[18] Vgl. zum vorangegangenen bspw. Mortensen (1986), S. 853.

[19] Die folgenden Ausführungen basieren - soweit nicht anders gekennzeichnet - auf McCall (1970), Lippman & McCall (1976a), Mortensen (1986), sowie Sargent (1987).

[20] Vgl. Hosios (1990b) S. 280 und Lagos (2000) S. 853.

[21] Eine Knappheit an Vakanzen besteht folglich nicht und arbeitsnachfrageseitige Erwägungen bleiben ausgeblendet. Vgl. hierzu Schneider & Fuchs (2000) S. 313f.

portunitätskosten der Zeit manifestiert. Konstante Suchkosten implizieren außerdem, daß der Sucher keinen Beschränkungen auf dem Kapitalmarkt unterliegt und demzufolge bei Bedarf seine Suche durch Kreditaufnahme finanzieren kann. Die Auszahlung aus einer (erfolgreichen) Suche ist, da in der Zukunft gelegen, mit Unsicherheit behaftet. Der Sucher strebt eine Maximierung seines erwarteten Lebenseinkommens an; dies entspricht der Annahme von Risikoneutralität bzw. einer linearen Nutzenfunktion in bezug auf das Einkommen.

Unterstellt sei weiter, daß der Sucher mit einem unendlichen Zeithorizont operiert. Pro Periode wird ein Jobangebot eingeholt - die Suchintensität wird im Zeitablauf also nicht variiert -, und über die Annahme oder Ablehnung dieses Angebots wird vom Sucher sofort entschieden. Ein Zurückkommen auf ein vorher nicht angenommenes Angebot (*recall*) wird aus Vereinfachungsgründen nicht zugelassen. Die Annahme eines Angebotes führt zum Übergang in eine dauerhafte Beschäftigung, d.h. es existiert im neuen Job keine Gefahr, später wieder entlassen zu werden.

Lehnt der Sucher das vorliegende Angebot ab, so sei angenommen, daß er das Einkommen b erhält. Der Parameter b kann dabei als Wert der Freizeit oder als das empfangene Arbeitslosengeld interpretiert werden.

Aus dem Gesagten folgt, daß der Sucher nachdem er ein Angebot erhalten hat, entweder diese Position annehmen kann und zu dem gebotenen Lohnsatz für immer beschäftigt sein wird, oder das Angebot ablehnen kann, um in der nächsten Periode einen weiteren Lohnsatz aus der Lohnverteilung zu ziehen. Dieser mögliche spätere Lohnsatz sei als w_N bezeichnet.[22]

Das Einkommen des Suchers in Periode t sei y_t. Bei Annahme des Angebotes entspricht das Einkommen dem Lohnsatz w, bei einer Ablehnung dem Arbeitslosengeld b.

Der Gegenwartswert des Einkommens läßt sich wie folgt ausdrücken:

$$\sum_{t=0}^{\infty} \beta^t \cdot y_t. \tag{3.49}$$

Hierbei sei β ein Diskontfaktor, für den $\beta = \frac{1}{1+i}$ mit $0 < \beta < 1$ gilt, wobei i gleichzeitig den Zinssatz und die Zeitpräferenzrate darstellt.

[22] Im folgenden wird zudem die stetige gegenüber der diskreten Sichtweise der Zeit angenommen. In der Literatur ist dies zwar eher ein historisch gewachsenes Vorgehen, jedoch hat es u.a. den Vorteil der einfacheren Handhabbarkeit. Vgl. Mortensen & Pissarides (1998), S. 2575.

Die Zielsetzung der Nutzenmaximierung ist dabei gleichzusetzen mit der Maximierung des Erwartungswertes von Gleichung (3.49). Die Aufgabe des Suchers besteht nun darin, eine optimale Strategie zu entwickeln, um die Maximierung seines Lebenseinkommens zu verwirklichen. Im Rahmen seines Kalküls wird der Sucher dann einen *Reservationslohn* $\overline{w}$ bilden, der den kritischen Wert widerspiegelt, ab dem ein Angebot angenommen wird.[23] Genauer gesagt ist der Sucher bei Erhalt eines Angebotes in Höhe des Reservationslohnes indifferent zwischen der Annahme des Angebotes und der Fortsetzung der Suche.
Die folgende Abbildung 3.8 verdeutlicht den Zusammenhang zwischen Reservationslohn und Lohnverteilung.[24] Bei Lohnangeboten unterhalb von $\overline{w}$ erfolgt eine Ablehnung des Angebotes, ab $\overline{w}$ und darüber hinaus jedoch eine Annahme. Die Fläche unter $F(w)$ und rechts von $\overline{w}$ gibt dann die Wahrscheinlichkeit einer Annahme des Angebotes an.

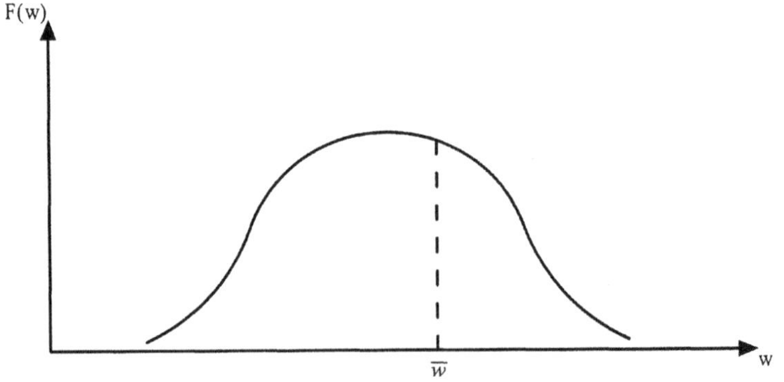

Abbildung 3.8: Reservationslohn und Lohnverteilung

Definiert man

$$v(w) = E \sum_{t=0}^{\infty} \beta^t \cdot y_t, \tag{3.50}$$

[23] Als Synonym zum Begriff Reservationslohn wird oftmals - und so auch hier - die Bezeichnung *Anspruchs-* oder *Akzeptanzlohn* verwendet.
[24] Vgl. Schneider & Fuchs (2000), S. 313.

so sieht das Maximierungsproblem, ausgedrückt durch eine *Bellman Gleichung*[25], wie folgt aus:

$$v(w) = max\left\{\frac{w}{1-\beta}, b-k+\beta\cdot\int v(w_N)dF(w_N)\right\}. \tag{3.51}$$

In der geschweiften Klammer gibt der Ausdruck vor dem Komma den Wert einer Annahme des Jobangebotes wieder. Der Ausdruck in der geschweiften Klammer hinter dem Komma hingegen entspricht dem Einkommen im Falle einer Ablehnung des gerade vorliegenden Angebotes. Dieses setzt sich zusammen aus dem Einkommen bei Arbeitslosigkeit b abzüglich den in der kommenden Periode anfallenden Suchkosten k zuzüglich dem abdiskontierten Gegenwartswert eines Angebotes in der nächsten Periode.
Der Lösungsansatz, der schließlich zur Bestimmung von $\overline{w}$ führt, sieht demnach wie folgt aus:

$$v(w) = \tfrac{\overline{w}}{1-\beta} = b-k+\beta\cdot\int_0^\infty v(w_N)dF(w_N) \quad \text{für } w\leq\overline{w}; \tag{3.52}$$

$$v(w) = \tfrac{w}{1-\beta} \quad \text{für } w\geq\overline{w}. \tag{3.53}$$

Entspricht der angebotene Lohn also nicht mindestens dem Reservationslohn $\overline{w}$, so nimmt $v(w)$ den Wert weiterer Suche gemäß (3.52) an. Ist der angebotene Lohn jedoch mindestens gleich dem Reservationslohn $\overline{w}$, so entspricht $v(w)$ dem Gegenwartswert des Lohnsatzes aus der Beschäftigung gemäß (3.53).
Unter Zuhilfenahme von (3.52) und (3.53) erhält man:

$$\frac{\overline{w}}{1-\beta} = b-k+\beta\cdot\int_0^{\overline{w}}\frac{\overline{w}}{1-\beta}dF(w_N)+\beta\cdot\int_{\overline{w}}^\infty\frac{w_N}{1-\beta}dF(w_N). \tag{3.54}$$

Wegen

$$\frac{\overline{w}}{1-\beta} = \frac{\overline{w}}{1-\beta}\cdot\int_0^{\overline{w}}dF(w_N)+\frac{\overline{w}}{1-\beta}\cdot\int_{\overline{w}}^\infty dF(w_N) \tag{3.55}$$

[25] Vgl. zur Bellman-Gleichung ursprünglich Bellman (1957) und für eine kurze Erläuterung - allerdings für den diskreten Fall - Chiang (1992), S. 20-22. Die Grundidee besteht darin, daß aus einem sequentiellen Entscheidungsproblem eine Reihe von aufeinanderfolgenden Einzelproblemen gemacht wird. Bellman's Prinzip der Optimalität besagt dann, daß ein Teil einer optimalen Sequenz für sich genommen wieder optimal sein muß und umgekehrt eine optimale Teilsequenz zwangsläufig zur gesamten optimalen Sequenz gehören muß.

gilt auch:

$$\frac{\overline{w}}{1-\beta}\cdot\int_0^{\overline{w}} dF(w_N) + \frac{\overline{w}}{1-\beta}\cdot\int_{\overline{w}}^{\infty} dF(w_N)$$
$$= b - k + \beta\cdot\int_0^{\overline{w}} \frac{\overline{w}}{1-\beta} dF(w_N) + \beta\cdot\int_{\overline{w}}^{\infty} \frac{w_N}{1-\beta} dF(w_N). \tag{3.56}$$

Umstellen liefert:

$$\overline{w}\cdot\int_0^{\overline{w}} dF(w_N) - b + k \;=\; \beta\cdot\int_0^{\overline{w}} \frac{\overline{w}}{1-\beta} dF(w_N) - \frac{1}{1-\beta}\cdot\int_0^{\overline{w}} dF(w_N)$$
$$+\beta\cdot\int_{\overline{w}}^{\infty} \frac{w_N}{1-\beta} dF(w_N) - \frac{\overline{w}}{1-\beta}\cdot\int_{\overline{w}}^{\infty} dF(w_N). \tag{3.57}$$

Da die ersten beiden Terme der rechten Seite

$$\beta\cdot\overline{w}\cdot\int_0^{\overline{w}} \frac{1}{1-\beta} dF(w_N) - \int_0^{\overline{w}} \frac{1}{1-\beta} dF(w_N) = 0 \tag{3.58}$$

sind, folgt:

$$\overline{w}\cdot\int_0^{\overline{w}} dF(w_N) - b + k = \beta\cdot\int_{\overline{w}}^{\infty} \frac{w_N}{1-\beta} dF(w_N) - \frac{\overline{w}}{1-\beta}\cdot\int_{\overline{w}}^{\infty} dF(w_N). \tag{3.59}$$

Durch Zusammenfassen der Integrale auf der rechten Seite erhält man:

$$\overline{w}\cdot\int_0^{\overline{w}} dF(w_N) - b + k = \frac{1}{1-\beta}\cdot\int_{\overline{w}}^{\infty} (\beta\cdot w_N - \overline{w}) dF(w_N). \tag{3.60}$$

Addition von $\overline{w}\cdot\int_{\overline{w}}^{\infty} dF(w_N)$ liefert:

$$\overline{w}\cdot\int_0^{\overline{w}} dF(w_N) + \overline{w}\cdot\int_{\overline{w}}^{\infty} dF(w_N) - b + k$$
$$= \frac{1}{1-\beta}\cdot\int_{\overline{w}}^{\infty} (\beta\cdot w_N - \overline{w}) dF(w_N) + \overline{w}\cdot\int_{\overline{w}}^{\infty} dF(w_N). \tag{3.61}$$

Daraus folgt durch Zusammenziehen der Integrale auf beiden Seiten:

$$\overline{w} - b + k = \int_{\overline{w}}^{\infty} \left[\frac{\beta \cdot w_N}{1-\beta} - \frac{\overline{w}}{1-\beta} + \overline{w} \right] dF(w_N). \quad (3.62)$$

Durch Erweitern des dritten Summanden $\overline{w}$ im Intergral mit $\frac{1-\beta}{1-\beta}$, Ausmultiplizieren und Vereinfachen des resultierenden Ausdrucks in der eckigen Klammer gelangt man zu:

$$\overline{w} - b + k = \int_{\overline{w}}^{\infty} \left[\frac{\beta \cdot w_N}{1-\beta} - \frac{\beta \cdot \overline{w}}{1-\beta} \right] dF(w_N). \quad (3.63)$$

Als Ergebnis ergibt sich somit schließlich, wenn man $\frac{\beta}{1-\beta}$ vor das Integral schreibt:

$$\overline{w} - b + k = \frac{\beta}{1-\beta} \cdot \int_{\overline{w}}^{\infty} (w_N - \overline{w}) dF(w_N). \quad (3.64)$$

Die vorangegangene Gleichung (3.64) dient auf einfache Weise der Bestimmung des Reservationslohnes. Auf der linken Seite von (3.64) finden sich die Kosten, die dem Sucher entstehen, wenn er bei einem vorliegenden Angebot $\overline{w}$ ein weiteres Mal sucht. Auf der rechten Seite von Gleichung (3.64) wiederum steht der erwartete Nutzen ein weiteres Mal zu suchen, und zwar in Form des erwarteten Gegenwartswertes beim nächsten Mal einen Lohnsatz mit der Eigenschaft $w_N \geq \overline{w}$ aus der Lohnverteilung zu ziehen. Die optimale Strategie des Suchers verlangt also den Ausgleich der marginalen Kosten (genau einer weiteren Suche) mit dem marginalen Nutzen (genau einer weiteren Suche).

Zur graphischen Verdeutlichung, und um die Wirkung von Parameteränderungen anschaulicher zeigen zu können, sei wie folgt vorgegangen. Die linke Seite von Gleichung (3.64) sei definiert als

$$n(w) = w - b + k \quad (3.65)$$

$$\text{mit} \quad n(0) = -b + k \quad (3.66)$$

$$\text{und} \quad n'(w) = 1. \quad (3.67)$$

Die rechte Seite von (3.64) wird geschrieben als

$$h(w) = \frac{\beta}{1-\beta} \cdot \int_{\overline{w}}^{\infty} (w_N - w) dF(w_N). \quad (3.68)$$

Die Funktion $h(w)$ hat dabei die folgenden Eigenschaften:

$$h(0) = \frac{\beta}{1-\beta} \cdot Ew, \tag{3.69}$$

$$h(\infty) = 0, \tag{3.70}$$

$$h'(w) = -\frac{\beta}{1-\beta} \cdot [1 - F(w)] < 0, \tag{3.71}$$

$$h''(w) = \frac{\beta}{1-\beta} \cdot F'(w) > 0. \tag{3.72}$$

Demnach ist $h(w)$ negativ geneigt und verläuft konvex zum Ursprung.
Faßt man die beiden Kurven in der Abbildung 3.9 zusammen, so ergibt sich das folgende Bild.[26]

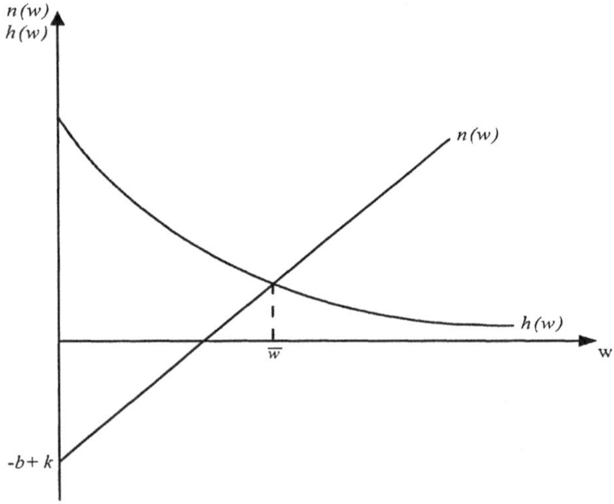

Abbildung 3.9: Bestimmung des Reservationslohnes im einfachen Suchmodell

Der Schnittpunkt von $h(w)$ und $n(w)$ determiniert den Reservationslohn $\overline{w}$ und bringt damit das Ergebnis des Optimierungskalküls des Suchers zum Ausdruck. Zu betonen ist, daß der Reservationslohn im Zeitablauf konstant bleibt. Nur die Änderung entscheidungsrelevanter Parameter könnte ihn verändern.

[26] Vgl. zu dieser Darstellung Sargent (1987), S. 68.

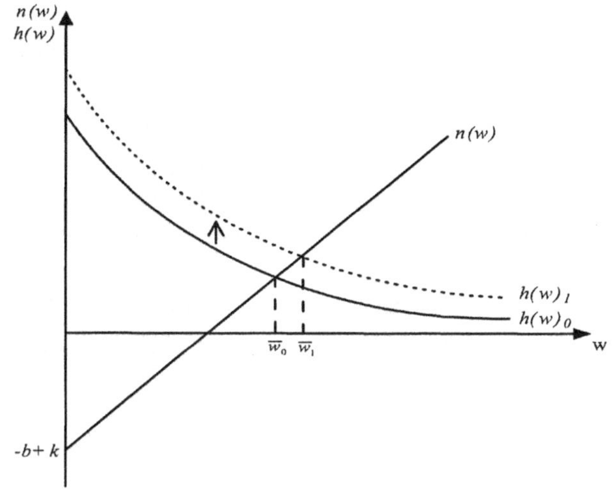

Abbildung 3.10: Einfluß besserer Möglichkeiten auf dem Arbeitsmarkt auf den Reservationslohn

Zudem muß im Zusammenhang mit dem Reservationslohn auf eine grundlegende Argumentationskette der Suchtheorie verwiesen werden.[27] Je höher der Reservationslohn ist, desto wählerischer wird der Sucher und umso weniger Angebote erscheinen ihm angemessen. Damit sinkt gleichzeitig die Wahrscheinlichkeit, ein Angebot zu erhalten, das mindestens dem Reservationslohn entspricht. Ist dies der Fall, so wird sich die Suche und mithin die Arbeitslosigkeit verlängern.[28] Unter ansonsten gleichen Bedingungen impliziert eine individuell längere Arbeitslosigkeit eine aggregiert höhere Arbeitslosigkeit.[29] In einer Beurteilung dieses

[27] Vgl. hierzu schon Mortensen (1970a).

[28] Die erwartete Dauer einer Periode der Arbeitslosigkeit entspricht dabei dem reziproken Wert der *Hazardrate* ϕ:

$$\phi = \rho(1 - F(\overline{w})).$$

Sie gibt die unmittelbare Wiederbeschäftigungswahrscheinlichkeit an und wird - für den Fall eines konstanten Reservationslohnes - gebildet aus dem Produkt der Rate, mit der Angebote eingehen $[\rho]$ und der Rate, mit der Angebote akzeptabel sind $[1 - F(\overline{w})]$.

Vgl. Mortensen (1986), S. 862 oder Devine & Kiefer (1991), S. 17.

[29] Dies entspricht der bereits angesprochenen Verringerung der Übergangsrate von Arbeitslosigkeit in Beschäftigung. Implizit wird bei dieser Überlegung zudem Homogenität der Individuen unterstellt.

Ergebnisses ist dem aber der Lohneffekt einer längeren Suche gegenüberzustellen, wonach dieser höher als in der vorherigen Beschäftigung sein dürfte.[30]

Abbildung 3.10 zeigt, daß eine Verbesserung der Möglichkeiten am Arbeitsmarkt zu einer Verschiebung von $h(w)$ nach oben führt. Bessere Möglichkeiten am Arbeitsmarkt meinen dabei eine für den Sucher günstigere Lohnverteilung. Dies führt zu einer Erhöhung des Reservationslohnes von $\overline{w}_0$ auf $\overline{w}_1$ und zu einer Verlängerung der Suche.
Den gleichen qualitativen Effekt einer Erhöhung des Anspruchslohnes hat eine Verringerung des Diskontfaktors β, weil damit die Opportunitätskosten der Zeit für den Sucher eine geringere Rolle spielen.

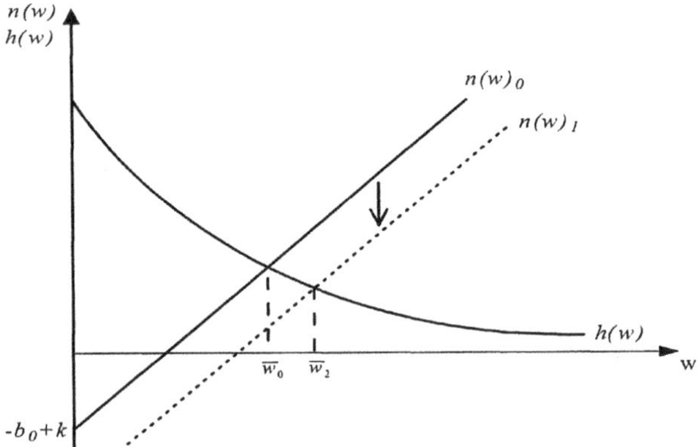

Abbildung 3.11: Einfluß höheren Arbeitslosengeldes auf den Reservationslohn

Wie aus Abbildung 3.11 ersichtlich, steigt der Reservationslohn als Antwort auf eine Erhöhung des Arbeitslosengeldes von $\overline{w}_0$ auf $\overline{w}_2$. Rein mechanisch betrachtet ist dies auf die Verschiebung von $n(w)$ nach unten zurückzuführen. Ökonomisch wirkt das Arbeitslosengeld wie eine Subvention der Suche, und der Sucher kann durch die Wahl eines höheren Reservationslohnes ein wählerischeres Verhalten an den Tag legen und seine Suchzeit verlängern.

[30] Vgl. neben anderen Ehrenberg & Oaxaca (1976), Classen (1977) und Holen (1977).

Dieselbe beschriebene Wirkung entfaltet eine Verringerung der Suchkosten k. Es dürfte hierbei unmittelbar einleuchtend sein, daß geringere direkte Suchkosten eine längere Suche - oder zumindest den Anreiz hierzu - mit sich bringen.

Soweit zu den Grundideen der Suchtheorie. Der nächste Teilabschnitt befaßt sich nun, allerdings nur in verbaler Form, mit einigen Defiziten der einfachen Modellform und den sich daraus ergebenden Modifikationen.

3.1.2.2 Defizite und Modifikationen des Grundmodells

Ein zentrales Ergebnis des einfachen Suchmodells lautet, daß der Anspruchslohn während der Suche stationär ist. Eine Reihe von Überlegungen sprechen jedoch gegen diese Hypothese und stattdessen für einen im Zeitverlauf abnehmenden Reservationslohn. Sie setzen größtenteils an bestimmten Prämissen des obigen Modells an und stellen insofern Weiterentwicklungen dar.[31]

Kasper (1967) macht auf ein klassisches Argument für einen im Zeitablauf abnehmenden Anspruchslohn aufmerksam, nämlich, daß der Grenznutzen der Freizeit im Laufe der Arbeitslosigkeit abnimmt. Daraus folgt, daß die Attraktivität der Beschäftigungslosigkeit im Zeitablauf abnimmt und im Umkehrschluß eine fortdauernde Suche an Attraktivität verliert.[32]

Das Grundmodell unterstellt einen unendlichen Zeithorizont des Suchers und zusätzlich, daß ein einmal gefundener Job bis in alle Ewigkeit zu diesem Lohnsatz ausgeübt wird. Ist der Zeithorizont jedoch endlich, so nimmt der marginale Gewinn aus einer fortgesetzten Suche ab. Das gleiche gilt dann auch für den Reservationslohn. Dieser Fall dürfte umso relevanter sein, je kürzer der Planungshorizont des Suchers ist.[33]

Implizit wird unterstellt, daß der Agent die Auswahl des nächsten Unternehmens, bei dem er sich bewirbt, zufällig gestaltet. Laut Salop (1974) ist jedoch ein systematisches Vorgehen eher zu beobachten, da zumindest Vorkenntnisse über Unternehmen und die dortigen Beschäftigungsmöglichkeiten bestehen. Somit bildet der Sucher eine Rangfolge der Unternehmen nach den Einstellungschancen und wird die Firmen in dieser Reihenfolge kontaktieren. Nach jedem erfolglosen Kontakt

[31] Die folgenden Ausführungen stellen keinen Anspruch auf Vollständigkeit, sie sollen vielmehr die wichtigsten Punkte exemplarisch ansprechen.

[32] Äquivalent hierzu wäre die Unterstellung zunehmenden Grenzleids der Arbeitslosigkeit.

[33] Vgl. Franz (1982), S. 33.

müsste dann der Reservationslohn nach unten revidiert werden, weil der vorherige Anspruchslohn für das nächste Unternehmen zu hoch wäre. Daraus folgt ein im Zeitablauf abnehmender Reservationslohn.

In eine ähnliche Richtung zielt ein Argument von Pissarides (1992), nach dem die Wahrscheinlichkeit eine Vakanz zu finden, mit der Dauer der Arbeitslosigkeit abnimmt. Der dahinterstehende Mechanismus besteht in der Entwertung des Humankapitals während der Beschäftigungslosigkeit. Sie hat zur Folge, daß die Produktivität des Suchers sinkt und er seinen Anspruchslohn mit der Zeit nach unten anpassen muß, um einen Job zu bekommen.[34]

Im Prinzip sind die beiden vorgenannten Punkte jeweils Ansätze, die zur übergeordneten Erklärung einer zeitvariablen Verteilung der Lohngebote und einer im Zeitablauf veränderlichen Rate, mit der Jobangebote eingehen, gehören. In beiden Varianten verschlechtern sich die Möglichkeiten des Suchers im Zeitablauf, die Verteilung der Lohngebote verschiebt sich nach links und auch die Rate, mit der Jobangebote eingehen, verringert sich.[35] Als Ergebnis bleibt ein mit fortdauernder Suche sinkender Anspruchslohn.

Ein weiteres Argument spricht zumindest dafür, daß der Reservationslohn im Zeitablauf veränderlich sein kann. Wie deGroot (1968) und Rothschild (1974) gezeigt haben, ist dies der Fall, wenn die Verteilung der Lohngebote unbekannt ist und erst im Laufe der Suche durch Bayesianisches Lernen ermittelt wird. Nach dem Eingang eines neuen Angebotes wird dann der jeweils gültige Reservationslohn in die Richtung revidiert, die die neue Information vorgibt und über die Annahme des Angebotes entschieden.

Im weiteren seien einige Modifikationen beschrieben, die an verschiedenen Annahmen ansetzen, aber nicht notwendigerweise die qualitativen Aussagen des Grundmodells ändern.

[34]In seiner Essenz ist dies dasselbe wie das Stigma-Argument längerer Arbeitslosigkeit - vgl. z.B. Vishwanath (1989) oder Belzil (1995). Hiernach wirkt eine Zeit längerer Arbeitslosigkeit als negatives Produktivitätssignal (*stigmatisierend*) und veranlaßt Unternehmen dazu, in ihren Fähigkeiten homogen erscheinende Personen nach der Länge ihrer Arbeitslosigkeit in eine Reihenfolge zu bringen. Siehe zur grundlegenden Idee des rankings von Arbeitslosen Blanchard & Diamond (1994).

[35]Letzteres wurde vorher durch die Prämisse regelmäßig periodisch eingehender Angebote ausgeschlossen. Es ist nicht schwer einzusehen, daß sich die Wahrscheinlichkeit ein Angebot anzunehmen erhöht, je weniger häufig der Sucher auf Angebote trifft. Vgl. hierzu z.B. McCall (1970).

Das Grundmodell faßt die Eigenschaften eines Stellenangebotes allein mit Hilfe des Lohnsatzes zusammen. Wilde (1979) versucht diese Einschränkung aufzuheben, indem er zusätzlich zum generellen Charakteristikum des Lohnsatzes darüber hinausgehende spezielle Charakteristika eines Jobs unterstellt. Es bleibt jedoch dabei, daß der Sucher die Entscheidung über die Annahme eines Angebotes zunächst aufgrund des Reservationslohnes fällt. Erst innerhalb der Folgeperiode erschließen sich ihm die spezifischen Charakteristika einer Stelle, und er entscheidet dann, ob die Arbeit weiter ausgeübt oder die Stelle von ihm wieder gekündigt wird. Diese Entscheidung wird ebenfalls anhand eines Reservationswertes hinsichtlich der spezifischen Charakteristika getroffen. Die Wahrscheinlichkeit zu kündigen nimmt dann mit der Dauer der Anstellung und dem Alter ab.[36]

Blau (1991) weist darauf hin, daß die Berücksichtigung zusätzlicher Eigenschaften einer Beschäftigung dazu führen muß, nicht den Reservationslohn sondern den Reservationsnutzen als entscheidungsrelevant anzusehen. Der Lohn geht dabei nur als ein Bestandteil in die Nutzenfunktion des Suchers ein. Als wichtige zusätzliche Eigenschaft wird von Blau die Zahl der Arbeitsstunden identifiziert. Unter diesen Gegebenheiten können die Modellvorhersagen hinsichtlich der Annahme oder Ablehnung eines Jobs - und mithin auch hinsichtlich der Suchdauer - von der reinen Reservationslohnvariante abweichen, weil nicht-pekuniäre Eigenschaften der Stelle eine Abweichung vom angestrebten Lohnsatz (über-)kompensieren können. Einziger Aktionsparameter des Suchers im einfachen Modell ist die Festlegung des Reservationslohnes, die Stellenangebote gehen dabei bei konstanter Suchintensität exogen bestimmt ein. Burdett (1979b) versucht dieses Defizit zu beheben, indem er eine Variation der Suchintensität durch den Sucher zuläßt. Angenommen wird dabei, daß durch die Aufgabe von Freizeit die Suchintensität und damit die Wahrscheinlichkeit ein Angebot zu erhalten, erhöht werden kann. Im Ergebnis steigt die Suchintensität mit der Dauer der Arbeitslosigkeit an und im Umkehrschluß sinkt der Anspruchslohn.

Benhabib & Bull (1983) modellieren die Wahl der Suchintensität über die Zusammenfassung der sequentiellen Suchstrategie mit der Methode, die Zahl der

[36] Die Unterscheidung in generelles und spezielles Charakteristikum ähnelt der Differenzierung in Suchgüter (*search goods*) und Erfahrungsgüter (*experience goods*) gemäß Nelson (1970). Das Suchgut zeichnet sich dadurch aus, daß es beobachtbar und ex ante bekannt ist. Die Eigenschaften des Erfahrungsgutes stellen sich erst ex post heraus. Folglich entspricht der Lohnsatz dem Suchgut, nicht-pekuniäre Eigenschaften der Beschäftigung dem Erfahrungsgut.

optimalen Kontakte im vorhinein festzulegen. Ihr Ergebnis - eine zunehmende Intensität der Suche mit der Dauer der Suche bzw. der Arbeitslosigkeit - deckt sich jedoch mit demjenigen von Burdett.
Eine vielfach gegenüber der Suchtheorie vorgebrachte Kritik besagt, daß zwar das Suchverhalten erklärt wird, jedoch nicht, weshalb es vorher zu einer Kündigung oder Entlassung gekommen ist.[37] Eine mögliche Begründung für Kündigungen von Seiten des Beschäftigten wurde oben schon genannt, nämlich die Unterschreitung eines Reservationswertes nicht-pekuniärer Eigenschaften des Jobs. Auf der anderen Marktseite, der Nachfrage nach Arbeit, zeigt Jovanovic (1979), daß auch die Produktivität des Beschäftigten als Erfahrungsgut aus Sicht des Unternehmens betrachtet werden kann. Erweist sich die Produktivität, nachdem die Firma ausreichend Informationen diesbezüglich akkumuliert hat, als nicht ausreichend, so kommt es zu einer (dauerhaften) Entlassung. Allerdings sinkt die Wahrscheinlichkeit einer Entlassung im Zeitablauf - analog zur Wahrscheinlichkeit einer Kündigung durch den Arbeitnehmer bei Wilde (1979).
Die hier behandelten Suchmodelle beschränken sich auf eine partielle Betrachtung, und die nachfrageseitigen Effekte werden ausgeblendet. Insbesondere wird damit unterstellt, daß ein zustandegekommenes match weder die Verteilung der Lohngebote noch die Entlassungswahrscheinlichkeiten beeinflußt bzw. diese Wirkungen vernachlässigbar gering sind.[38]
Auf einen Zusatzaspekt einer erfolgreichen Suche verweisen u.a. Mortensen (1982a) und Pissarides (1984). Ist ein match zustandegekommen, so beeinflußt dies den Anreiz der Suche nachfolgender Sucher. Dies ist auf einen externen Effekt eines matches zurückzuführen, der sich darin äußert, daß auf beiden Marktseiten ein Sucher verschwindet und damit die Erfolgsaussichten der verbliebenen (oder der später hinzukommenden) Sucher verringert werden. Pissarides zeigt beispielsweise, daß diese Externalität die Jobablehnung beeinflußt und daß gleichzeitig ein zu wenig an Jobablehnung wahrscheinlich ist. Demzufolge können arbeitsmarktpolitische Maßnahmen, die - wie das System einer Arbeitslosenversicherung - zu einer Erhöhung der Ablehnung von Jobangeboten beitragen, die genannte Externalität internalisieren und im Gegensatz zu den bisherigen Erkenntnissen effizienzsteigernd wirken.

[37] Vgl. z.B. Welch (1977).
[38] Zur Gegenmeinung siehe Lang (1985).

Intuitiv ist es schließlich einleuchtend, daß risikoaverses anstelle von risikoneutralem Verhalten einen niedrigeren Reservationslohn zur Folge haben wird, denn der sichere Erhalt eines bestimmten Lohnsatzes wird in diesem Fall einem ebenso hohen Erwartungswert aus einer Lohnverteilung vorgezogen.[39] Risikoaverses Verhalten ist dabei eher bei einem Haushaltsvorstand wahrscheinlich, der das Familieneinkommen erwirtschaftet, als bei einem Alleinstehenden. Bei absoluter Risikoaversion des betrachteten Suchers kann zudem gezeigt werden, daß der Reservationslohn im Zeitablauf sinkt.[40]
Zur Vervollständigung dieses Abschnittes einige Worte zur empirischen Evidenz der Suchtheorie. Einen Überblick zu Untersuchungsgegenständen, Methoden und Ergebnissen geben Devine & Kiefer (1991). Die Literatur zu dieser Thematik ist allerdings nahezu unüberschaubar groß und über die erzielten Ergebnisse herrscht weiterhin kein Konsens.[41] Obwohl es also keine Einigkeit hinsichtlich der Gültigkeit der Vorhersagen der Suchtheorie, der Stichhaltigkeit ihrer Annahmen, sowie ihrer Bedeutung an sich gibt, seien stichwortartig einige grundsätzliche Punkte hervorgehoben.

- Klassifiziert man die empirischen Studien nach ihrem Untersuchungsgegenstand, so gelangt man grob zu folgender Einteilung:

  1. Die Höhe von Reservationslöhnen und ihr Verhalten im Zeitablauf.
  2. Die Bestimmungsfaktoren der Abgangsraten aus der Arbeitslosigkeit.
  3. Nicht-pekuniäre Eigenschaften einer Beschäftigung und ihr Einfluß auf das Suchverhalten.
  4. Rolle und Wirkung von Suchintensität und Suchstrategie.

- Im Überblick ergeben sich zu den vorgenannten Punkten - ungeachtet methodischer, datenbezogener oder sonstiger Unterschiede der Studien - folgende Kernaussagen:[42]

  1. Der Reservationslohn nimmt im Zeitablauf zumindest leicht ab und wurde zudem in frühen Untersuchungen in seiner Bedeutung über-

[39] Vgl. Lippman & McCall (1976a), S. 171f. und Devine & Kiefer (1991), S. 21.

[40] Vgl. Danforth (1979) und Franz (1982), S. 34.

[41] Relativierend ist anzumerken, daß dies in empirischen Untersuchungen zur Suchtheorie im Zusammenhang mit der Arbeitslosenversicherung noch stärker der Fall ist.

[42] Vgl. Devine & Kiefer (1991), S. 299-308.

schätzt. Größeren Einfluß auf die Dauer der Arbeitslosigkeit dürfte neben der Suchintensität die Wahrscheinlichkeit haben, mit der ein Sucher Jobangebote bekommt.

2. Die Annahme eines zufälligen Suchprozesses hält dem Vergleich mit der Unterstellung systematischer Suche nicht stand.
3. Das Suchverhalten verschiedener demographischer Gruppen ist höchst unterschiedlich. Im Endeffekt bedeutet dies, daß die Homogenitätsannahme bezüglich der Sucher zu stark ist und die Verbindung zwischen dem Verhalten des Einzelnen und Schlußfolgerungen auf der aggregierten Ebene brüchig ist.

- Clark & Summers (1979) versuchen zudem einen grundlegenden Einwand gegen die Suchtheorie zu belegen. Ein Großteil von Arbeitslosigkeit konzentriert sich ihrer Ansicht nach auf wenige Personen, die dann länger ohne Beschäftigung sind. Diese Beobachtung widerspricht der Grundvorstellung der Suchtheorie, daß eher viele Personen für kurze Zeiträume arbeitslos sind. Angesichts eines Anteils von über 50% Langzeitarbeitslosen[43] in Gesamtdeutschland im Jahre 2000 läßt sich dies wohl nicht ganz von der Hand weisen. Die Bedeutung der auf Friktionen am Arbeitsmarkt beruhenden suchtheoretischen Analyse wird hiermit jedoch lediglich relativiert.

3.1.2.3 Eine differenzierende Analyse der Effekte einer Arbeitslosenversicherung in Suchmodellen

Es wurde bereits in 3.1.2.1 gezeigt, daß das Arbeitslosengeld wie ein Keil zwischen dem individuell und dem sozial optimalen Reservationslohn wirkt. Der höhere Akzeptanzlohn führt infolge der verringerten Suchkosten zu einer längeren Suche und somit zu verlängerter Arbeitslosigkeit. Unter den vorher diskutierten Bedingungen erhöht dies die gleichgewichtige Arbeitslosenrate.[44]
Zusätzlich fungiert das Arbeitslosengeld als Untergrenze für den Anspruchslohn, denn selbst wenn der erwartete Nutzen einer weiteren Suche Null wird, kann $\overline{w}$ nicht unter b - bereinigt um die Suchkosten - fallen. In diesem Sinne wirkt das Arbeitslosengeld demnach wie ein Mindestlohn.

[43] Quelle: OECD (2002b), Table G, S. 322.
[44] Vgl. Mortensen (1970a, 1986).

Im folgenden soll der Frage nachgegangen werden, wie sich eine differenziertere Modellierung von Arbeitslosenversicherungssystemen auswirkt.

3.1.2.3.1 Auswirkungen der Ausgestaltung der Arbeitslosenversicherung

Das bisher Gesagte unterstellt implizit, daß jeder Sucher bedingungslos und für eine unbegrenzte Dauer Anspruch auf Arbeitslosengeld hat. Offenkundig weicht diese Prämisse von bestehenden Arbeitslosenversicherungssystemen ab. Modifikationen der Modelle, die diesem Umstand Rechnung tragen, beschränken sich im wesentlichen auf den Gesichtspunkt der Zeitdimension des Systems und dabei ausschließlich auf die maximale Bezugsdauer.[45]

Unter Verwendung der in 3.1.2.1 präsentierten Methodik zeigen Mortensen (1977) und van den Berg (1990a), daß eine begrenzte Bezugsdauer des Arbeitslosengeldes dazu führt, daß der Reservationslohn im Zeitablauf abnimmt und nach Ende der Bezugsdauer konstant bleibt. Im Umkehrschluß entspricht dies einer zunehmenden Hazardrate und einer stetig sinkenden erwarteten Dauer der Arbeitslosigkeit. Die dahinterstehende ökonomische Logik ist recht trivial: Mit andauernder Suche und Arbeitslosigkeit verringert sich die verbleibende Restbezugsdauer des Arbeitslosengeldes und damit nimmt der Gegenwartswert der Arbeitslosigkeit im Zeitablauf ab, bis der Reservationslohn schließlich nur noch dem erwarteten Nutzen aus einer weiteren Suche entspricht.

Für den Zeitpfad des Reservationslohnes gilt folglich, daß $\overline{w}$ ausgehend von einem bestimmten Anfangsniveau in $t = 0$ so lange fällt, bis die maximale Anspruchsdauer D ausgeschöpft wurde. Von diesem Zeitpunkt an bleibt der Akzeptanzlohn konstant, sofern keine der in Abschnitt 3.1.2.2 aufgeführten Bedingungen für einen (weiter) fallenden Reservationslohn erfüllt ist.

Die analytische Herleitung dieses Ergebnisses soll nunmehr im Rahmen eines erweiterten Modells erfolgen.[46]

[45] Diejenigen theoretischen Ansätze, die ein einfaches Arbeitslosenversicherungssystem mit Erweiterungen des Grundmodells verbinden, werden in dieser Arbeit nicht weiter behandelt.

[46] Grundlage dieses Unterabschnittes ist van den Berg (1990a).

Ein nicht-stationäres Suchmodell mit Wartezeit und begrenzter Bezugsdauer

Die Bedeutung der Zeitkomponente in Arbeitslosenversicherungssystemen wurde bereits betont. Zur Ergänzung soll in diesem Unterabschnitt gezeigt werden, wie neben einer begrenzten Bezugsdauer des Arbeitslosengeldes D eine Warteperiode A vor dessen Empfang wirkt.[47] Diese zusätzliche Zeitkomponente hat für die Funktion $b(t)$, also das Arbeitslosengeld in Abhängigkeit von der Zeit bzw. der Dauer der Arbeitslosigkeit, folgende Konsequenz:

$$b(t) = \begin{cases} 0 & \text{für} \quad 0 \leq t \leq A, \\ b & \text{für} \quad A < t \leq D, \\ 0 & \text{für} \quad t > D. \end{cases} \tag{3.73}$$

Weiterhin werden folgende Vereinbarungen hinsichtlich des Systems der Arbeitslosenversicherung getroffen.

Die Qualifikationsperiode für den Bezug des Arbeitslosengeldes wird als absolviert angenommen. Andernfalls bestünde kein Anrecht auf den Erhalt von b und $\overline{w}$ wäre - ceteris paribus - wie zuvor stationär.

Kündigungen aus eigenem Antrieb müssen ebenfalls nicht in Betracht gezogen werden, weil die Wirkung einer hierdurch verursachten Sperrzeit derjenigen einer Wartezeit entspricht. Verwirkt der Arbeitnehmer durch die Kündigung seine Ansprüche, so reduziert sich die Lösung erneut auf den stationären Fall ohne b.

Implizit wird zudem unterstellt, daß eine aktive Suche verlangt wird, die gleichzeitig vom Sucher erfüllt wird. Ansonsten gälte dasselbe wie bei Kündigungen von Seiten des Arbeitnehmers.[48]

Zumutbarkeitskriterien werden schließlich aufgrund derselben Logik ebenso außer acht gelassen.[49]

[47] Bemerkenswerterweise wies schon Cannan (1930) auf den Sinn einer Warteperiode hin.

[48] Von der Problematik des monitorings und den damit verbundenen Kosten wird zusätzlich abstrahiert. Folglich ist abweichendes Verhalten von der verwaltenden Instanz kostenlos zu beobachten und zu sanktionieren.

[49] Zwei Modellierungen böten sich stattdessen an: Die Festlegung eines maximalen Reservationslohnes oder die Festlegung einer Zahl von abgelehnten Angeboten, die höchstens zulässig ist. Die erste Vorgehensweise bedingt jedoch, daß einerseits b von $\overline{w}$, andererseits aber auch $\overline{w}$ von b abhängig ist. Dies ließe sich nur numerisch lösen - siehe z.B. Ljungqvist & Sargent (1998); dies soll hier nicht weiter verfolgt werden. Der letzte Einwand gilt ebenso für die zweite Vorgehensweise.

In Anlehnung an van den Berg (1990a) gelten des weiteren die nachfolgenden Prämissen:

- Die Jobangebote gehen gemäß einem Poisson-Prozeß mit Ankunftsrate ρ ein. Damit wird die Einschränkung aufgehoben, daß pro Periode nur ein Angebot eingeht. Stattdessen kommen Angebote in zufälligen zeitlichen Abständen mit der Rate ρ an. Dabei sei $0 < \rho < \infty$.
- Die Jobangebote bzw. die damit verbundenen Lohnsätze werden zufällig aus $F(w)$ gezogen.
- Die Verteilung $F(w)$ und der Parameter ρ sind dem Sucher bekannt.
- Der Sucher maximiert den erwarteten Gegenwartswert seines Einkommens und verhält sich demzufolge risikoneutral.
- Entscheidungsgegenstand ist die Annahme oder Ablehnung des jeweils vorliegenden Jobangebotes. Wird das Angebot abgelehnt, so wird die Suche danach fortgesetzt. Wird das Angebot angenommen, so wird auf Dauer zu jenem Lohnsatz in diesem Job gearbeitet.[50]
- Der Parameter i gebe die persönliche Zeitpräferenzrate bzw. den Zinssatz wieder. Für den Wertebereich gelte $0 < i < \infty$.
- Für die Dauer seiner Anspruchsberechtigung erhält der Sucher das Netto-Arbeitslosengeld b, von dem die Suchkosten bereits abgezogen sind.
- Die Parameter ρ und b, sowie die Verteilung $F(w)$ sind exogen vorgegeben und vom Sucher mithin nicht zu beeinflussen.
- Im übrigen herrscht perfekte Voraussicht, d.h. sofern sich exogene Variablen im Zeitablauf ändern, werden diese Änderungen korrekt vorausgesehen.

Analog zu Gleichung (3.64) ergäbe sich für den stationären Fall der Reservationslohn als Lösung von

$$\overline{w} = b + \frac{\rho}{i} \int_{\overline{w}}^{\infty} (w_N - \overline{w}) dF(w_N). \tag{3.74}$$

[50]Die Dauer des Beschäftigungsverhältnisses ist demzufolge unendlich. Für ein nichtstationäres Modell, das Entlassungswahrscheinlichkeiten unterstellt, siehe Usategui (1993).

Unter gleichbleibenden Rahmenbedingungen ist $\overline{w}$ im Zeitablauf konstant, d.h. die optimale Strategie ist unabhängig von der Dauer der Arbeitslosigkeit. Nicht-Stationarität ist das Ergebnis von Änderungen exogener Variablen zu einem bestimmten Zeitpunkt. Mithin ändert sich die optimale Strategie des Suchers im Zeitablauf. Dieses Phänomen wird hier nur für den Fall betrachtet, daß b zeitabhängig ist. Genauer gesagt ist das Arbeitslosengeld eine stufenweise definierte Funktion der Dauer der Arbeitslosigkeit (Gleichung (3.73)). Innerhalb des jeweils untersuchten Zeitintervalls sind dann alle exogenen Variablen konstant. Hieraus folgt, daß in diesem Referenzzeitintervall bei isolierter Betrachtung der Reservationslohn stationär wäre. Dieser Referenzwert des Reservationslohnes heiße $\overline{w}_s$.

Van den Berg (1990a) zeigt[51], daß sich der Reservationslohn allgemein, wenn alle Exogenen außer i zeitabhängig sind, entsprechend folgender Differentialgleichung verhält:

$$\frac{d\overline{w}}{dt} = \overline{w}'(t) = i \cdot \overline{w}(t) - i \cdot b(t) - \rho(t) \cdot \int_{\overline{w}(t)}^{\infty} (w_N - \overline{w}(t)) dF(w_N). \tag{3.75}$$

Es gilt ferner für jeden stetigen Abschnitt des durch $\overline{w}'(t)$ beschriebenen Zeitpfades:

$$\frac{\partial \overline{w}'(t)}{\partial \overline{w}(t)} = i + \rho(t) \cdot (1 - F(\overline{w})) = i + \phi(\overline{w}, t) > 0. \tag{3.76}$$

ϕ gibt hierbei die schon erläuterte Hazardrate an. Da i und ϕ dabei infolge der gemachten Annahmen positiv sind, muß dies auch für ihre Summe gelten. Zudem gilt bei Stationarität $\overline{w}'(t) = 0$, weil dann $\overline{w}(t) = \overline{w}_s$ ist.

Im hier zu behandelnden Fall zeitunabhängiger exogener Variablen reduziert sich die Bewegungsgleichung für den Reservationslohn auf

$$\overline{w}'(t) = i \cdot \overline{w}(t) - \rho \cdot \int_{\overline{w}(t)}^{\infty} (w_N - \overline{w}(t)) dF(w_N). \tag{3.77}$$

Daraus folgt dann für $\frac{\partial \overline{w}'(t)}{\partial \overline{w}(t)}$ derselbe Ausdruck wie in Gleichung (3.76).

[51] Vgl. van den Berg (1990a), S. 259f. und Appendix 1, S. 272-274.

Im folgenden soll in drei Schritten vorgegangen werden. Zunächst wird gezeigt, wie eine Wartezeit wirkt. Danach wird die Wirkung einer begrenzten Bezugsdauer betrachtet. Schließlich wird untersucht, welchen Effekt die Kombination einer Wartezeit mit einer maximalen Bezugsdauer hat.

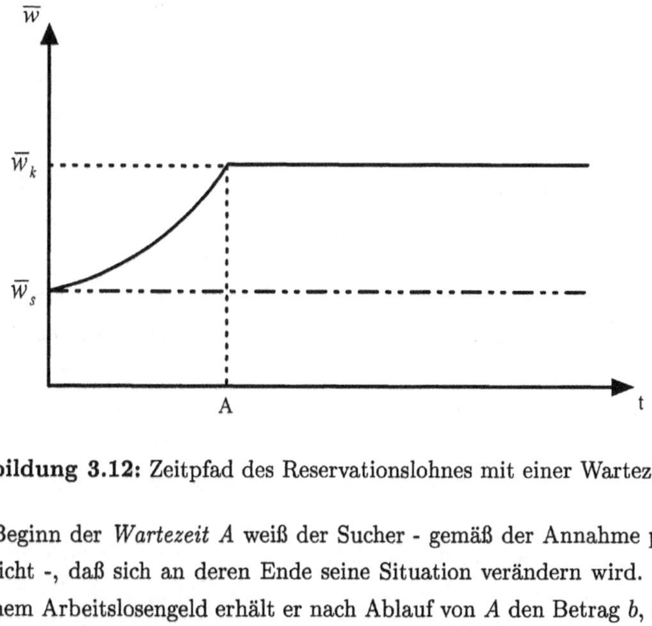

Abbildung 3.12: Zeitpfad des Reservationslohnes mit einer Wartezeit A

Zu Beginn der *Wartezeit* A weiß der Sucher - gemäß der Annahme perfekter Voraussicht -, daß sich an deren Ende seine Situation verändern wird. Anstelle von keinem Arbeitslosengeld erhält er nach Ablauf von A den Betrag b, sofern er vorher keinen Job gefunden hat. Der komparativ-statische Vergleich dieser beiden Zustände zeigt, daß dies die Suche nach dem Ende von A vorteilhafter macht. Der Reservationslohn zu Beginn von A ist $\overline{w}_s$, derjenige am Ende von A bzw. am Beginn des unbegrenzten Bezugs von b heiße $\overline{w}_k$. Die beiden Reservationslöhne am Anfang der unterschiedlichen Zeitintervalle weichen in der Art voneinander ab, daß $\overline{w}_s < \overline{w}_k$ ist. Abweichungen vom Referenzwert $\overline{w}_s$ dieses Intervalls ergeben sich, weil die Parameteränderung am Ende von A berücksichtigt wird und mit fortschreitender Zeit die Veränderung von b näher rückt. Hierdurch erhöht sich die Differenz zwischen $\overline{w}_s$ und $\overline{w}(t)$, weil $i > 0$ ist und weil die Wahrscheinlichkeit ein akzeptables Angebot zu bekommen aufgrund des steigenden Reservationslohnes sinkt. Weil ferner $\overline{w}''(t) > 0$ ist, verstärkt sich dieser Effekt mit fortschreitender Zeit.

Im Verlauf der Wartezeit erhöht sich der Reservationslohn also trotz zeitunabhängiger bzw. konstanter exogener Variabler. Dieser Prozeß endet mit dem Ablauf der Warteperiode A. Der Reservationslohn entspricht ab hier der stationären Lösung $\overline{w}_k$, die den zeitlich unbefristeten Bezug des Arbeitslosengeldes b berücksichtigt.
Abbildung 3.12 stellt den soeben beschriebenen Zeitpfad graphisch dar.[52]

Wird anstelle einer Warteperiode eine *Höchstbezugsdauer* D unterstellt, so kehrt sich die Argumentationskette um. Mit Beginn der Bezugsdauer antizipiert der Sucher die Streichung des Arbeitslosengeldes b am Ende von D. Im Laufe von D rückt die Veränderung der Situation des Suchers näher, d.h. seine Restbezugszeit verringert sich. Dies führt dazu, daß $\overline{w}(t)$ von der eigentlichen stationären Lösung $\overline{w}_s$ abweicht. Wegen $i > 0$ und weil die Wahrscheinlichkeit ein akzeptables Angebot zu erhalten durch den sinkenden Reservationslohn zunimmt, entfernt sich $\overline{w}(t)$ weiter von $\overline{w}_s$. Diese Entwicklung verstärkt sich mit der Zeit und endet mit dem Ablauf von D. Über D hinaus ist der Reservationslohn - ceteris paribus - stationär. Er resultiert aus dem Optimierungskalkül ohne Anspruch auf Arbeitslosenunterstützung und sei hier mit $\overline{w}_f$ gekennzeichnet. Abbildung 3.13 verdeutlicht die beschriebenen Zusammenhänge graphisch.[53]

Aus den bisherigen Ergebnissen läßt sich eine einfache Methode zur Bestimmung des Vorzeichens der Steigung des Zeitpfades ableiten. Die Steigung ergibt sich aus der Differenz der Reservationslöhne der beiden Zeitintervalle, d.h. es gilt

$$sign(\overline{w}'(t)_A) = sign(\overline{w}_k - \overline{w}_s) > 0 \quad \text{bzw.} \tag{3.78}$$

$$sign(\overline{w}'(t)_D) = sign(\overline{w}_f - \overline{w}_s) < 0. \tag{3.79}$$

[52] Eigene Darstellung.

[53] Die Abbildung 4 in Schneider & Fuchs (2000), S. 316, die eine numerische Modellrechnung zugrundelegt, stimmt hinsichtlich des qualitativen Verlaufes mit dieser (eigenen) stilisierten Darstellung überein.

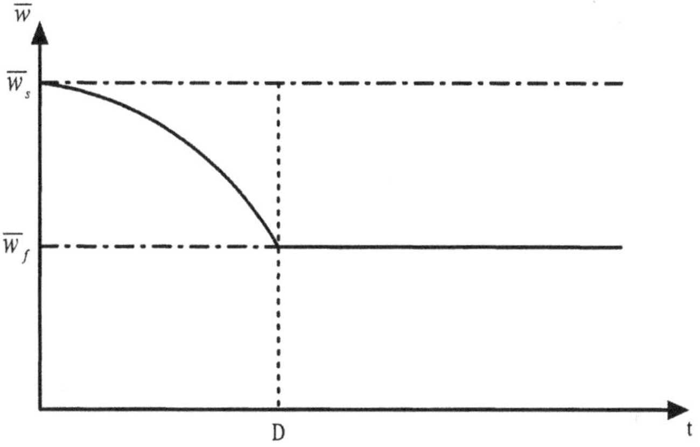

Abbildung 3.13: Zeitpfad des Reservationslohnes bei begrenzter Bezugszeit D

Ein Hinweis auf die Wirkung des Vorhandenseins von Arbeitslosen- oder Sozialhilfe nach dem Ablauf von D erscheint angebracht.
Anstelle von $b(t) = 0$ gälte in diesem Fall $b(t) > 0$ für $t > D$. Hierbei möge die Arbeitslosen- oder Sozialhilfe kleiner sein als das Arbeitslosengeld. Zudem sei sie konstant. Eine zeitlich unbegrenzte Gewährung dieser Unterstützungsleistung führt dann dazu, daß für jenes Intervall zwar ein stationärer aber ein höherer Anspruchslohn zustandekommt als bei $b = 0$. Dementsprechend ist die Differenz zwischen $\overline{w}_s$ und $\overline{w}_f$ geringer als ohne Arbeitslosen- oder Sozialhilfe. Über den gesamten durch D beschriebenen Bereich fällt der Reservationslohn mithin schwächer als im Referenzfall. Dies bedeutet gleichzeitig, daß die Wirkung der begrenzten Bezugsdauer des Arbeitslosengeldes abnimmt. Die Abschwächung des Effektes ist dabei umso stärker, je geringer der Abstand zwischen Arbeitslosengeld auf der einen und Arbeitslosen- bzw. Sozialhilfe auf der anderen Seite ist.
Abbildung 3.14 veranschaulicht die Aushöhlung des Effektes von D graphisch.[54] Wäre nach dem Ablauf der maximalen Bezugszeit b gleich Null, so käme $\overline{w}_f^1$ zustande (durchgezogener Zeitpfad). Ist stattdessen b nach Beendigung von D größer Null, so ergibt sich $\overline{w}_f^2$ (gestrichelter Zeitpfad). Folglich fällt $\overline{w}$ über die gesamte Bezugsdauer weniger stark und endet auf dem höheren Niveau $\overline{w}_f^2$.

[54]Eigene Darstellung.

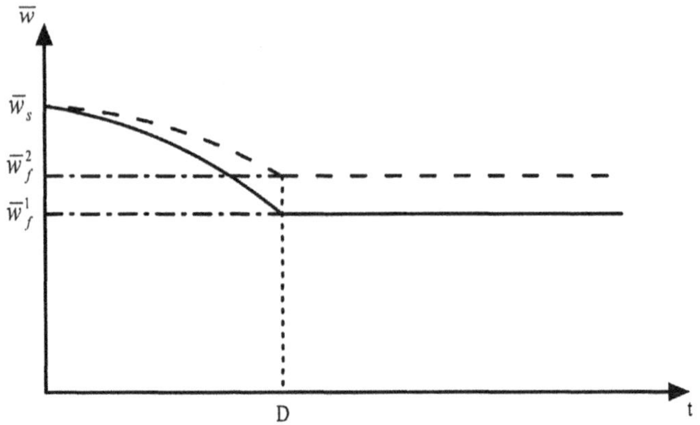

Abbildung 3.14: Zeitpfad des Reservationslohnes bei begrenzter Bezugszeit D und Arbeitslosen- oder Sozialhilfe nach Auslaufen des Arbeitslosengeldes

Berücksichtigt man sowohl eine *Warteperiode* A als auch die *maximale Bezugsdauer* D, so sind die bisherigen Ergebnisse wie folgt zu modifizieren.[55] Beginnend in $t = 0$ wird als Ausgangspunkt der stationäre Reservationslohn $\overline{w}_f$ gewählt. Die Erhöhung des Arbeitslosengeldes von Null auf b nach dem Ablauf von A wird jedoch antizipiert und die Intensität des Antizipationseffektes wird im Zeitablauf stärker. Damit weicht $\overline{w}(t)$ von $\overline{w}_s$ ab, wobei diese Abweichung innerhalb von A überproportional zunimmt. Im Gegensatz zur Situation, in der nach dem Ablauf von A das Arbeitslosengeld unbegrenzt fließt, wächst $\overline{w}(t)$ aber weniger stark, weil gleichzeitig antizipiert wird, daß b nur über den Zeitraum D gezahlt werden wird. Dies erklärt, weshalb nach dem Ende von A nicht $\overline{w}_k$ wie in Abbildung 3.12 zustandekommt, sondern ein geringerer Wert, der als $\overline{w}_m$ bezeichnet sei. Nach dem Ablauf der Wartezeit gilt wieder dieselbe Argumentation wie bei der isolierten Betrachtung der begrenzten Bezugsdauer. Das Wissen über die begrenzte Bezugszeit D führt dazu, daß der Reservationslohn $\overline{w}(t)$ stetig und mit herannahendem Ende von D immer stärker sinkt. Nach dem Ablauf der Bezugszeit erfolgt ein Übergang in den stationären Bereich, in dem $\overline{w}(t) = \overline{w}_f = const.$ gilt.

[55] Die folgenden qualitativen Ausführungen entspringen der ökonomischen Logik. Beweisen lassen sie sich anhand dieses Modells nicht, da es zwingend verlangt, daß nur Änderungen zu einem Zeitpunkt und in eine Richtung zustandekommen.

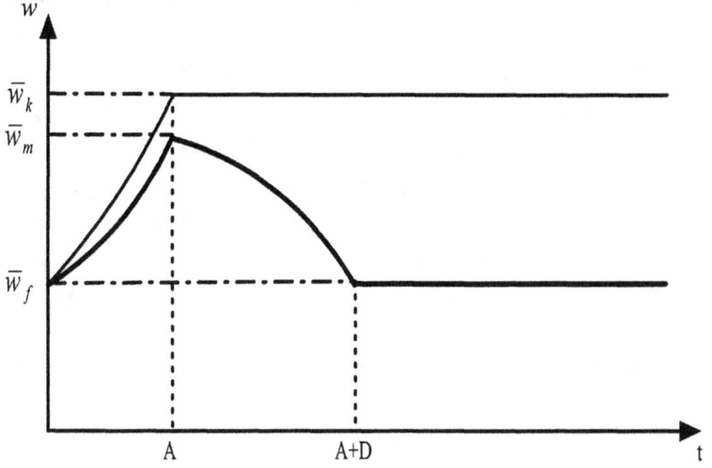

Abbildung 3.15: Zeitpfad des Reservationslohnes mit Warteperiode A und bei begrenzter Bezugszeit D

Die Abbildung 3.15 faßt diese Zusammenhänge graphisch zusammen.[56] Hierbei gibt die fette Linie den tatsächlichen Zeitpfad wieder. Währenddessen gibt die dünnere durchgezogene Linie den Vergleichsfall mit A und ohne D an.

Im Ergebnis läßt sich festhalten, daß die kombinierte Anwendung von Wartezeit und Höchstbezugsdauer einem isolierten Einsatz einer der beiden Zeitkomponenten vorzuziehen ist. Dies ist darauf zurückzuführen, daß der Reservationslohn über das gesamte Zeitintervall bis zum Ende von D kleiner ist als in den Einzelbetrachtungen. Im Umkehrschluß bedeutet dies eine höhere Hazardrate, einen schnelleren Abgang aus der Arbeitslosigkeit und im Aggregat eine Verringerung der Arbeitslosenquote.

3.1.2.3.2 Weitere Wirkungen der Arbeitslosenversicherung

Im weiteren seien einige zusätzliche Effekte beschrieben, die sich durch das Arbeitslosengeld in Suchmodellen ergeben können.

[56] Eigene Darstellung.

Barron & Mellow (1979) zeigen, daß in einem Modell, in dem der Suchaufwand durch die beiden Inputs Geld und Zeit gekennzeichnet ist, die Suchanstrengung, und damit auch die Wahrscheinlichkeit ρ in einer Periode ein Angebot zu erhalten, durch ein höheres Arbeitslosengeld sinkt, weil die pro Periode aufgewendete Suchzeit sich verringert. Letzteres wird dabei nicht durch den höheren monetären Aufwand für die Suche kompensiert. Dieses Ergebnis gilt jedoch nur dann, wenn die beiden Inputfaktoren nicht als komplementär angesehen werden. Sofern Geld und Zeit (bzw. entgangene Freizeit) komplementär verbunden sind, erhöht sich auch die Produktivität der Suchzeit und das Arbeitslosengeld wirkt positiv auf die Suchanstrengung.[57]

Zu demselben Ergebnis - einer verstärkten Suchanstrengung und somit zu einer geringeren erwarteten Dauer der Arbeitslosigkeit - kommen Ben-Horim & Zuckerman (1987), indem sie zwar als einzigen für die Suchintensität relevanten Faktor die aufgewendeten Suchkosten annehmen, jedoch zusätzlich davon ausgehen, daß der Sucher einer Liquiditätsrestriktion unterliegt. Im Ergebnis ist dies allerdings äquivalent zu einem im Zeitablauf abnehmenden Reservationslohn infolge von Liquiditätsrestriktionen und entspricht mithin dem Modellresultat von Mortensen (1986).

Im Prinzip betont die Betrachtung des Einflusses des Arbeitslosengeldes auf die Suchintensität, daß die Wahrscheinlichkeit eine Beschäftigung zu finden sowohl von der Rate mit der Angebote eingehen als auch von der Wahrscheinlichkeit abhängt, diese für akzeptabel zu erachten. Bewirkt das Arbeitslosengeld also eine Subventionierung der Suche anstelle einer Finanzierung von Freizeit, so konterkariert die verstärkte Suche die unerwünschte Erhöhung des Anspruchslohnes.[58]

Während die Wirkung des Arbeitslosengeldes auf den Anspruchslohn und die erwartete Dauer der Arbeitslosigkeit als direkter Effekt der Arbeitslosenversicherung verstanden werden kann, ist ein indirekter Effekt denkbar, der in die andere Richtung, also eine Verkürzung der Dauer der Arbeitslosigkeit, wirkt. Dies erwächst aus einem Anreiz schneller Arbeit aufzunehmen, um Ansprüche an das System der Arbeitslosenversicherung zu erwerben. Der Nettoeffekt aus den beiden gegenläufigen Anreizen erscheint theoretisch unklar und ist nur empirisch zu beur-

[57]Vgl. Tannery (1983).
[58]Vgl. Wadsworth (1991).

teilen.[59] Implizit wird mit diesem Argument jedoch unterstellt, daß Ansprüche auf Arbeitslosengeld auch bei einem freiwilligen (oder verschuldeten) Beenden eines Arbeitsverhältnisses von Seiten des Arbeitnehmers bestehen. Gemeinhin wird dies gesetzlich aber ausgeschlossen. Der indirekte Effekt ist mithin nur dann von Belang, wenn die künftige Beschäftigung mit einem Entlassungsrisiko behaftet ist. Nur dann besteht der Ansporn zu einer kürzeren Suche, um Ansprüche auf Arbeitslosengeld zu erwerben.[60]

Der vorgenannte Anreiz ist von dem durch Hamermesh (1977b) eingeführten *Entitlement-Effekt*[61] streng abzugrenzen. Der Entitlement-Effekt bezieht sich direkt auf die Partizipation am Arbeitsmarkt, also den Abgang aus Inaktivität, so daß er direkt auf das Arbeitskräfteangebot wirkt. Stattdessen bezieht sich der indirekte Effekt nur auf die Suchdauer von Nicht-Anspruchsberechtigten, die jedoch schon am Arbeitsmarktgeschehen teilnehmen. Hamermesh (1979) zeigt in einer empirischen Studie, daß der Entitlement-Effekt für den von ihm verwendeten Datensatz - verheiratete Frauen in den USA im Jahre 1971 - eindeutig positiv ist, obgleich er den negativen Anreizeffekt der Arbeitslosenversicherung nicht kompensieren kann.

Ein wenig beachteter Aspekt einer Arbeitslosenversicherung wird von Hey & Mavromaras (1981) untersucht. Sie betrachten den Zusammenhang zwischen der Berufswahl und dem Entlassungsrisiko dieses Berufszweiges auf der einen Seite und der Arbeitslosenversicherung auf der anderen Seite. Damit werden ihre langfristigen Wirkungen einerseits und Moral-hazard-Erwägungen andererseits thematisiert. Da eine bestehende Versicherung gegen ein Ereignis die Risikobereitschaft in bezug auf dessen Eintritt erhöhen kann, führt eine Arbeitslosenversicherung dazu, daß das Entlassungsrisiko eines Berufes bei dessen Auswahl eine geringere Rolle spielen wird. Hieraus ergibt sich entsprechend eine langfristige Wirkung auf den Arbeitsmarkt. Es läßt sich dann zeigen, daß sich in einem System, in dem keine Zumutbarkeit der Angebote definiert ist und das Arbeitslosengeld unbefristet und in Abhängigkeit vom vorherigen Einkommen gezahlt wird, die Risikoneigung vor allem der "Ärmeren" erhöht wird. In einem Pauschalsystem gälte diese Vorhersage hingegen nicht.

---

[59] Vgl. bspw. Burgess & Kingston (1981), S. 259.

[60] Vgl. Mortensen (1977).

[61] Beschrieben wurde diese Verhaltensweise jedoch schon von Marston (1975).

Der ursprünglich von Feldstein (1975) geäußerte Gedanke, daß eine Arbeitslosenversicherung vorübergehende Entlassungen (*temporary layoffs*) durch die Unternehmen induzieren kann, bezieht sich in seinem Kern auf eine nachfrageseitige Arbeitsmarktwirkung und soll deshalb an späterer Stelle vertieft werden. Hier mag der Hinweis genügen, daß das Suchverhalten von Arbeitsanbietern, die mit einer gewissen Wahrscheinlichkeit davon ausgehen können, in absehbarer Zeit von ihrer ehemaligen Firma wieder angestellt zu werden, von dieser Erwartung ebenfalls beeinflußt wird. Die Verfügbarkeit von Arbeitslosengeld hat dann zur Folge, daß eine Umorientierung der Arbeitnehmer auf andere Unternehmen verzögert wird.[62]

Eine der ökonomisch relevantesten Prognosen der Suchtheorie im Hinblick auf die Wirkung des Arbeitslosengeldes dürfte sein, daß die Suchdauer und damit die Dauer der Arbeitslosigkeit verlängert werden kann. Sofern sich diese Vorhersage (empirisch) als zutreffend erweist, kann hieraus ein Persistenzproblem erwachsen, wenn vorangegangene längere Arbeitslosigkeit die Wahrscheinlichkeit späterer Arbeitslosigkeit (oder deren Dauer) erhöht oder wenn die Dauer der aktuellen Zeit in Arbeitslosigkeit die Wahrscheinlichkeit arbeitslos zu bleiben erhöht.[63] Mögliche Gründe für diese Pfadabhängigkeit sind vor allem die Entwertung des Humankapitals bzw. der Verlust an Arbeitserfahrung im Laufe der Arbeitslosigkeit und die Verwendung vormaliger Arbeitslosigkeit als Screening-Instrument durch die Unternehmen.[64]

3.1.2.3.3 Empirische Evidenz

Die empirische Literatur zur Rolle der Arbeitslosenversicherung in Suchmodellen ist inzwischen unüberschaubar umfangreich. Dementsprechend diffus sind sowohl die untersuchten Aspekte als auch die erzielten Resultate. Im folgenden werden deshalb nur die betrachteten Oberthemen grob kategorisiert und die ermittelten

[62] Vgl. Pissarides (1983). Auf diese Art der Behinderung des individuellen Strukturwandels verweisen auch Ljungqvist & Sargent (1996, 1998).

[63] Heckman & Borjas (1980) bezeichnen den erstgenannten Fall als *lagged duration dependence* und den zweiten Fall als *duration dependence*. Als dritter Fall kommt die *occurrence dependence* in Frage, bei der die Anzahl vorheriger Zeiten in Arbeitslosigkeit die Wahrscheinlichkeit beeinflußt, arbeitslos zu werden oder zu bleiben.

[64] Vgl. Layard et al. (1991) und Nickell & Layard (1999).

Ergebnisse wiedergegeben.[65] Für Deutschland liegen nur wenige Untersuchungen vor, die jeweils an gegebener Stelle mit berücksichtigt werden.

1. *Arbeitslosengeld und Reservationslohn*
   Der direkteste Weg die prognostizierte Wirkung des Arbeitslosengeldes zu untersuchen, ist die Ermittlung seines Einflusses auf den Reservationslohn. Franz (1982) für Deutschland, Feldstein & Poterba (1984) sowie Blau & Robins (1986) für die USA finden jeweils einen positiven wenn auch geringen Effekt des Arbeitslosengeldes (bzw. der Höhe der Lohnersatzrate) auf den Anspruchslohn.
   Einen im Zeitablauf sinkenden Akzeptanzlohn finden beispielsweise Burgess & Kingston (1976) und Fishe (1982) für die USA sowie Narendranathan & Nickell (1985) für Großbritannien. Für Deutschland findet Christensen (2002) hingegen recht konstante Reservationslöhne während der Dauer der Arbeitslosigkeit. Dies könnte nicht zuletzt darauf zurückzuführen sein, daß im deutschen System nach Auslaufen der Ansprüche auf Arbeitslosengeld ein Übergang in Arbeitslosen- oder Sozialhilfe möglich ist. Dies greift in den USA jedoch nicht. Allerdings zeigen Carling et al. (1996) für Schweden, daß selbst in einem dem deutschen ähnlichen System der Reservationslohn mit der Zeit sinkt.
   All diesen Untersuchungen ist jedoch die Problematik gemein, daß der Reservationslohn nicht beobachtbar ist und somit nur geschätzt oder durch Befragung ermittelt werden kann. Dies beinträchtigt die Verlässlichkeit und Aussagekraft der Ergebnisse erheblich.

2. *Arbeitslosengeld und Dauer der Arbeitslosigkeit*
   Im engen Zusammenhang mit Studien zum Reservationslohn stehen Untersuchungen, die den Zusammenhang zwischen dem Arbeitslosengeld einerseits und der Dauer der Arbeitslosigkeit oder den Abgangsraten aus Arbeitslosigkeit andererseits betrachten.
   Ein Großteil der Untersuchungen, so z.B. Chapin (1971), Feldstein (1975), Marston (1975), Maki & Spindler (1975), Ehrenberg & Oaxaca (1976), Classen (1977, 1979), Lancaster (1979), Lancaster & Nickell (1979), Nickell

[65] Einen Überblick über diesen Themenkomplex und die technischen Details bieten erneut Devine & Kiefer (1991), insbesondere in den Kapiteln 4, 5 und 7.

(1979a, b), Barron & Mellow (1981), Lancaster & Chesher (1983), Atkinson et al. (1984), Feldstein & Poterba (1984), Moffitt (1985), Narendranathan & Nickell (1985), Meyer (1990), Addison & Portugal (1999), Gomes et al. (2001), Røed & Zhang (2003), weisen eine - wenn auch oft geringe - Verlängerung der Dauer der Arbeitslosigkeit meist für den angelsächsischen Raum nach. Im Gegensatz dazu finden u.a. Burgess & Kingston (1981), Gritz & MacCurdy (1992) und van den Berg (1990b) keinen derartigen Effekt. Für Deutschland findet Hunt (1995), daß das Arbeitslosengeld vor allem für bestimmte Gruppen am Arbeitsmarkt - insbesondere ältere Arbeitslose - eine arbeitslosigkeitsverlängernde Wirkung hat. Dieses Resultat steht im Gegensatz zu denjenigen von Galler & Pötter (1987), Wurzel (1990), Hujer et al. (1990) und Hujer & Schneider (1997), die alle kein solches Ergebnis für Deutschland nachweisen können. Hierfür wird erneut die Möglichkeit des Arbeitslosen- oder Sozialhilfebezugs nach Auslaufen des Arbeitslosengeldes verantwortlich gemacht.[66]

Einige prinzipielle Punkte sind ergänzend anzumerken.

Während für Europa davon auszugehen ist, daß die maximale Bezugsdauer des Arbeitslosengeldes einen größeren Einfluß auf die Dauer der Arbeitslosigkeit hat als dessen Höhe, dürfte für die USA das Umgekehrte gelten.[67] Auf die Begründung, daß hierfür Anschlußsozialsysteme in Europa verantwortlich sein dürften, die in dieser Form in den USA nicht existieren, wurde bereits hingewiesen.

Die Effekte von Änderungen und insbesondere Kürzungen des Arbeitslosengeldes hängen wesentlich vom Ausgangsniveau desselben ab. Feldstein & Poterba (1984) zeigen, daß die Wirksamkeit von Leistungskürzungen umso stärker ist, je höher das Ausgangsniveau ist; es besteht mithin ein nichtlinearer Zusammenhang. Umgekehrt folgt damit, daß Leistungskürzungen einen umso geringeren Einfluß auf die Dauer der Arbeitslosigkeit haben, je geringer das Ausgangsniveau der Leistungen ist. Dies wird u.a. von Nickell (1979b) und van den Berg (1990b) konstatiert.

Uneinigkeit herrscht über die Frage, ob Angebote während des Suchprozesses überhaupt abgelehnt werden, oder ob im allgemeinen das erste Angebot

[66] Vgl. Hunt (1995), S. 90 und Hujer & Schneider (1997), S. 72f.

[67] Vgl. Feldstein (1994), S. 224.

angenommen wird. Gälte die zweite Beobachtung, so wären die suchtheoretischen Ergebnisse und die Implikationen hinsichtlich des Arbeitslosengeldes obsolet, denn in diesem Fall wäre nicht von der Bildung eines Reservationslohnes durch den Agenten auszugehen. Ein Reservationsnutzen wäre dann die adäquatere Konstruktion. Van den Berg (1990b) begründet seine Beobachtung, daß Angebote sehr selten abgelehnt werden, mit dem Leid der Arbeitslosigkeit (*disutility of unemployment*) und einer möglichen langen Wartezeit auf ein weiteres Angebot. Im Gegensatz zur vorgenannten Argumentation finden Blau & Robins (1986), daß Jobangebote durchaus abgelehnt werden, was für eine Relevanz der Suchmodelle spricht.

3. *Erhöhung des späteren Lohnes und der Sucheffektivität*
   Ein höherer Lohn nach dem Bezug von Arbeitslosengeld im Vergleich zu einer vormaligen Anstellung deutet auf eine höhere Sucheffektivität durch den Bezug von Arbeitslosengeld hin. Mithin spräche dies dafür, daß in der Tat die Suche und im Ergebnis bessere und produktivere matches subventioniert werden und nicht etwa die Freizeit.
   Keinen (signifikanten) Effekt hinsichtlich des späteren Lohnes stellen z.B. Classen (1977, 1979), Blau & Robins (1986) und Addison & Blackburn (2000) fest. Dahingegen sehen Ehrenberg & Oaxaca (1976) die Erhöhung des späteren Lohnes zumindest für wenige Gruppen als gegeben an; Burgess & Kingston (1976) und Holen (1977) finden dies gar für die gesamte von ihnen untersuchte Auswahl an Personen. Der Lohn als Produktivitäts- und Sucheffizienzindex kann in diesem Zusammenhang allerdings nicht überzeugen. Erstens wird hiermit nur die Gruppe der erfolgreichen Sucher betrachtet. Zweitens kann ein höherer Lohn die Verwirklichung eines Anspruchslohnes wiedergeben, der den Lohn der vorherigen Anstellung übersteigt. Feldstein & Poterba (1984) argumentieren sogar, daß der Folgelohn dann geringer sein sollte, wenn bei der Entlohnung Senioritätsgesichtspunkte eine Rolle spielen oder durch den Arbeitsplatzwechsel jobspezifisches Humankapital untergegangen ist.
   Trotzdem verwendet Gangl (2002) in einer Untersuchung für Deutschland diesen Indikator und stellt einen signifikanten Lohneffekt fest.

4. *Arbeitslosengeld und Suchintensität*

Untersuchungen des Zusammenhanges zwischen Arbeitslosengeld und Suchintensität sind vergleichsweise rar. Barron & Mellow (1979) finden ihre eigene theoretische Vorhersage gestützt, indem sie eine Verringerung der Suchintensität durch das Arbeitslosengeld ermitteln. Tannery (1983) dagegen stützt seine gegenteilige Vorhersage einer erhöhten Suchintensität anhand eines ähnlichen Datensatzes. Wadsworth (1991) vergleicht die Suchintensität von Empfängern und von Nichtempfängern von Arbeitslosengeld miteinander und zeigt, daß die Suchintensität der Empfänger höher ist. Dies führt er auf eine engere Bindung der Empfänger an den Arbeitsmarkt zurück. Schmitt & Wadsworth (1993) finden stattdessen keinen signifikanten Effekt der Lohnersatzrate in irgendeine Richtung.

Das größte Manko der erwähnten Studien besteht darin, daß sie durch Befragung der Sucher ermittelte Suchintensitäten verwenden. St. Louis et al. (1986) zeigen jedoch, daß diese Angaben systematischen Übertreibungen unterliegen. Dies gilt umso mehr, wenn "aktive Suche" ein Kriterium für den Bezug des Arbeitslosengeldes ist.

Aus dem Großteil der Studien in diesem Zusammenhang kristallisieren sich zwei Kernaussagen heraus.[68] Die Suchintensität ist umso geringer, je höher das Arbeitslosengeld ist und die Suchintensität ist positiv korreliert mit der Wahrscheinlichkeit, einen neuen Job zu finden.

5. *Bezugsdauer des Arbeitslosengeldes*

Der überwiegende Teil der mikroökonometrischen Evidenz belegt, daß die Dauer der Arbeitslosigkeit umso länger ist, je höher die maximale Bezugsdauer des Arbeitslosengeldes ist. Zu diesem Ergebnis kommen beispielsweise Holen (1977), Barron & Mellow (1981), Burgess & Kingston (1981), Moffitt (1985), Ham & Rea (1987), Katz & Meyer (1990a), Gritz & MacCurdy (1992), Lindeboom & Theeuwes (1993) und Carling et al. (1996).

Jeweils eine Anmerkung und eine Einschränkung ist notwendig. Zum einen zeigt sich vor allem in US-amerikanischen Studien - siehe z.B. Moffitt (1985), Katz & Meyer (1990a) -, daß gegen Ende der Bezugsdauer ein starker Anstieg der Hazardrate vorliegt. Dies unterstützt die These von Lindeboom &

[68] Vgl. u.a. Lindeboom & Theeuwes (1993) und Graafland (1993).

Theeuwes (1993), daß mit abnehmender Restbezugsdauer der Reservationslohn sinkt. Die Abgänge aus Arbeitslosigkeit verstärken sich gegen Ende der Bezugsdauer mithin überproportional, was sogar dann gilt, wenn Langzeitarbeitslose nahtlos in Arbeitslosenhilfe übergehen können oder einer speziellen Betreuung unterliegen[69].

Zum anderen ist die betrachtete Untergruppe am Arbeitsmarkt von großer Bedeutung. So zeigen Genosko & Weber (2001) für Deutschland, daß der Effekt der Bezugsdauer für ältere Kohorten zwar signifikant ist, für die meisten jüngeren jedoch nicht. Die Schlußfolgerung ist also insoweit zu differenzieren, als daß sich die Wirkung auf wenige Teilgruppen konzentriert. Dies ist bei der Beurteilung eines Gesamteffektes zu beachten.

Zu den wenigen (älteren) Studien, die die genannten Ergebnisse negieren, gehören z.B. Ehrenberg & Oaxaca (1976) und Kiefer & Neumann (1979b).

6. *Ausgewählte Problemfelder*

Ein grundsätzlicher Kritikpunkt an der Modellierung von Arbeitslosenversicherungssystemen in suchtheoretischen Modellen läßt sich auch auf die betreffenden empirischen Studien übertragen, nämlich daß die Systeme stark vereinfacht abgebildet werden. Oftmals erfolgt sogar eine Reduzierung der Eigenschaften des Systems auf die Lohnersatzrate, sofern nicht speziell andere Gesichtspunkte wie die Höchstbezugsdauer Untersuchungsgegenstand sind. Atkinson et al. (1984) weisen auf diesen Punkt hin und zeigen, daß die empirischen Ergebnisse sehr sensitiv auf die getroffenen Annahmen und ökonometrischen Spezifikationen reagieren. Je mehr Eigenschaften eines "realen" Systems berücksichtigt werden, desto weniger robust erscheint ihrer Ansicht nach die Diagnose eines negativen Anreizeffektes der Arbeitslosenversicherung.

Eine Reihe von Untersuchungen verweist darauf, daß weniger der in Suchmodellen elementare Reservationslohn entscheidend für die Annahme eines Jobangebotes ist, als vielmehr die Häufigkeit, mit der die Angebote eingehen. Bis zu einem gewissen Grad kann der Sucher diese Rate zwar über seine Suchanstrengung steuern. Jedoch erweisen sich einige andere Faktoren als ebenso wichtig für die Ankunftsrate von Angeboten. Hierzu zählen

[69]Vgl. Carling et al. (1996).

speziell persönliche Charakteristika wie Geschlecht, Alter und Bildung sowie das (regionale) wirtschaftliche Umfeld.[70] Dies schwächt zugleich die in den vorherigen Aufzählungspunkten geschilderten Ergebnisse ab.
Als problematisch kann sich die implizite Annahme der meisten Forschungsarbeiten erweisen, daß nur die beiden Arbeitsmarktstadien "arbeitend" und "arbeitssuchend"/"arbeitslos" unterschieden werden.[71] Dies kann zu einer Überschätzung der Abgangsraten aus der Arbeitslosigkeit führen, wenn nicht in Abgänge in Beschäftigung und Abgänge in Inaktivität differenziert wird oder werden kann. Andererseits kann der Bezug von Arbeitslosengeld eine Brückenfunktion für den Übergang in Inaktivität haben. Allerdings besteht die Gefahr, daß auch dieser Übergang durch die Anreizmechanismen der Arbeitslosenversicherung verzögert wird.

Als Essenz dieses Exkurses kann abschließend festgehalten werden, daß sich ein eindeutig negativer Anreizeffekt der Arbeitslosenversicherung in diesem Theorierahmen empirisch kaum nachweisen läßt. Ein schwach negativer Anreizeffekt scheint aber zumindest existent zu sein, obgleich Ausmaß, Wirkungsweise und vorrangig betroffene Gruppen noch weiterer Klärung bedürfen.

3.2 Arbeitslosenversicherung und Arbeitsnachfrage

Auf den ersten Blick könnte man versucht sein, die Zusammenhänge zwischen der Arbeitslosenversicherung und der Arbeitsnachfrage auf den Lohnnebenkostenaspekt der Beiträge zu reduzieren. Der durch Sozialabgaben und Lohnsteuern verursachte Keil zwischen Produzenten- und Konsumentenlohn ist in den meisten westlichen Volkswirtschaften von beträchtlichem Ausmaß.[72] Eine Analyse dieses Sachverhaltes bedarf eines allgemeinen anstelle eines partiellen Gleichgewichtsmodells. Dann lassen sich nicht nur die Beschäftigungswirkungen klären, sondern auch die Fragen nach der Inzidenz und der Vorwärts- oder Rückwärtsüberwälzung der Abgaben beantworten. Zumindest die Beschäftigungswirkungen betreffend herrscht Konsens darüber, daß höhere Abgaben auf den Faktor Arbeit zumindest

[70] Vgl. neben anderen Burgess & Kingston (1976), Franz (1982) und Gorter & Gorter (1993).
[71] Vgl. Atkinson & Micklewright (1991) und Genosko & Weber (2001), S. 84.
[72] Das Statistische Bundesamt beziffert die Abgabenquote für die Bundesrepublik Deutschland im Jahre 2001 mit 45,5%.

langfristig die Beschäftigung verringern.[73] Weniger eindeutig ist das Bild hinsichtlich der Inzidenz der Abgaben. Die Ergebnisse variieren - entsprechend den theoretischen Vorhersagen - mit der Marktform der Faktor- und Produktmärkte, den an diesen Märkten vorliegenden Angebots- und Nachfrageelastizitäten, sowie dem Lohnsetzungsregime am Arbeitsmarkt. Eine differenziertere Betrachtung dieser Thematik soll deshalb hier unterbleiben.[74]

Im folgenden geht es jedoch nicht um die Beitragssätze zur Arbeitslosenversicherung als Zusatzkosten des Faktors Arbeit. Stattdessen wird der Schwerpunkt auf zwei subtilere Effekte gelegt. Zum einen wird gezeigt, daß die Arbeitslosenversicherung das Entlassungsverhalten von Unternehmen beeinflußt. Die Leistungen der Arbeitslosenversicherung können einen Anreiz zu vorübergehenden Entlassungen (*temporary layoffs*) bieten, weil das Arbeitslosengeld wie eine Subvention hierauf wirkt. Zum anderen kann es über die Finanzierungsseite der Arbeitslosenversicherung zu einer Quersubventionierung (*cross subsidization*) zwischen Sektoren und Unternehmen kommen. Hieraus folgen allokationsverzerrende Wirkungen.

Ergänzt wird die Untersuchung dieser beiden Aspekte durch eine anschließende Diskussion des *experience ratings.* Dieses für die USA spezifische Verfahren im Zusammenhang mit der Finanzierung der Beiträge zur Arbeitslosenversicherung koppelt die Beitragssätze eines Unternehmens an dessen vorheriges Entlassungsverhalten. Hiermit soll eine bessere Zuordnung der Aufwendungen für das Arbeitslosengeld auf die Verursacher gewährleistet werden.

3.2.1 Vorübergehende Entlassungen

Vorübergehende Entlassungen werden üblicherweise mit Hilfe der Theorie impliziter Kontrakte modelliert. Die ersten grundlegenden Arbeiten zur Theorie impliziter Kontrakte stammen von Baily (1974), Gordon (1974) und Azariadis (1975). Untersucht werden über den Lohn hinausgehende Zusatzvereinbarungen innerhalb von Arbeitsverträgen. Zusatzvereinbarungen dieser Art umfassen z.B. die zu arbeitenden Stunden und die Möglichkeit vorübergehender Entlassungen

[73] Vgl. neben anderen Hansen (1996), Deutsche Bundesbank (2000), Daveri & Tabellini (2000) und Heitger (2000).

[74] Für einen umfangreichen Überblick siehe Leibfritz et al. (1997).

mit anschließender Wiedereinstellung. Der zweitgenannte Gedanke wurde zuerst in Feldstein (1976) und Baily (1977b) aufgegriffen und formalisiert.[75]
Die Motivation eines Unternehmens zu vorübergehenden Entlassungen - im Gegensatz zu dauerhaften Entlassungen - besteht darin, daß weder firmenspezifisches Humankapital verlorengeht, noch daß Abfindungszahlungen zu leisten sind. Darüber hinaus fallen bei Wiederaufnahme der Beschäftigung durch denselben Arbeitnehmer keine Einarbeitungskosten an. Sind vorübergehende Entlassungen mit entsprechender Wiederbeschäftigungswahrscheinlichkeit ein Teil des gesamten Kompensationspaketes, so ist eine Entschädigung für den Zeitraum der vorübergehenden Arbeitslosigkeit notwendig. Diese Entschädigung schlägt sich im Vergleich zu einer Situation ohne vorübergehende Entlassungen im impliziten Kontrakt in einem höheren Lohnsatz während des Beschäftigungszeitraumes nieder.
Das folgende stark vereinfachte Modell soll das Phänomen vorübergehender Entlassungen verdeutlichen.

1. Betrachtet wird nur die kurze Frist. Der Kapitalstock ist fix, es kommt zu keinen Substitutionen von Arbeit durch Kapital (oder umgekehrt) und die Kapitalkosten seien Null. Anpassungen der Zahl der dauerhaften Arbeitskräfte durch das Unternehmen erfolgen nicht.

2. Die Größe der Belegschaft Z, die eine bestimmte Bindung an das Unternehmen (*attachment to the firm*) hat, ist fest. Diese Bindung manifestiert sich im impliziten Kontrakt.

3. Die Zahl der Arbeitsstunden pro Arbeitnehmer ist fixiert, Anpassungen der Arbeitszeit finden demnach nicht statt. Dieser Annahme liegt die Vorstellung zugrunde, daß vorübergehende Entlassungen anstelle von Arbeitszeitverkürzungen aus Sicht des Unternehmens profitabler sind. Deshalb können Verringerungen der Arbeitszeit außer acht gelassen werden.

4. Auf dem Absatzmarkt verhalte sich das Unternehmen als Mengenanpasser. Damit ist der vom Unternehmen erzielte Produktpreis exogen und gegeben. Außerdem sei er konstant, womit er weder saisonalen Schwankungen unterliegt noch exogenen Schocks ausgesetzt ist. Zum einen zeigt sich, daß

[75]Die vereinfachte Adaption dieser Modelle in Hamermesh (1996), S. 307-310, ist darum - soweit nicht anders vermerkt - Grundlage dieses Abschnittes.

selbst für diesen einfachen Fall vorübergehende Entlassungen auftreten. Es ist unschwer einzusehen, daß der Anreiz zu vorübergehenden Entlassungen darüber hinaus steigt, wenn Produktpreis und Outputnachfrage (vorhersehbaren und temporären) Schwankungen oder Schocks ausgesetzt sind. Zum anderen erlaubt die Prämisse des konstanten Preises die folgende simple Darstellung.

In seinem Gewinnmaximierungskalkül wählt das Unternehmen nun den Lohnsatz w und den Anteil der Belegschaft z, der vorübergehend entlassen wird.[76] Als Nebenbedingung ist der erwartete Nutzen eines typischen und risikoneutralen Arbeitnehmers in einer Alternativanstellung zu beachten. Dies ist die Kontraktrestriktion. Wird sie nicht berücksichtigt, so entfällt die Bindung an das Unternehmen.[77]
Unter den genannten Voraussetzungen setzt sich der Gewinn G des Unternehmens zusammen aus dem Umsatz abzüglich der Lohnsumme. Berücksichtigt man bereits an dieser Stelle das experience rating, ausgedrückt durch den Grad des experience ratings e mit $0 \leq e \leq 1$, so lautet der Gewinn:

$$G = P \cdot F[(1-z) \cdot Z] - w \cdot [(1-z) \cdot Z] - e \cdot z \cdot b \cdot Z. \tag{3.80}$$

Je höher der Grad des experience ratings ist, desto stärker muß das Unternehmen für von ihm verursachte vorübergehende Entlassungen einstehen, was den Gewinn mindert. Je größer der Parameter e ist, desto höher ist der Grad des experience ratings.[78]
Die Kontraktrestriktion setzt sich zusammen aus dem (erwarteten) Nutzen der in der Betrachtungsperiode beschäftigten Belegschaft $(1-z) \cdot U(w)$ und dem Nutzen der vorübergehend Arbeitslosen $z \cdot U(b, L)$. Der Lohnsatz w, das Arbeitslosengeld b

[76]Dabei kann z auch als Wahrscheinlichkeit eines einzelnen Arbeitnehmers aufgefaßt werden, vorübergehend entlassen zu werden.

[77]Die Gewinnmaximierung des Unternehmens unter der Nutzennebenbedingung entspricht dem Vorgehen von Azariadis (1975) und Baily (1977b). Feldstein (1976) verfährt hingegen umgekehrt und maximiert den Nutzen eines repräsentativen Arbeitnehmers unter Berücksichtigung einer Gewinnrestriktion. Burdett & Hool (1983) schließlich verzichten auf diese Einschränkungen, indem sie eine Verhandlungssituation zwischen Unternehmen und Arbeitnehmern unterstellen. In allen Fällen bleiben jedoch die qualitativen Ergebnisse identisch.

[78]Eine genauere Diskussion des experience ratings erfolgt in 3.2.3. In diesem und im folgenden Unterabschnitt mag die Approximation durch den Parameter e genügen.

und die Freizeit L der Arbeitslosen haben dabei einen positiven aber abnehmenden Grenznutzen.
Die Nebenbedingung hat die Form:

$$\overline{U} = (1 - z) \cdot U(w, 0) + z \cdot U(b, L). \tag{3.81}$$

Die sich ergebenden Implikationen lassen sich am anschaulichsten mit Hilfe einer Graphik zeigen. In einem $[w$-$(1 - z)]$-Diagramm resultieren aus der Gewinngleichung (3.80) konvex zum Ursprung verlaufende Iso-Gewinn-Linien. Die Verbindung ihrer Maxima ergäbe die originäre Arbeitsnachfragekurve des Unternehmens. Je näher die Iso-Gewinn-Linien am Ursprung liegen, desto höher ist der Gewinn des Unternehmens, weil bei gegebenem z die gesamten Lohnkosten mit sinkendem w fallen. Die Nebenbedingung (3.81) stellt sich als konkav zum Ursprung verlaufende Indifferenzkurve mit den üblichen Eigenschaften dar. Abbildung 3.16 zeigt, daß das Unternehmen in einer Situation ohne Arbeitslosengeld ($b = 0$) die Iso-Gewinn-Linie G_0 wählt. Diese tangiert in Punkt I die Indifferenzkurve $U(0)$. Hier wird ein Anteil z_0 vorübergehender Entlassungen und der Lohnsatz w_0 realisiert.

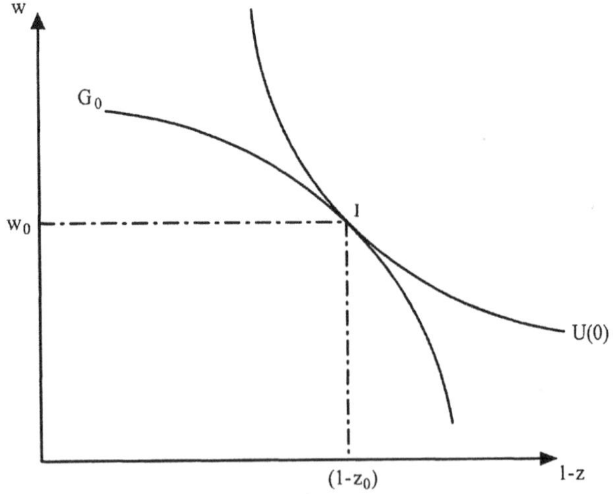

Abbildung 3.16: Vorübergehende Entlassungen im unternehmerischen Kalkül

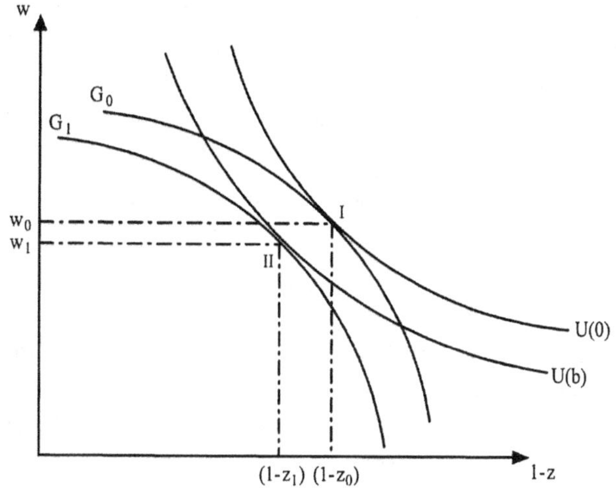

Abbildung 3.17: Arbeitslosengeld und Anreize zu vorübergehenden Entlassungen

Besteht von Seiten der (vorübergehend) Entlassenen Anspruch auf ein Arbeitslosengeld in Höhe von b (und ist zunächst $e = 0$), so stellt sich die in Abbildung 3.17 dargestellte Situation ein.

Anstelle von Punkt I wird Punkt II gewählt. Das Unternehmen kann einen höheren Gewinn, dargestellt durch die Iso-Gewinn-Linie G_1, realisieren, während das Nutzenniveau des Arbeitnehmers, gekennzeichnet durch $U(b)$, konstant bleibt. Es ergibt sich der niedrigere Lohnsatz w_1 und ein höheres Niveau vorübergehender Entlassungen z_1. Zu erklären ist dies damit, daß der erwartete Nutzen für den Arbeitnehmer durch die Existenz von b für jede Kombination von w und z steigt. $U(b)$ ist zudem flacher als $U(0)$, denn die Entschädigung, die das Unternehmen für eine höhere Entlassungswahrscheinlichkeit in Form eines höheren Lohnsatzes zur Aufrechterhaltung des impliziten Kontraktes zahlen muß, sinkt durch das Arbeitslosengeld b. $U(b)$ gibt damit dasselbe erwartete Nutzenniveau wie $U(0)$ an und das Unternehmen ist in der Lage, die vorteilhaftere Iso-Gewinn-Linie G_1 zu wählen.

Die Erhöhung des Anteils vorübergehender Entlassungen von z_0 auf z_1 verdeutlicht, daß das Arbeitslosengeld b wie eine Subvention auf die Entlassung wirkt.

Diese Subvention kann allerdings nur realisiert werden, wenn tatsächlich mehr Entlassungen vorgenommen werden. Nur dann können das Unternehmen und die Arbeitnehmer einen Nutzen aus der Existenz der Arbeitslosenversicherung ziehen, indem ein Kostenbestandteil des impliziten Kontraktes externalisiert wird.
Unterstellt man, daß der Lohn und das Arbeitslosengeld einkommensteuerlich gleich behandelt werden, so läßt sich die Subvention O_s pro Arbeitnehmer wie folgt quantifizieren:[79]

$$O_s = (1 - e) \cdot b. \tag{3.82}$$

Für den soeben in Abbildung 3.17 behandelten Fall $e = 0$, entspricht die Subvention pro Kopf mithin genau dem Arbeitslosengeld b. Aus einer Erhöhung des Arbeitslosengeldes ergibt sich eine Erhöhung der Entlassungssubvention, woraus ein höherer Anteil z vorübergehender Entlassungen folgt.
Zur Abschwächung des präsentierten Anreizes wird in den USA seit 1932 auf bundesstaatlicher Ebene das System des experience ratings praktiziert.[80] Die Grundidee des experience ratings besteht in der Kopplung des firmenindividuellen Abgabensatzes zur Arbeitslosenversicherung an das vorangegangene Entlassungsverhalten und den damit verursachten Arbeitslosengeldzahlungen. Folglich verursacht das experience rating dem Unternehmen Entlassungskosten. In Gleichung (3.80) tauchen diese gewinnmindernd als $(e \cdot z \cdot b \cdot Z)$ auf. Das gewinnmaximierende Unternehmen bezieht die durch das experience rating ausgelösten Entlassungskosten in sein Kalkül mit ein. Damit erfolgt in Abhängigkeit vom Grad des experience ratings eine Internalisierung der in der Arbeitslosenversicherung entstandenen Zahlungen. Diese Internalisierung stellt das wesentliche Ziel des experience ratings dar. Das nachgeordnete Ziel ist die Minderung von Schwankungen der Arbeitsnachfrage.
Die Wirkung des experience ratings mit $0 < e \leq 1$ ist in Abbildung 3.18 abgetragen.[81]

[79] Siehe zur Herleitung Feldstein (1976), S. 945f. und zur Ursprungsformel Gleichung (3.8) auf S. 946 im selben Text.

[80] Vgl. zu einem kurzen historischen Abriss Becker (1972), S. 6-12.

[81] Angenommen wird hier, daß e exogen gegeben ist. Die Rückwirkungen von z auf e werden damit außen vor gelassen. Gleichzeitig entfällt somit die Problematisierung der verschiedenen Methoden des experience ratings.

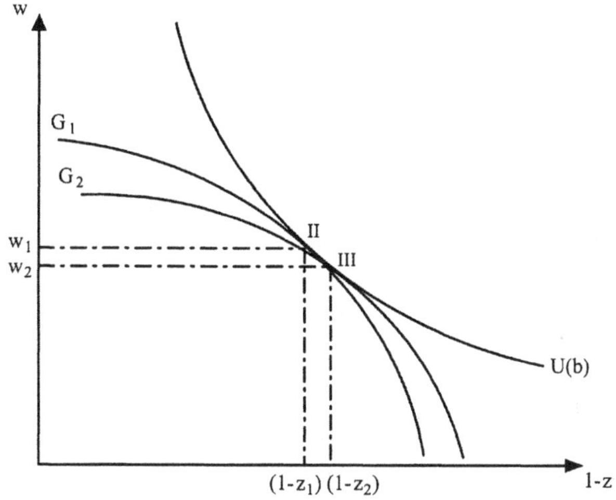

Abbildung 3.18: Arbeitslosengeld, Entlassungsanreize und experience rating

Ausgangspunkt ist die Situation mit $b > 0$ und $e = 0$, die in Abbildung 3.17 zu Punkt II führte. Eine Veränderung des Parameters e berührt nicht das erwartete Nutzenniveau des Arbeitnehmers, so daß U(b) als Restriktion für das Unternehmen unverändert bleibt. Mit $e > 0$ vermindert sich infolge von Entlassungen jedoch gemäß Gleichung (3.80) der Gewinn des Unternehmens und die Iso-Gewinn-Linie wird flacher. Dieser Sachverhalt ist in Abbildung 3.18 durch die neue Iso-Gewinn-Linie G_2 gekennzeichnet.[82] Im neuen Tangentialpunkt III der alten Indifferenzkurve mit der neuen Iso-Gewinn-Linie resultiert ein niedrigerer Lohnsatz $w_2 < w_1$ und ein geringerer Anteil vorübergehender Entlassungen $z_2 < z_1$.

Neben dem Internalisierungseffekt des experience ratings ergibt sich dieses Ergebnis auch unmittelbar aus Gleichung (3.82). Je größer der Grad e des experience ratings ist, desto geringer fällt die Entlassungssubvention O_s aus. Liegt "perfektes experience rating" vor, d.h. ist $e = 1$, so ist O_s gleich Null und es folgen aus

[82] Implizit wird hier unterstellt, daß keine Vorwärts- oder Rückwärtsüberwälzung der Abgabe zur Arbeitslosenversicherung möglich ist. Sofern eine teilweise Überwälzung möglich ist, schwächen sich die genannten Effekte des experience ratings laut Saffer (1982), S. 128, ab. Allerdings wäre das experience rating nur für den Extremfall einer kompletten Überwälzung der Abgabe gänzlich wirkungslos [Brechling (1977)].

den Leistungen der Arbeitslosenversicherung keine Anreize zu vorübergehenden Entlassungen. Die Kosten vorübergehender Entlassungen würden komplett internalisiert und z_2 in Abbildung 3.18 entspräche z_0 aus Abbildung 3.16.
Bemerkenswert für den Fall des perfekten experience ratings ist eine weitere - nicht eingezeichnete - Beobachtung. Eine Erhöhung des Arbeitslosengeldes führt dann nämlich dazu, daß der Anteil vorübergehender Entlassungen sich verringert. Dies liegt daran, daß die Indifferenzkurve, die die Nebenbedingung darstellt, hierdurch niedriger liegt und flacher verläuft, so daß das Unternehmen eine niedrigere Iso-Gewinn-Linie wählen kann, die mit einem niedrigeren w und einem niedrigeren z einhergeht.

Einige Anmerkungen zu den Ergebnissen sind angebracht.
Zusätzliche vorübergehende Entlassungen implizieren zunächst eine größere Häufigkeit des Auftretens von Arbeitslosigkeit. Auf der anderen Seite dürften vorübergehende Entlassungen mit einer kürzeren Dauer der Arbeitslosigkeit einhergehen. Dies senkt die gesamte durchschnittliche Dauer der Arbeitslosigkeit. Der dominierende dieser beiden widerstreitenden Effekte sollte aber eindeutig die größere Frequenz der Arbeitslosigkeit sein. Damit ergibt sich aus zusätzlichen vorübergehenden Entlassungen eine Erhöhung der gesamten Arbeitslosigkeit.[83]
Angreifbar scheint zunächst das Resultat eines sinkenden Lohnsatzes als Folge von Verbesserungen der Leistungen der Arbeitslosenversicherung zu sein.[84] Einerseits entspringt dies jedoch der unterstellten wettbewerblichen Faktormarktsituation, welche Lohnflexibilität nach unten gestattet. Andererseits ist der Lohnsatz in den Modellen impliziter Kontrakte nur ein Teil des Kompensationspaketes. Der andere Teil besteht in der zusätzlichen (bezahlten) Freizeit, die vorübergehende Entlassungen für die Arbeitnehmer mit sich bringen. Da die Freizeit ihnen zwar Nutzen stiftet, aber nicht monetär bewertet wird, ergibt sich der geringere Lohnsatz.
Eine Lagerhaltung des Fertigproduktes zum Ausgleich von Schwankungen der Nachfrage wurde bisher implizit ausgeschlossen. Topel (1982) zeigt, daß diese Möglichkeit dazu führt, daß vorübergehende Entlassungen an Bedeutung verlieren. Allerdings büßen sie diese nicht vollständig ein. Vielmehr folgt hieraus eine

[83] Vgl. Feldstein (1975), S. 743.
[84] Vgl. Brechling (1981), S. 190.

industriespezifische Nachfrage nach vorübergehenden Entlassungen in Abhängigkeit von der Lagerbarkeit der Endprodukte. Die resultierenden Relationen vorübergehender Entlassungen beeinflussen die Verteilung der Arbeitslosigkeit zwischen den Industriezweigen.

Je größer die Bedeutung von vorübergehenden Entlassungen und des zugrundeliegenden Theoriegerüstes ist, desto geringer ist diejenige der Suchtheorie und ihrer Vorhersagen. Dies ist zum einen deshalb der Fall, weil das Unternehmen über die Wiederbeschäftigung eines Arbeitnehmers entscheidet und damit die Idee eines Reservationslohnes auf Seiten des Arbeitnehmers obsolet wird. Zum anderen argumentieren Katz (1986a) und Katz & Meyer (1990b), daß die Aussicht auf eine Wiederbeschäftigung beim selben Unternehmen die Suchintensität des Agenten vermindert.[85]

Eine Abschwächung des Problems vermehrter vorübergehender Entlassungen mit Hilfe eines höheren Grades des experience ratings wurde bereits diskutiert. Hierzu steht eine Alternative zur Verfügung, die bisher in der Literatur kaum Erwähnung gefunden hat, und zwar das Instrument der Wartezeit vor dem Bezug des Arbeitslosengeldes.[86] Welche Wirkung hätte diese Maßnahme? Bezogen auf eine bestimmte vom Unternehmen gewünschte Dauer der vorübergehenden Entlassung ist dies gleichbedeutend mit einer Verringerung des Arbeitslosengeldes für den repräsentativen Arbeitnehmer. Dies führt zu einer Verringerung der Entlassungssubvention. Mithin ergibt sich eine Reduzierung der vorübergehenden Entlassungen (wie beim experience rating) aber eine Erhöhung des Lohnsatzes (im Gegensatz zum experience rating), weil die pekuniäre Entschädigung im Rahmen des impliziten Kontraktes steigen muß.

Eine Reihe von empirischen Untersuchungen für den nordamerikanischen Raum zeigen, daß vorübergehende Entlassungen kein theoretisches Artefakt sind. Beispielsweise verdeutlichen u.a. Feldstein (1975, 1978a), Lilien (1980) und Katz (1986a) für die USA und Robertson (1989) für Kanada, daß vorübergehende Entlassungen vor allem für saisonale und zyklische Industrien quantitativ von Bedeutung sind.[87] Daneben kann imperfektes experience rating für bis zu 50%

[85]Grundlegende Veröffentlichungen, die vorübergehende Entlassungen in die Suchtheorie integrieren, sind Burdett & Mortensen (1978, 1980) und Pissarides (1982).

[86]Vgl. Saffer (1982), S. 129.

[87]FitzRoy & Hart (1985) verweisen jedoch darauf, daß vorübergehende Entlassungen in den USA üblicher sind als in Europa, weil die Abgabe zur Arbeitslosenversicherung dort eher ein fixer

der vorübergehenden Entlassungen verantwortlich gemacht werden.[88] Außerdem stützen verschiedene Untersuchungen die Vorhersagen des einfachen Modells. Feldstein (1978a) weist einen positiven Zusammenhang zwischen dem Arbeitslosengeld (bzw. der Höhe der Lohnersatzrate) und dem Auftreten von vorübergehenden Entlassungen nach. Saffer (1982) und Topel (1985) zeigen darüber hinaus, daß die Leistungen einer Arbeitslosenversicherung vorübergehende Entlassungen signifikant erhöhen. In dieselbe Richtung weist ein Ergebnis von Topel (1983), nach dem der Einfluß der Arbeitslosenversicherung auf vorübergehende Entlassungen fast ausschließlich auf die Entlassungssubvention durch das Arbeitslosengeld zurückzuführen ist. Green & Sargent (1998) finden für das kanadische System der Arbeitslosenversicherung zudem teilweise eine Maßschneiderung der Jobs im Hinblick auf deren Dauer und die Dauer anschließender vorübergehender Entlassungen.

3.2.2 Quersubventionierungen

Im vorherigen Unterabschnitt lag das Augenmerk auf dem Zusammenhang zwischen der Arbeitslosenversicherung und der Entscheidung über vorübergehende Entlassungen eines Unternehmens. Es läßt sich jedoch zusätzlich zeigen, daß das Arbeitslosengeld auch die Einstellungsentscheidung von Unternehmen tangiert, weil die oben angeführte Entlassungssubvention einen Anreiz zu vermehrten Einstellungen kreiert. Dieser Anreiz ist für Sektoren mit einer volatilen Outputnachfrage größer als für Sektoren mit einer stabilen bzw. gleichmäßigen Outputnachfrage. Dies löst eine Expansion volatiler Sektoren auf Kosten stabiler Sektoren aus. Dafür ist die Tatsache verantwortlich, daß die Entlassungssubvention durch das Arbeitslosengeld für Sektoren mit instabilerer Outputnachfrage relativ attraktiver ist. Folglich wirkt das Arbeitslosengeld wie eine Besteuerung der Beschäftigung in Sektoren mit stabiler Arbeitsnachfrage, während es die Beschäftigung in volatilen Sektoren subventioniert. Entsprechend erfolgt eine Quersubventionierung von volatilen durch stabile Sektoren und Unternehmen.[89] Die beschriebene Quersubventionierung führt in den Empfängersektoren zu geringeren Lohnkosten. Umge-

Kostenfaktor ist. In Europa ist diese Abgabe stattdessen ein variabler Kostenbestandteil, so daß Arbeitszeitanpassungen anstelle von vorübergehenden Entlassungen bedeutsamer erscheinen.

[88] Vgl. Topel (1983, 1985) und Card & Levine (1994).

[89] Topel & Welch (1980) illustrieren diese Argumentation anhand eines einfachen 2-Sektoren-Modells.

kehrt liegen die Lohnkosten in den Zahlersektoren höher als in der Situation ohne Quersubventionierung. Diese Verzerrung der Faktorpreise verursacht schließlich die Veränderung der Allokation des Faktors Arbeit.[90] Die Ausweitung saisonaler und zyklischer Beschäftigung bedingt zudem eine Zunahme vorübergehender Entlassungen über das in Gliederungspunkt 3.2.1 beschriebene Maß hinaus.[91]
Die Quersubventionierung ist eine Folge nicht risikobezogener arbeitgeberseitiger Prämien in der Arbeitslosenversicherung. Dieses "Risiko" besteht dabei in der Wahrscheinlichkeit eines Unternehmens, (vorübergehende) Entlassungen zu tätigen. Einheitliche Abgabensätze bringen eine Umverteilung von niedrigen zu hohen Risiken mit sich. Zur Risikodifferenzierung wurde bereits die Methode des experience ratings erörtert. Je höher der Grad des experience ratings ist, desto stärker fällt die Internalisierung der in der Arbeitslosenversicherung verursachten Kosten aus. Mit zunehmendem Grad des experience ratings sinkt mithin das Ausmaß der Quersubventionierung.[92]
Die bisherigen Erwägungen werfen drei grundsätzliche Fragen auf:

1. Ist die Größenordnung der Quersubventionierung und ihre Allokationswirkung signifikant?

2. Welche Einflußfaktoren determinieren eine Quersubventionierung?

3. Inwieweit mindert experience rating Quersubventionierungen?

Der überwiegende Teil der empirischen Arbeiten zu diesem Thema [Becker (1972), Laurence (1987, 1991, 1993), Deere (1991), Anderson & Meyer (1994)] widmet sich allen drei Fragestellungen und befaßt sich mit dem US-amerikanischen System der Arbeitslosenversicherung. Die Ergebnisse liefern dabei vorwiegend eindeutige Antworten. Die Quersubventionierung und ein allokativer Effekt werden als signifikant identifiziert. Es erfolgt eine Redistribution der Lasten von Sektoren mit hoher Arbeitslosigkeit zu Sektoren mit niedriger Arbeitslosigkeit. Als Nettozahler werden dabei der Handel, sowie der Finanz-, der Versicherungs- und der Immobiliensektor ausgemacht, während vor allem die Bauwirtschaft und das Verarbeitende Gewerbe Nettoempfänger sind. Allgemeiner kann man eine Subventionierung der Produktionsindustrie durch die Dienstleistungsindustrie konsta-

[90]Vgl. Laurence (1987), S. 9f.
[91]Vgl. Deere (1991), S. 309f.
[92]Vgl. Laurence (1987), S. 20-23.

tieren.[93] Das experience rating erweist sich als geeignete Methode, um Quersubventionierungen zu verringern. Die Beobachtung, daß Quersubventionierungen negativ mit dem Grad des experience ratings korreliert sind, ist konsistent mit der Vorstellung einer Internalisierung der sozialen Kosten einer vorübergehenden Entlassung durch dieses Verfahren.

Die bis dato einzige auf Deutschland bezogene Studie liefern Genosko et al. (1999a, b). Auf Grundlage einer einfachen Vorstellung über die Messung der Quersubventionierung - den Saldo aus Einzahlungen und verursachten Auszahlungen in der Arbeitslosenversicherung eines Sektors - gelangen sie für die Jahre 1982 und 1990 zu den in Tabelle 3.1 abgetragenen Resultaten.[94]

Die Jahre 1982 bzw. 1990 wurden hierbei deshalb gewählt, weil sie ein Abschwung- bzw. ein Aufschwungjahr wiedergeben, womit die Anfälligkeit der Interpretation der Ergebnisse gegenüber konjunkturellen Trends gemindert wird. Negative Werte in der Spalte "Saldo" sind gleichbedeutend mit einer Subventionierung, positive Werte mit einer Besteuerung des betreffenden Sektors. Absolut sind für beide Jahre demnach die Sektoren Land- und Forstwirtschaft, Verarbeitendes Gewerbe, Baugewerbe sowie Handel und Verkehr Subventionsempfänger. Dahingegen zählen sowohl 1982 als auch 1990 der Energie- und der Staatssektor zu den besteuerten Wirtschaftszweigen. Die Größenordnung der Salden verdeutlicht zudem, daß die Quersubventionierung zwischen den Wirtschaftsbereichen signifikant ist. Die Betrachtung der sektoralen Ebene verschleiert allerdings das komplette Ausmaß einer Quersubventionierung. Liegt diese auch innerhalb von Sektoren vor, so wird sie durch die Branchenanalyse herausgerechnet und ihr tatsächlicher Umfang als zu gering ausgewiesen. Deshalb ist es sinnvoll, nach weiteren Faktoren Ausschau zu halten, und in der Tat ergeben sich auch Quersubventionierungen nach der Unternehmensgröße. Genosko et al. (1999a, b) zeigen, daß in der Bundesrepublik Deutschland große und mittelgroße Unternehmen (mit mehr als 100 Mitarbeitern) vor allem kleinere Unternehmen (mit weniger als 50 Mitarbeitern) subventionieren.

[93]Disney (1984) macht in einer Untersuchung für Großbritannien darauf aufmerksam, daß ein einheitlicher Abgabensatz zur Arbeitslosenversicherung auch regionale Umverteilungswirkungen in Abhängigkeit von der geographischen Verteilung bestimmter Industriezweige implizieren kann.

[94]Siehe zu den Besonderheiten der Berechnung Genosko et al. (1999b), S. 45f.

Wirtschaftszweig	*Saldo 1982* (in Mill. Euro)	*Saldo 1990* (in Mill. Euro)
Land- und Forstwirtschaft	-98,20	-60,30
Bergbau	38,66	-4,22
Energiewirtschaft	93,70	82,56
Verarbeitendes Gewerbe	-408,54	-83,74
Baugewerbe	-1088,58	-259,08
Handel und Verkehr	-328,94	-197,16
Dienstleistungen	-45,32	56,58
Private Organisationen	10,57	-93,15
Staat	238,55	158,18
Summe	-1588,10	-400,33
Nicht zurechenbare Werte	-31,85	-35,53
Gesamtsumme	-1619,95	-435,86

Tabelle 3.1: Quersubventionierung in der westdeutschen Arbeitslosenversicherung in den Jahren 1982 und 1990
Quelle: Spalte "Saldo I" in den Tabellen 1 und 2 in Genosko, Hirte & Weber (1999b), S. 46.

Abschließend schätzen Genosko et al. (1999a) mit einem stark vereinfachten Ansatz die Wirkung einer Einführung des experience ratings. Grundlage des unterstellten Systems sind die durch eine Aufhebung der Quersubventionierung implizierten Anpassungen der Beitragssätze. Der von ihnen selbst als optimistisch beurteilte Beschäftigungsgewinn für Westdeutschland läge dann zwischen 68 und 900 Tausend Personen.

3.2.3 Diskussion des experience ratings

Die empirische Beweislage favorisiert deutlich die Einführung des experience ratings. Ein höherer Grad des experience ratings mindert, wie im vorangegangenen Unterabschnitt vermerkt, nicht nur Quersubventionierungen. Eine große Zahl von Studien für die USA [Feldstein (1978a), Halpin (1979, 1980), Lilien (1980), Brechling (1981), Topel (1983, 1984, 1985), Katz & Meyer (1990b), Anderson & Meyer (1994), Card & Levine (1994)] zeigt auch, daß zwischen dem Grad des experience ratings und dem Auftreten vorübergehender Entlassungen und zyklischer Schwankungen der Arbeitsnachfrage ein inverser Zusammenhang besteht.

Angesichts dieser Befunde ist eine genauere Analyse unumgänglich.
Das versicherungstheoretische Standardbeispiel zum experience rating ist die Automobilversicherung. Dort werden ex ante Risikoklassen nach Kriterien wie Fahrzeug, Charakteristika des Fahrers usw. gebildet und die Prämien gemäß dieser Klassenzugehörigkeit differenziert. Grundsätzliches Ziel dieses Vorgehens ist das Eindämmen von Moral-hazard-Verhalten der Versicherten, da zusätzlich Rabatte gewährt werden, wenn über bestimmte Zeiträume keine Schadensfälle auftreten.[95]
Dasselbe Ziel - das Verringern von moral hazard - und das Internalisieren der sozialen Kosten der Arbeitslosigkeit hat das experience rating in der Arbeitslosenversicherung. Allerdings geht es nicht um die Ermittlung versicherungsmathematisch korrekter Prämien auf Unternehmensbasis, sondern nur um die vergangenheitsorientierte Zuordnung der sozialen Kosten einer Entlassung. In diesem Sinne wird vorangegangenes Entlassungsverhalten entweder bestraft oder belohnt.
Zwei Prämissen müssen erfüllt sein, um die Funktionstüchtigkeit des experience ratings zu gewährleisten.[96] Erstens müssen die Fluktuationen der Belegschaft im wesentlichen der Kontrolle des Unternehmens unterliegen. Andernfalls erfolgte die finanzielle Be- oder Entlastung von Tatbeständen, die das Unternehmen nicht beeinflussen kann. Zweitens sollte die Überwälzbarkeit der Abgabe auf den Faktor Arbeit und/oder die Konsumentenpreise möglichst gering sein, da dies dem gewünschten Internalisierungseffekt entgegenwirkt. Von der Erfüllung der ersten Prämisse ist im wesentlichen auszugehen. Ein gewisses Maß an Überwälzung ist dahingegen zwar zu erwarten. Nur unter extremen Bedingungen wäre sie jedoch vollständig, so daß die Effekte des experience ratings völlig untergraben würden.[97]
Durchgeführt wird das experience rating in den USA auf bundesstaatlicher Ebene. Für jedes Unternehmen werden Arbeitslosenversicherungskonten geführt, auf denen die Beitragseinzahlungen[98] und die Arbeitslosengeldauszahlungen an ehemalige Mitarbeiter einer Periode einander gegenübergestellt werden. Zwei Hauptmethoden werden angewendet, um die Jahresendsalden dieser Konten mit Hilfe einer Steuerfunktion in den künftigen Abgabensatz umzurechnen: Die Reserve-ratio-Methode (in 32 Bundesstaaten) und die Benefit-ratio-Methode (in 15 Bundesstaaten). Eine genaue Analyse dieser Methoden und ihrer Implikationen geht

[95]Vgl. Brechling & Laurence (1995), S. 8f.
[96]Vgl. Halpin (1979), S. 355.
[97]Vgl. Brechling & Laurence (1995), S. 18-20.
[98]Die Abgabe zur Arbeitslosenversicherung wird nur von den Unternehmen geleistet.

über den Rahmen dieser Untersuchung hinaus.[99] Wichtig ist jedoch, daß sich das Konzept des Grades des experience ratings mit ihrer Hilfe näher spezifizieren läßt. Der Grad des experience ratings wird hauptsächlich von drei Eigenschaften des Systems bestimmt: Von der gesetzlich festgelegten Differenz zwischen dem Höchst- und dem Mindestabgabesatz, von der Steigung der Steuergeraden zwischen diesen beiden Abgabesätzen und von der zeitlichen Verzögerung, mit der Abgabesatzanpassungen vorgenommen werden. Es ist dann offensichtlich, daß in Systemen mit einem Einheitsabgabesatz wie der deutschen Arbeitslosenversicherung $e = 0$ ist. Pauschale Anpassungen des Abgabesatzes reflektieren kein experience rating im bisher definierten Sinne, weil sie sich auf alle Unternehmen gleichzeitig beziehen. Je größer die Differenz zwischen dem Höchst- und dem Mindestabgabesatz ist, je größer die Steigung der Steuergeraden zwischen diesen beiden Abgabesätzen ist und je geringer die zeitliche Verzögerung von Abgabesatzanpassungen ist, desto höher ist der Grad des experience ratings. Daraus folgt gleichzeitig, daß perfektes experience rating ($e = 1$) nur eine theoretische Konstruktion darstellen kann, weil vor allem eine unendliche Anpassungsgeschwindigkeit und ein unbegrenzter Höchstsatz unvorstellbar erscheinen. Die in den USA für e ermittelten Werte liegen in den 1960er und 1970er Jahren etwa zwischen 0,5 und 0,65 und für die 1980er und 1990er Jahre etwa zwischen 0,65 und 0,75.[100] Die Abweichungen vom perfekten experience rating ermöglichten die an unterschiedlichen Stellen angeführten empirischen Untersuchungen und Schlußfolgerungen.

Uneingeschränkt positiv ist jedoch auch ein System des experience ratings in der Arbeitslosenversicherung nicht zu beurteilen. Ein Problem sind die administrativen Kosten, die eine Durchführung mit sich bringt. Das Führen von unternehmensspezifischen Versicherungskonten verlangt die Einrichtung einer kostenträchtigen staatlichen Verwaltungsabteilung, entweder auf zentraler oder auf bundesstaatlicher Ebene. Es ist eine bislang ungeklärte Frage, ob die zusätzlichen Kosten gerechtfertigt sind, oder ob sie die Nutzen des experience ratings mehr als aufzehren.

---

[99] Siehe hierzu vor allem Brechling (1977, 1981), Wolcowitz (1984), Brechling & Laurence (1995) und Cook (1997).

[100] Vgl. Hamermesh (1996), S. 312.
Geringfügige Elemente eines experience ratings finden sich in Japan aufgrund industriespezifischer Beitragssätze [Albrecht & Vroman (1999), S. 142], so daß hier e marginal von Null abweicht.

Ein zusätzliches Problem besteht darin, daß das experience rating die Wirkung eines Kündigungsschutzes hat, denn es werden Entlassungskosten kreiert, die gleichbedeutend mit Abfindungszahlungen sind. Je höher der Grad des experience ratings ist, desto stärker ist dieser Kündigungsschutz. Im Hinblick auf vorübergehende Entlassungen ist dies der angestrebte Effekt. Allerdings haben Kündigungsschutzregelungen gleichzeitig den unerwünschten Effekt einer Einstellungsbarriere.[101] Der geringeren Abgangsrate in die Arbeitslosigkeit steht dann eine längere durchschnittliche Verweildauer in der Arbeitslosigkeit gegenüber. Der sich ergebende Nettoeffekt ist nicht eindeutig. Die Mehrzahl der Autoren bewerten den Beschäftigungseffekt des experience ratings trotzdem als positiv.[102]
Es verbleibt demnach die Frage, weshalb das experience rating lediglich in den USA zur Anwendung kommt. Der politökonomische Gedanke, daß ein einheitlicher Abgabensatz einen gewollten Umverteilungsprozeß ökonomischer Renten widerspiegelt, ist die wohl einleuchtendste Begründung.[103] Bestimmte Lobbygruppen - vor allem die Verbandsvertreter subventionierter Branchen und auch Gewerkschaftsverbände - haben ein Interesse an dem Bestehen eines Systems einheitlicher Abgabensätze. Ist ihr Einfluß auf die Entscheidung über das Finanzierungssystem hinreichend stark, so unterbindet dies Initiativen zur Differenzierung von Beitragssätzen.
Ungeachtet der möglichen Widerstände und Probleme sprechen Effizienz- und Anreizgesichtspunkte dafür, auch in der Bundesrepublik Deutschland ein partielles experience rating einzuführen. Einen vielversprechenden ersten Ansatz stellen tarifbereichsspezifische oder branchenspezifische Beitragssätze dar[104], weil diese ohne größeren administrativen Aufwand zu ermitteln und umzusetzen wären. Fragwürdig wäre allerdings eine ergänzende Implementierung zum bestehenden Kündigungsschutz. Vorzuziehen ist das experience rating als Alternative zu (starren) Kündigungsschutzregeln und den impliziten hohen (Grenz-)Entlassungskosten.[105] Dies ergibt sich unmittelbar aus den Internalisierungseffekten der so-

[101] Vgl. zu diesem Thema die Arbeit von Bentolila & Bertola (1990).
[102] So z.B. Topel (1983) und Fath & Fuest (2002) in Modellen impliziter Kontrakte, Albrecht & Vroman (1999) in einem Effizienzlohnmodell und Millard & Mortensen (1997) sowie Cahuc & Malherbet (2002) in Matching-Modellen. Zur Gegenmeinung siehe Alvi (1998).
[103] Vgl. Adams (1986).
[104] Vgl. Fabel (1998), S. 184.
[105] Vgl. Genosko et al. (1999a, b) oder L'Haridon & Malherbet (2002).

zialen Kosten einer Entlassung im Gegensatz zu auferlegten (Grenz-)Kosten einer Entlassung aufgrund von Kündigungsschutzregelungen.
In der bisherigen Diskussion ging es jeweils ausschließlich um die Zusammenhänge zwischen dem experience rating und vorübergehenden Entlassungen. Rückwirkungen auf das unternehmerische Verhalten auch in bezug auf dauerhafte Entlassungen sind jedoch unvermeidlich. Wie Brechling & Laurence (1995) anhand des US-amerikanischen Systems zeigen, ist dies aber von Vorteil, weil auch soziale Kosten dauerhafter Entlassungen den Unternehmen und Sektoren verursachungsgerecht zugeordnet werden. Dies perpetuiert den strukturellen Wandel einer Volkswirtschaft. Der Wirkung des experience ratings als Kündigungsschutz steht somit dessen beschleunigender Effekt auf den strukturellen Wandel gegenüber. In einer Gesamtbilanz dürfte dies den Ausschlag zugunsten des experience ratings geben.

Kapitel 4

Die Arbeitslosenversicherung in ausgewählten allgemeinen Gleichgewichtsmodellen des Arbeitsmarktes

Die zum gegenwärtigen Zeitpunkt prominentesten makroökonomischen Arbeitsmarktmodelle sind der institutionalistische Ansatz sowie Matching-Modelle. Diese werden in diesem Kapitel hinsichtlich ihrer Aussagen zur Ausgestaltung einer Arbeitslosenversicherung analysiert. Eingangs erfolgt jedoch zunächst eine kurze Betrachtung der (neo-)klassischen Perspektive, um die makroökonomischen Implikationen des statischen Arbeitsangebotsmodells aus 3.1.1 zu verdeutlichen.

4.1 Die (neo-)klassische Perspektive

Als einfacher Startpunkt für die Analyse der allgemeinen Gleichgewichtswirkungen der Arbeitslosenversicherung kann das (neo-)klassische Modell dienen.[1]
Im (neo-)klassischen Modellrahmen wird unterstellt, daß vollkommener Wettbewerb auf Güter- und Arbeitsmarkt herrscht. Alle Akteure auf den Märkten zeich-

[1] Vgl. zu den folgenden Ausführungen bspw. Johnson & Layard (1986), S. 940-944, Landmann & Jerger (1999), S. 60-65 und Michaelis (1998), S. 198f.

nen sich durch Mengenanpasserverhalten aus. Zudem sind Nominallöhne und Güterpreise vollkommen flexibel. Dasselbe gilt folglich auch für den Reallohn. Somit sind alle Märkte zu jeder Zeit geräumt und es treten keine Ungleichgewichtssituationen auf. Gleichgewicht stellt sich bei Übereinstimmung von Angebot und Nachfrage ein.

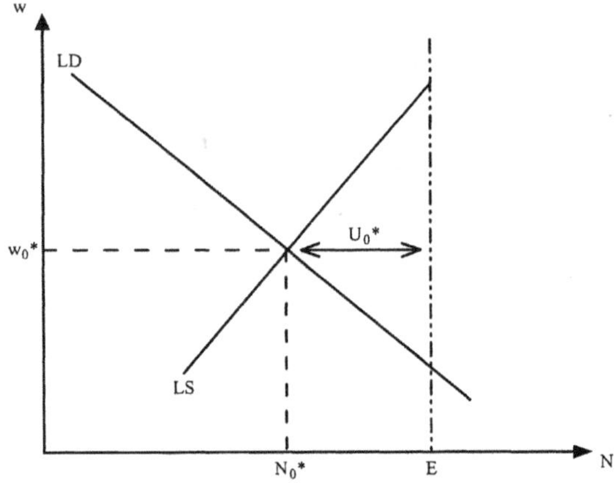

Abbildung 4.1: (Neo-)Klassisches Arbeitsmarktgleichgewicht

Auf dem Arbeitsmarkt interagieren Arbeitsangebot und Arbeitsnachfrage. Das Arbeitsangebot basiert auf dem nutzenmaximierenden Abwägen der Individuen zwischen Einkommen und Freizeit wie es unter Punkt 3.1.1.1 besprochen wurde. Die Aggregation der einzelnen Arbeitsangebotsentscheidungen führt zur Arbeitsangebotskurve LS (siehe Abbildung 4.1). Diese hat im Reallohn-Beschäftigungs-Diagramm einen steigenden Verlauf. Hierbei wird nur der normale Bereich der Arbeitsangebotskurve zugrundegelegt, d.h. der Substitutionseffekt dominiert hier den Einkommenseffekt. Weiterhin ist LS relativ steil, weil davon auszugehen ist, daß die Reallohnelastizität des Arbeitsangebotes gering ist. Anzumerken ist, daß LS durch das Erwerbspersonenpotential E begrenzt wird. E wird als gegeben und konstant angenommen. Im Zusammenhang mit dem Untersuchungsgegenstand der Anreize der Arbeitslosenversicherung birgt dies allerdings das Problem, daß Anreize zum Zugang in das Erwerbspersonenpotential ausgeblendet werden.

Die Arbeitsnachfrage entspringt dem Gewinnmaximierungsziel des Unternehmens. Angenommen sei, daß die Beschäftigung N der einzig variable Produktionsfaktor ist; der Kapitalstock K ist konstant. Das Optimierungskalkül des Unternehmens schreibt zur Gewinnmaximierung eine Ausdehnung der Beschäftigung bis zu dem Punkt vor, an dem Grenzprodukt der Arbeit und Reallohnsatz übereinstimmen. Ausgehend von einer positiven aber abnehmenden Grenzproduktivität der Arbeit folgt daraus im Reallohn-Beschäftigungs-Diagramm eine fallende Arbeitsnachfragekurve LD.[2]
Abbildung 4.1 verdeutlicht das resultierende Gleichgewicht. Dieses wird bestimmt durch den Schnittpunkt von LS und LD. Es stellt sich der Reallohnsatz w_0^* bei einer Beschäftigung von N_0^* ein. Die Differenz zwischen der Zahl der Erwerbspersonen E und der Zahl der Beschäftigten N_0^* gibt die Zahl der Arbeitslosen U_0^* an.

Der Effekt der Einführung eines Arbeitslosengeldes - unter Vernachlässigung des Finanzierungsaspektes - ist in Abbildung 4.2 abgetragen. Wie bereits gezeigt, macht das Arbeitslosengeld das Gut Freizeit für den Einzelnen relativ attraktiver. Dies hat eine Verringerung des individuellen Arbeitsangebotes zur Folge. Unter den getroffenen Annahmen überträgt sich dies auf die aggregierte Ebene und demzufolge verschiebt sich LS nach links. Im neuen Gleichgewicht stellt sich ein höherer Reallohn w_1^*, eine geringere Beschäftigung N_1^* und damit eine höhere Arbeitslosigkeit U_1^* ein. Die herrschende Arbeitslosigkeit ist jeweils ausschließlich freiwilliger Natur. Diese Diagnose ist mit der realen Arbeitsmarktsituation jedoch kaum in Einklang zu bringen, denn vor allem die Höhe der vorhandenen Arbeitslosigkeit spricht dafür, daß sie im wesentlichen unfreiwillig ist. Modelle, die die-

[2] Formal ausgedrückt gilt:

$$Q = f(N, \overline{K}) \qquad \text{mit } Q_N > 0 \text{ und } Q_{NN} < 0. \tag{4.1}$$

Unter Vernachlässigung der Kapitalkosten lautet die Gewinnfunktion:

$$G = Q \cdot P - W \cdot N. \tag{4.2}$$

Maximieren über N liefert:

$$\frac{\partial G}{\partial N} = Q_N \cdot P - W = 0 \tag{4.3}$$

bzw. als Optimalbedingung

$$Q_N = \frac{W}{P} = w. \tag{4.4}$$

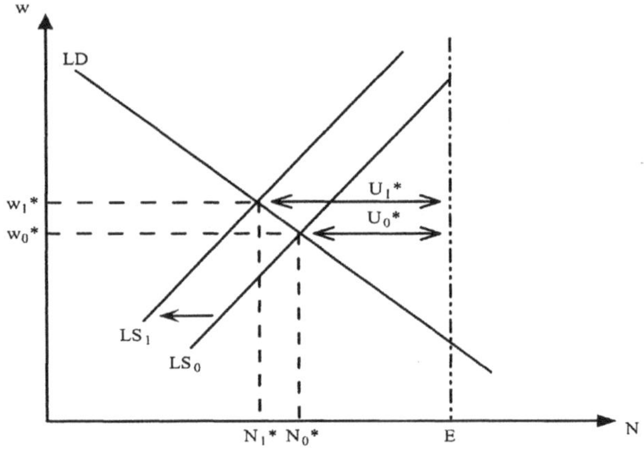

Abbildung 4.2: Wirkung des Arbeitslosengeldes im (neo-)klassischen Modell

sem Umstand Rechnung tragen und institutionell bedingte Funktionsmängel des Arbeitsmarktes oder Friktionen berücksichtigen, sind Gegenstand der folgenden Abschnitte.

4.2 Das Preissetzungs-Lohnsetzungs-Modell

Der hier *Preissetzungs-Lohnsetzungs-Modell* genannte Ansatz hat sich gegen Ende der 80er und Anfang der 90er Jahre vor allem auf der Grundlage der Arbeiten von Carlin & Soskice (1990), Layard, Nickell & Jackman (1991) und Lindbeck (1993) entwickelt.[3] Dieses auch als *strukturalistisch* [Phelps (1994)] oder *institutionalistisch* [Zimmermann (2002)] bezeichnete Theoriegebäude ist inzwischen zu einem der beschäftigungstheoretischen Standardmodelle zur Untersuchung makroökonomischer Fragestellungen geworden. Ausgangspunkt der Überlegungen ist die Diagnose unvollkommenen Wettbewerbs auf Güter- und Arbeitsmärkten. Verursacher des unvollkommenen Wettbewerbs sind bestimmte Institutionen, Regelungen und Verhaltensweisen auf den betreffenden Märkten. Dies führt zu strukturellen Funktionsstörungen auf den Güter- und Arbeitsmärkten, welche eine Markträumung verhindern, wodurch unfreiwillige Arbeitslosigkeit entsteht.

[3]Vgl. zu den einführenden Bemerkungen Franz (1996), Michaelis (1998), Landmann & Jerger (1999), Zimmermann (2002) und Weber (2003).

Blanchard & Wolfers (2000) unterscheiden in diesem Zusammenhang drei Forschungsrichtungen. Die erste betont die Rolle der (Arbeitsmarkt-)Institutionen [Layard et al. (1991)], die zweite die Rolle von Schocks [Phelps (1994)] und die dritte die Interaktion von (Arbeitsmarkt-)Institutionen und Schocks [Blanchard & Wolfers 2000]. Für die hier interessierende Thematik der Arbeitslosenversicherung erscheint der erstgenannte Forschungszweig besonders geeignet. Deshalb liegt auf ihm das Hauptaugenmerk dieses Abschnittes, während die beiden Letztgenannten unter Punkt 4.2.4.2 kurz angesprochen werden.

Ganz im Sinne der neueren makroökonomischen Tradition erfolgt im institutionalistischen Modell eine explizite Mikrofundierung der einzelnen Modellbausteine. Eine reine Übertragung partialanalytischer Ergebnisse auf die Makroebene erfolgt demnach nicht. Stattdessen wird der Endogenität von makroökonomischen Variablen und ihren Rückwirkungen auf individuelle Entscheidungskalküle Rechnung getragen.

Die konstitutiven Bestandteile des Modells sind die PS- und die WS-Kurve. PS steht dabei für *price-setting* und WS für *wage-setting*. Die PS-Kurve dient als Pendant zur aus dem gewinnmaximierenden Marginalkalkül abgeleiteten Arbeitsnachfragekurve der Unternehmen und beschreibt den Zusammenhang zwischen Preisen und Beschäftigung bei gegebenen Löhnen unter der Prämisse unvollkommener Konkurrenz auf den Gütermärkten. Dies ist gleichbedeutend mit der Sichtweise, daß PS denjenigen Reallohn wiedergibt, den die Unternehmen bereit sind, den Arbeitnehmern einzuräumen.[4] Die WS-Kurve ist das Gegenstück zur aus dem individuellen nutzenmaximierenden Kalkül hergeleiteten Arbeitsangebotskurve und gibt den Zusammenhang zwischen Löhnen und Beschäftigung bei gegebenen Preisen wieder. Damit visualisiert WS denjenigen Reallohn, den die Arbeitsanbieter bzw. die sie vertretenden Organisationen anstreben.[5] Die in die Preis- und Lohnsetzungsgleichung, die der PS- und der WS-Kurve zugrundeliegen, eingehenden Parameter spiegeln jeweils die institutionelle Ausgestaltung der Güter- und Arbeitsmärkte wider.

[4]In der Terminologie von Layard et al. (1991) ist dies der "feasible real wage". Bei Carlin & Soskice (1990) wird die Bezeichnung "price-determined real wage" verwendet.

[5]Layard et al. (1991) verwenden hierfür den Begriff "target real wage", während Carlin & Soskice (1990) die Bezeichnung "bargained real wage" wählen.

Aus dem Zusammenspiel von Preis- und Lohnsetzung resultiert eine gleichgewichtige Arbeitslosenrate, bei der die Ansprüche beider Marktseiten an das Sozialprodukt miteinander konsistent sind. Die gleichgewichtige Arbeitslosenquote ist die weithin bekannte *NAIRU* (Non-Accelerating Inflation Rate of Unemployment).[6] Dieses Akronym läßt sich am besten mit "inflationsstabile Arbeitslosenrate" übersetzen, da es sich um diejenige Arbeitslosenquote handelt, bei der die Inflationsrate konstant bleibt. Hier sind die Verteilungsansprüche aller Marktteilnehmer an den Output befriedigt und die "battle over markups" [Layard & Nickell (1986), S. 146] kommt zum Erliegen. Kennzeichnend für das NAIRU-Konzept ist die Tatsache, daß unfreiwillige - institutionell bedingte - Arbeitslosigkeit auftritt. Hierin zeigt sich der fundamentale Unterschied zum klassischen Modellrahmen.
In den folgenden drei Unterabschnitten sollen sukzessive die PS-Kurve, die WS-Kurve und das resultierende Arbeitsmarktgleichgewicht sowie dessen Determinanten hergeleitet werden. Der Schwerpunkt der Analyse liegt auf der Mikrofundierung von WS, weil die Ausgestaltung einer Arbeitslosenversicherung wesentlich auf die Mechanismen der Lohnbildung einwirkt. Der abschließende vierte Unterabschnitt enthält Anmerkungen zum PS/WS-Modell und benennt einige Ergänzungen und Erweiterungen.

4.2.1 Mikrofundierung der Preissetzungskurve

Bei der Herleitung der Arbeitsnachfragekurve LD steht die unternehmerische Entscheidung über den optimalen Arbeitskräfteeinsatz im Vordergrund. Aus diesem Grund ist LD als mikroökonomisches Konzept aufzufassen; es wird der Zusammenhang zwischen (einzelwirtschaftlicher) Arbeitsnachfrage und dem realen Lohn wiedergegeben. Der Fokus bei der Ermittlung der Preissetzungskurve PS liegt auf dem Entscheidungsparameter Güter- bzw. Absatzpreis. Daraus ergeben sich Reallohn und (einzelwirtschaftliche) Beschäftigung. Die Preissetzung(-skurve) PS ist als makroökonomisches Konzept zu verstehen.[7]

An dieser Stelle soll das Preissetzungsverhalten der Unternehmen untersucht werden. Zunächst ist das Kalkül einer einzelnen Firma zu betrachten. Im An-

[6] Franz (1996) bevorzugt allerdings das Akronym QERU, das für *Quasi Equilibrium Rate of Unemployment* steht.

[7] Vgl. Michaelis (1998), S. 206-208 und Carlin & Soskice (1990), S. 436.

schluß daran erfolgt unter der üblichen Symmetrieannahme eine Aggregation über alle Unternehmen, um zur PS-Gleichung zu gelangen.[8]
Auf dem Gütermarkt herrsche monopolistische Konkurrenz. Dann folgt für die Gesamtnachfrage Y_i nach dem Output des Unternehmens i (bzw. dem i-ten Gut):[9]

$$Y_i = \left(\frac{P_i}{P}\right)^{-\eta} \cdot \frac{Y}{F}. \tag{4.5}$$

P_i ist der Produktpreis des Unternehmens i, P das aggregierte Preisniveau. Der Parameter η bezeichnet die absolute Preiselastizität der Güternachfrage. Dabei ist $\eta > 1$ und für alle Unternehmen gleich. Insgesamt agieren F Unternehmen am Gütermarkt. Die gesamte Güternachfrage der Haushalte Y teile sich gleichmäßig auf diese F Unternehmen auf. Die Anzahl der Unternehmen sei zudem groß, so daß die Rückwirkungen der Preisentscheidung des einzelnen Unternehmens auf das aggregierte Preisniveau zu vernachlässigen sind.
Für das einzelne Unternehmen sei eine linear-homogene Produktionsfunktion vom Cobb-Douglas-Typ mit den Produktionsfaktoren Arbeit N_i und Kapital K_i unterstellt:

$$Q_i = N_i^{\alpha} \cdot K_i^{1-\alpha}, \qquad \text{mit} \quad 0 < \alpha < 1. \tag{4.6}$$

Hierbei sei der Kapitalstock K_i gegeben und konstant. Außerdem erfolge die Produktion in Höhe der Güternachfrage nach dem Produkt des Unternehmens i, so daß $Q_i = Y_i$ gilt.
Bei monopolistischer Konkurrenz auf dem Gütermarkt ist die Entscheidungsvariable des Unternehmens der Preis des angebotenen Produktes P_i. Jede relative Preiserhöhung geht in Abhängigkeit von der Preiselastizität η zu Lasten der Nachfrage nach diesem Produkt. Der (reale) Gewinn des Unternehmens i lautet unter Vernachlässigung der Kosten des Kapitals:

$$G_i = \frac{P_i}{P} \cdot Q_i - \frac{W_i}{P} \cdot N_i. \tag{4.7}$$

[8]Vgl. zum folgenden, soweit nichts anders gekennzeichnet, Layard et al. (1991), Kap. 7, und Beissinger (1996), Abschnitt 2.1. Vor allem Beissinger (1996), S. 38-53, liefert eine ausführliche Herleitung und Diskussion.

[9]Diese Spezifikation geht auf Blanchard & Kiyotaki (1987) zurück. Sie nutzen die CES-Nutzenfunktion nach Dixit & Stiglitz (1977), derzufolge für den Haushalt h gilt:

$$U_h = F^{\frac{1}{1-\eta}} \cdot \left[\sum_{i=1}^{F} (Y_{ih})^{\frac{\eta-1}{\eta}}\right]^{\frac{\eta-1}{\eta}}.$$

W_i stelle den Nominallohnsatz (inklusive Steuern und Sozialabgaben auf den Faktor Arbeit) dar, den das Unternehmen i zahlt.
Umstellen der Produktionsfunktion (4.6) liefert:

$$N_i = Q_i^{\frac{1}{\alpha}} \cdot K_i^{\frac{\alpha-1}{\alpha}}. \tag{4.8}$$

Setzt man dies und die Nachfragefunktion (4.5) in (4.7) ein, und berücksichtigt zusätzlich, daß $Q_i = Y_i$ ist, so ergibt sich für das Gewinnmaximierungskalkül über die Wahl des Preises P_i:

$$\max_{P_i} G_i = \frac{P_i}{P} \cdot \left[\left(\frac{P_i}{P} \right)^{-\eta} \cdot \frac{Y}{F} \right] - \frac{W_i}{P} \cdot \left[\left(\frac{P_i}{P} \right)^{-\eta} \cdot \frac{Y}{F} \right]^{\frac{1}{\alpha}} \cdot K_i^{\frac{\alpha-1}{\alpha}}. \tag{4.9}$$

Die Optimalbedingung bezüglich P_i lautet:

$$\frac{\partial G_i}{\partial P_i} = -\frac{\eta \cdot P_i \cdot \left(\frac{P_i}{P}\right)^{-1-\eta} \cdot Y}{F \cdot P^2} + \frac{\left(\frac{P_i}{P}\right)^{-\eta} \cdot Y}{F \cdot P}$$
$$+ \frac{K_i^{-\frac{1}{\alpha}+\alpha} \cdot \eta \cdot \left(\frac{P_i}{P}\right)^{-1-\eta} \cdot W_i \cdot Y \cdot \left[\frac{\left(\frac{P_i}{P}\right)^{-\eta} \cdot Y}{F} \right]^{-1+\frac{1}{\alpha}}}{\alpha \cdot F \cdot P^2} = 0. \tag{4.10}$$

Durch einige Vereinfachungen und Multiplikation mit P erhält man zunächst:

$$-\eta \cdot P_i \cdot \left(\frac{P}{P_i}\right) \cdot \left(\frac{P_i}{P}\right)^{-\eta} \cdot \frac{Y}{F \cdot P} + \left(\frac{P_i}{P}\right)^{-\eta} \cdot \frac{Y}{F}$$
$$+ \frac{\eta}{\alpha} \cdot \frac{K_i^{-\frac{1}{\alpha}+\alpha} \cdot \left(\frac{P}{P_i}\right) \cdot \left(\frac{P_i}{P}\right)^{-\eta} \cdot W_i \cdot Y \cdot \left[\left(\frac{P_i}{P}\right)^{-\eta} \cdot \frac{Y}{F} \right]^{-1+\frac{1}{\alpha}}}{F \cdot P} = 0. \tag{4.11}$$

Hieraus ergibt sich:

$$-\eta \cdot \left(\frac{P_i}{P}\right)^{-\eta} \cdot \frac{Y}{F} + \left(\frac{P_i}{P}\right)^{-\eta} \cdot \frac{Y}{F}$$
$$+ \frac{\eta}{\alpha} \cdot \frac{W_i \cdot K_i^{-\frac{1}{\alpha}+\alpha} \cdot \left(\frac{P}{P_i}\right) \cdot \left(\frac{P_i}{P}\right)^{-\eta} \cdot Y \cdot \left[\left(\frac{P_i}{P}\right)^{-\eta} \cdot \frac{Y}{F} \right]^{\frac{1}{\alpha}}}{F \cdot P} \cdot \left(\frac{P}{P_i}\right)^{-\eta} \cdot \frac{F}{Y} = 0. \tag{4.12}$$

Vereinfacht man diesen Ausdruck weiter, so erhält man:

$$(1-\eta) \cdot \left[\left(\frac{P_i}{P}\right)^{-\eta} \cdot \frac{Y}{F} \right] + \frac{\eta}{\alpha} \cdot \frac{W_i}{P_i} \cdot K_i^{\frac{\alpha-1}{\alpha}} \cdot \left[\left(\frac{P_i}{P}\right)^{-\eta} \cdot \frac{Y}{F} \right]^{\frac{1}{\alpha}} = 0. \tag{4.13}$$

In den eckigen Klammern steht nun jeweils die Nachfragefunktion gemäß (4.5). Mittels Einsetzen gelangt man zu:

$$(1-\eta)\cdot Y_i + \frac{\eta}{\alpha}\cdot\frac{W_i}{P_i}\cdot K_i^{\frac{\alpha-1}{\alpha}}\cdot Y_i^{\frac{1}{\alpha}} = 0. \tag{4.14}$$

Auflösen nach dem Entscheidungsparameter P_i liefert:

$$P_i = \frac{K_i^{1-\frac{1}{\alpha}}\cdot\eta\cdot W_i\cdot (Y_i)^{-1+\frac{1}{\alpha}}}{\alpha\cdot(\eta-1)}. \tag{4.15}$$

Dies läßt sich umformen zu:

$$P_i = \frac{\eta}{\eta-1}\cdot\frac{1}{\alpha}\cdot W_i\cdot\frac{K_i}{Y_i}\cdot\left(\frac{Y_i}{K_i}\right)^{\frac{1}{\alpha}}. \tag{4.16}$$

Definiert man nun außerdem $\kappa = \frac{\eta-1}{\eta}$, so ergibt sich schließlich für die Preisgleichung des Unternehmens i der folgende Ausdruck:

$$P_i = \frac{1}{\kappa}\cdot\left[\frac{1}{\alpha}\cdot W_i\cdot\left(\frac{Y_i}{K_i}\right)^{\frac{1-\alpha}{\alpha}}\right]. \tag{4.17}$$

Dabei ist $\frac{1}{\kappa}$ der Zuschlagsfaktor auf die Grenzkosten, die in der eckigen Klammer abgetragen sind. Es besteht ein inverser Zusammenhang zwischen dem Zuschlagsfaktor und der Preiselastizität der Nachfrage. Der Zuschlagsfaktor nimmt demzufolge mit zunehmender Preiselastizität der Nachfrage η ab. Der Parameter κ ist zudem als Indikator für die Wettbewerbsintensität auf dem Gütermarkt zu verstehen. Je größer κ ist, desto höher ist die Wettbewerbsintensität, wobei $0 < \kappa < 1$ gilt.

Instruktiv ist folgende alternative Darstellung, die man - unter Beachtung, daß $Q_i = Y_i$ ist - durch Einsetzen der Produktionsfunktion (4.6) in Gleichung (4.17) und Umstellen nach W_i erhält:

$$W_i = \left(\frac{K_i}{N_i}\right)^{1-\alpha}\cdot\alpha\cdot\kappa\cdot P_i. \tag{4.18}$$

Geht die Preiselastizität der Nachfrage η gegen unendlich ($\eta\to\infty$), so entspricht dies gerade dem Fall vollkommener Konkurrenz auf dem Gütermarkt und κ geht gegen Eins ($\kappa\to 1$). Damit gälte jedoch

$$W_i = \alpha\cdot N_i^{\alpha-1}\cdot K_i^{1-\alpha}\cdot P_i, \tag{4.19}$$

und der Nominallohn entspräche dem Wertgrenzprodukt der Arbeit. Dies korrespondiert mit der Aussage bei vollkommener Konkurrenz.
Da hier stattdessen monopolistische Konkurrenz am Gütermarkt unterstellt wird, wird der Preis von dem Unternehmen per Zuschlagskalkulation auf die Grenzkosten gemäß (4.17) festgelegt. Je geringer die Wettbewerbsintensität auf dem Gütermarkt ist, desto größer ist der Zuschlagsfaktor und umso stärker überschreitet das Grenzprodukt der Arbeit den Reallohn, den die Firmen bereit sind zu konzedieren.

Zum Zwecke der Aggregation über alle F Unternehmungen werden folgende Annahmen getroffen. Alle Unternehmen sind identisch (Symmetrieannahme), so daß das Unternehmen i als repräsentatives Unternehmen betrachtet werden kann. Außerdem mögen die Lohnverhandlungen für jede Firma zum selben Ergebnis führen, womit $W_i = W$ ist. Hieraus folgt unmittelbar, daß jede Firma auch denselben Preis setzt und folglich $P_i = P$ ist. Ferner seien K, N und Y die aggregierten Größen, an denen jedes der F Unternehmen denselben Anteil hat. Dann lautet die (aggregierte) Preisgleichung, die man aus Gleichung (4.17) erhält:

$$P = \frac{1}{\kappa} \cdot \left[\frac{1}{\alpha} \cdot W \cdot \left(\frac{Y}{K} \right)^{\frac{1-\alpha}{\alpha}} \right]. \tag{4.20}$$

In log-linearer Form bedeutet dies:[10]

$$p - \omega = \psi_0 + \psi_1 \cdot (y - \chi). \tag{4.21}$$

Die Kleinbuchstaben p und y repräsentieren dabei jeweils die logarithmierten Größen von P und Y, der Parameter ω ist der logarithmierte Nominallohn und χ ist der Logarithmus des Kapitalstocks. Für die Koeffizienten gilt:

$$\begin{aligned} \psi_0 &= -(\log \kappa + \log \alpha) = \log \left(\frac{\eta}{\eta - 1} \right) - \log \alpha \\ \text{und} \quad \psi_1 &= \frac{1-\alpha}{\alpha}. \end{aligned}$$

[10] Diese Darstellung hat sich eingebürgert, weil die ursprüngliche Intention des Modells auf ökonometrische Schätzungen abzielte. Die Logarithmierung bezweckt dabei - neben einer z.T. leichteren Handhabbarkeit - die Linearisierung der Gleichungen in den Koeffizienten.
Da es sich hier im engeren Sinne außerdem nur um einen Zusammenhang der Endogenen im Optimum handelt, ist (4.21) keine Preissetzungsfunktion sondern die aggregierte log-lineare Preisgleichung.

Die Ausdrücke (4.20) bzw. (4.21) verdeutlichen, daß die Preissetzung auch im Aggregat durch eine Aufschlagskalkulation auf die Grenzkosten vorgenommen wird. Um von der Preisgleichung zur Preissetzungsgleichung zu gelangen, kann man die logarithmierte Form der Produktionsfunktion

$$y = \alpha \cdot n + (1 - \alpha) \cdot \chi \tag{4.22}$$

in Gleichung (4.21) einsetzen. Dann ergibt sich:

$$p - \omega = \psi_0 + \psi_1 \cdot [(\alpha \cdot n + (1 - \alpha) \cdot \chi) - \chi]. \tag{4.23}$$

Dies entspricht:

$$p - \omega = \psi_0 + \psi_1 \cdot [\alpha \cdot (n - \chi)]. \tag{4.24}$$

Berücksichtigt man nun weiterhin den Zusammenhang $u = \zeta - n$ bzw. $n = \zeta - u$[11], so liefert Einsetzen in (4.24) und Umformen die alternative log-lineare Preissetzungsgleichung:

$$p - \omega = \psi_0 - \psi_2 \cdot u - \psi_2 \cdot (\chi - \zeta), \tag{4.25}$$

wobei der Koeffizient $\psi_2 = (1 - \alpha)$ ist.

Die Gleichungen (4.24) und (4.25) sind die geläufigsten Darstellungsweisen der Preissetzungsgleichung. Durch die gewinnmaximierende Bestimmung des Absatzpreises werden sowohl der Reallohn als auch die Beschäftigung durch die Unternehmen determiniert. Die Preisgleichung (4.21) zeigt, welcher Preisaufschlag auf den Lohn in Abhängigkeit von einer gegebenen Güternachfrage verlangt wird. Dahingegen geben die Preissetzungsgleichungen (4.24) und (4.25) den Preisaufschlag in Abhängigkeit von einer gegebenen (Unter-)Beschäftigungssituation an. Der Nominallohn stellt für die Unternehmen eine exogene Größe dar. Das soll hier und im folgenden auch für die Güternachfrage gelten.[12] Währenddessen sind der Preis - und damit auch der Reallohn - bzw. die Beschäftigung für die Unternehmen Aktionsparameter.

Durch Umstellen der Preissetzungsgleichung (4.25) gelangt man zu einer Formel für den "feasible real wage":

$$\omega - p = -\psi_0 + \psi_2 \cdot u + \psi_2 \cdot (\chi - \zeta). \tag{4.26}$$

[11] Aus der Definitionsgleichung $u = \frac{E-N}{E} = 1 - \frac{N}{E}$ folgt durch Logarithmieren approximativ $u = \zeta - n$. Der Kleinbuchstabe u gibt hierbei weiterhin die Arbeitslosenquote und im Gegensatz zu n und $\zeta (= \log E)$ keine logarithmierte Größe an.

[12] Im einzelwirtschaftlichen Kalkül ist Y_i jedoch ebenfalls endogen.

Aus der Preisgleichung (4.21) erhält man alternativ:

$$\omega - p = -\psi_0 - \psi_1 \cdot (y - \chi) . \tag{4.27}$$

Diese Gleichungen geben jeweils denjenigen Reallohnsatz an, den die Unternehmen bereit sind, den Arbeitnehmern zuzugestehen. Dieser Lohn ist z.B. umso geringer, je

- geringer die Wettbewerbsintensität auf dem Gütermarkt ist, d.h. je kleiner κ ist.
- höher die aggregierte Güternachfrage Y ist.
- geringer die Arbeitsintensität in der Produktion ist.

Zur Vervollständigung dieses Abschnittes ist noch die graphische Veranschaulichung der Preissetzungskurve von Interesse. Hierzu wird die später verwendete Darstellung im [(ω-p)-u]-Diagramm präsentiert.
In einem [(ω-p)-u]-Diagramm gibt die PS-Kurve den Zusammenhang zwischen dem Reallohn und der Arbeitslosenquote (der Unterbeschäftigung) wieder. Als Antwort auf eine Nominallohnerhöhung wird das einzelne Unternehmen den Preis für sein Produkt (unterproportional zur Lohnsteigerung) erhöhen. Da dies einer Erhöhung des relativen Preises dieses Gutes gleichkommt, geht die Nachfrage nach diesem Gut zurück, woraufhin Produktion und Beschäftigung zurückgefahren werden. Demnach besteht ein negativer Zusammenhang zwischen dem Reallohn und der Beschäftigung, so daß die Unterbeschäftigung mit zunehmendem Reallohn steigt. Aufgrund der Symmetrieannahme überträgt sich dies jedoch nicht auf die aggregierte Ebene. Dort resultiert der negative Zusammenhang zwischen Reallohn und Beschäftigung bei konstantem Zuschlagsfaktor nur aus dem annahmegemäß abnehmendem Grenzertrag der Arbeit. Die PS-Kurve hat folglich die in Abbildung 4.3 abgetragene Gestalt.

Dieser Verlauf ist allerdings nicht zwingend. Der negative Zusammenhang zwischen Reallöhnen und Beschäftigung kann dann zusammenbrechen, wenn die Preiselastizität der Nachfrage mit zunehmender Güternachfrage steigt. Dadurch sänke der von den Unternehmen auf die Grenzkosten verlangte Zuschlagsfaktor.

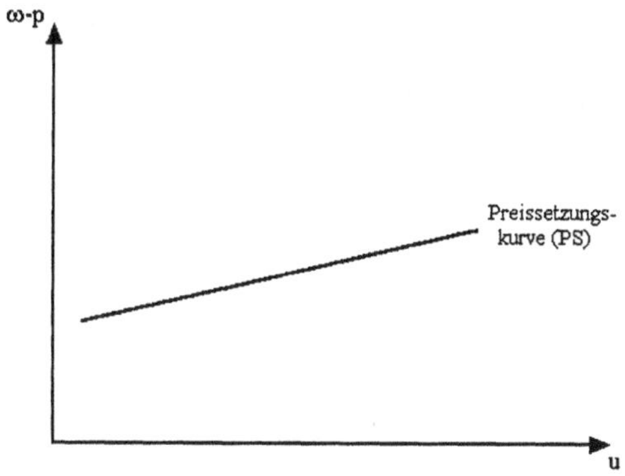

Abbildung 4.3: Die Preissetzungskurve

Die PS-Kurve könnte dann in der vorgenannten Darstellung auch horizontal verlaufen.[13] Im folgenden sei aber ein konstanter Zuschlagsfaktor und eine im [(ω-p)-u]-Raum steigende PS-Kurve angenommen.

Die in Abbildung 4.3 dargestellte Preissetzungskurve verschiebt sich parallel nach oben, sofern die Wettbewerbsintensität am Gütermarkt oder die Arbeitsintensität der Produktion steigt. Umgekehrt verschiebt sich die PS-Kurve parallel nach unten, wenn einer der beiden genannten Parameter kleiner wird.

Aufgrund der bisherigen Ausführungen dürfte es schließlich einleuchten, daß die Preissetzungskurve im (w-N)-Diagramm unterhalb der Arbeitsnachfragekurve liegt, weil Preisaufschläge auf die Grenzkosten erhoben werden. Preissetzungs- und Arbeitsnachfragekurve stimmen nur bei vollkommenem Wettbewerb auf dem Gütermarkt überein. Ist der Preisaufschlag bzw. die Preiselastizität der Nachfrage unabhängig von der Absatzmenge, so stellt sich PS zu LD als parallelverschoben (nach unten) dar.

[13]Da die Unternehmen die Preise per Zuschlagskalkulation auf die Grenzkosten setzen, ist für die Steigung von PS das Verhalten der beiden Größen "Grenzkosten" und "Preiselastizität der Nachfrage" in Abhängigkeit von der Höhe der Nachfrage bzw. der Beschäftigung von Bedeutung. Für einen Überblick der Erklärungsversuche, weshalb Preise meist nur schwach auf Änderungen der Nachfrage reagieren und damit auch PS relativ flach verläuft, siehe z.B. Layard et al. (1991), S. 339-342 und Michaelis (1998), S. 210-212, und die dort angegebenen Quellen. Carlin & Soskice (1990) operieren in ihrer Analyse durchgängig mit einer horizontalen PS-Kurve.

4.2.2 Mikrofundierungen der Lohnsetzungskurve

In diesem Unterabschnitt ist die Lohnsetzungsgleichung und die daraus resultierende Lohnsetzungskurve (WS) herzuleiten. Die WS-Kurve gibt den Zusammenhang zwischen Löhnen und Beschäftigung bei gegebenen Preisen wieder. In Abgrenzung zur aus dem individuellen Arbeitsangebot hergeleiteten Arbeitsangebotskurve LD kann sie als Kurve des kollektiven Arbeitsangebotes aufgefaßt werden.
Zur Mikrofundierung der WS-Kurve lassen sich zwei Konzepte heranziehen: Kollektive Lohnverhandlungsmodelle oder Effizienzlohnmodelle. Diese werden im folgenden getrennt behandelt, wobei sie sich nicht gegenseitig ausschließen. Letzteres folgt daraus, daß die lohnsetzenden Akteure in beiden Modellen differieren. Während in den Lohnverhandlungsmodellen Gewerkschaften und Unternehmen den Lohn aushandeln - oder dieser im Grenzfall des Monopolgewerkschaftsmodells von der Gewerkschaft autonom gesetzt wird -, erfolgt die Festsetzung des Lohnes in Effizienzlohnmodellen durch die Unternehmen. Dies muß kein Widerspruch sein, weil Tarifverträge für Unternehmen meist nur Entlohnungsgrenzen nach unten abstecken; eine darüber hinausgehende Gewährung höherer Löhne aus Effizienzüberlegungen wäre zusätzlich möglich. Die Synthese der beiden Modelle soll hier jedoch nicht weiter verfolgt werden.[14]
Den Schwerpunkt der Analyse bilden die Verhandlungsmodelle, da sie das Geschehen auf dem deutschen und den meisten anderen europäischen Arbeitsmärkten besser wiedergeben dürften.[15] Die grundlegenden Ideen der Effizienzlohntheorie werden im Anschluß daran in verbaler Form wiedergegeben.

4.2.2.1 Kollektive Lohnverhandlungen

Im folgenden werden zunächst einige Grundlagen kollektiver Lohnverhandlungen präsentiert. Diese grundsätzlichen Überlegungen kommen daraufhin in der Herleitung der WS-Kurve zur Anwendung, wo besonders die Modellierung der Ausgestaltung der Arbeitslosenversicherung betont wird.

[14] Siehe dazu z.B. Layard et al. (1991) im Anhang 3.1 und Altenburg & Straub (1997).

[15] Seit 1960 galten stets für etwa 90% aller Beschäftigten in der Bundesrepublik Deutschland Tarifverträge [CESifo DICE 2002]. Diese Kennzahl mag als Nachweis für die Relevanz dieser Modellklasse dienen.

4.2.2.1.1 Grundlagen

Drei Fragen sind im vorhinein zu klären. Zum ersten ist festzulegen, welche Zielsetzungen die Gewerkschaften verfolgen. Zum zweiten muß bestimmt werden, wie die Verhandlungssituation zwischen Gewerkschaften und Unternehmen abgebildet werden soll. Zum dritten ist zu überlegen, welches der zur Auswahl stehenden Verhandlungsmodelle Verwendung finden soll.

Um die Existenz von Gewerkschaften im Vergleich zur individualistischen Position rechtfertigen zu können, ist zunächst die gewerkschaftliche Ziel- bzw. Nutzenfunktion zu spezifizieren.[16] Betrachtet sei eine repräsentative Industriegewerkschaft i oder mit anderen Worten die zum Unternehmen oder Sektor i korrespondierende Gewerkschaft.

In frühen Arbeiten zur mikroökonomischen Theorie der Gewerkschaften wurde zumeist entweder die Maximierung der Lohnsumme der Beschäftigten $[N_i \cdot w_i]$ oder der Renten aus der Gewerkschaftsbildung oder -tätigkeit $[N_i \cdot (w_i - \delta)]$ als Zielsetzung postuliert, wobei δ das erwartete (reale) Alternativeinkommen sei, welches an späterer Stelle geeignet zu spezifizieren ist. Es haben sich inzwischen jedoch zwei andere Vorgehensweisen als vorteilhaft erwiesen, und zwar die Verwendung einer spezifischen strukturellen Form oder der utilitaristische bzw. Erwartungsnutzenansatz.

Die Vorteile des strukturellen Ansatzes bestehen darin, daß er sich gut für ökonometrische Arbeiten eignet und die zuvor genannten Zielsetzungen als Spezialfälle für bestimmte Parameterkonstellationen mit einschließt. Unterstellt man beispielsweise eine Stone-Geary-Nutzenfunktion

$$U(w_i, N_i) = (w_i - w_i^{sub})^o \cdot (N_i - N_i^{sub})^{(1-o)}, \tag{4.28}$$

so ergäbe sich mit $o = 0,5$ und $w_i^{sub} = N_i^{sub} = 0$ die Lohnsummenformulierung und mit $o = 0,5$, $N_i^{sub} = 0$ sowie $w_i^{sub} = \delta$ die Rentenmaximierungsformulierung. Hierbei geben w_i^{sub} und N_i^{sub} sog. Subsistenzniveaus wieder, die mindestens von der Gewerkschaft angestrebt werden. Der Parameter o kennzeichnet die relative Wichtigkeit von Löhnen und Beschäftigung aus Sicht der Gewerkschaft. Da sich

[16] Rekurriert wird hier auf die Überblicksartikel von Oswald (1985) und Pencavel (1985), sowie auf die Lehrbuchdarstellung in Goerke & Holler (1997). Zu einer Kritik an den üblicherweise verwendeten gewerkschaftlichen Nutzenfunktionen siehe Mayhew & Turnbull (1989).

die Stone-Geary-Nutzenfunktion ebenso wie ähnliche Spezifikationen jedoch nicht explizit aus den individuellen Präferenzen der Arbeitnehmer herleiten läßt, wird zumeist der utilitaristische Ansatz verwendet.
Die utilitaristische Nutzenfunktion läßt sich wie folgt schreiben:

$$U(w_i, N_i) = N_i \cdot u(w_i) + (E_i - N_i) \cdot u(\delta) \qquad \text{mit} \quad N_i \leq E_i. \tag{4.29}$$

Die Ausdrücke $u(\cdot)$ sind dabei die individuellen Nutzenfunktionen der Gewerkschaftsmitglieder in bezug auf w_i bzw. δ. Für $u(\cdot)$ gilt $u'(\cdot) > 0$; ferner sei $u''(\cdot) = 0$. E_i gibt die exogene Zahl der Erwerbspersonen im Sektor i an. Vereinfachend angenommen sei, daß sämtliche Erwerbspersonen in i auch gleichzeitig Mitglieder der Gewerkschaft sind.[17] Die utilitaristische Zielfunktion gemäß (4.29) besagt, daß die Gewerkschaft eine Maximierung der Summe der Nutzen ihrer Mitglieder anstrebt. Den beschäftigten Mitgliedern N_i fällt dabei der Nutzen $u(w_i)$, den nichtbeschäftigten Mitgliedern $(E_i - N_i)$ der Nutzen $u(\delta)$ zu.
Einige wichtige Annahmen liegen (4.29) zugrunde. Zum einen wird unterstellt, daß die Gewerkschaft alle ihre Mitglieder als identisch ansieht und diese demnach identisch behandelt. Dies impliziert gleichzeitig, daß es unerheblich ist, welches Gewerkschaftsmitglied beschäftigt oder arbeitslos ist, weil ein ausreichender Umverteilungsmechanismus von Einkommen oder Nutzen zwischen den Individuen innerhalb der Gewerkschaft existiert. Zum anderen sind die Nutzen der Mitglieder voneinander unabhängig. Die Gewerkschaft vertritt damit keine Gruppeninteressen, sondern nur die Summe der einzelnen Präferenzen. Hiermit wird die innergewerkschaftliche Meinungsbildung ebenso ausgeklammert wie Interessenkonflikte unter den Mitgliedern oder zwischen den Mitgliedern und der Gewerkschaftsführung. Politökonomische Erwägungen bleiben damit unberücksichtigt.
Ausgehend von der utilitaristischen Variante in (4.29) gelangt man mittels Division durch E_i zur Erwartungsnutzenfunktion, wenn man zusätzlich unterstellt, daß

[17] Diese Prämisse mag auf den ersten Blick angesichts eines gewerkschaftlichen Organisationsgrades von 29% im Jahre 1995 in der Bundesrepublik Deutschland [OECD (1997), S. 71] zweifelhaft erscheinen. Stellt man aber auf den Geltungsbereich von Tarifverträgen ab - und somit auf die Beschäftigten, die Tarifverträgen unterliegen - so erscheint diese Annahme gerechtfertigt. Je größer die Bedeutung von Allgemeinverbindlichkeitserklärungen in einer Volkswirtschaft ist und/oder je zentralisierter die Tarifverhandlungen stattfinden, desto umfassender ist im allgemeinen der Geltungsbereich von Tarifverträgen.

die Wahrscheinlichkeit zum Lohnsatz w_i beschäftigt zu werden, für alle Gewerkschaftsmitglieder gleich ist:

$$U(w_i, N_i) = \frac{N_i}{E_i} \cdot u(w_i) + \frac{E_i - N_i}{E_i} \cdot u(\delta). \tag{4.30}$$

$\frac{N_i}{E_i}$ stellt dann die Wahrscheinlichkeit dar, zum Lohnsatz w_i beschäftigt zu sein und $\frac{E_i - N_i}{E_i}$ ist die entsprechende Gegenwahrscheinlichkeit nicht im Sektor i beschäftigt zu sein und das Alternativeinkommen δ zu bekommen.
Die Tatsache, daß die Erwartungsnutzenfunktion sich aus dem individuell nutzenmaximierenden Verhalten ergibt, spricht dafür, sie im folgenden zu verwenden.[18]

In einem nächsten Schritt ist zu fragen, wie die Lohnverhandlungssituation modelliert werden kann.[19] Zu diesem Zweck wird im folgenden auf den von Nash (1950, 1953) formulierten statisch-axiomatischen Ansatz der kooperativen Spieltheorie zurückgegriffen.[20] Unter axiomatisch ist in diesem Zusammenhang zu verstehen, daß das Verhandlungsergebnis bestimmte wünschenswerte Eigenschaften zu erfüllen hat, so daß rationale Spieler diese Lösung akzeptieren werden. Die für zwei unter Sicherheit agierende Spieler formulierten Axiome lauten:

1. Invarianz gegenüber äquivalenten Nutzendarstellungen,
2. Symmetrie,
3. Unabhängigkeit (der Lösung) von irrelevanten Alternativen,
4. Paretoeffizienz.

Es läßt sich zeigen, daß eine Verhandlungslösung diese Axiome nur erfüllt, wenn das Produkt der Nutzenzuwächse beider Parteien aus einer Einigung maximiert wird. Liegt keine Symmetrie vor, so ergibt sich das folgende verallgemeinerte Nash-Produkt:

$$\max_{U_G, U_F} \Lambda = \left(U_G - \overline{U}_G\right)^{\mu} \cdot \left(U_F - \overline{U}_F\right)^{1-\mu}. \tag{4.31}$$

[18]Vgl. aber Kahneman & Tversky (1979) für den Hinweis auf mögliche systematische Abweichungen vom erwartungsnutzenmaximierenden Verhalten auf individueller Ebene.

[19]Vgl. zum folgenden Osborne & Rubinstein (1990), Kap. 2, Holler & Illing (1996), S. 180-206 und 244-253, sowie Booth (1995), S. 123f.

[20]Rubinstein (1982) und Binmore et al. (1986) zeigen im Rahmen eines nicht-kooperativen Spiels allerdings, daß sich die Nash-Lösung unter bestimmten Annahmen auch für diese (dynamische) Klasse von Spielen ergibt.

Dabei sind $U_{F,G}$ die Nutzenniveaus der beiden Spieler bei einer Einigung, $\overline{U}_{F,G}$ die jeweiligen Droh- bzw. Konfliktpunkte und μ bzw. $1 - \mu$ stellt die jeweilige Verhandlungsmacht dar. Im symmetrischen Fall wäre $\mu = \frac{1}{2}$.
Der Konfliktpunkt gibt die aus Sicht der Parteien jeweils minimal akzeptable Lösung an. Würde diese für einen der beiden Spieler unterschritten, so käme es zu keiner Einigung. Für die Gewerkschaft wird der Konfliktpunkt üblicherweise als Nutzen aus dem Alternativeinkommen angenommen. Der Konfliktpunkt des Unternehmens ist mit einem Gewinn von Null gleichzusetzen.
Wie Rubinstein (1982) beweist, ist die Zeitpräferenz und damit die relative Kompromißbereitschaft ausschlaggebend für eine Einigung. Folglich kann hier μ als Maß für die relative Kompromißbereitschaft angesehen werden. Mithin ist der Begriff Verhandlungsmacht synonym dazu und wird im folgenden in diesem Sinne verwendet.

In der Literatur existieren drei Standardansätze zur Abbildung kollektiver Lohnverhandlungen: Das gewerkschaftliche Monopolmodell, das sog. Right-to-manage-Modell und das Modell effizienter Verhandlungen.[21] Es bleibt abschließend noch festzulegen, welches von diesen Lohnverhandlungsmodellen angewendet werden soll.
Das gewerkschaftliche Monopolmodell gilt als Referenzmodell, in dem die Gewerkschaft als Lohnfixierer auftritt und das Unternehmen daraufhin die Beschäftigung gewinnmaximierend festlegt. Die Arbeitsnachfrage wird dann zur Nebenbedingung des Nutzenmaximierungskalküls der Gewerkschaft.
Im Right-to-manage-Modell verhandeln Gewerkschaft und Unternehmen über den Lohnsatz. Nachdem dieser bilateral festgelegt wurde, entscheidet das Unternehmen autonom über die Höhe der Beschäftigung. Wie im Monopolmodell ergeben sich Lohn-Beschäftigungskombinationen, die auf der Arbeitsnachfragekurve liegen. Es läßt sich zeigen, daß es zur Monopollösung kommt, wenn die gesamte Verhandlungsmacht bei der Gewerkschaft liegt ($\mu = 1$). Mithin stellt das Monopolmodell einen Spezialfall des Right-to-manage-Modells dar. Läge die gesamte Verhandlungsmacht bei dem Unternehmen, so entspräche die Verhandlungslösung dem Alternativlohn (wiedergegeben durch das Arbeitslosengeld oder den Lohnsatz in einem kompetitiven Sektor). Welcher Punkt sich auf der Ar-

[21]Für Überblicke hierzu siehe z.B. Althammer (1990) oder Booth (1995).

beitsnachfragekurve zwischen diesen beiden Extremen einstellt, hängt von der Verhandlungsmacht der Gewerkschaft bzw. des Unternehmens ab.
Leontief (1946) zeigt, daß derartige Verhandlungslösungen nicht effizient sind. Effizienzverbesserungen seien dann möglich, wenn gleichzeitig über den Lohnsatz und die Beschäftigung verhandelt würde. Erstmals formalisiert wurde diese Idee von McDonald & Solow (1981). Die effizienten Verhandlungsergebnisse ergeben sich aus den Tangentialpunkten der gewerkschaftlichen Indifferenzkurven mit den Iso-Gewinn-Linien des Unternehmens. Graphisch ergibt sich hieraus eine Kontraktkurve, die als Ortslinie die effizienten Punkte miteinander verbindet. Sie beginnt auf der Arbeitsnachfragekurve auf Höhe des Alternativeinkommens. Ihre Steigung hängt von der Risikoeinstellung der Gewerkschaft (bzw. des repräsentativen Mitgliedes) ab. Bei Risikoaversion ist die Kontraktkurve positiv geneigt, bei Risikoneutralität verläuft sie vertikal und bei Risikofreude ist sie negativ geneigt. Die jeweilige Verhandlungsmacht der Tarifpartner bestimmt, welcher Punkt auf der Kontraktkurve realisiert wird. Die ausgehandelte Beschäftigung ist in jedem Falle höher als im Right-to-manage-Modell. Neben der Beobachtung, daß die empirische Evidenz zugunsten des Modells effizienter Verhandlungen recht schwach ist und Tests auf das Vorhandensein effizienter Verhandlungen relativ schwierig durchzuführen sind[22], gibt es zusätzlich einige theoretische Einwände. Für den Fall, daß Arbeitnehmer und damit Gewerkschaftsmitglieder nicht zufällig sondern nach Seniorität entlassen würden, änderte sich die gewerkschaftliche Nutzenfunktion in der Art, daß die Indifferenzkurven dann horizontal verliefen.[23] Damit liegen jedoch die effizienten Ergebnisse auf der Arbeitsnachfragekurve und diese stimmt mit der Kontraktkurve überein. Eine ähnliche Argumentation gilt - wie Carruth & Oswald (1987) zeigen -, wenn man Insider-Outsider-Überlegungen zugrundelegt. Schließlich ist der Hinweis angebracht, daß die einzelwirtschaftlichen Ergebnisse nur bedingt auf die aggregierte Ebene übertragbar sind.[24]
Aufgrund der genannten Erwägungen soll im folgenden der Right-to-manage-Ansatz zur Anwendung kommen.

[22]Vgl. Booth (1995), S. 135-141.
[23]Vgl. Oswald (1993).
[24]Siehe zu diesem Einwand Layard & Nickell (1990).

4.2.2.1.2 Verhandlungslösung, WS-Kurve und Rolle der Arbeitslosenversicherung

Zunächst ist die Verhandlungslösung auf der Ebene der Firma bzw. des Sektors i zu generieren. Dies geschieht unter Zuhilfenahme der generalisierten Nash-Lösung im Rahmen des Right-to-manage-Modells. Im Anschluß daran erfolgt die Aggregation der einzelwirtschaftlichen Ergebnisse und damit schließlich die Herleitung der WS-Gleichung.[25]
Die (allgemeine Form der) Nutzenfunktion der Gewerkschaft in Sektor i wird aus Gleichung (4.30) übernommen und in (4.31) für U_G eingesetzt; der Drohpunkt entspricht $u(\delta)$ und wird in (4.31) für $\overline{U}_G$ eingesetzt. Die Gewinnfunktion der Unternehmen im Sektor i (oder des Unternehmens i) kann aus (4.7) übernommen werden, wird aber zur Vereinfachung der Darstellung nur in allgemeiner Schreibweise wiedergegeben und für U_F eingesetzt. Der Drohpunkt des Unternehmens wird mit einem Gewinn von Null gleichgesetzt, d.h. dieser Wert ist für $\overline{U}_F$ in (4.31) einzusetzen. Aus diesen Überlegungen ergibt sich dann das folgende Nash-Produkt, das über W_i zu maximieren ist:

$$\max_{W_i} \Lambda = \left(\frac{N_i}{E_i} \cdot [u(w_i) - u(\delta)]\right)^{\mu} \cdot (G_i)^{1-\mu}. \tag{4.32}$$

Für die Risikoeinstellung der Arbeitnehmer sei Risikoneutralität angenommen.[26] Dann ist das repräsentative Gewerkschaftsmitglied indifferent zwischen einer sicheren Auszahlung und einer Lotterie mit demselben Erwartungswert. Es ergibt sich deshalb:

$$u(w_i) = w_i = \frac{W_i}{P} \quad \text{und} \tag{4.33}$$

$$u(\delta) = \delta. \tag{4.34}$$

[25] Vgl. ab hier erneut vor allem Layard et al. 1991, Kap. 2 und Beissinger (1996), Abschnitt 2.2.

[26] Vgl. dazu auch Carlin & Soskice (1990), Kap. 17. Für eine Spezifikation mit konstanter relativer Risikoaversion siehe Beissinger (1996).

Zur Vereinfachung der Notation sei für N_i außerdem die implizite Form $N_i = (\frac{W_i}{P}, \frac{Y^d}{F}, K_i)$ gewählt.[27]

Durch Einsetzen der Spezifikation der individuellen Nutzenfunktion erhält man:

$$\max_{W_i} \Lambda = \left(\frac{N_i}{E_i} \cdot \left[\frac{W_i}{P} - \delta\right]\right)^{\mu} \cdot (G_i)^{1-\mu}. \tag{4.36}$$

Die Bedingung erster Ordnung für ein Maximum lautet:

$$\mu \cdot \left(\frac{N_i}{E_i} \cdot \left[\frac{W_i}{P} - \delta\right]\right)^{\mu-1} \cdot (G_i)^{1-\mu} \cdot \frac{1}{P} \cdot \left[\frac{N_i}{E_i} \cdot \frac{W_i}{P} + \frac{1}{E_i} \cdot \frac{\partial N_i}{\partial(W_i/P)} \cdot \left[\frac{W_i}{P} - \delta\right]\right]$$
$$+ (1-\mu) \cdot \left(\frac{N_i}{E_i} \cdot \left[\frac{W_i}{P} - \delta\right]\right)^{\mu} \cdot (G_i)^{-\mu} \cdot \left[\frac{\partial G_i}{\partial(W_i/P)} + \frac{\partial G_i}{\partial N_i} \cdot \frac{\partial N_i}{\partial(W_i/P)}\right] \cdot \frac{1}{P}$$
$$= 0. \tag{4.37}$$

Aufgrund des gewinnmaximierenden Verhaltens des Unternehmens ist $\frac{\partial G_i}{\partial N_i} = 0$.
Zudem ist gemäß dem Umhüllendentheorem $\frac{\partial G_i}{\partial(W_i/P)} = -N_i$.
Einsetzen und Multiplikation mit P liefert:

$$\mu \cdot \left(\frac{N_i}{E_i} \cdot \left[\frac{W_i}{P} - \delta\right]\right)^{\mu-1} \cdot (G_i)^{1-\mu} \cdot \left[\frac{N_i}{E_i} \cdot \frac{W_i}{P} + \frac{1}{E_i} \cdot \frac{\partial N_i}{\partial(W_i/P)} \cdot \left[\frac{W_i}{P} - \delta\right]\right]$$
$$-N_i \cdot (1-\mu) \cdot \left(\frac{N_i}{E_i} \cdot \left[\frac{W_i}{P} - \delta\right]\right)^{\mu} \cdot (G_i)^{-\mu} = 0. \tag{4.38}$$

Dies läßt sich vereinfachen zu:

$$\mu \cdot \frac{G_i}{\left(\frac{N_i}{E_i} \cdot \left[\frac{W_i}{P} - \delta\right]\right)} \cdot \left[\frac{N_i}{E_i} \cdot \frac{W_i}{P} + \frac{1}{E_i} \cdot \frac{\partial N_i}{\partial(W_i/P)} \cdot \left[\frac{W_i}{P} - \delta\right]\right]$$
$$-N_i \cdot (1-\mu) = 0. \tag{4.39}$$

Weitere Umformung liefert:

$$\mu \cdot \frac{N_i}{E_i} \cdot \frac{W_i}{P} = N_i \cdot (1-\mu) \cdot \frac{\frac{N_i}{E_i} \cdot \left[\frac{W_i}{P} - \delta\right]}{G_i} - \mu \cdot \frac{1}{E_i} \cdot \frac{\partial N_i}{\partial(W_i/P)} \cdot \left[\frac{W_i}{P} - \delta\right]. \tag{4.40}$$

Instruktiv an der Darstellung in (4.40) ist die Tatsache, daß auf der linken Seite der Gleichung der Grenznutzen der Lohnfestlegung aus Sicht der Gewerkschaft abgetragen ist, während sich auf der rechten Seite der Gleichung die Grenzkosten des

[27] Siehe Beissinger (1996), Anhang A.2, S. 284, zur Herleitung des expliziten Ausdrucks

$$\frac{N_i}{K_i} = \left[\frac{1}{\alpha \cdot \kappa} \cdot \frac{W_i}{P} \cdot \left(\frac{Y^d}{F \cdot K_i}\right)^{-\frac{1}{\eta}}\right]^{-\frac{1}{1-\alpha\cdot\kappa}}. \tag{4.35}$$

ausgehandelten Lohnsatzes befinden. Wie üblich verlangt die Optimalbedingung einen Ausgleich dieser beiden Größen. Anzumerken ist, daß die Grenzkosten sich aus denjenigen des Unternehmens und denjenigen der Gewerkschaft zusammensetzen, wobei die gewerkschaftliche Verhandlungsmacht μ als Gewichtungsfaktor dient.

Gleichung (4.40) kann (durch Multiplikation mit $\frac{E_i}{N_i}$ und Division durch μ) weiter umgeformt werden zu:

$$\frac{W_i}{P} = \left[\frac{W_i}{P} - \delta\right] \cdot \left[N_i \cdot \frac{1-\mu}{\mu} \cdot P \cdot \frac{1}{G_i} - \frac{1}{N_i} \cdot \frac{\partial N_i}{\partial (W_i/P)} \cdot P\right]. \tag{4.41}$$

Erweitert man den zweiten Klammerterm mit $\frac{W}{P^2}$, so gelangt man zu:

$$\frac{W_i}{P} = \left[\frac{W_i}{P} - \delta\right] \cdot \left[\frac{1-\mu}{\mu} \cdot \frac{W_i \cdot N_i}{P \cdot G_i} - \frac{W_i/P}{N_i} \cdot \frac{\partial N_i}{\partial (W_i/P)}\right]. \tag{4.42}$$

Der Ausdruck $\frac{W_i \cdot N_i}{P \cdot G_i}$ steht für die relative Lohnquote, welche aufgrund der getroffenen Annahmen insbesondere bezüglich der Produktionsfunktion auch geschrieben werden kann als:

$$\frac{W_i \cdot N_i}{P \cdot G_i} = \frac{\alpha \cdot \kappa}{1 - \alpha \cdot \kappa}. \tag{4.43}$$

Darüber hinaus gibt $\frac{W_i/P}{N_i} \cdot \frac{\partial N_i}{\partial (W_i/P)}$ die Elastizität der Arbeitsnachfrage bezüglich $\frac{W_i}{P}$ wieder. Aus dem oben in Gleichung (4.35) erwähnten expliziten Ausdruck für die Arbeitsnachfrage ergibt sich diese als:

$$\frac{W_i/P}{N_i} \cdot \frac{\partial N_i}{\partial (W_i/P)} = -\frac{1}{1 - \alpha \cdot \kappa}. \tag{4.44}$$

Berücksichtigt man diese beiden Beziehungen durch Einsetzen in (4.42), stellt nach $\frac{W_i}{P}$ um und faßt zusammen, so erhält man schließlich:

$$\frac{W_i}{P} = \left[1 + \frac{\mu \cdot (1 - \alpha \cdot \kappa)}{\alpha \cdot \kappa}\right] \cdot \delta. \tag{4.45}$$

Gleichung (4.45) verdeutlicht, daß der ausgehandelte Lohnsatz sich mittels eines Aufschlages auf das Alternativeinkommen δ ergibt.[28] Dieser Aufschlagfaktor sei im folgenden als Ω bezeichnet.

Sofern die Gewerkschaft keine Verhandlungsmacht besäße oder nicht existierte, wäre $\Omega = 1$ und es stellte sich als Lohnsatz genau das Alternativeinkommen δ

[28] Dies entspricht dem Standardergebnis der gängigen Literatur.

ein. Für alle $1 \geq \mu > 0$ nimmt hingegen Ω Werte größer als Eins an, weil $\alpha, \kappa < 1$ und somit der zweite Summand des Klammerterms aus (4.45) größer Null wird.[29] Wie im Falle der Preissetzung des einzelnen Unternehmens kann also auch bei der Lohnsetzung von einer Zuschlagskalkulation gesprochen werden.
Es ist offenkundig, daß der ausgehandelte Lohnsatz umso höher ausfällt, je höher das Alternativeinkommen δ ist. Ferner gilt für die partiellen Ableitungen des Aufschlagsatzes Ω nach den Parametern:

$$\frac{\partial \Omega}{\partial \mu} = \frac{1 - \alpha \cdot \kappa}{\alpha \cdot \kappa} > 0, \tag{4.46}$$

$$\frac{\partial \Omega}{\partial \alpha} = -\frac{\mu}{\alpha^2 \cdot \kappa} < 0, \tag{4.47}$$

$$\frac{\partial \Omega}{\partial \kappa} = -\frac{\mu}{\alpha \cdot \kappa^2} < 0. \tag{4.48}$$

Folglich ist der Aufschlagfaktor umso größer - und damit der ausgehandelte Lohnsatz umso höher -, je größer die Verhandlungsmacht der Gewerkschaft ist, je geringer die Arbeitsintensität in der Produktion ist oder je geringer die Wettbewerbsintensität auf dem Gütermarkt ist. Die letzte Erkenntnis mag zunächst überraschen, jedoch ist sie darauf zurückzuführen, daß bei geringerem Wettbewerb auf dem Gütermarkt mehr verteilbare Renten anfallen, die sich eine Gewerkschaft durch höhere Lohnforderungen anzueignen versucht.

Nach der Ermittlung des sektoralen Ergebnisses ist die Aggregation über die i Sektoren bzw. Unternehmen durchzuführen. Dafür ist das Alternativeinkommen δ genauer zu spezifizieren. Als einfaches Resultat der Erwartungsbildung über das Alternativeinkommen ergibt sich:

$$\delta = (1 - u) \cdot \frac{W_a}{P} + u \cdot b. \tag{4.49}$$

Das reale Alternativeinkommen δ für einen beschäftigungslos gewordenen Arbeitnehmer setzt sich zusammen aus dem (durchschnittlichen) Nominallohnsatz W_a in den anderen Sektoren (deflationiert mit P), gewichtet mit der Wahrscheinlichkeit dort Arbeit zu finden $(1 - u)$, und der realen Arbeitslosenunterstützung b, gewichtet mit der Wahrscheinlichkeit ohne Beschäftigung zu bleiben u. Der Parameter u entspricht damit auch weiterhin der Arbeitslosenquote.

[29] Angemerkt sei, daß sich für eine gewerkschaftliche Verhandlungsmacht von $\mu = 1$ der Referenzfall des gewerkschaftlichen Monopolmodells ergäbe.

Für eine allgemeinere Formulierung von (4.49) ist es hilfreich, den Parameter γ einzuführen. Die normalerweise verwendete Gleichung (4.49) unterstellt implizit, daß bei Arbeitslosigkeit stets Anspruch auf Arbeitslosenunterstützung besteht. Diese Annahme ist offenkundig mit den Regelungen einer realen Arbeitslosenversicherung nicht vereinbar. Vielmehr muß davon ausgegangen werden, daß der Einzelne bestimmte Kriterien zu erfüllen hat, um Anspruch auf b zu haben. Hierzu zählt insbesondere, daß er vorher für die Qualifikationsperiode M beschäftigt gewesen ist. Außerdem ist sowohl ein Überschreiten der Höchstbezugsdauer D denkbar, als auch das Vorhandensein einer Wartezeit A bevor der Bezug von b beginnt. Zusammen mit der Strenge, mit der die Arbeitsverwaltung die Einhaltung dieser Regeln prüft und durchsetzt, macht dies wesentliche Komponenten der Großzügigkeit der Arbeitslosenversicherung aus. Diese Ausgestaltungsmerkmale der Arbeitslosenversicherung sollen durch γ erfaßt werden, wobei für den Wertebereich $0 \leq \gamma \leq 1$ gilt. Je größer γ ist, desto großzügiger ist die Arbeitslosenversicherung, weil damit der Anteil derjenigen, die Leistungen aus der Arbeitslosenversicherung in Anspruch nehmen können, und den Nutzen $u(b) = b$ erzielen, größer ist. Besteht kein Anspruch auf Arbeitslosengeld, so sei zur Vereinfachung davon ausgegangen, daß dem Individuum keine Zahlungen zufließen und sein Nutzen $u(0) = 0$ ist.[30]
Für die Zusammenhänge zwischen γ auf der einen und M, D, A sowie der Strenge der Arbeitsverwaltung auf der anderen Seite gilt, daß γ umso kleiner ist, je

- größer M oder A sind.
- kleiner D ist.
- strenger geltende Regelungen durch die Arbeitsverwaltung ausgelegt und durchgesetzt werden.

Ein funktionaler Zusammenhang soll hier und im folgenden nicht spezifiziert werden. Es reicht die Vereinbarung aus, daß gilt:

$$\gamma = \gamma(\overset{-}{M}, \overset{-}{A}, \overset{+}{D}, \overset{-}{\sigma}). \tag{4.50}$$

[30] Alternativ könnte man auch Arbeitslosen- oder Sozialhilfeleistungen unterhalb des Arbeitslosengeldes annehmen, die dann mit $[(1-\gamma) \cdot u]$ zu gewichten wären.

Hierbei möge σ ein Parameter sein, der die Strenge der Arbeitsverwaltung approximiert.
Als allgemeine Form von Gleichung (4.49) ergibt sich:

$$\delta = (1-u)\cdot\frac{W_a}{P} + \gamma\cdot u\cdot b. \tag{4.51}$$

Da für die partiellen Ableitungen von δ

$$\frac{\partial\delta}{\partial\left(\frac{W_a}{P}\right)} = 1-u > 0 \quad \text{und} < 1, \tag{4.52}$$

$$\frac{\partial\delta}{\partial b} = \gamma\cdot u > 0, \tag{4.53}$$

$$\frac{\partial\delta}{\partial u} = \gamma\cdot b - \frac{W_a}{P} < 0 \tag{4.54}$$

gilt, steigt der Alternativlohn mit den Löhnen in den anderen Sektoren und der Arbeitslosenunterstützung. Zudem sinkt der Alternativlohn mit der Arbeitslosenrate.
Da δ nur unterproportional mit $\frac{W_a}{P}$ steigt, stellt sich im Aggregat eine Situation ein, in der $W_i = W_a = W$ gilt, d.h. alle Gewerkschaften setzen, weil von identischen Umweltbedingungen für alle Tarifparteien ausgegangen wird, denselben Lohnsatz durch. Setzt man dies, Gleichung (4.51) sowie Ω als Aufschlagfaktor in Gleichung (4.45) ein, so erhält man:

$$\frac{W}{P} = \Omega\cdot\left[(1-u)\cdot\frac{W}{P} + \gamma\cdot u\cdot b\right]. \tag{4.55}$$

Auflösen nach $\frac{W}{P}$ liefert:

$$\frac{W}{P} = \left[\frac{\Omega\cdot u}{1-\Omega\cdot(1-u)}\right]\cdot\gamma\cdot b. \tag{4.56}$$

Mithin ergibt sich der ausgehandelte Reallohn im Aggregat durch Multiplikation der mit γ gewichteten realen Arbeitslosenunterstützung b mit dem in eckigen Klammern abgetragenen Aufschlagsatz.[31] Der Reallohn - oder mit anderen Worten der von den Gewerkschaften ausgehende Lohndruck - ist dabei umso größer, je größer b oder γ sind. Darüber hinaus ist der Reallohn umso geringer, je höher

[31] Um sinnvolle Werte zu erhalten, wird davon ausgegangen, daß die Parameterkonstellationen stets einen positiven Nenner und damit einen insgesamt positiven Aufschlagsatz gewährleisten.

die Arbeitslosenquote liegt, weil der Aufschlagsatz mit steigender Arbeitslosenrate sinkt.[32]
Für die log-lineare Form der Lohnsetzungsgleichung (4.56) ergibt sich:

$$\omega - p = \varphi_0 - \varphi_1 \cdot u + \log b + \log \gamma. \tag{4.57}$$

Dabei ist der Koeffizient φ_0 eine Konstante und für φ_1 gilt:[33]

$$\varphi_1 = -\frac{1-\Omega}{u \cdot [1 - \Omega \cdot (1-u)]} > 0. \tag{4.58}$$

Allgemein kann die aus der Lohnsetzungsgleichung resultierende Lohnsetzungskurve in diesem Zusammenhang als kollektive Arbeitsangebotskurve verstanden werden. Im (w-N)-Diagramm liegt WS links von LS. In Abbildung 4.4 ist die Lohnsetzungskurve im [(ω-p)-u]-Raum dargestellt.

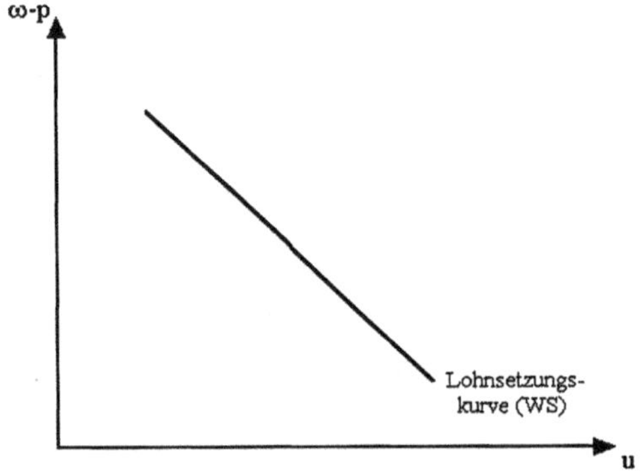

Abbildung 4.4: Die Lohnsetzungskurve

Das negative Vorzeichen von $\varphi_1 \cdot u$ in Gleichung (4.57) erklärt den fallenden Verlauf von WS. Ökonomisch ergibt sich die negative Steigung aus dem diszi-

[32] Es gilt:

$$\frac{\partial\left(\frac{\Omega \cdot u}{1+\Omega \cdot u - \Omega}\right)}{\partial u} = -\frac{\Omega^2 - \Omega}{(1 - \Omega + \Omega \cdot u)^2} < 0.$$

[33] Vgl. zur grundsätzlichen Herleitung dieses Koeffizienten Beissinger (1996), Anhang A.7, S. 292f.
Dabei stehen u und Ω für die Größen im jeweiligen Ausgangsgleichgewicht. Aus diesem Grund ist φ_1 konstant.

plinierenden Einfluß der Arbeitslosenquote auf die gewerkschaftlichen Lohnforderungen über eine Verringerung des Aufschlagfaktors auf die reale Arbeitslosenunterstützung. Mithin nimmt der Lohndruck mit steigender Arbeitslosigkeit ab, weil der Aufschlag auf die reale Arbeitslosenunterstützung sinkt.
Wichtige Lageparameter der WS-Kurve sind b und γ. Je größer b oder γ sind, desto weiter rechts liegt WS. Damit wird in diesem Modell der von der Ausgestaltung der Arbeitslosenversicherung ausgehende Lohndruck deutlich. Der Lohndruck bzw. der von den Gewerkschaften durchgesetzte Reallohn ist umso höher, je

- höher das reale Arbeitslosengeld b ist.
- länger die maximale Bezugsdauer des Arbeitslosengeldes D ist.
- kürzer die Qualifikationsperiode M ist.
- kürzer die Wartezeit A vor dem Empfang von b ist.
- weniger streng die Arbeitsverwaltung bestehende Regelungen zur Arbeitslosenversicherung auslegt und handhabt.

Bevor WS- und PS-Kurve zur Ermittlung eines allgemeinen, langfristigen Gleichgewichtes zusammengefügt werden, sind ein paar Anmerkungen zur Effizienzlohntheorie als alternative Mikrofundierung von WS angebracht.

4.2.2.2 Effizienzlohnmodelle

Neben kollektiven Lohnverhandlungsmodellen werden Effizienzlohnmodelle zur Mikrofundierung der WS-Kurve herangezogen.[34] Eine rigorose Herleitung soll hier unterbleiben. Stattdessen beschränken sich die folgenden Ausführungen auf die grundsätzlichen Ideen und Varianten der Effizienzlohntheorie.
Zentraler Ansatzpunkt der Effizienzlohnmodelle ist die Überlegung, daß Löhne nicht nur einen Kostenfaktor sondern auch ein Anreizinstrument darstellen. Demnach wird ein positiver Zusammenhang zwischen dem Lohn und der Produktivität (bzw. der Arbeitseffizienz) eines Arbeitnehmers postuliert. In das Kalkül des Unternehmens geht dieser Zusammenhang derart mit ein, daß zusätzlich über diese

[34] Nochmals sei darauf hingewiesen, daß sich beide Modellklassen nicht gegenseitig ausschließen sondern als komplementär aufzufassen sind.

Produktivität optimiert wird. Das gewinnmaximierende Unternehmen wird die Löhne dann solange erhöhen, wie der resultierende Kosteneffekt vom Produktivitätseffekt überkompensiert wird. Liegen diese Löhne oberhalb des markträumenden Niveaus, so stellt sich unfreiwillige Arbeitslosigkeit ein, die dem unternehmerischen Optimierungskalkül entspringt. Eine Lohnunterbietung wird von dem Unternehmen nicht zugelassen, weil dies wegen der gewinnmindernden Wirkung nicht in seinem Interesse ist.[35]

Normalerweise werden Effizienzlohnmodelle in eine der folgenden vier von Yellen (1984) formulierten Oberkategorien eingeordnet:[36]

1. Shirking-Modelle,
2. Labour-turnover-Modelle,
3. Modelle adverser Selektion,
4. Soziologische Modelle.

Die Unterschiede dieser Varianten bestehen dabei im wesentlichen darin, wie der Zusammenhang zwischen Lohnsatz und Arbeitseffizienz begründet wird. Allen Varianten ist gemein, daß von dem Unternehmen zunächst in einem ersten Schritt der Effizienzlohn und die optimale Arbeitseffizienz bestimmt werden und erst in einem zweiten Schritt die Beschäftigung festgelegt wird. Zur Bestimmung des Effizienzlohnes wird dabei die *Solow-Bedingung* herangezogen. Diese besagt, daß im firmenspezifischen Optimum die Elastizität der Produktivität in bezug auf den Reallohn gleich Eins ist. Weitere Erhöhungen des Lohnes hätten nur noch unterproportionale Steigerungen der Produktivität - verglichen mit den Lohnkosten - zur Folge; umgekehrt führen Lohnerhöhungen unterhalb des Effizienzlohnes noch zu überproportionalen Steigerungen der Produktivität. Ist die Solow-Bedingung erfüllt, so werden die Lohnkosten pro Effizienzeinheit minimiert.

In den ursprünglich auf Shapiro & Stiglitz (1984) zurückgehenden *Shirking-Modellen* zahlen Unternehmen Effizienzlöhne, um die Leistungsintensität der Arbeitnehmer zu erhöhen bzw. um Bummeln und Drückebergerei (shirking) am

---

[35] Vgl. Goerke & Holler (1997), S. 213-215.

[36] Vgl. zu den grundlegenden Artikeln dieser Modellvarianten den Sammelband von Akerlof & Yellen (1986). Zusammenfassende und überblickartige Darstellungen, auf die im folgenden - soweit nicht anders erwähnt - zurückgegriffen wird, finden sich z.B. in Katz (1986b) oder in den Lehrbüchern von Goerke & Holler (1997), Sesselmeier & Blauermel (1997) sowie Franz (1999).

Arbeitsplatz zu unterbinden. Ausgegangen wird davon, daß die Arbeitnehmer ihren Arbeitseinsatz innerhalb bestimmter Grenzen variieren können und bezüglich ihrer wahren Produktivität einen Informationsvorsprung gegenüber dem Unternehmen haben. Das Unternehmen kann die Arbeitsleistung des einzelnen Arbeitnehmers zudem nur unzureichend, d.h. durch Stichproben, kontrollieren, sei es, weil ein (vollständiges) monitoring entweder nicht möglich oder zu teuer ist. Wird ein Arbeitnehmer allerdings beim Bummeln erwischt, so wird er entlassen. Unter diesen Voraussetzungen ist es für das Unternehmen sinnvoll, im Vergleich zu anderen Unternehmen relativ höhere Löhne zu setzen, um das Bummeln zu verhindern, weil für den Arbeitnehmer damit höhere Kosten eines Arbeitsplatzverlustes einhergehen. Nur dann ist die Androhung einer Entlassung hinreichend glaubwürdig. Die drohende Arbeitslosigkeit wirkt disziplinierend auf das Verhalten der Arbeitnehmer und es werden Anreize gesetzt, eine bestimmte Arbeitsleistung zu erbringen. Je höher die aggregierte Arbeitslosenquote zudem ist, desto geringer muß der Effizienzlohn ausfallen, da die Wiederbeschäftigungswahrscheinlichkeit eines "erwischten Drückebergers" mit zunehmender Arbeitslosigkeit sinkt.
Die auf Salop (1979) zurückgehenden *Labour-turnover-Modelle* argumentieren im Prinzip analog zu den Shirking-Modellen. Als einziger Unterschied ergibt sich, daß hier mit Hilfe von Effizienzlöhnen die Zahl der Kündigungen verringert bzw. die Betriebstreue erhöht werden soll. Hintergedanke dieses Bestrebens ist zum einen die Verminderung der direkten Kosten der Fluktuation, d.h. der Einstellungs-, Einarbeitungs- und Entlassungskosten. Zum anderen soll die Bindung von Arbeitnehmern mit firmenspezifischen Qualifikationen an das Unternehmen erreicht werden. Eine Erhöhung der relativen Löhne reduziert die Fluktuationsrate und erhöht dadurch die Durchschnittsproduktivität der Belegschaft des Unternehmens. Auch hier nimmt der Effizienzlohn mit zunehmender Arbeitslosigkeit ab, weil der einzelne Arbeitnehmer geringere Anreize zu einer Kündigung hat.
Die erstmals von Weiss (1980) auf der Basis *adverser Selektion* formulierten Effizienzlohnmodelle betonen die Auslesefunktion des Lohnes bei der Auswahl von Bewerbern für eine freie Stelle. Ist die (betriebsspezifische) Eignung eines Bewerbers im vorhinein schwer meßbar, so kann es für das Unternehmen sinnvoll sein, hohe (Effizienz-)Löhne auszuloben, um eine höhere Durchschnittsproduktivität der Gesamtheit der Bewerber zu erzielen. Umso höher wäre dann auch die erwartete Produktivität eines neu eingestellten Arbeitnehmers. Da die Lohnforde-

rungen der Bewerber als Merkmal ihrer Qualifikation und Produktivität aufgefaßt werden, ist eine Lohnunterbietung zudem nicht möglich. Arbeitssuchende, die eine Bereitschaft zu Lohnabschlägen signalisieren, werden vom Unternehmen als nicht kompatibel mit der gewünschten minimalen Durchschnittsproduktivität angesehen und unterliegen damit der negativen Auslese.

Die von Akerlof (1982, 1984) eingeführten *soziologischen Modelle* begründen das Auftreten von Effizienzlöhnen mit Normen und Konventionen im Umgang zwischen Unternehmen und Arbeitnehmern. Die Zahlung von Effizienzlöhnen erweist sich aus Sicht des Unternehmens dann als nutzbringend, wenn dies über eine Erhöhung der Loyalität der Arbeitnehmer oder der Reputation des Unternehmens zu einer Erhöhung der Produktivität der vorhandenen Belegschaft führt. Je fairer z.B. die Arbeitnehmer ihren Lohn im Vergleich zu einem Referenzniveau oder einer Vergleichsgruppe empfinden, desto höher liegt dafür im Gegenzug ihre Produktivität (*Fair-wage-effort-Hypothese*). In einer anderen Deutung revanchieren sich die Arbeitnehmer für die Zahlung überdurchschnittlicher Löhne durch das Unternehmen mit einer überdurchschnittlichen Arbeitsintensität (*Gift-exchange-Hypothese*). In beiden Fällen werden die Normen der Arbeitnehmer durch Effizienzlöhne derart beeinflußt, daß es zu einer Erhöhung der durchschnittlichen Produktivität der betrachteten Gruppe kommt.

Eine ausführliche Diskussion der genannten Ansätze und der mit ihnen verbundenen Probleme kann an dieser Stelle nicht erfolgen.[37] Es sei jedoch vermerkt, daß andere Mechanismen denkbar sind, die dieselbe Wirkung wie Effizienzlöhne haben können. Je mehr solche Alternativmechanismen zu beobachten sind, desto weniger stark wäre aber die Evidenz zugunsten der Effizienzlohnhypothese. Bummeln ließe sich z.B. durch die Hinterlegung einer Kaution durch einen neueingestellten Arbeitnehmer verhindern. Würde der Arbeitnehmer beim Bummeln erwischt, so fiele diese Kaution an das Unternehmen. Allerdings könnten unvollkommene Kapitalmärkte zu einer Kreditrationierung von Arbeitnehmern führen, so daß diese nicht in der Lage sind, die Kaution aufzubringen. Zudem bestehen Anreize zu Moral-hazard-Verhalten des Unternehmens, da es sich die Kaution aneignen könnte, indem einfach eine Entlassung wegen Drückebergerei ausgesprochen wird.

[37] Verwiesen sei hierzu auf Katz (1986b). Für eine skeptische Beurteilung der Effizienzlohntheorie siehe Carmichael (1990). Die Erwiderung von Lang & Kahn (1990) nimmt die Gegenposition zugunsten der Effizienzlohntheorie ein.

Der resultierende Reputationsverlust des Unternehmens spricht jedoch eher dagegen, daß dies zu einem regelmäßig wiederkehrenden Verhalten wird.[38]

Sämtliche Varianten der Effizienzlohntheorie implizieren einen negativen Zusammenhang zwischen dem Reallohn und der Arbeitslosenrate. Dies ist darauf zurückzuführen, daß die Firmen zur Erreichung der angestrebten Arbeitsproduktivität einen umso geringeren Lohn gewähren müssen, je schlechter die Situation außerhalb des betreffenden Unternehmens ist. Demzufolge folgt auch aus allen Effizienzlohnmodellen ein fallender Verlauf der WS-Kurve im [(ω-p)-u]-Diagramm. Je größer die Arbeitslosenquote ist, desto geringer ist auch der Lohndruck. Dies wird vor allem in den Shirking-Modellen deutlich, in denen die disziplinierende Wirkung der gleichgewichtigen Arbeitslosigkeit auf das Arbeitnehmerverhalten betont wird.
Es dürfte unmittelbar einsichtig sein, daß großzügige Unterstützungsleistungen einer Arbeitslosenversicherung diesen disziplinierenden Effekt abschwächen. Je großzügiger die Arbeitslosenversicherung ausgestaltet ist, desto geringere Wohlfahrtseinbußen drohen einem Arbeitnehmer bei einer Entlassung. Folglich muß ein Unternehmen umso höhere Reallöhne zahlen, je höher das reale Arbeitslosengeld liegt. Damit ergibt sich auch in Effizienzlohnmodellen der Reallohn per Aufschlagskalkulation auf das reale Arbeitslosengeld. Dies gilt sowohl auf der unternehmerischen als auch auf der aggregierten Ebene. Wie in den kollektiven Lohnverhandlungsmodellen fungiert die in den Variablen b und γ wiedergegebene Ausgestaltung der Arbeitslosenversicherung als wichtiger Lageparameter der WS-Kurve.

4.2.3 Allgemeines Gleichgewicht (NAIRU)

Das allgemeine Gleichgewicht läßt sich mit Hilfe der zuvor hergeleiteten PS- und WS-Gleichungen ermitteln. Das allgemeine Gleichgewicht zeichnet sich dadurch aus, daß die Verteilungsansprüche beider Marktseiten an den Output miteinander vereinbar sind. Folglich stimmen der target real wage und der feasible real wage überein. Zudem wird damit ein eindeutiges langfristiges Gleichgewicht der Arbeitslosenquote determiniert.

---

[38] Vgl. zu dieser *bonding-critique* Carmichael (1990), S. 282-285.

Der Übersichtlichkeit halber seien zunächst die relevanten Gleichungen wiederholt. Gleichung (4.25) gab die *Preissetzungsgleichung* an mit:

$$p - \omega = \psi_0 - \psi_2 \cdot u - \psi_2 \cdot (\chi - \zeta).$$

Für den *feasible real wage*, den die Unternehmen bereit sind zu konzedieren, ergibt sich hieraus - wie schon in (4.26) abgetragen:

$$\omega - p = -\psi_0 + \psi_2 \cdot u + \psi_2 \cdot (\chi - \zeta).$$

Die *Lohnsetzungsgleichung* gemäß Gleichung (4.57) lautet:

$$\omega - p = \varphi_0 - \varphi_1 \cdot u + \log b + \log \gamma.$$

Algebraisch ergibt sich die gleichgewichtige Arbeitslosenrate u^* durch Gleichsetzen der beiden vorangegangenen Ausdrücke und Umstellen nach u:

$$u^* = \frac{\varphi_0 + \psi_0 - \psi_2 \cdot (\chi - \zeta) + \log b + \log \gamma}{\varphi_1 + \psi_2}. \tag{4.59}$$

Es läßt sich zunächst festhalten, daß u^* nur von institutionellen Größen beeinflußt wird. Die Güternachfrage übt keinen Einfluß auf die gleichgewichtige Arbeitslosigkeit aus.
Zu den institutionellen Größen zählen:[39]

- Die Wettbewerbssituation auf dem Gütermarkt.
  Der Parameter κ wirkt über ψ_0 und φ_1 auf die gleichgewichtige Arbeitslosigkeit.

- Die Verhandlungsmacht der Gewerkschaften.
  Über φ_1 - und damit über den Aufschlagfaktor Ω - beeinflußt μ die gleichgewichtige Arbeitslosigkeit.

- Die Ausgestaltung der Arbeitslosenversicherung, die sich in b und γ widerspiegelt.

[39] Der Abgabenkeil ließe sich einfach integrieren, indem im Modell zwischen Produzenten- und Konsumentenlohn unterschieden würde. Dann taucht der Abgabenkeil als Parameter mit positivem Vorzeichen im Zähler von Gleichung (4.59) auf und beeinflußt ebenfalls die gleichgewichtige Arbeitslosigkeit.

Daneben bedarf der Term $[-\psi_2 \cdot (\chi - \zeta)]$ einer kurzen Erläuterung.[40] Der Klammerausdruck $(\chi - \zeta)$ kann als Trendproduktivität gedeutet werden. Da diese in Gleichung (4.59) mit einem negativen Koeffizienten eingeht, führt eine Erhöhung des Kapitalstocks zu einer Verringerung von u^*. Eine andauernde Kapitalakkumulation führt zu ständig sinkender Arbeitslosigkeit. Dieses Ergebnis käme nur dann nicht zustande, wenn die Lohnbildung in einem Insider-Outsider-Modell stattfände, weil dort die Trendproduktivität in die Lohngleichung mit demselben Koeffizienten einginge wie in die Preisgleichung. Andernfalls ist zumindest davon auszugehen, daß die Trendproduktivität eine Rolle spielt.
Graphisch bestimmen sich u^* und $(\omega - p)^*$ aus dem Schnittpunkt von PS- und WS-Kurve. Fügt man die bereits hergeleiteten Kurven in einem Diagramm zusammen, so ergibt sich das in Abbildung 4.5 wiedergegebene Bild.

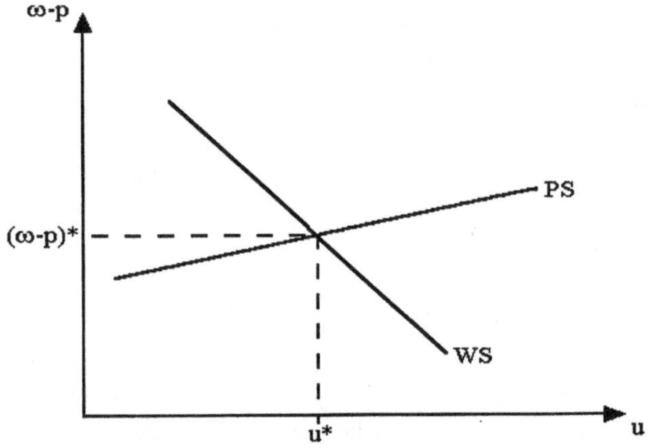

Abbildung 4.5: Allgemeines Arbeitsmarktgleichgewicht: Die NAIRU

Trägt man in Abbildung 4.5 zusätzlich die Arbeitsangebotskurve LS ab, die links von WS liegt und steiler als WS verläuft, so ergibt sich die unfreiwillige (strukturelle) Arbeitslosigkeit als Differenz zwischen WS und LS auf der Höhe des gleichgewichtigen Reallohnes.
Parameteränderungen wirken wie folgt auf u^*. Die gleichgewichtige Arbeitslosigkeit steigt, wenn sich die Wettbewerbsintensität auf dem Gütermarkt verringert

[40] Vgl. Beissinger (1996), S. 79f.

(κ sinkt). Dies ist auf einen direkten und einen indirekten Effekt zurückzuführen. Der direkte Effekt wirkt über den Parameter ψ_0 und damit über die PS-Kurve. Diese verschiebt sich nach rechts unten, weil der Zuschlagssatz der Unternehmen auf die Grenzkosten steigt. Der indirekte Effekt schlägt sich im (einzelwirtschaftlichen) Aufschlagfaktor auf den Alternativlohn (Ω) und damit auf die WS-Kurve nieder. Das zusätzliche Vorhandensein verteilbarer Renten erhöht den Lohndruck und verschiebt die WS-Kurve nach rechts oben. Während der Gesamteffekt auf den Reallohn nicht eindeutig ist, ergibt sich eindeutig eine Erhöhung der gleichgewichtigen Arbeitslosigkeit.

Eine Erhöhung der gewerkschaftlichen Verhandlungsmacht μ wirkt nur auf die WS-Kurve. Erhöht sich μ, so erhöht sich dadurch der (einzelwirtschaftliche) Aufschlagfaktor auf den Alternativlohn (Ω). Dies bringt einer Verschiebung von WS nach rechts oben mit sich. Im neuen Gleichgewicht resultiert eine höhere gleichgewichtige Arbeitslosigkeit und ein höherer Reallohn.

Änderungen der Ausgestaltung der Arbeitslosenversicherung wirken ebenfalls nur auf die Lohnsetzungskurve. Da

$$\frac{\partial u^*}{\partial b} = \frac{1}{b \cdot (\varphi_1 + \psi_2)} > 0 \quad \text{und} \tag{4.60}$$

$$\frac{\partial u^*}{\partial \gamma} = \frac{1}{\gamma \cdot (\varphi_1 + \psi_2)} > 0 \tag{4.61}$$

sind, wird deutlich, daß eine Verbesserung der Bedingungen der Arbeitslosenversicherung die gleichgewichtige Arbeitslosigkeit erhöht.

Eine Erhöhung des realen Arbeitslosengeldes b führt dazu, daß das für die Gewerkschaft bedeutsame Alternativeinkommen steigt. Hierdurch erhöht sich der Lohndruck und mithin der Reallohn. Um die Ansprüche beider Marktseiten an das Sozialprodukt in Einklang zu bringen, und um die gewerkschaftlichen Lohnforderungen zu dämpfen, muß im Gegenzug die gleichgewichtige Arbeitslosigkeit steigen.

Ähnlich wirkt eine Erhöhung von γ. Dies wäre jeweils gleichbedeutend mit einer Erhöhung der Bezugsdauer D, einer Verringerung der Qualifikationsperiode M oder der Wartezeit A, sowie einer weniger rigorosen Arbeitsverwaltung. In allen genannten Fällen wird der Lohndruck durch die Gewerkschaften stärker und die WS-Kurve verschiebt sich nach rechts oben. Im neuen Gleichgewicht ist sowohl die Arbeitslosenquote als auch der Reallohn höher als im Ausgangsgleichgewicht.

Abbildung 4.6 verdeutlicht, wie eine großzügigere Arbeitslosenversicherung auf die gleichgewichtige Arbeitslosigkeit wirkt. Das Ausgangsgleichgewicht ist durch u_0^* und $(\omega - p)_0^*$ gekennzeichnet. Das neue langfristige Gleichgewicht, das sich einstellt, nachdem entweder b oder γ erhöht wurden, wird durch u_1^* und $(\omega - p)_1^*$ wiedergegeben.

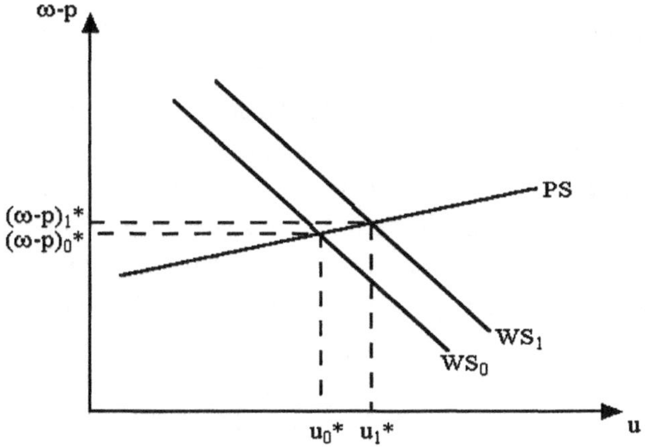

Abbildung 4.6: Auswirkungen einer großzügigeren Arbeitslosenversicherung auf die NAIRU

Ein interessanter Spezialfall ergibt sich, wenn man eine exogene Lohnersatzrate r anstelle eines - wie bisher geschehen - konstanten realen Arbeitslosengeldes b annimmt. In diesem Fall gilt die Beziehung $b = \frac{W}{P} \cdot r$ und durch Einsetzen in die Lohnsetzungsgleichung (4.56) und Auflösen erhält man:

$$u^* = \frac{1 - \Omega}{-\Omega \cdot (1 - r \cdot \gamma)}. \tag{4.62}$$

WS verliefe hier senkrecht und die gleichgewichtige Arbeitslosenrate wäre nur noch von der Lohnsetzung abhängig. Dies unterstreicht die Wichtigkeit einer genauen Modellierung der Arbeitslosenversicherung, denn ein konstantes r kann durchaus als plausibel angesehen werden.[41] Unter diesen Umständen läßt sich die gleichgewichtige Arbeitslosigkeit nur durch Maßnahmen beeinflussen, die über die Lohnsetzungsseite wirken. Hierzu zählen vor allem Änderungen von r und γ.

[41] Siehe dazu auch Layard et al. (1991), S. 107.

Die partiellen Ableitungen von u^* nach diesen Variablen verdeutlichen, wie die gleichgewichtige Arbeitslosigkeit hier bei Erhöhungen von r oder γ steigt:

$$\frac{\partial u^*}{\partial r} = \frac{\gamma}{(1 - r \cdot \gamma)} > 0, \tag{4.63}$$

$$\frac{\partial u^*}{\partial \gamma} = \frac{r}{(1 - r \cdot \gamma)} > 0. \tag{4.64}$$

Alle in diesem Abschnitt bisher angeführten Parameteränderungen fallen unter die Kategorie eines Angebotsschocks. Für die Frage nach der Transmission derartiger Schocks liefert das vorliegende Modell mit dem Konstrukt der Reallohnrigidität (*real wage rigidity*) einen einfachen Ansatzpunkt.[42] Der Grad der Reallohnrigidität ist definiert als Kehrwert des Grades der Reallohnflexibilität. Letzterer gibt an, wie stark der Reallohn auf Änderungen der Arbeitslosenquote reagiert. Der Grad der Reallohnflexibilität setzt sich zusammen aus der Summe der (absoluten) Steigungen von PS-Kurve [ψ_2] und WS-Kurve [φ_1].[43] Mithin lautet der Grad der Reallohnrigidität:

$$RWR = \frac{1}{(\varphi_1 + \psi_2)}. \tag{4.65}$$

Die institutionellen Gegebenheiten (eines Landes) wirken dabei direkt auf RWR. Je flacher die WS-Kurve oder die PS-Kurve verlaufen, desto größer ist die Reallohnrigidität. Die NAIRU erhöht sich als Antwort auf einen negativen Angebotsschock umso stärker, je größer die Reallohnrigidität in der betreffenden Volkswirtschaft ist. Da sich die Reallohnrigidität in Europa als deutlich höher herausstellt als in den meisten anderen OECD-Staaten, wird dies vielfach als Erklärung für die vergleichsweise starken Beschäftigungseinbußen nach den Ölpreisschocks 1973 und 1979 angesehen.[44] Weil außerdem im Ländervergleich aufgrund ähnlicher Produktionstechnologien von einer nahezu gleichen Steigung der PS-Kurven auszugehen ist, dürften besonders unterschiedliche WS-Kurven die differierende Reallohnrigidität erklären. Da wiederum WS vor allem die Institutionen des Arbeitsmarktes

[42] Vgl. Layard et al. (1991), S. 57.

[43] Es gilt für den Grad der Reallohnflexibilität:

$$\left|\frac{\partial(\omega - p)}{\partial u}\right|_{WS} + \left|\frac{\partial(\omega - p)}{\partial u}\right|_{PS} = \varphi_1 + \psi_2.$$

[44] Vgl. Layard et al. (1991), S. 58f. Bean (1994) kritisiert allerdings die Methodik der Schätzung von RWR und bezweifelt die Robustheit der Ergebnisse.

widerspiegelt, leitet sich hieraus die Diagnose eines institutionell bedingten Anstiegs der Arbeitslosigkeit ab.[45]

Bisher nur kurz erwähnt wurde das Modellergebnis, daß die Güternachfrage keinen Einfluß auf die gleichgewichtige Arbeitslosigkeit ausübt. Eine nähere Betrachtung dieser Kernaussage begründet gleichzeitig, weshalb die gleichgewichtige Arbeitslosigkeit auch als NAIRU bezeichnet wird.[46]
Implizit wurde bisher unterstellt, daß die Erwartungen der Marktakteure hinsichtlich der Güterpreise erfüllt sind. Ist dies nicht der Fall, so sind vorübergehende Abweichungen vom langfristigen Gleichgewicht denkbar. Dies läßt sich zeigen, indem für Gleichung (4.59) folgende um Preisüberraschungen, die mit $(p_t - p_t^e)$ eingehen, erweiterte Form verwendet wird:

$$u = \frac{\varphi_0 + \psi_0 - \psi_2 \cdot (\chi - \zeta) + \log b + \log \gamma - (p_t - p_t^e)}{\varphi_1 + \psi_2}. \tag{4.66}$$

Die Parameter p_t und p_t^e sind dabei die logarithmierten Werte des (aktuellen) Preisniveaus P_t bzw. des erwarteten Preisniveaus P_t^e.[47] Umstellen liefert für die aktuelle Arbeitslosenquote u:

$$u = u^* - \frac{(p_t - p_t^e)}{\varphi_1 + \psi_2}. \tag{4.67}$$

Dies impliziert:

$$-(\varphi_1 + \psi_2) \cdot (u - u^*) = p_t - p_t^e. \tag{4.68}$$

Um die Gültigkeit von (4.68) zu gewährleisten, muß das erwartete Preisniveau demnach, wenn $u > u^*$ ist, über dem tatsächlichen Preisniveau liegen. Umgekehrt müsste bei $u < u^*$ das erwartete Preisniveau unterhalb des tatsächlichen

[45] Ein Kritikpunkt kann allerdings gegenüber der Stichhaltigkeit des Reallohnrigiditätsarguments vorgebracht werden. Die Lohnkurve, die einen negativen Zusammenhang zwischen regionaler Arbeitslosigkeit und Höhe des Reallohnes wiedergibt, scheint in den meisten Ländern ähnlich zu verlaufen. Auch die Elastizität des Reallohnes in bezug auf die Arbeitslosigkeit liegt landesunabhängig bei etwa -0,1 [Blanchflower & Oswald (1995)]. Diese Beobachtung spräche gegen international unterschiedliche Grade der Reallohnrigidität.

[46] Vgl. hierzu Layard et al. (1991), S. 15f.

[47] Es wird hier stets von rückwärtsgewandter Erwartungsbildung (*backward-looking expectations*) ausgegangen, d.h. in der Vergangenheit beobachtete tatsächliche Werte sind maßgeblich für die erwarteten Werte. Die Implikationen vorausblickender Erwartungen (*forward-looking expectations*) - mit den rationalen Erwartungen als Extremfall - werden nicht weiter behandelt.

Preisniveaus liegen. Angenommen sei eine einfache adaptive Erwartungsbildung mit:[48]

$$p_t^e = p_{t-1} + \triangle p_{t-1}. \tag{4.69}$$

Dies bedeutet, daß das erwartete Preisniveau sich aus dem Preisniveau und der Inflationsrate der Vorperiode zusammensetzt. Hierbei gibt $\triangle$ diskrete Veränderungen einer Variablen im Vergleich zur vorangegangenen Periode und $t-1$ den Zeitindex für die Vorperiode an. Durch Einsetzen in (4.68) gelangt man unter Verwendung des Zusammenhanges

$$p_t - p_{t-1} - \triangle p_{t-1} = \triangle p_t - \triangle p_{t-1} = \triangle^2 p \tag{4.70}$$

zu

$$-(\varphi_1 + \psi_2) \cdot (u - u^*) = \triangle^2 p. \tag{4.71}$$

Dieser Phillips-Kurven-Zusammenhang verdeutlicht, daß eine Senkung der Arbeitslosigkeit unter u^* nur möglich ist, wenn zunehmende Inflationsraten akzeptiert werden. Stimmen die tatsächliche Arbeitslosenquote u und die gleichgewichtige Arbeitslosenquote u^* überein, so bleibt die Inflationsrate konstant und beide Seiten von Gleichung (4.71) wären gleich Null. Hieraus erklärt sich die Bezeichnung der langfristig gleichgewichtigen Arbeitslosenquote als NAIRU.[49] Die langfristige Phillips-Kurve verläuft demzufolge senkrecht auf Höhe der NAIRU.
Betrachtet man als Startpunkt eine Ungleichgewichtssituation, so ergibt sich die folgende äquivalente Argumentation.[50] Als Auslöser des Ungleichgewichts sei ein expansiver Nachfrageschock betrachtet. Kurzfristig ist dann $u < u^*$. Infolge ihrer verbesserten Verhandlungsposition setzen die Gewerkschaften Nominallohnerhöhungen oberhalb der erwarteten Inflationsrate durch. Auf diesen Kostenanstieg reagieren die Unternehmen mit einer proportionalen Preiserhöhung. Die tatsächliche ist dann größer als die erwartete Inflationsrate. Ohne akkommodierende Geldpolitik sinkt die reale Geldmenge und die tatsächliche Arbeitslosenquote steigt. Dieser Prozeß der Lohn-Preis-Spirale setzt sich solange fort, bis

[48]Eine Diskussion der Relevanz der unterstellten Erwartungsbildungshypothese soll hier unterbleiben. Siehe zu ihrer Rechtfertigung Layard et al. (1991), S. 377f. und Bean (1994), S. 584.

[49]Genauer wäre wohl das Akronym NIIRU (Non-Increasing Inflation Rate of Unemploment) [Stiglitz (1997), S. 3], da im Gleichgewicht die Inflationsrate konstant ist und das Preisniveau nicht akzeleriert. Trotzdem hat sich der Begriff NAIRU eingebürgert.

[50]Vgl. Michaelis (1998), S. 218-220.

das langfristige Gleichgewicht der NAIRU mit $u = u^*$ wieder erreicht ist. Dies verdeutlicht, weshalb nachfrageseitige Schocks (und nachfragepolitische Maßnahmen) hier keinen Einfluß auf die NAIRU haben. Nur im langfristigen allgemeinen Gleichgewicht kommt der Verteilungskampf um das Sozialprodukt zum Erliegen und target real wage der Gewerkschaften und feasible real wage der Unternehmen stimmen überein.

Die Implikationen des Modells lassen sich abschließend wie folgt zusammenfassen:

- Je großzügiger die Ausgestaltung der Arbeitslosenversicherung ist, desto höher ist die gleichgewichtige Arbeitslosigkeit.
  Die Großzügigkeit bezieht sich dabei sowohl auf die Zeitkomponenten und die Strenge der Administration, als auch auf die Höhe der Leistungen: Je länger die Bezugsdauer ist, je kürzer die Qualifikationsperiode ist oder je kürzer die Wartezeit ist, desto höher ist die gleichgewichtige Arbeitslosigkeit. Die gleiche qualitative Aussage ergibt sich, je weniger rigoros die Arbeitsverwaltung ist. Außerdem ist die gleichgewichtige Arbeitslosigkeit umso höher, je höher das Arbeitslosengeld b (oder die Lohnersatzrate r) ist.

- Je größer die (relative) Gewerkschaftsmacht ist, desto höher ist die gleichgewichtige Arbeitslosigkeit.

- Je geringer die Wettbewerbsintensität auf den Gütermärkten ist, desto höher ist die gleichgewichtige Arbeitslosigkeit.

4.2.4 Anmerkungen und Ergänzungen

Eingangs erscheint eine kurze terminologische Klärung sinnvoll. Einige Autoren, z.B. Carlin & Soskice (1990) oder Franz (1999), treffen eine Unterscheidung zwischen der NAIRU und dem Konzept der natürlichen Arbeitslosigkeit von Friedman (1968). Dagegen halten andere Autoren, z.B. Landmann & Jerger (1999), diese Unterscheidung für künstlich. Begründet wird die begriffliche Differenzierung mit unterschiedlichen Mikrofundierungen der Arbeits- und Gütermärkte; Marktmacht ist demnach ein Spezifikum des PS/WS-Modells. Deren Folgen gingen in die NAIRU ein, während die natürliche Arbeitslosigkeit nur friktionelle Arbeitslosigkeit aufgrund von Mobilitäts- und Suchkosten beinhaltet. Entscheidend ist

jedoch, daß jeweils ein langfristiges und stabiles Gleichgewicht vorliegt, von dem dauerhaft nur durch angebotsseitige Maßnahmen abgewichen werden kann. Allein diese Eigenschaft des langfristigen Gleichgewichtes ist letztlich ökonomisch relevant.
Im folgenden soll einer anderen spezifischen Fragestellung im Hinblick auf die NAIRU und das zugrundeliegende Modell nachgegangen werden, und zwar der Problematik, inwieweit überhaupt ein konstantes langfristiges Gleichgewicht vorliegt, das nur von institutionellen Determinanten bestimmt wird. Dies wird erstens mittels Überlegungen zur Persistenz oder Hysterese der Arbeitslosigkeit thematisiert. Zweitens wird die Interaktion von Institutionen und Schocks betrachtet, um Hinweise darauf zu erlangen, unter welchen Umständen ein Anstieg der (gleichgewichtigen) Arbeitslosigkeit im Zeitablauf selbst bei unveränderten institutionellen Gegebenheiten denkbar ist.

4.2.4.1 Persistenz oder Hysterese der Arbeitslosigkeit

Zunächst sei festgehalten, daß die NAIRU empirisch schwer zu bestimmen ist. Dies gilt vor allem, weil die geschätzten Werte sensitiv auf die verwendeten Spezifikationen und die Annahmen der Schätzung reagieren.[51] Deshalb scheint bestenfalls die Bestimmung eines Konfidenzintervalls möglich zu sein, in dem die NAIRU vermutlich liegen dürfte.[52] Ungeachtet der genannten Schätzprobleme liefert Franz (2000) einige Resultate für die NAIRU in Westdeutschland. Seinen Ergebnissen zufolge lag die NAIRU im Jahre 1980 noch zwischen etwa 4,4% und 4,7%, während sie im Jahre 1998 zwischen 7,9% und 8,5% anzusiedeln war. Als ursächlich hierfür sieht er Inflexibilitäten bei der Entwicklung der Löhne und Lohnstrukturen, sowie beim institutionellen Regelwerk auf den Güter- und Arbeitsmärkten an. Diese Diagnose ist zwar konsistent mit dem institutionalistischen Ansatz, sie kaschiert jedoch dessen entscheidendes Problem. Er ist zwar recht gut in der Lage, die Querschnittdimension der Arbeitslosigkeit und mithin deren Höhe zu erklären. Allerdings tut er sich bei der Begründung der Längsschnittdimension, also der Veränderung der Arbeitslosigkeit im Zeitablauf, ungleich schwerer.[53] Diese Ernüchterung bezüglich der Rückführung der Arbeitslo-

[51] Vgl. zu den Details Franz (2000).
[52] Vgl. Staiger et al. (1997) und Franz (2000).
[53] Vgl. Zimmermann (2002), S. 515f.

sigkeit auf institutionelle Determinanten läßt sich anhand der Beobachtungen seit Beginn der 80er Jahre zeigen. Auf der einen Seite ist ein Anstieg der Arbeitslosigkeit und/oder deren Verharren auf einem hohen Niveau zu erkennen. Auf der anderen Seite werden seit dem Beginn der 80er Jahre in den meisten OECD-Staaten Anstrengungen unternommen, beschäftigungsfeindliche institutionelle Regelungen abzubauen.

Die Schwierigkeiten des institutionalistischen Ansatzes, den Anstieg und das Verharren der Arbeitslosigkeit auf hohem Niveau seit dem zweiten Ölpreisschock zu erklären, führten dazu, daß die Existenz einer konstanten NAIRU als langfristiges Gleichgewicht in Frage gestellt wurde.[54] Sofern sich die NAIRU nicht als geeignetes Analyseinstrument erweist, hat dies außerdem Implikationen für wirtschaftspolitische Empfehlungen.[55] Ohne eindeutiges langfristiges Gleichgewicht wäre eine Unterscheidung zwischen kurzer und langer Frist sinnlos; (expansive) Nachfragepolitik hätte dann auch langanhaltende Effekte. In diesem Sinne monieren Beissinger & Möller (2000) die Vernachlässigung der Nachfrageseite im institutionalistischen Ansatz und befürworten einen "two-handed-approach", der auf die Verringerung der zeitlichen lags angebotsseitiger Maßnahmen abzielt. Ball (1999) identifiziert eine restriktive (oder passive) Makropolitik als wesentlichen Faktor für den Anstieg der Arbeitslosigkeit in Europa seit Beginn der 80er Jahre.[56] Der Mechanismus, der hinter diesen Überlegungen steht, ist die *Hysterese*. Die gängigsten Ideen zur Erklärung von Hysterese sollen deshalb im folgenden kurz erläutert werden.

Allgemein wird unter Hysterese die Eigenschaft eines dynamischen Systems verstanden, daß der (langfristige) Gleichgewichtswert dieses Systems nicht nur von den Exogenen sondern auch von den Anfangsbedingungen der Zustandsvaria-

[54] Als einschlägige Literatur zu dieser Diskussion sei hier auf die Sammelbände von Cross (1988, 1995), den Überblicksartikel von Bean (1994) und die Symposiumsartikel "The Natural Rate of Unemployment" im Journal of Economic Perspectives (Winter 1997) verwiesen.

[55] Laut Jerger (2003) gilt dies jedoch nicht, wenn eine Schätzung "der" NAIRU nicht als verlässlich angesehen werden kann, weil damit nicht das eigentliche Konzept und seine Schlußfolgerungen in Frage gestellt werden.

[56] Aufgrund möglicher Hysterese-Phänomene warnt Franz (1996) auch vor einer einfachen Dichotomie zwischen konjunktureller und struktureller Arbeitslosigkeit. Letztere könne sich auch aus einer Verfestigung konjunktureller Arbeitslosigkeit ergeben. Røed (1997) spricht in diesem Zusammenhang von einer Umkehrung der Kausalität, d.h. Ursache der höheren Arbeitslosigkeit sind nicht strukturelle Veränderungen, sondern letztere sind eine Folge von Arbeitslosigkeit.

blen determiniert wird. Das betreffende dynamische System ist hiermit pfadabhängig.[57] Eine simple Darstellung des Zeitpfades der Arbeitslosenquote könnte wie folgt lauten:

$$u_t = \iota \cdot \Xi_t + \xi \cdot u_{t-1} - \epsilon_t. \tag{4.72}$$

Dabei ist u_t die Arbeitslosenquote der Periode t, u_{t-1} diejenige der Vorperiode, Ξ_t ein Vektor der exogenen Variablen, die u_t erklären, ι der dazugehörige Koeffizientenvektor und ϵ_t ein Störterm. Der Parameter ξ ist eine Konstante, für die $0 \leq \xi \leq 1$ gilt. Sofern $\xi = 0$ ist, ist u_t nicht zeitpfadabhängig und wird nur von den exogenen Variablen (den institutionellen Gegebenheiten) erklärt. Dies entspräche dem Konzept der (langfristigen) NAIRU. Ist hingegen $\xi = 1$, so spricht man von (vollständiger) Hysterese.[58] Für u_t existiert dann kein eindeutiger langfristiger Gleichgewichtswert mehr.[59] Die aktuelle Arbeitslosigkeit beeinflußt ihren langfristigen Gleichgewichtswert, und die Wirkung von Schocks verbleibt auch nach deren Abklingen. Für $0 < \xi < 1$ wird im allgemeinen von Persistenz gesprochen, weil eine Rückkehr zum gleichgewichtigen Langfristwert erfolgt. Die Geschwindigkeit dieser Anpassung ist dabei umso größer, je kleiner ξ ist.

[57] Vgl. Franz (1989), S. 77. Der ursprünglich aus dem Griechischen stammende Begriff *Hysteresis* bedeutet wörtlich übersetzt "zurück-" oder "verbleiben". Damit bezieht man sich auf die langanhaltende (Rest-)Wirkung eines Schocks, selbst wenn der Schock bereits wieder vollständig abgeklungen ist [Franz (1999), S. 368f.].

[58] Laut Blanchard & Summers (1986) liegt Hysterese schon vor, wenn ξ nahe Eins liegt. Layard et al. (1991) wählen für den Wertebereich $0 < \xi < 1$ die Bezeichnung "hysteresis" und für $\xi = 1$ die Bezeichnung "pure hysteresis".

[59] In Anlehnung an Franz (1990), S. 110f. gilt formal folgendes: Es sei vereinfacht der eindimensionale Fall unterstellt, d.h. Ξ_t steht für eine exogene Variable anstelle eines Vektors mit exogenen Variablen:

$$u_t = \xi \cdot u_{t-1} - \Xi_t. \tag{4.73}$$

Im steady-state gilt dann, wobei die Überstriche Steady-state-Werte wiedergeben:

$$\overline{u} = \frac{\overline{\Xi}}{\xi - 1}. \tag{4.74}$$

Für $\xi \neq 1$ ist $\overline{u}$ eindeutig und hängt nur vom steady-state von Ξ ab. Ist dagegen $\xi = 1$, so ist die Gleichung (4.74) nicht definiert und der Wert von u ist nicht eindeutig. Stattdessen gilt dann:

$$\overline{u}_t = u_0 - \sum_{i=1}^{t} \Xi_i. \tag{4.75}$$

Damit kann sich jeder Steady-state-Wert von u einstellen, weil $\overline{u}$ vom Zeitpfad von Ξ abhängt. Vorübergehende Änderungen von Ξ haben einen dauerhaften Einfluß auf u.

Wird im folgenden der Begriff Persistenz verwendet, so seien damit alle Fälle gemeint, in denen $0 < \xi < 1$ ist. Unter Hysterese werde nur der Fall $\xi = 1$ verstanden.

Im institutionalistischen Modell kann die Idee der Pfadabhängigkeit durch die kurzfristige NAIRU abgebildet werden.[60] Gleichung (4.71) kann auch geschrieben werden als:

$$(\varphi_1 + \psi_2) \cdot (u^* - u) = \Delta^2 p. \tag{4.76}$$

Wenn die NAIRU - wenigstens kurzfristig - von der vorherigen Arbeitslosenquote abhängt, so ergibt sich:

$$(\varphi_1 + \psi_2) \cdot (u^* - u) - \xi \cdot \Delta u = \Delta^2 p. \tag{4.77}$$

Mit $\Delta^2 p = 0$ folgt:

$$u = u^* - \frac{\xi}{(\varphi_1 + \psi_2)} \cdot \Delta u. \tag{4.78}$$

Wegen $\Delta u = u - u_{t-1}$ ergibt sich die kurzfristige NAIRU u_s^* durch Einsetzen und Umstellen als:

$$u_s^* = \frac{u^* \cdot (\varphi_1 + \psi_2) + \xi \cdot u_{t-1}}{\varphi_1 + \psi_2 + \xi}. \tag{4.79}$$

Die kurzfristige NAIRU ist somit ein gewichtetes Mittel aus der langfristigen NAIRU und der Arbeitslosenquote der Vorperiode. Sie gibt für eine gegebene Periode diejenige Arbeitslosigkeit wieder, die mit einer konstanten Inflationsrate korrespondiert. Die Rückkehr zum langfristigen Gleichgewicht kann nur graduell erfolgen, außer es wird - ausgehend von einer Situation mit $u > u^*$ - zusätzliche Inflation in Kauf genommen. Die Anpassung dauert dabei umso länger, je größer der Parameter ξ ist.

Für persistentes oder hysteretisches Verhalten der Arbeitslosigkeit werden vornehmlich zwei Erklärungsansätze vorgebracht. Zum einen die Entwertung des Humankapitals während der Arbeitslosigkeit und zum anderen Insider-Outsider-Überlegungen in Lohnverhandlungen.[61]

[60] Vgl. Layard et al. (1991), S. 111 und Weber (2003), S. 41-43.

[61] Daneben zu nennen ist das Argument des Sachkapitalmangels [siehe z.B. Burda (1988)] oder die Betonung der Rolle von Transaktionskosten [Bentolila & Bertola (1990)]. Für einen kurzen Überblick über weitere Begründungen siehe Røed (1997).

Angemerkt sei, daß die Ansätze einander nicht ausschließen, sondern sich komplementär zueinander verhalten (können).

Die Idee, daß mit fortschreitender Arbeitslosigkeit das Humankapital entwertet werden kann, klang bereits im Zusammenhang mit der in Kapitel 3 behandelten Suchtheorie an. Hargreaves Heap (1980) macht für diesen Humankapitaleffekt den Verlust von Fachwissen und fehlende Arbeitspraxis verantwortlich.[62] Ebenso denkbar ist eine Stigmatisierung von Arbeitslosen. Die Dauer der Arbeitslosigkeit kann von Unternehmen als Produktivitätssignal aufgefaßt werden, welches sie für ein ranking von Bewerbern nutzen.[63] Je länger die Dauer der Arbeitslosigkeit ist, desto geringer ist für den Einzelnen dann die Wahrscheinlichkeit, eine Anstellung zu finden. Auf der Arbeitsangebotsseite kann dies ferner zu Demotivierung und Entmutigung führen. Je mehr Stellengesuche abgelehnt werden, desto mehr sinkt dann die Suchintensität und die Sucheffektivität.[64]

Die Ausgestaltung der Arbeitslosenversicherung spielt in diesem Zusammenhang insofern eine Rolle, als daß - wie bereits gezeigt wurde - davon auszugehen ist, daß ein positiver Zusammenhang zwischen der Dauer der Arbeitslosigkeit und der Anspruchsdauer auf Arbeitslosengeld besteht. Ist dieser Effekt signifikant, so trägt er über eine Entwertung des Humankapitals zur Persistenz oder Hysterese der Arbeitslosigkeit bei. In diesem Sinne ist auch der Satz „A long-noted source for hysteresis is the dole" von Phelps (1995, S. 228) zu verstehen.

Unabhängig davon, welche der genannten Begründungen man zugrundelegt, kann man im PS/WS-Modell zeigen, daß sich der Lohndruck erhöht, wenn das Humankapital durch Arbeitslosigkeit einer (fortschreitenden) Entwertung unterliegt. In Anlehnung an die suchtheoretischen Überlegungen des Abschnittes 3.1.2 kann man beispielsweise in der Lohnsetzungsgleichung anstelle der Arbeitslosenquote die effektive Arbeitslosenquote verwenden.[65]

Im Stromgleichgewicht gilt $f \cdot U = s \cdot N$. Der Parameter f kann in diesem Zusammenhang als Sucheffektivität des durchschnittlichen arbeitslosen Suchers angesehen werden. Dann ist $f \cdot U$ die Zahl der effektiv Arbeitslosen und $f \cdot u$

[62] Siehe erstmals dazu Phelps (1972).

[63] Vgl. Blanchard & Diamond (1994).

[64] Vgl. Layard et al. (1991), S. 39-41 und Layard et al. (1996), S. 26f.
Auch auf die Möglichkeit einer Erosion sozialer Normen und die Entwicklung einer *unemployment culture* wird von den vorgenannten Autoren verwiesen. Stutzer & Lalive (2001) zeigen außerdem, daß die soziale Norm zu arbeiten, die Bereitschaft zur Annahme eines Jobs erhöht.

[65] Vgl. Layard et al. (1991), S. 34-41 und Zimmermann (2002), S. 511f.
Beissinger (1996) schlägt alternativ eine Modellierung über eine Unterscheidung in Kurz- und Langzeitarbeitslose vor. Das qualitative Ergebnis bleibt jedoch dasselbe.

die effektive Arbeitslosenquote. Der Parameter s ist zudem weiterhin als Übergangsrate von Beschäftigung in Arbeitslosigkeit und somit als Wahrscheinlichkeit, arbeitslos zu werden, aufzufassen. Approximativ ergibt sich:

$$\frac{f \cdot U}{s \cdot N} \cong \frac{f \cdot u}{s}. \tag{4.80}$$

Dieser Ausdruck findet nun anstelle von u Eingang in die Lohnsetzungsgleichung:

$$\omega - p = \varphi_0 - \varphi_1 \cdot \frac{f \cdot u}{s} + \log b + \log \gamma. \tag{4.81}$$

Es wird unmittelbar deutlich, daß sich der Lohndruck erhöht, wenn die Sucheffektivität f sinkt, weil dadurch gleichzeitig auch die effektive Arbeitslosenquote abnimmt, die einen disziplinierenden Einfluß auf die Lohnforderungen hat.[66] Dies hat wiederum zwei Implikationen. Erstens bedingt eine geringere Sucheffektivität ceteris paribus eine höhere gleichgewichtige Arbeitslosenrate. Erkennbar wird dieser Sachverhalt am resultierenden Ausdruck für die langfristige NAIRU, der positiv von f abhängt:

$$u^* = \frac{\varphi_0 + \psi_0 - \psi_2 \cdot (\chi - \zeta) + \log b + \log \gamma}{\varphi_1 \cdot \frac{f}{s} + \psi_2}. \tag{4.82}$$

Zweitens läßt sich hiermit der Zusammenhang zwischen Sucheffektivität, Humankapitalentwertung, Anspruchsdauer auf Arbeitslosengeld (oder allgemeiner der Ausgestaltung der Arbeitslosenversicherung) und Persistenz anhand folgender Gedankenkette verdeutlichen. Die modifizierte Darstellung der kurzfristigen NAIRU lautet:

$$u_s^* = \frac{u^* \cdot \left(\varphi_1 \cdot \frac{f}{s} + \psi_2\right) + \xi \cdot u_{t-1}}{\varphi_1 \cdot \frac{f}{s} + \psi_2 + \xi}. \tag{4.83}$$

Nach einem adversen Schock steige die tatsächliche Arbeitslosigkeit. Je länger die Anspruchsdauer auf Arbeitslosengeld ist, desto länger ist auch der Verbleib in der Arbeitslosigkeit. Mit der längeren Dauer der Arbeitslosigkeit greift der beschriebene Humankapitaleffekt und die Sucheffektivität verringert sich. Aus dieser verminderten Sucheffektivität folgt eine verlangsamte Anpassung an das langfristige Gleichgewicht und mithin eine höhere Persistenz der Arbeitslosigkeit. Auch aus diesem Grund sind Regelungen einer Arbeitslosenversicherung, die einen

[66] Man könnte dies auch als Erhöhung des Alternativeinkommens interpretieren.

senkenden Einfluß auf die Sucheffektivität ausüben[67], kritisch zu beurteilen. Sie erhöhen nicht nur das langfristige Gleichgewicht am Arbeitsmarkt, sondern mindern auch dessen Fähigkeit, Schocks abzubauen.
Der zweite Hauptansatz zur Erklärung von Persistenz oder Hysterese ist die Insider-Outsider-Theorie. Ihre Grundidee läßt sich wie folgt beschreiben.[68] Den Insidern (den Arbeitsplatzbesitzern) stehen Möglichkeiten zur Verfügung, eine Lohnunterbietung durch die Outsider (die Arbeitslosen) zu verhindern und setzen die Löhne zudem gerade so, daß sie ihre Jobs behalten. Nach einem adversen Schock steigt die Zahl der Outsider, jedoch ist es diesen weiterhin nicht möglich, die Insider zu unterbieten bzw. zu verdrängen.[69] Bildet sich der Schock zurück oder verschwindet er ganz, so werden trotzdem keine Outsider eingestellt; stattdessen nutzen die verbliebenen Insider die verbesserten Bedingungen zur Durchsetzung von Lohnerhöhungen.
Zwei Hauptvarianten der Insider-Outsider-Theorie sind zu unterscheiden, die auf verschiedene Art und Weise begründen, weshalb eine Lohnunterbietung durch die Outsider nicht zustandekommt.[70] Zum einen handelt es sich um einen Fluktuationskostenansatz, der vor allem auf Veröffentlichungen von Lindbeck & Snower zurückgeht.[71] Zum anderen ist dies ein Kollektivverhandlungsansatz von Blanchard & Summers (1986).[72]
Im Fluktuationskostenansatz wird die Macht der Insider durch das Vorhandensein von Umschlagskosten (*turnover costs*) begründet. Hierbei handelt es sich zum einen um die Einstellungskosten für neue Mitarbeiter und zum anderen um die Entlassungskosten vorhandener Mitarbeiter. Die Insider wissen um diese Kosten und können ihre Position durch entsprechende Lohnforderungen ausnutzen, indem sie sich einen Teil dieser potentiellen Kosten aneignen. Dabei bringen die Insider ihre beiden Interessen "Erhalt des eigenen Arbeitsplatzes" und "Erhöhung

[67]Neben der Anspruchsdauer auf Arbeitslosengeld ist hier vor allem eine laxe und inkonsequente Arbeitsverwaltung zu nennen.

[68]Vgl. z.B. Möller (1991) oder Sesselmeier & Blauermel (1997), S. 175f.

[69]Layard & Bean (1989) sprechen von *outsider-ineffectiveness.*

[70]Hier wird ausschließlich von der Arbeitsangebotsseite aus argumentiert. Auf die Möglichkeit, daß Unternehmen ein Interesse daran haben können, daß ein bestimmtes Lohnniveau nicht unterschritten wird, wurde bereits im Rahmen der Effizienzlohntheorie hingewiesen.

[71]Zusammengetragen sind ihre Überlegungen in Lindbeck & Snower (1988).

[72]Siehe zum folgenden auch die Überblicksartikel von Möller (1991) und Lindbeck & Snower (2001, 2002).

des Lohnes" gerade so miteinander in Einklang, daß die Outsider außen vor bleiben. Ein alternativer (oder zusätzlicher) Wirkungskanal für Insider-Macht ergibt sich, wenn die Insider durch Anfeindung (*harassment*) oder fehlende Kooperationsbereitschaft (*non-cooperation*) einen negativen Einfluß auf die Produktivität der Outsider ausüben können. Deren Reservationslohnsatz wird dadurch erhöht und eine Lohnunterbietung wäre wirkungslos. Hinzuzufügen ist, daß die Entscheidung über die Höhe der Beschäftigung jeweils beim Unternehmen liegt.
Im Gegensatz zum Fluktuationskostenansatz zielt die Kollektivverhandlungsvariante nach Blanchard & Summers (1986) nicht auf die einzelwirtschaftliche oder betriebliche sondern auf die gesamtwirtschaftliche Ebene ab. Im Kern geht es um die Frage, wen die Gewerkschaft in Lohnverhandlungen vertritt, d.h. ob nur die Interessen der Beschäftigten oder auch diejenigen der Arbeitslosen berücksichtigt werden. Die zentrale Annahme besteht nun darin, daß das gewerkschaftliche Handeln sich ausschließlich oder hauptsächlich an den Interessen der Insider orientiert. Dies kann damit gerechtfertigt werden, daß nur die Beschäftigten auch gleichzeitig Mitglieder der Gewerkschaft sind. Denkbar ist auch, daß entlassene Mitglieder zunächst eine Zeitlang in der Gewerkschaft verbleiben und ihren Mitgliedsstatus erst nach Ablauf einer gewissen Frist verlieren. Je länger diese Frist ist, desto schwächer fällt auch der sog. Mitgliedschaftseffekt aus und desto größer wäre der Einfluß der Outsider bei der Festlegung der Löhne. Für den Extremfall, daß mit dem Verlust des Arbeitsplatzes unmittelbar der Verlust der Mitgliedschaft erfolgt, ergibt sich als Modellergebnis eine starre Beschäftigung bei flexiblen Löhnen. Die Löhne fungieren als Eintrittsbarriere gegenüber den Outsidern, mit der die Insider ihre Beschäftigung verteidigen. Verringert sich infolge eines adversen Schocks die Beschäftigung und somit die Zahl der Insider, so werden diese nach Abklingen des Schocks Lohnerhöhungen anstelle von Neu- bzw. Wiedereinstellungen durchsetzen. Die Arbeitslosigkeit verbliebe auf dem neuen höheren Niveau.
Die genannten Überlegungen lassen sich erneut in das institutionalistische Modell integrieren. Es läßt sich zeigen, daß für die NAIRU gilt:

$$u^* = \frac{\varphi_0 + \psi_0 + \log b + \log \gamma}{\varphi_1 + \psi_2}. \tag{4.84}$$

Im Gegensatz zum Ausdruck (4.59) taucht die Trendproduktivität hier jedoch nicht mehr auf, weil Produktivitätssteigerungen von den Insidern annahmegemäß unmittelbar in Lohnerhöhungen umgewandelt werden. Mit Hilfe der zuvor verwendeten Methode kann daraufhin der folgende modifizierte Ausdruck für die kurzfristige NAIRU hergeleitet werden:

$$u_s^* = \frac{u^* \cdot (\varphi_1 + \psi_2) + \varphi_1 \cdot u_{t-1}}{2 \cdot \varphi_1 + \psi_2}. \tag{4.85}$$

Der Parameter φ_1 nimmt hier den Platz des Persistenzkoeffizienten ξ ein. Mithin dauert die Rückkehr zum langfristigen Gleichgewicht umso länger, je geringer die angebotsseitige Reallohnflexibilität (je größer φ_1) ist. Anders formuliert bilden sich Abweichungen vom langfristigen Gleichgewicht umso langsamer zurück, je größer die Insidermacht ist. Für den zuvor angesprochenen Extremfall, daß nur die Beschäftigten von der Gewerkschaft vertreten werden, ergäbe sich dann der Fall der Hysterese.

Abschließend ist zu fragen, von welcher empirischen Relevanz Persistenz- und Hysteresemechanismen sind, und wie sie zu beurteilen sind.[73] Trotz der ökonometrischen Schwierigkeiten, die Tests auf Hysterese oder Persistenz im allgemeinen mit sich bringen, scheint sich inzwischen die z.B. von Elmeskov & MacFarlan (1993) vertretene Sichtweise durchgesetzt zu haben, daß die Evidenz für Hysterese recht schwach ist. Dagegen scheint die Evidenz für persistentes Verhalten der Arbeitslosigkeit zu sprechen. Das Verdienst der behandelten Ansätze liegt darin, daß sie auf Mechanismen hinweisen, die eine langsame Anpassung an das langfristige Gleichgewicht begründen. Darüber hinaus liefern sie eine Rechtfertigung für eine gezielte expansive Nachfragepolitik zur Unterstützung struktureller Maßnahmen. Ihr Manko ist jedoch, daß sie das Entstehen von Arbeitslosigkeit nicht erklären können. Hierzu ist das institutionalistische Modell deutlich besser in der Lage. Die NAIRU-Hypothese und das Konzept eines langfristigen Gleichgewichts wird durch Persistenzüberlegungen also nicht obsolet sondern bereichert. Es verbleibt mithin die resultierende wirtschaftspolitische Empfehlung, über den Abbau

[73] Gemeint ist hiermit aber nicht die empirische Bedeutung der skizzierten Mechanismen selbst, sondern nur des Phänomens "verfestigter Arbeitslosigkeit".
Zu einer Einschätzung der empirischen Bedeutung der einzelnen Erklärungsansätze siehe Røed (1997).
Für eine detailliertere Auseinandersetzung mit der empirischen Forschung sei erneut auf die Sammelbände von Cross (1988, 1995) und das Journal of Economic Perspectives (Winter 1997) verwiesen.

von Arbeits- und Gütermarktrigiditäten die Arbeitslosigkeit zu reduzieren und zu vermeiden.[74]

4.2.4.2 Schocks und Institutionen

Nach einigen kurzen Bemerkungen zum strukturalistischen Ansatz, der die Bedeutung realer Schocks hervorhebt, befaßt sich dieser Unterabschnitt vornehmlich mit den Zusammenhängen zwischen Schocks und Institutionen.

Phelps (1994) kritisiert am institutionalistischen Ansatz die fehlende Berücksichtigung des Kapitalmarktes.[75] Dessen Relevanz begründet er mit der Hypothese, daß der Anstieg der Realzinsen in den 80er und 90er Jahren einen bedeutsamen Schock darstellte, der sich negativ auf den Arbeitsmarkt niederschlug. Im von Phelps selbst so bezeichneten strukturalistischen Ansatz ist Arbeitslosigkeit das Ergebnis der realen Strukturen auf Arbeits-, Güter- und Kapitalmarkt. Erklärungsgegenstand ist (weiterhin) die langfristige gleichgewichtige Arbeitslosenquote. Ihre Änderungen werden auf Veränderungen der realen Struktur einer Volkswirtschaft zurückgeführt, wobei hierzu auch die Struktur der Güternachfrage gehört.
Im wesentlichen operiert das strukturalistische Modell mit demselben Instrumentarium wie der institutionalistische Ansatz. Der Modellierung eines unvollkommenen Arbeitsmarktes liegen Effizienzlohnmodelle - meist auf der Grundlage von Shirking- oder Labour-turnover-Überlegungen - zugrunde.[76] Dies führt zu einer WS-Kurve der bereits diskutierten Form. Unvollkommenheiten auf dem Gütermarkt werden mit Hilfe von Customer-market- oder Training-cost-Modellen spezifiziert. Die daraus resultierende PS-Kurve hat den gleichen Verlauf wie zuvor und ihr liegen die drei Vermögenswerte (*assets*) Humankapital, Sachkapital und Kundenstamm eines Unternehmens als Mikrofundament zugrunde. Der - als voll-

[74] Auch Røed (1997) weist darauf hin, daß strukturelle Maßnahmen zur Reduzierung persistierender Arbeitslosigkeit vielversprechender erscheinen. Seiner Ansicht nach ist expansive Nachfragepolitik hierfür wenig geeignet. Elmeskov & MacFarlan (1993) kommen zu ähnlichen Schlußfolgerungen.

[75] Vgl. zu den folgenden Ausführungen und für eine weitergehende Diskussion vor allem die Übersichtsartikel von Stadler (1996) und Zimmermann (2003).

[76] Auf diesem Wege findet auch die Ausgestaltung der Arbeitslosenversicherung als Strukturmerkmal des Arbeitsmarktes (implizit) Eingang in das Modell.

kommen angenommene - Kapitalmarkt tritt nun als dritter Markt hinzu. Über ihn und die dort auftretenden Zinseffekte werden reale Schocks an den Güter- und den Arbeitsmarkt weitergegeben. Dies begründet letztlich den Zusammenhang zwischen dem Kapitalmarkt und Realzinsänderungen einerseits und Reaktionen auf Güter- und Arbeitsmärkten andererseits.
Das Verdienst des strukturalistischen Modells liegt darin, Modelle unvollkommener Arbeits- und Gütermärkte in die allgemeine dynamische Gleichgewichtstheorie integriert zu haben. Ebenso ist der Hinweis auf den Zusammenhang zwischen Realzinseffekten - und mithin realen Schocks - und der Höhe der Arbeitslosigkeit bedeutsam. Es besteht inzwischen in der Literatur ein Konsens darüber, daß höhere Realzinsen mitverantwortlich für den Anstieg der Arbeitslosigkeit seit Beginn der 80er Jahre waren. Problematisch ist jedoch, daß das Verharren der Arbeitslosigkeit auf hohem Niveau nicht erklärt werden kann, weil die Realzinsen sich mittlerweile wieder rückläufig entwickeln. Im Modell sind keine Persistenzmechanismen angelegt und mögliche Interaktionen von (realen) Schocks und Institutionen des Arbeitsmarktes bleiben unberücksichtigt.[77] Aus diesem Grunde sei im folgenden auf die Untersuchungen von Blanchard (1999) und vor allem von Blanchard & Wolfers (2000) eingegangen, die sich mit der Interaktion von Schocks und Institutionen befassen.

Blanchard (1999) und Blanchard & Wolfers (2000) gehen grob gesprochen in vier Schritten vor: Zuerst werden (reale) Schocks identifiziert. Danach werden verschiedene Arbeitsmarktinstitutionen und ihre Effekte auf die gleichgewichtige Arbeitslosenquote beleuchtet. Daraufhin werden denkbare Kanäle für die Interaktion von Schocks und Arbeitsmarktinstitutionen benannt. Schließlich werden die aufgestellten Hypothesen anhand von Paneldaten für 20 OECD-Staaten für die Jahre 1960-1998 überprüft.
Drei reale (und damit angebotsseitige) Schocks werden identifiziert: Eine Verringerung des Wachstums der totalen Faktorproduktivität in den 70er Jahren, höhere Realzinsen in den 80er Jahren und ungünstige Verschiebungen der Arbeitsnachfrage in den 90er Jahren. Als einziger Nicht-Angebotsschock wird außerdem eine restriktive Nachfragepolitik zu Beginn der 80er Jahre genannt. Änderungen der

[77]Für eine detaillierte Modellkritik siehe erneut Stadler (1996) und auch Woodford (1994). Beide Autoren weisen zudem auf die schwache empirische Evidenz des Ansatzes hin.

aggregierten Nachfrage werden jedoch auch hier nur als Auslöser temporärer Abweichungen vom langfristigen Gleichgewicht aufgefaßt.[78]
Anhand ihrer Wirkungsweise werden drei Arten von Arbeitsmarktinstitutionen unterschieden.

1. Institutionen, die die gleichgewichtige Arbeitslosigkeit erhöhen. Hierzu gehört vor allem das System der Arbeitslosenversicherung und dessen Ausgestaltung. Es wird postuliert, daß die Suchintensität von Arbeitslosen umso geringer ist, und der Lohndruck umso höher ist, je großzügiger die Arbeitslosenversicherung ist.

2. Institutionen, die vor allem die Art und die Zusammensetzung der Arbeitslosigkeit beeinflussen. Insbesondere (strenge) Kündigungsschutzregelungen sind hier zu nennen, die über eine Verringerung der Ströme am Arbeitsmarkt den Anteil der längerfristig Arbeitslosen erhöhen.

3. Institutionen, die den Reallohn betreffen. Hierunter fällt beispielsweise der Abgabenkeil zwischen Produzenten- und Konsumentenlohn.

Blanchard & Wolfers (2000) kommen zu der Erkenntnis, daß alle drei Arten von Institutionen international sehr heterogen ausgestaltet sind. Obwohl sie davon ausgehen, daß in den meisten Ländern seit Mitte der 70er Jahre Anstrengungen unternommen werden, diese Institutionen beschäftigungsfreundlicher auszugestalten, schreiben sie den international differierenden Institutionen das Potential zu, länderspezifische Unterschiede der Arbeitslosigkeit zu erklären.
Während Schocks also den Anstieg der Arbeitslosigkeit erklären können, haben Institutionen einen hohen Erklärungsgehalt für die internationalen Unterschiede der Arbeitslosigkeit. Für eine Interaktion zwischen Schocks und Institutionen sprechen zwei Vermutungen. Zum einen dürften Institutionen die Ausgangswirkung eines Schocks beeinflussen und zum anderen dürften Institutionen vor allem die Persistenz von Schocks beeinflussen. An dieser Stelle sind die schon zuvor behandelten Mechanismen zu nennen, die über eine Verringerung der effektiven Arbeitslosigkeit zu einem höheren Lohndruck führen. Alle Institutionen, die eine Verlängerung der Dauer der Arbeitslosigkeit, eine Erhöhung des Anteils von Langzeitarbeitslosen oder eine Erosion sozialer Normen mit sich bringen, haben

[78] Vgl. zu diesem Hinweis Ball (1999), S. 234f.

den letztgenannten Effekt. Wie bereits betont, gehört in diese Kategorie auch eine großzügig ausgestaltete Arbeitslosenversicherung.
Unter Verwendung ihres Paneldatensatzes kommen Blanchard & Wolfers (2000) zu dem Resultat, daß der von ihnen vermutete Zusammenhang zwischen Schocks und Institutionen recht eng ist. Allerdings sehen sie selbst ihre Ergebnisse nur als vorläufig an, weil insbesondere die Daten zu den untersuchten Institutionen noch nicht von hoher Qualität sind. Darüber hinaus verbleiben noch einige offene Fragen, z.B. danach, ob die richtigen Schocks identifiziert wurden, von welcher relativen Wichtigkeit Schocks und Institutionen sind und welche Interaktionsmechanismen genau am Werk sind.[79]

Bei der Untersuchung der Zusammenhänge zwischen Schocks und Institutionen zeigt sich also, daß bestimmte Ausgestaltungsmerkmale der Arbeitslosenversicherung wie die Bezugsdauer des Arbeitslosengeldes nicht nur die gleichgewichtige Arbeitslosenquote erhöhen, sondern auch die Rückkehr zum langfristigen Gleichgewicht erschweren können.[80] Zu dem gleichen Ergebnis kommen Ljungqvist & Sargent (1998) im Rahmen eines allgemeinen Suchmodells, in dem Arbeitslose ihr Humankapital allmählich einbüßen und Beschäftigte im Job Humankapital akkumulieren. Anstelle realer Schocks postulieren sie jedoch ein turbulenteres ökonomisches Umfeld (*turbulence shocks*), das sich vor allem im Bedeutungsgewinn des Dienstleistungssektors manifestiert. Die mangelnde Fähigkeit der europäischen Wohlfahrtsstaaten, auf die Zunahme dieser Turbulenzen zu reagieren, induziert dann wegen eines höheren Anteils an Langzeitarbeitslosen eine verlangsamte Rückkehr zur gleichgewichtigen Arbeitslosigkeit.[81] Das folgende Zitat un-

[79] Auf einige Anhaltspunkte zur letzten Problematik hat aber der vorangegangene Unterabschnitt verwiesen.

[80] Burtless (1987) argumentiert, daß die Systeme der Arbeitslosenversicherung in den 70er und 80er Jahren nur geringfügigen Veränderungen unterlagen und bereits zuvor existierten, weshalb sie nicht für die zu beobachtenden Anstiege der Arbeitslosigkeit verantwortlich gemacht werden könnten. Erhöhen jedoch vorhandene Ausgestaltungsmerkmale einer Arbeitslosenversicherung die Schockanfälligkeit von Volkswirtschaften, so kann dies als Gegenargument für die These von Burtless angesehen werden.

[81] Minford & Naraidoo (2002) machen zudem auf die Gefahr eines Teufelskreises aufmerksam. In "schlechten Zeiten" steigt die (politische) Nachfrage nach Regulierung und Institutionen, was eine Abwärtsspirale beschleunigen kann. Dieselbe Logik läßt sich selbstverständlich auch in der umgekehrten Richtung anwenden.

terstreicht diese Hypothese: „A welfare state with a very generous entitlement program is a virtual time bomb waiting to explode.“[82]

4.3 Fluktuationen und zweiseitige Suche: Matching-Modelle

Ursächlich für die Ströme auf dem Arbeitsmarkt sind Friktionen aufgrund von unvollkommenen Informationen auf beiden Seiten des Marktes, Heterogenitäten und eingeschränkter Mobilität. Folge der Friktionen ist das Aufwenden von Zeit und Ressourcen zur Suche, bevor ein match der Akteure zustande kommt.[83] Die in 3.1.2 behandelte Suchtheorie stellt nur auf die durch Friktionen ausgelöste Suche der Arbeitnehmer (der Angebotsseite für Arbeit) ab. Matching-Modelle stellen die Weiterentwicklung der (partiellen) Suchtheorie dar, indem sie zusätzlich das Kalkül der Unternehmen (der Nachfrageseite nach Arbeit) spezifizieren. In diesem Sinne sind Matching-Modelle als allgemein-gleichgewichtige Suchmodelle aufzufassen. Die frühen grundlegenden Arbeiten hierzu stammen von Lucas & Prescott (1974), Diamond (1982a, b), Mortensen (1982a, b) und Pissarides (1985a). Die Synthese von Suchmodellen auf der Arbeitsangebotsseite und Modellen impliziter Kontrakte auf der Arbeitsnachfrageseite wurde von Burdett & Mortensen (1980) vorgenommen.

Die Existenz von Matching-Modellen ist durch die Beobachtung umfangreicher Stromgrößen am Arbeitsmarkt motiviert. Diese Ströme können sich sowohl auf Jobs als auch auf Arbeitskräfte beziehen. Für die USA dokumentieren Davis et al. (1996) die Bedeutung und das Ausmaß der Schaffung und Zerstörung von Jobs. In einer Untersuchung für vier große europäische Länder (Deutschland, Frankreich, Großbritannien und Spanien) weisen Burda & Wyplosz (1994) sowohl die Relevanz von Job- als auch von Arbeitskraftströmen nach. Sie verweisen außerdem darauf, daß der Strom an Arbeitskräften die Konsequenz des Stroms an Jobs ist. Ein Job zeichnet sich dadurch aus, daß seiner Schaffung oder Zerstörung das Gewinnkalkül des Unternehmens zugrundeliegt. Ein match beschreibt das Zustandekommen einer Beschäftigung durch das Aufeinandertreffen einer Vakanz und einer (erwerbslosen) Arbeitskraft. Die Zerstörung eines Jobs führt zur Auflösung

[82] Ljungqvist & Sargent (1998), S. 546.

[83] Hiervon wurde im vorangegangenen Abschnitt abstrahiert.

des matches und zur Entlassung des Arbeitnehmers. Ein match kann jedoch auch aus anderen Gründen (Kündigung durch den Arbeitnehmer, vorübergehende Entlassung, Ersetzen eines Arbeitnehmers durch eine andere Arbeitskraft von außen usw.) aufgelöst werden. In Deutschland waren laut Burda & Wyplosz (1994) für den Zeitraum von 1977 bis 1989 die Zuflüsse in Beschäftigung doppelt so groß wie die Schaffung von Jobs, während die Abflüsse aus Beschäftigung dreimal so groß waren wie die Zerstörung von Jobs. Obgleich zwischen den beiden Stromgrößen ein enger Zusammenhang besteht, sind sie folglich streng voneinander abzugrenzen.

Im ersten der folgenden drei Unterabschnitte werden zunächst mit der Matching-Funktion und der Beveridge-Kurve zwei essentielle Bausteine von Matching-Modellen eingeführt. Im zweiten Unterabschnitt wird ein einfaches Matching-Modell mit exogener Jobzerstörung präsentiert, um die Wirkungen der Ausgestaltung einer Arbeitslosenversicherung in diesem Modellrahmen herauszuarbeiten. Der dritte Unterabschnitt diskutiert die Modellergebnisse sowie mögliche Modellergänzungen.

4.3.1 Matching-Funktion und Beveridge-Kurve

Elementarer Bestandteil von Matching-Modellen ist die sog. Matching-Funktion.[84] Sie gibt den funktionalen Zusammenhang zwischen den zur Suche aufgewendeten Ressourcen von Arbeitskräften und Firmen und dem resultierenden Output - der aggregierten Rate an neuen matches - an. Analog zu einer Produktionsfunktion stellt sie mithin die Beziehung zwischen den (Such-)Inputs und dem (Such-) Output her. Nimmt man vereinfachend an, daß alle Firmen mit einer Vakanz mit derselben Intensität Arbeitskräfte rekrutieren und daß nur Arbeitslose suchen und dies zudem ebenfalls mit einer identischen Intensität tun, so lautet die Matching-Funktion:

$$m = m(u, v). \tag{4.86}$$

Die Rate m mit der Vakanzen (pro Zeiteinheit) gefüllt werden, hängt demnach von der Arbeitslosenquote u und der Quote der offenen Stellen v ab. Die Quote der offenen Stellen ist dabei definiert als Zahl der Vakanzen bezogen auf die Zahl

[84] Vgl. zum folgenden Mortensen & Pissarides (1998), S. 10f., Mortensen & Pissarides (1999a), S. 1183f. und den umfassenden Überblick zur Matching-Funktion von Petrongolo & Pissarides (2001).

der Erwerbspersonen E. Die Variablen u und v sind als Inputs und m als Output zu deuten. Die Zahl der pro Zeiteinheit zustandekommenden matches ist $m \cdot E$. Diese ist wiederum abhängig von der Zahl der Arbeitslosen $u \cdot E$ und der Zahl der Vakanzen $v \cdot E$. Die Zahl der matches steigt mit der Zahl der Arbeitslosen und mit der Zahl der Vakanzen, d.h. es gilt $\frac{\partial m}{\partial u} > 0$ und $\frac{\partial m}{\partial v} > 0$. Zudem ist die Matching-Funktion annahmegemäß konkav und homogen vom Grade 1. Diese Annahme konstanter Skalenerträge wird von den empirischen Ergebnissen gestützt. Die Existenz und Stabilität einer aggregierten Matching-Funktion mit konstanten Skalenerträgen gilt inzwischen als stilisiertes empirisches Faktum.[85]
Die zentrale Idee der Matching-Funktion besteht also darin, daß sich die komplexen Tauschprozesse auf dem Arbeitsmarkt in dieser Beziehung zusammenfassen lassen. Die Heterogenität der beteiligten Agenten, ihr Suchverhalten und alle weitere Auslöser von Friktionen müssen damit nicht explizit modelliert werden und verbergen sich stattdessen hinter dieser Funktion.
Die Matching-Funktion impliziert eine Steady-state-Beziehung zwischen der Arbeitslosenrate und der Quote der Vakanzen. Die graphische Veranschaulichung dieser Steady-state-Beziehung ist die *Beveridge-Kurve* (oder u/v-Kurve).[86] Auf der jeweiligen Beveridge-Kurve ist die Rate der matches m konstant. In ihrer stilisierten Form ist die Beveridge-Kurve eine im (u-v)-Diagramm konvex zum Ursprung verlaufende Kurve, die eine inverse Beziehung zwischen u und v visualisiert. Abbildung 4.7 stellt diesen Zusammenhang dar.[87]
Auf der 45°-Linie in Abbildung 4.7 stimmen u und v überein. Der Schnittpunkt dieser Linie mit der Beveridge-Kurve determiniert die strukturelle und friktionelle Komponente der Arbeitslosigkeit u_m. Sofern u_k als tatsächliche Arbeitslosenquote beobachtet wird, zeigt die Differenz $(u_k - u_m)$ keynesianische bzw. klassische Arbeitslosigkeit in dieser Höhe an.

[85]Vgl. die Zusammenstellung empirischer Ergebnisse in Petrongolo & Pissarides (2001), S. 398f.
Konstante anstelle von steigenden Skalenerträgen schließen zudem die Möglichkeit multipler Gleichgewichte aus [Diamond (1982a), Mortensen (1989)].

[86]Benannt ist die u/v-Kurve nach dem britischen Ökonomen und Regierungsberater William H. Beveridge (1879-1963).

[87]Vgl. Franz (1987), S. 511f.

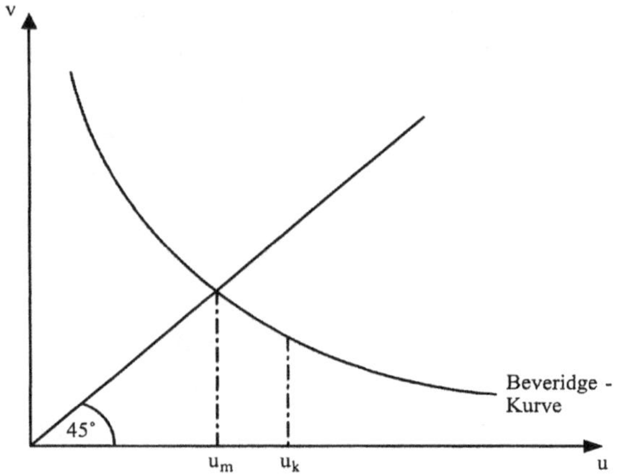

Abbildung 4.7: Stilisierte Beveridge-Kurve

Zwei real zu beobachtende Phänomene begründen das Forschungsinteresse an der Beveridge-Kurve:[88]

1. Zu jedem Zeitpunkt steht einer bestimmten Anzahl von Arbeitslosen eine gewisse Zahl an offenen Stellen gegenüber.

2. Die Zahl der offenen Stellen nimmt ab, wenn die Zahl der Arbeitslosen steigt und umgekehrt.

Von besonderer wirtschaftspolitischer Bedeutung ist der erste Punkt, denn mit ihm stellt sich die Frage nach den für diese Beobachtung verantwortlichen Funktionsmängeln des Arbeitsmarktes. Allerdings ist die Beveridge-Kurve stets vor allem eines: „Eine empirische Relation auf der Suche nach einer theoretischen Begründung“[89].
Theoretische Erklärungsversuche für die Existenz der Beveridge-Kurve umfassen - neben der Strom-Bestands-Betrachtung des Matching-Ansatzes - keynesianische Überschußnachfragemodelle, Modelle neoklassischer Arbeitsmärkte mit Friktionen oder Modelle, die eine Aggregation von Teilarbeitsmärkten unterstellen.[90]

[88]Vgl. Franz (1987), S. 511.
[89]Winter-Ebmer (1991), S. 45.
[90]Vgl. Winter-Ebmer (1991) oder Christl (1992) für Überblicke zur Mikrofundierung der Beveridge-Kurve.

Der Matching-Ansatz ist den anderen Theorien jedoch aus drei Gründen vorzuziehen.[91] Erstens berücksichtigt nur er die Stromgrößen des Arbeitsmarktes. Zweitens kann er die Koexistenz von Arbeitslosigkeit und offenen Stellen in jedem beliebigen Teilmarkt erklären. Drittens liefert er eine mikroökonomische Fundierung der makroökonomischen Beveridge-Kurve. Neben der Matching-Technologie, also dem funktionalen Zusammenhang zwischen den (Such-)Inputs und dem (Such-) Output, sind dabei vor allem das Suchverhalten der Arbeitslosen und der Unternehmen für die Lage und die Gestalt der Beveridge-Kurve entscheidend.

Als Analyseinstrument dienen empirisch beobachtete Beveridge-Kurven vorrangig zwei Erkenntniszielen:[92] Zum einen der Aufgliederung der Arbeitslosigkeit in strukturelle und friktionelle Elemente auf der einen und nicht-strukturelle Elemente auf der anderen Seite. Zum anderen der Überprüfung von Persistenz- und Hysteresis-Phänomenen am Arbeitsmarkt.[93] Bewegungen der Kurve nach außen zeigen vermehrte strukturelle und friktionelle Arbeitslosigkeit - und verstärkten mismatch - sowie mögliche Persistenz an, während Bewegungen auf der Kurve in östlicher Richtung als Indizien für zunehmende keynesianische (nachfragebedingte) oder klassische (reallohninduzierte) Arbeitslosigkeit angesehen werden können.

Die empirische Unterscheidung zwischen einer Verschiebung der Beveridge-Kurve und einer Schleifenbewegung (*counter-clockwise loops*) um eine stabile Kurve erweist sich jedoch als schwierig. Tatsächlich beobachtete Beveridge-Kurven sind deshalb lediglich als Diagnoseinstrument verwendbar.[94] Begnügt man sich anstelle von quantitativen mit qualitativen Aussagen, so leisten sie im allgemeinen gute Dienste.

Mit Hilfe von Abbildung 4.8, die die Beveridge-Kurve für Westdeutschland der Jahre 1971-2002 wiedergibt, lassen sich derartige qualitative Aussagen treffen.[95]

---

[91] Vgl. Christl (1992), S. 19.
Die grundlegende Arbeit zum Zusammenhang von Matching-Ansatz und Beveridge-Kurve stammt von Blanchard & Diamond (1989).

[92] Vgl. Winter-Ebmer (1991), S. 46f.

[93] Vgl. Henning (1997) für eine diesbezügliche Untersuchung des westdeutschen Arbeitsmarktes.

[94] Vgl. Franz (1987), S. 514 und Winter-Ebmer (1991), S. 62.

[95] Quelle: Eigene Berechnungen aus den Daten der ANBA (laufende Jahrgänge).

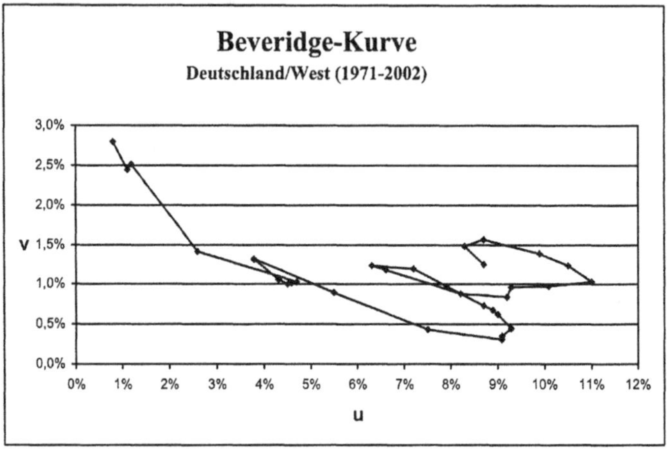

Abbildung 4.8: Beveridge-Kurve für Westdeutschland (1971-2002)

Zum einen scheint im betreffenden Zeitraum zweimal eine Verschiebung der Beveridge-Kurve nach außen stattgefunden zu haben. Damit ist am Ende des Betrachtungszeitraumes einer bestimmten Quote an offenen Stellen eine höhere Arbeitslosenrate zugeordnet. Dies spricht für verstärkte Rigiditäten am Arbeitsmarkt, die sich in zusätzlicher struktureller Arbeitslosigkeit niedergeschlagen haben. Zum anderen kam es aber auch zu Bewegungen auf vorübergehend stabilen Beveridge-Kurven. Dies weist für die jeweiligen Perioden auf zusätzliche keynesianische oder klassische Arbeitslosigkeit hin. Insbesondere die erste Beobachtung korrespondiert mit den Ergebnissen von Budd et al. (1987) und Jackman et al. (1990), die jeweils Verschiebungen der deutschen Beveridge-Kurve nach außen konstatieren.[96]

Als hauptverantwortlicher Faktor hierfür wird von Budd et al. (1987) eine Verringerung der Suchintensität und -effektivität der Arbeitslosen identifiziert. Budd et al. (1987) führen dies - ebenso wie Jackman et al. (1989) in einer Analyse für Großbritannien - auf die (zunehmend) großzügige Ausgestaltung des Systems der Arbeitslosenversicherung zurück.

[96] Budd et al. (1987) betrachten den Zeitraum 1971-1984 für die Niederlande, Großbritannien, die Bundesrepublik Deutschland und die USA. Die Untersuchung von Jackman et al. (1990) bezieht sich auf 14 OECD-Staaten und den Zeitraum von 1970 bis 1989.

Im nächsten Unterabschnitt soll ein einfaches Matching-Modell verdeutlichen, wie die genannte Wirkung der Arbeitslosenversicherung auf die Höhe der gleichgewichtigen (strukturell-friktionellen) Arbeitslosigkeit theoretisch begründet werden kann.

4.3.2 Die Arbeitslosenversicherung in einem einfachen Matching-Modell

Im folgenden soll ein einfaches Matching-Modell mit exogener Jobzerstörung untersucht werden. Nach einigen Vorbemerkungen werden nacheinander die Entscheidungssituationen der Unternehmen und der Erwerbspersonen betrachtet. Danach ist zu überlegen, wie der Lohnsatz nach dem Zustandekommen eines matches determiniert wird. Dieser gleichgewichtige Lohnsatz ist ein Bestandteil des allgemeinen Gleichgewichts, das im Anschluß hieran hergeleitet werden soll. Abschließend wird analysiert, wie Änderungen der Ausgestaltung der Arbeitslosenversicherung dieses allgemeine Gleichgewicht beeinflussen.

1. Vorbemerkungen

Das folgende Matching-Modell fokussiert den Übergang aus Arbeitslosigkeit in Beschäftigung.[97] Das Entstehen der Arbeitslosigkeit wird nicht explizit modelliert. Stattdessen werden firmenspezifische bzw. idiosynkratische Schocks unterstellt, die zur Auflösung eines matches führen. Idiosynkratische Schocks spiegeln vor allem Veränderungen der Technologie oder der Güternachfrage (genauer: der Konsumentenpräferenzen) wider. Untersuchungsgegenstand ist das makroökonomische Gleichgewicht, und hier insbesondere die Wirkung der Arbeitslosenversicherung auf die gleichgewichtige Arbeitslosigkeit.

Übergänge in Beschäftigung werden als Handelsprozesse zwischen Arbeitslosen und Unternehmen mit Vakanzen aufgefaßt, die in einem dezentralisierten Arbeitsmarkt Zeit und Ressourcen auf beiden Seiten beanspruchen. Es wird das Vorhandensein vieler Firmen und Erwerbspersonen unterstellt, die jeweils in atomistischer Konkurrenz zueinander stehen. Gegeben den stochastischen Prozeß,

[97] Vgl. zum folgenden, soweit nicht anders vermerkt, vor allem Pissarides (2000), Kap. 1 sowie Mortensen & Pissarides (1998), Abschnitt 2 und 3. Die grundlegenden Arbeiten zu gleichgewichtigen Suchmodellen mit exogener Jobzerstörung gehen auf Pissarides (1985a, 1985b, 1987) zurück.

der Jobs auflöst und matches schafft, maximieren Firmen und Erwerbspersonen ihre erwarteten Auszahlungen (ihre Einkommensströme) unter der Annahme rationaler Erwartungen. Alle möglichen privaten Gewinne werden demzufolge auch abgeschöpft. Es existiert dann ein eindeutiger steady-state, in dem die Abflüsse aus Beschäftigung den Zuflüssen in Arbeitslosigkeit entsprechen. Die graphische Veranschaulichung dieser Steady-state-Beziehung ist die Beveridge-Kurve.
Ein match schafft eine ökonomische Rente, weil für beide Seiten ein alternativer Partner nur unter Kosten- und Zeitaufwand zu finden ist. Die ökonomische Rente eines matches wird per Verhandlung zwischen Firma und Arbeitskraft aufgeteilt. Es wird völlige Spezialisierung in dem Sinne unterstellt, daß entweder gesucht oder produziert wird. Suche "on-the-job" wird damit ebenso ausgeschlossen wie das Suchen nach einer Arbeitskraft für eine nicht-vakante Stelle.
Darüber hinaus sei die Zahl der Erwerbspersonen E exogen gegeben. Übergänge in und aus Nicht-Erwerbstätigkeit finden demnach nicht statt.[98]
Die in Gleichung (4.86) vorgestellte Matching-Funktion bildet den Ausgangspunkt der folgenden Betrachtungen. Matching erfolgt zufällig und paarweise. Folglich sind die Übergangsrate aus Arbeitslosigkeit in Beschäftigung und die Rate mit der Vakanzen gefüllt werden zusammenhängende Poissonprozesse. Vakanzen treffen mit der Rate $\frac{m(u,v)}{v}$ auf suchende Arbeitslose. Definiert man $\theta = \frac{v}{u}$, so gilt aufgrund der Homogenitätsannahme bezüglich der Matching-Funktion für die (durchschnittliche) Rate, mit der Arbeitslose auf Vakanzen treffen q:

$$q = m(\frac{u}{v}, 1) \equiv m(\theta^{-1}, 1) \equiv q(\theta) \qquad \text{mit} \quad q'(\theta) \leq 0. \qquad (4.87)$$

Vakanzen werden demzufolge mit der Rate $q(\theta)$ gefüllt. Der Kehrwert $\frac{1}{q(\theta)}$ gibt im steady-state die (erwartete) durchschnittliche Dauer an, die eine Vakanz unbesetzt ist.
Der Parameter θ ist als Maß für die Anspannung des Marktes (*market tightness*) aufzufassen. Dabei ist θ umso größer, je größer v bei gegebenem u ist oder je kleiner u bei gegebenem v ist. Dies ist auch intuitiv einleuchtend: Vakanzen sind für ein Unternehmen umso einfacher zu besetzen, je kleiner deren Zahl relativ zur Zahl der Sucher ist.

[98] Vgl. z.B. McKenna (1987) oder Sattinger (1995) für Modelle mit endogener Partizipation.

Suchende Arbeitslose treffen mit der Rate $\frac{m(u,v)}{u}$ auf Vakanzen. Damit ergibt sich

$$m(1, \frac{v}{u}) = m(1, \theta) = \theta \cdot q(\theta) \tag{4.88}$$

als diejenige (durchschnittliche) Rate, mit der Arbeitslose eine Beschäftigung finden. Ihr Kehrwert $\frac{1}{\theta \cdot q(\theta)}$ entspricht im steady-state der (erwarteten) durchschnittlichen Dauer der Arbeitslosigkeit. Je mehr Jobs folglich pro Arbeitskraft zur Verfügung stehen, desto schneller und einfacher finden Arbeitslose eine Beschäftigung.

Die Beendigung eines matches, und damit der Zufluß in Arbeitslosigkeit, wird annahmegemäß durch stochastisch auftretende jobspezifische Schocks ausgelöst. Schocks mögen besetzte Jobs mit der Rate ν treffen. Ursachen der Schocks sind strukturelle Veränderungen, die entweder die Nachfrage nach dem produzierten Gut oder die Produktionstechnologie betreffen. Produktive matches werden durch die Schocks mit der Rate ν in unproduktive matches umgewandelt. Dies bringt die Auflösung des matches mit sich und führt zur Entlassung des Beschäftigten; es kommt zur Jobzerstörung. Die Schaffung eines Jobs findet statt, wenn ein Sucher und eine Vakanz aufeinandertreffen und Unternehmen und Sucher sich auf das Zustandekommen eines matches zu einem vereinbarten Lohnsatz einigen.

Aus dem Gesagten folgt, daß Arbeitskräfte durchschnittlich mit der Rate $\nu \cdot (1-u)$ arbeitslos werden, wobei ν die Übergangswahrscheinlichkeit in Arbeitslosigkeit angibt. Durchschnittlich finden Arbeitslose mit der Rate $\theta \cdot q(\theta) \cdot u$ eine Beschäftigung, wobei hier $\theta \cdot q(\theta)$ die Übergangswahrscheinlichkeit in Beschäftigung darstellt. Die Differenz der beiden Raten gibt dann die Veränderung der durchschnittlichen Arbeitslosenrate in der Zeit wieder:

$$\dot{u} = \nu \cdot (1-u) - \theta \cdot q(\theta) \cdot u. \tag{4.89}$$

Im steady-state ist $\dot{u} = 0$, so daß Abgangsrate in Beschäftigung und Zugangsrate in Arbeitslosigkeit übereinstimmen:

$$\nu \cdot (1-u) = \theta \cdot q(\theta) \cdot u. \tag{4.90}$$

Umstellen nach u liefert die folgende Gleichgewichtsbeziehung in Abhängigkeit von ν und θ:

$$u = \frac{\nu}{\nu + \theta \cdot q(\theta)}. \tag{4.91}$$

Die graphische Veranschaulichung dieser Steady-state-Gleichung im $(u - v)$-Diagramm ist die Beveridge-Kurve. Die Annahmen bezüglich der Matching-Funktion gewährleisten, daß die Beveridge-Kurve negativ geneigt ist und konvex zum Ursprung verläuft.[99]

2. Die Entscheidungssituation des Unternehmens

Bevor ein Job durch das Zusammentreffen einer Firma mit einem arbeitslosen Sucher entstehen kann, muß vom Unternehmen zunächst eine Vakanz geschaffen werden. Nach der Besetzung der Vakanz erfolgt die Produktion von Gütern, die auf einem kompetetiven Absatzmarkt abgesetzt werden. Die Produktivität eines Jobs werde durch die Konstante $j > 0$ wiedergegeben; j ist für alle Jobs gleich. Solange der Job vakant ist, treten konstante Anwerbekosten in Höhe von π auf. Der erwartete Gegenwartswert einer Vakanz sei V und der erwartete Gegenwartswert eines besetzten Jobs sei J; beide Größen sind konstant. Dasselbe gelte für den Zinssatz i. Unter der Annahme eines perfekten Kapitalmarktes und eines unendlichen Zeithorizonts ergibt sich:

$$i \cdot V = -\pi + q(\theta) \cdot (J - V). \tag{4.92}$$

Auf der linken Seite dieser Gleichung (*asset equation*) finden sich die erwarteten Kapitalkosten einer Vakanz $i \cdot V$. Die Bewertung der Vakanz muß in einem perfekten Kapitalmarkt der Rendite dieses Vermögensgegenstandes entsprechen. Letztere ist auf der rechten Seite von (4.92) abgetragen, wobei entsprechend der Erwartungsbildung die Anwerbekosten mit negativem Vorzeichen eingehen. Der (erwartete) Gewinn aus der Besetzung der Vakanz entspricht dem Ausdruck $(J - V)$. Da die Besetzung mit einer Wahrscheinlichkeit von $q(\theta)$ - der Rate mit der Sucher auf die Vakanz treffen - erfolgt, ist der Nettogewinn aus der Besetzung der Vakanz hiermit zu multiplizieren.

[99]Dies läßt sich durch einen Rückgriff auf die Analogie zwischen Matching-Funktion und Produktionsfunktion ersehen. Interpretiert man die Beveridge-Kurve als Isoquante der Matching-Funktion, so ist ihr Verlauf identisch mit demjenigen einer Isoquante einer linear-homogenen Produktionsfunktion.

Da Gewinnmaximierung angenommen wird, werden solange Vakanzen geschaffen, bis der Gewinn aus einer zusätzlichen Vakanz gleich Null ist ($V = 0$). Einsetzen von $V = 0$ in Gleichung (4.92) liefert:

$$J = \frac{\pi}{q(\theta)}. \tag{4.93}$$

Der Ausdruck (4.93) gibt die Gleichgewichtsbedingung für die Schaffung neuer Jobs an. Neue Jobs werden solange von den Unternehmen geschaffen, bis der erwartete Gewinn aus einem neuen Job den erwarteten Besetzungskosten der Vakanz entspricht.

In Analogie zu (4.92) ergibt sich mit j als Produktivität des Jobs und w als (realem) Lohnsatz für die erwarteten Kapitalkosten eines besetzten Jobs:

$$i \cdot J = j - w - \nu \cdot J \tag{4.94}$$

Auf der linken Seite von (4.94) sind die erwarteten Kapitalkosten einer besetzten Stelle abgetragen. Diese entsprechen der Produktivität dieser Stelle j abzüglich des Lohnsatzes w sowie abzüglich $\nu \cdot J$. Hierbei zeigt $\nu \cdot J$ an, daß der Job mit der Wahrscheinlichkeit ν des idiosynkratischen Schocks aufgelöst wird, wodurch J verlorenginge. Der Lohnsatz wird durch Verhandlungen zwischen dem Unternehmen und dem Sucher bestimmt.

Einsetzen von (4.93) in (4.94) liefert die folgende Bedingung für die Arbeitsnachfrage eines Unternehmens:

$$j - w - \frac{(i + \nu) \cdot \pi}{q(\theta)} = 0. \tag{4.95}$$

Gleichung (4.95) korrespondiert mit der üblichen Grenzproduktbedingung der Arbeitsnachfrage. Wenn keine Anwerbekosten ($\pi = 0$) entstünden, ergäbe sich einfach $j = w$. Ergänzend kommt hier jedoch der erwartete Kapitalwert der Anwerbekosten hinzu, der zusätzlich von der Produktivität des Jobs abgezogen wird. In einem $(\theta - w)$-Diagramm läßt sich Gleichung (4.95) als fallende Kurve darstellen, die im folgenden mit CC bezeichnet wird (siehe Abbildung 4.9).

3. Die Entscheidungssituation der Erwerbspersonen

Nachdem zuvor das Kalkül der Unternehmen untersucht wurde, ist im folgenden dasjenige der Erwerbspersonen zu betrachten. Unter Zuhilfenahme der erwarteten

Einkommensströme eines repräsentativen Beschäftigten bzw. Arbeitslosen wird die Lohngleichung ermittelt, deren graphische Veranschaulichung die Lohnkurve ist. Diese ersetzt die Arbeitsangebotskurve.
Die Zahl der Erwerbspersonen E und die Suchintensität der Arbeitslosen seien konstant. Während einer Beschäftigung erhält der Stelleninhaber den Lohnsatz w. Während der Arbeitslosigkeit erhält der Arbeitslose das Arbeitslosengeld b und sucht eine neue Beschäftigung. Vereinfachend wird zunächst unterstellt, daß b ein konstanter Betrag ist und auch keine Bezugsrestriktionen gelten. Außerdem wird von einem möglichen weiteren Einkommen, z.B. aus Heimproduktion, und von einer Nutzenbewertung der Freizeit abstrahiert.
S bezeichne den Gegenwartswert des erwarteten Einkommens während der Arbeitslosigkeit. X sei der Gegenwartswert des erwarteten Einkommens während der Beschäftigung. Analog zum Unternehmen lassen sich dann zwei Gleichungen formulieren. Für den erwarteten Kapitalwert der Arbeitslosigkeit gilt:

$$i \cdot S = b + \theta \cdot q(\theta) \cdot (X - S). \tag{4.96}$$

Zusammengesetzt ist dieser aus dem Arbeitslosengeld b und dem erwarteten Kapitalzuwachs $\theta \cdot q(\theta) \cdot (X - S)$, der sich aus einem Übergang in Beschäftigung ergäbe. Der Ausdruck für $i \cdot S$ kann als Reservationslohn des Suchers aufgefaßt werden. Angebote unterhalb dieses Wertes werden nicht angenommen.
Der erwartete Kapitalwert der Beschäftigung aus Sicht der Erwerbsperson lautet:

$$i \cdot X = w - \nu \cdot (X - S). \tag{4.97}$$

Der erwartete Wert einen Job zu haben ist demnach kleiner als der empfangene Lohnsatz, weil es mit einer Wahrscheinlichkeit von ν zu einer Entlassung kommen kann. Hierdurch ergäbe sich eine Einbuße von $(X - S)$, die mit ν zu gewichten ist.

4. Bestimmung des Lohnsatzes

Ausgangspunkt für die Bestimmung des gleichgewichtigen Lohnes sei im folgenden die Nash-Verhandlungslösung.[100] Der Lohn ist dabei zum einen eine Kompensation für die Kosten der Suche. Zum anderen teilt er die aufgrund des matches zustandegekommene ökonomische Rente zwischen den beiden Partnern auf. Der

[100] Vgl. zu anderen Möglichkeiten der Lohnfestlegung den Überblicksabschnitt in Mortensen & Pissarides (1998).

Lohn wird unmittelbar nach dem Zusammentreffen eines Suchers und einer Vakanz festgelegt. Aufgrund der Annahme identischer Produktivitäten aller Jobs ist der Lohn überall gleich.
Der Nash-Ansatz lautet:

$$w = \arg\max (X - S)^{\tau} \cdot (J - V)^{1-\tau}. \tag{4.98}$$

X bzw. J stellen den jeweiligen (erwarteten) Wert des matches für die Erwerbsperson bzw. das Unternehmen dar. S und V sind die jeweiligen Drohpunkte. Für die Erwerbsperson ist der Drohpunkt ihr erwarteter Einkommensstrom bei Arbeitslosigkeit S, für das Unternehmen ist der Drohpunkt der erwartete Gegenwartswert der Vakanz V. Der Parameter τ fungiert als (relative) Verhandlungsmacht der Erwerbsperson, und es gilt $0 < \tau < 1$. Es wird derjenige Lohnsatz gesucht, der den erwarteten gewichteten Gewinn beider Parteien aus dem match maximiert. Als Bedingung erster Ordnung zur Festlegung von w ergibt sich die folgende Aufteilungsregel:

$$X - S = \tau \cdot (X - S + J - V). \tag{4.99}$$

Gleichung (4.99) besagt, daß der Anteil der Erwerbsperson an der gesamten ökonomischen Rente aus dem match der Konstanten τ - ihrer Verhandlungsmacht - entspricht.
Auflösen von (4.97) nach X liefert:

$$X = \frac{w + \nu \cdot S}{i + \nu}. \tag{4.100}$$

Auflösen von (4.94) nach J liefert:

$$J = \frac{j - w}{i + \nu}. \tag{4.101}$$

Unter Berücksichtigung der Bedingung $V = 0$ erhält man durch Einsetzen der beiden vorherigen Ausdrücke in (4.99) und Umstellen nach w folgende Lohngleichung:

$$w = i \cdot S + \tau \cdot (j - i \cdot S). \tag{4.102}$$

Der Lohnsatz setzt sich mithin zusammen aus dem Reservationslohn der Erwerbsperson und ihrem Anteil am Nettogewinn des zustandegekommenen matches.

Auf folgendem Wege läßt sich nun $i \cdot S$ aus Gleichung (4.102) eliminieren. Aus (4.99) erhält man für $(X - S)$ mit $V = 0$:

$$X - S = \frac{\tau}{1 - \tau} \cdot J. \tag{4.103}$$

J läßt sich hier gemäß Bedingung (4.93) ersetzen, und die resultierende Gleichung

$$X - S = \frac{\tau}{1 - \tau} \cdot \frac{\pi}{q(\theta)} \tag{4.104}$$

kann für $(X - S)$ in Gleichung (4.96) eingesetzt werden:

$$i \cdot S = b + \theta \cdot q(\theta) \cdot \left(\frac{\tau}{1 - \tau} \cdot \frac{\pi}{q(\theta)} \right). \tag{4.105}$$

Hieraus folgt:

$$i \cdot S = b + \frac{\tau}{1 - \tau} \cdot \pi \cdot \theta. \tag{4.106}$$

Einsetzen dieses Ausdrucks für $i \cdot S$ in (4.102) liefert:

$$w = b + \frac{\tau}{1 - \tau} \cdot \pi \cdot \theta + \tau \cdot \left(j - \left(b + \frac{\tau}{1 - \tau} \cdot \pi \cdot \theta \right) \right). \tag{4.107}$$

Vereinfachen führt schließlich zu folgender gleichgewichtiger Lohngleichung:

$$w = (1 - \tau) \cdot b + \tau \cdot (j + \pi \cdot \theta). \tag{4.108}$$

Gleichung (4.108) fungiert in diesem Rahmen als Substitut zur Arbeitsangebotsfunktion. In einem $(\theta - w)$-Diagramm kann die daraus folgende Lohnkurve WC als steigende Linie gezeichnet werden (siehe Abbildung 4.9).

5. Allgemeines Gleichgewicht

Zusammen mit der aus Gleichung (4.95) folgenden Kurve der Schaffung von Stellen durch die Unternehmen CC determiniert WC den gleichgewichtigen Lohnsatz w^* und die gleichgewichtige Marktanspannung θ^*. Dieses aus dem Schnittpunkt von CC und WC resultierende Gleichgewicht ist in Abbildung 4.9 abgetragen.[101]

Aus den Gleichungen (4.95) und (4.108) läßt sich ein Zusammenhang für die gleichgewichtige Marktanspannung θ^* ermitteln, indem der Ausdruck für w aus (4.95) in (4.108) eingesetzt wird. Es ergibt sich:

$$j - (1 - \tau) \cdot b + \tau \cdot (j + \pi \cdot \theta) - \frac{(i + \nu) \cdot \pi}{q(\theta)} = 0. \tag{4.109}$$

[101] Vgl. Pissarides (2000), Figure 1.1, S. 19.

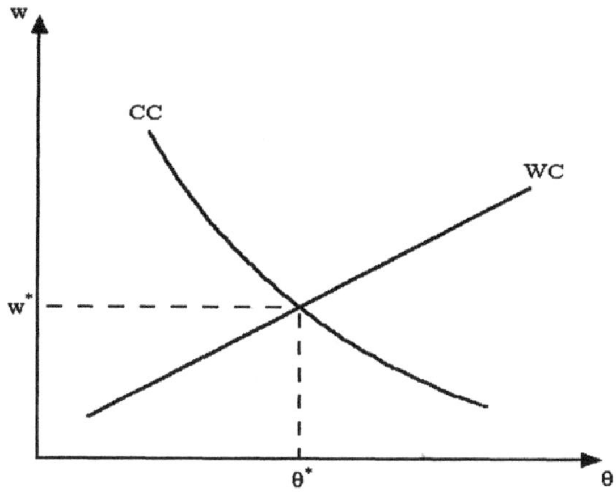

Abbildung 4.9: Gleichgewichtiger Lohnsatz und gleichgewichtige Marktanspannung

Hieraus folgt durch Vereinfachen:

$$(1-\tau)\cdot(j-b)-\pi\cdot\left(\frac{i+\nu+\tau\cdot\theta\cdot q(\theta)}{q(\theta)}\right)=0. \tag{4.110}$$

Dieser Ausdruck gibt die Bedingung für die Schaffung von Jobs (*job creation condition*) an. Im (u, v)-Diagramm kann Gleichung (4.110) als eine Gerade durch den Ursprung mit der Steigung θ dargestellt werden. Zusammen mit der Beveridge-Kurve determiniert diese Gerade die gleichgewichtige Arbeitslosigkeit. In Abbildung 4.10 ist die aus Gleichung (4.91) resultierende Beveridge-Kurve mit BC und die Bedingung für die Schaffung von Jobs (4.110) mit JC bezeichnet. Der Schnittpunkt von BC und JC bestimmt die gleichgewichtige Arbeitslosigkeit u^*.[102]

Das allgemeine Gleichgewicht ist durch das Tripel (u^*, θ^*, w^*) gekennzeichnet. Die Endogenen w und θ werden durch die Lohngleichung und die Bedingung für die Schaffung von Jobs bestimmt. Die resultierende Marktanspannung determiniert in der Beveridge-Gleichung dann die gleichgewichtige Arbeitslosigkeit.

6. Auswirkungen von Parameteränderungen

Vor der Untersuchung einiger komparativ-statischer Ergebnisse sei daran erinnert, daß für das Arbeitslosengeld die Beziehung $b = r \cdot w$ gilt. Die Variable r ist die

[102] Vgl. Pissarides (2000), Figure 1.2, S. 20.

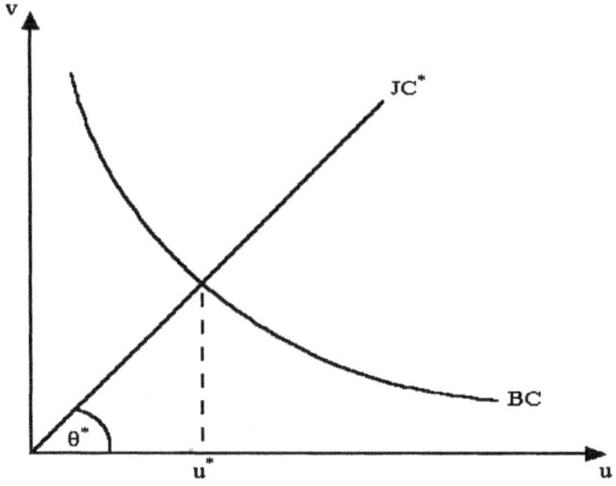

Abbildung 4.10: Beveridge-Kurve und gleichgewichtige Arbeitslosigkeit

Lohnersatzrate; sie liegt zwischen 0 und 1. Im folgenden sollen erneut auch die nicht-pekuniären Komponenten des Systems der Arbeitslosenversicherung berücksichtigt werden. Dies geschieht mit Hilfe des Parameters γ. Für ihn gilt weiterhin $0 \leq \gamma \leq 1$. Je größer γ ist, desto großzügiger ist die nicht-pekuniäre Ausgestaltung der Arbeitslosenversicherung, d.h. umso geringer ist die Wartezeit A, umso länger ist die maximale Bezugsdauer D oder umso kürzer ist die Qualifikationsperiode M. Zudem ist γ umso kleiner, je rigoroser die Arbeitsverwaltung ist. Ohne die Existenz derartiger Regelungen wäre $\gamma = 1$. Es gilt mithin der folgende allgemeinere Zusammenhang:[103]

$$b \cdot \gamma = r \cdot w \cdot \gamma. \tag{4.111}$$

Sowohl r als auch γ sind Politikparameter.

Die in Gleichung (4.111) verwendete Spezifikation bewirkt zunächst eine Veränderung der Lohngleichung. Dies erkennt man, indem die rechte Seite von (4.111) für das mit γ gewichtete b in Gleichung (4.108) eingesetzt wird:

$$w = (1 - \tau) \cdot r \cdot w \cdot \gamma + \tau \cdot (j + \pi \cdot \theta)\,. \tag{4.112}$$

[103] Hingewiesen sei darauf, daß in Abschnitt 4.2 vor allem mit der linken Seite von (4.111) operiert wurde, um dort nicht durchgängig mit einer senkrechten Lohnsetzungskurve zu arbeiten.

Auflösen nach w liefert:

$$w = \frac{\tau \cdot (j + \pi \cdot \theta)}{1 - (1 - \tau) \cdot r \cdot \gamma}. \tag{4.113}$$

Gleichung (4.113) gibt die neue Lohngleichung an. Die Form einer im $(\theta - w)$-Diagramm steigenden WC-Linie bleibt erhalten (siehe Abbildung 4.11). Mit Hilfe von (4.113) wird in Gleichung (4.95) erneut w ersetzt. Daraus folgt zunächst:

$$j - \frac{\tau \cdot (j + \pi \cdot \theta)}{1 - (1 - \tau) \cdot r \cdot \gamma} - \frac{(i + \nu) \cdot \pi}{q(\theta)} = 0. \tag{4.114}$$

Durch Umstellen erhält man schließlich folgende Beziehung, mit der θ bestimmt werden kann:

$$j - \frac{\tau \cdot \pi \cdot \theta}{1 - \tau - (1 - \tau) \cdot r \cdot \gamma} - \frac{(i + \nu) \cdot \pi}{q(\theta)} = 0. \tag{4.115}$$

Im Beveridge-Kurven-Diagramm ist dies weiterhin eine Gerade (JC) durch den Ursprung mit der Steigung θ (siehe Abbildung 4.12).

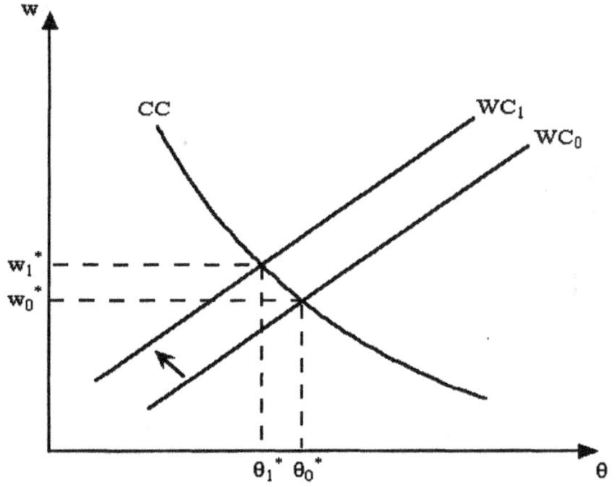

Abbildung 4.11: Einfluß einer Erhöhung von r oder γ auf den gleichgewichtigen Lohnsatz und die gleichgewichtige Marktanspannung

Es sind im folgenden die Wirkungen von Veränderungen der Ausgestaltung der Arbeitslosenversicherung zu untersuchen. Ausgangspunkt ist eine beliebige Gleichgewichtssituation. Die Frage ist, wie sich eine Erhöhung der Lohnersatzrate r oder des Parameters γ auswirkt. Steigen r oder γ, so führt dies zu einer

Verschiebung der Lohnkurve nach links. Die CC-Kurve behält hingegen ihre Lage bei. Abbildung 4.11 stellt die genannte Situation dar. Anstelle von WC_0 ist nun WC_1 maßgeblich. Es kommt zu einer Erhöhung des Lohnes von w_0^* auf w_1^*, während die Marktanspannung von θ_0^* auf θ_1^* sinkt. Zu erklären sind diese Ergebnisse damit, daß die verbesserten Bedingungen während der Arbeitslosigkeit deren Kosten für die Arbeitslosen reduzieren. Dies ermöglicht den Beschäftigten die Durchsetzung höherer Löhne. Gleichzeitig führen höhere Löhne aber zu einer verringerten Schaffung von Jobs durch die Unternehmen. Dies bewirkt eine Verringerung von θ.

Abbildung 4.12 verdeutlicht die Konsequenzen der geringeren Marktanspannung für die gleichgewichtige Arbeitslosigkeit. Die Verringerung von θ bewirkt eine Drehung der JC-Kurve im Uhrzeigersinn, d.h. JC wird flacher. Dies wird durch die neue JC-Kurve JC_1 visualisiert. Sie hat die Steigung θ_1^*. Der Schnittpunkt mit der Beveridge-Kurve, die unverändert bleibt, bestimmt die neue gleichgewichtige Arbeitslosigkeit u_1^*. Diese ist höher als das urspüngliche Niveau u_0^*. Aus der Beveridge-Gleichung (4.91) folgt dieses Ergebnis daraus, daß u mit sinkendem θ steigt und umgekehrt.

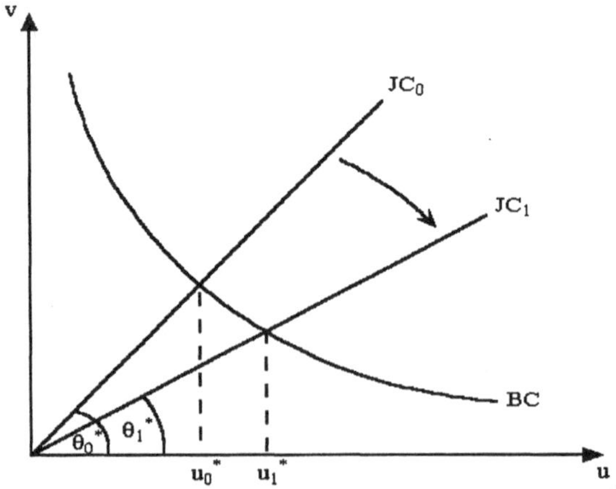

Abbildung 4.12: Beveridge-Kurve und gleichgewichtige Arbeitslosigkeit nach einer Erhöhung von r oder γ

Der Vollständigkeit halber sei erwähnt, daß die gleichgewichtige Arbeitslosigkeit u^* auch steigt, wenn

- die Produktivität (j) sinkt. WC verschiebt sich nach rechts und CC nach links. Da CC sich stärker verschiebt als WC, sinken w und θ, so daß sich JC im Uhrzeigersinn dreht und u^* steigt.
- der Aufteilungsparameter (τ) steigt. Hierdurch verschiebt sich WC nach links, w steigt und θ sinkt, so daß sich JC im Uhrzeigersinn dreht und u^* steigt.
- die Rate idiosynkratischer Schocks (ν) steigt. Die Kurve CC wird dadurch nach links verschoben, womit w und θ sinken. JC dreht sich im Uhrzeigersinn und BC verschiebt sich nach außen, so daß u^* steigt.
- der Zinssatz (i) steigt. Die CC-Kurve verschiebt sich nach links, weshalb w und θ sinken. JC dreht sich im Uhrzeigersinn, was zu einer Erhöhung von u^* führt.

Im vorgestellten Modellrahmen sind die Implikationen hinsichtlich der Großzügigkeit der Arbeitslosenversicherung eindeutig. Sowohl eine Erhöhung der Lohnersatzrate als auch eine Verbesserung der nicht-pekuniären Komponenten erhöht die gleichgewichtige Arbeitslosigkeit. Zurückzuführen ist dies darauf, daß der Status der Arbeitslosigkeit relativ zur Beschäftigung durch eine Erhöhung von r oder γ attraktiver wird. Zum einen hat dies einen höheren Reservationslohn zur Folge, der die Dauer der Suche verlängert. Zum anderen steigt die Inzidenz der Arbeitslosigkeit, was in der Bewegung auf der CC-Kurve nach oben und der resultierenden Verringerung von θ zum Ausdruck kommt. Hierin zeigt sich der entscheidende Unterschied zwischen dem Partialgleichgewicht der in 3.1.2 präsentierten Suchtheorie und dem allgemeinen Gleichgewicht im Matching-Modell. Der relative Wert der Beschäftigung verringert sich aus Sicht der Erwerbspersonen und nicht nur die Dauer der Arbeitslosigkeit verlängert sich, sondern auch ihr Auftreten nimmt zu. Der Einfluß der Arbeitslosenversicherung ist im allgemeinen Gleichgewicht mithin stärker als im partiellen Gleichgewicht.
Im folgenden Unterabschnitt werden die hier hergeleiteten Ergebnisse hinterfragt sowie einige mögliche Modellergänzungen und -erweiterungen angesprochen.

4.3.3 Diskussion und Ergänzungen

Die wichtigste Weiterentwicklung des im vorherigen Unterabschnitt behandelten Modells stammt von Mortensen & Pissarides (1994). An die Stelle exogener Jobzerstörung tritt bei ihnen eine Endogenisierung dieses Vorganges. Motiviert wird diese Modifikation vor allem durch die Beobachtung, daß die Zerstörung von Jobs im Konjunkturzyklus volatil ist.[104] Mithin ist der Parameter ν keine Konstante, sondern unterliegt Schwankungen, die sich auf die Entlassungsentscheidung von Unternehmen auswirken.

Die Modellierung der Endogenisierung der Jobzerstörung erfolgt derart, daß einem Job neben der allgemeinen eine spezifische Produktivität zugeschrieben wird.[105] Unterschreitet die spezifische Produktivität einen bestimmten Grenzwert - die modellendogene Reservationsproduktivität R -, so wird der Job vom Unternehmen zerstört und das match aufgelöst. Graphisch ersetzt die Kurve der Jobzerstörung DD die Lohnkurve WC, wobei DD in einem $(\theta - R)$-Diagramm ebenso einen steigenden Verlauf hat, wie WC im $(\theta - w)$-Diagramm. Trotz dieser Modellergänzungen ist das qualitative Ergebnis hinsichtlich der Wirkung des Arbeitslosengeldes, oder allgemeiner des Nicht-Arbeitseinkommens, das gleiche.[106] Mit höherem Arbeitslosengeld steigt die Reservationsproduktivität und die Marktanspannung sinkt. Die Verringerung der Marktanspannung führt wie gehabt zu einer flacheren JC-Kurve. Es zeigt sich darüber hinaus, daß die steigende Reservationsproduktivität die Beveridge-Kurve nach außen verschiebt. Großzügigere Leistungen der Arbeitslosenversicherung erhöhen demnach auch hier die gleichgewichtige Arbeitslosigkeit. Jedoch ist das Ausmaß dieses Effektes stärker als bei exogener Jobzerstörung.[107] Dies wird durch Abbildung 4.13 veranschaulicht.[108]

[104]Vgl. Mortensen & Pissarides (1998), S. 19 unter Bezugnahme auf die Ergebnisse von Davis et al. (1996).

[105]Genauer gesagt kann diese spezifische Produktivität normiert Werte zwischen Null und Eins annehmen. Im speziellen Fall mit exogener Jobzerstörung ist sie entweder Null *oder* Eins.

[106]Aus diesem Grund beschränkt sich 4.3.2 auch auf die einfache Variante.

[107]Vgl. zur formalen Darstellung des Modells neben dem originären Artikel von Mortensen & Pissarides (1994) z.B. Mortensen & Pissarides (1999a), S. 1183-1193 oder Pissarides (2000), Kapitel 2 und 9.

[108]In Anlehnung an Pissarides (2000), Figure 9.2, S. 219.

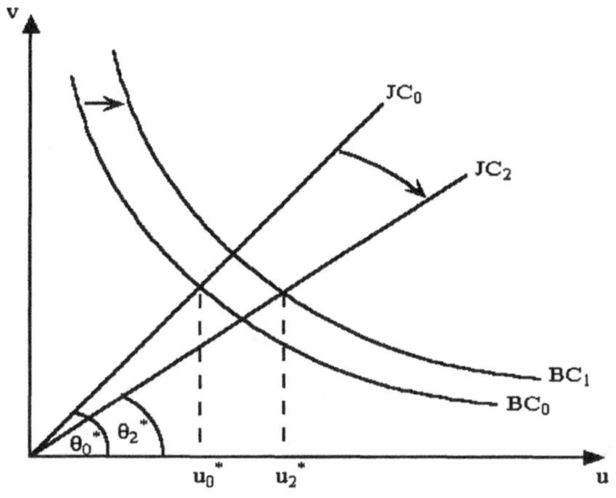

Abbildung 4.13: Beveridge-Kurve und gleichgewichtige Arbeitslosigkeit bei endogener Jobzerstörung nach einer Erhöhung von r

Ausgehend von dem durch JC_0 und BC_0 bestimmten Gleichgewicht u_0^* führt eine Erhöhung des Arbeitslosengeldes (bzw. der Lohnersatzrate r) zu einem neuen Gleichgewicht u_2^*, welches sich im Schnittpunkt von JC_2 und BC_1 einstellt. Aufgrund der Verschiebung der Beveridge-Kurve ist $(u_2^* - u_0^*)$ größer als $(u_1^* - u_0^*)$ in Abbildung 4.12.

Die bisherigen Ausführungen bedürfen einiger einschränkender Bemerkungen. Zunächst ist anzumerken, daß die Wirkungen der Arbeitslosenversicherung im Matching-Modell durch andere Maßnahmen konterkariert werden können. Selbst wenn die Arbeitslosenversicherung negative Anreize entfaltet, so ließen sich diese z.B. durch aktive Arbeitsmarktpolitik oder Einstellungssubventionen an Unternehmen abschwächen oder eliminieren.[109] Wie Ljungqvist & Sargent (1995b) zeigen, gilt dies auch, wenn das Einkommen progressiv besteuert wird.
Ein modelltheoretischer Einwand richtet sich gegen das Resultat, daß die negativen Anreizwirkungen einer Arbeitslosenversicherung im allgemeinen Gleichgewicht stärker sind als im partiellen Gleichgewicht. Zurückzuführen ist dieses Ergebnis darauf, daß das Arbeitslosengeld nicht nur die Dauer der Suche verlängert,

[109] Vgl. Pissarides (2000), S. 225-228. Pissarides (1983) kommt im partialanalytischen Modell zu den gleichen Aussagen.

sondern auch einen Lohndruck nach oben erzeugt, der wiederum die Marktanspannung reduziert. Albrecht & Axell (1984) und Axell & Lang (1990) demonstrieren, daß dieses Ergebnis davon abhängt, auf welche Weise der Lohnsatz festgelegt wird. Setzen die Unternehmen den Lohnsatz fest, so wäre es für Unternehmen, die Löhne am unteren Rand der Lohnskala böten, schwieriger, offene Stellen zu besetzen. Damit wird ein Anreiz kreiert, (relativ) höhere Löhne zu setzen, um arbeitslose Sucher zu attrahieren. Je höher die Löhne sind, desto kürzer ist die Suchdauer von Arbeitslosen, weil es für sie wahrscheinlicher ist, auf ein Unternehmen zu treffen, das bereit ist, ihren Reservationslohn zu zahlen. Sofern dieser Effekt die Wirkung auf die Löhne überkompensiert, kann eine Erhöhung des Arbeitslosengeldes zu einer Verringerung der gleichgewichtigen Arbeitslosigkeit beitragen.[110]

Neben der gleichgewichtigen Arbeitslosigkeit, und damit dem steady-state, ist die dynamische Anpassung an das Gleichgewicht und die Wirkung von Schocks auf den steady-state von Interesse.
In einer hinsichtlich der Datenlage Großbritanniens kalibrierten Variante des Mortensen-Pissarides-Modells ermittelt Millard (1997) einen starken Persistenzeffekt der Arbeitslosenversicherung in Bezug auf die Arbeitslosigkeit. Je größer die als Gradmesser für die Großzügigkeit der Arbeitslosenversicherung verwendete Lohnersatzrate ist, desto stärker fällt die Persistenz der Arbeitslosigkeit aus. Eine Erklärung für dieses Resultat wird jedoch nicht aufgeführt.
Im gleichgewichtigen Suchmodell von Ljungqvist & Sargent (1998) wird unterstellt, daß Humankapital während der Arbeitslosigkeit erodiert und während einer Beschäftigung akkumuliert wird. Zwei Volkswirtschaften - ausgestaltet als "laissez faire"-Ökonomie bzw. als Wohlfahrtsstaat mit einem an den vorherigen Lohn gekoppelten Arbeitslosengeld - werden im Hinblick auf ihre Schockanpassungsfähigkeit verglichen. Der Wohlfahrtsstaat zeigt dabei nach einem vorübergehenden Schock eine deutlich langsamere Rückanpassung der Arbeitslosigkeit an ihre gleichgewichtige Ausgangshöhe. Zwei Hauptgründe werden hierfür verantwortlich gemacht. Erstens haben die Arbeitslosen im Wohlfahrtsstaat relativ hohe Reservationslöhne und passen diese auch nur langsam an die neuen Gegebenheiten an. Und zweitens ist die Suchintensität der Arbeitslosen geringer als im Vergleich zur Situation ohne Arbeitslosengeld.

[110]Vgl. hierzu auch Holmlund (1998), S. 125.

Im Mortensen-Pissarides-Modell zeigen den Haan et al. (2001), daß die Anfälligkeit einer Volkswirtschaft bezüglich realer Schocks stärker ist, je höher die Lohnersatzrate in der Arbeitslosenversicherung ist. Bemerkbar macht sich diese Beobachtung in höheren gleichgewichtigen Arbeitslosenraten nach einem Schock, je höher die Lohnersatzrate ist. Auf diese Weise wird jedoch nicht die Anpassung an ein langfristiges Gleichgewicht beschrieben. Stattdessen wird gezeigt, daß Schocks umso stärker wirken, und damit ein anderes langfristiges Gleichgewicht erzeugen, je großzügiger die Arbeitslosenversicherung ausgestaltet ist. Den Haan et al. (2001, S. 35) schlußfolgern: „Unless the shocks are reversed, or other institutional changes are made, unemployment may be expected to remain high".
Marimon & Zilibotti (1999) und Mortensen & Pissarides (1999b) untersuchen im Matching-Modell mit endogener Jobzerstörung die Zusammenhänge zwischen der Arbeitslosenversicherung und einer speziellen Art von Schock, nämlich einem Qualifikationsschock zu Ungunsten gering Qualifizierter (*skill-biased technology shock*). Sowohl Marimon & Zilibotti (1999) als auch Mortensen & Pissarides (1999b) kommen zu dem Ergebnis, daß großzügigere Leistungen der Arbeitslosenversicherung in einem ansonsten identischen Umfeld nach einem negativen Schock eine höhere Arbeitslosigkeit mit sich bringen. Als Referenzökonomien der kalibrierten Modelle dienen dabei jeweils die USA und Europa und ihre jeweiligen Arbeitslosenversicherungssysteme. Allerdings verweisen Marimon & Zilibotti (1999) darauf, daß ein Mindestmaß an sozialer Absicherung während der Arbeitslosigkeit notwendig ist, damit nicht nur ein beliebiger, sondern ein passender Job aufgenommen wird. Mithin schreiben sie neben dem Versicherungsaspekt auch dem Gesichtspunkt der Matchingeffizienz eine Rolle zu.[111]

Matching-Modelle stellen aufgrund der Berücksichtigung zweiseitiger Suchprozesse die logische Weiterentwicklung partialanalytischer Suchmodelle dar. Sie erweisen sich als vielversprechendes Analyseinstrument für arbeitsmarktpolitische Fragestellungen, indem sie der Bedeutung der umfangreichen Stromgrößen am Arbeitsmarkt Rechnung tragen. Die Ergebnisse von Matching-Modellen hinsichtlich der Auswirkungen einer großzügigen Arbeitslosenversicherung sind dabei eindeutig: Je großzügiger die Arbeitslosenversicherung ist, desto höher ist die gleichgewichtige Arbeitslosenrate und desto anfälliger ist eine Volkswirtschaft gegenüber

[111] Vgl. zu dieser Perspektive auch Acemoglu (2001).

adversen Schocks. Ihre große Komplexität und ihr hoher Abstraktionsgrad spricht jedoch dagegen, hieraus unmittelbar Politikempfehlungen - im Hinblick auf Leistungskürzungen in der Arbeitslosenversicherung - abzuleiten. Ferner stehen alternativ komplementäre Politikmaßnahmen zur Verfügung, die die genannten Effekte mildern können.

Kapitel 5

Staatliche versus private Bereitstellung einer Arbeitslosenversicherung

Die Frage, weshalb die Arbeitslosenversicherung gemeinhin staatlicherseits zur Verfügung gestellt wird, nimmt in der Literatur erstaunlich wenig Platz ein. Stattdessen wird eine staatliche Arbeitslosenversicherung entweder als selbstverständlich unterstellt oder mit dem Versagen privater Versicherungsmärkte begründet. In diesem Kapitel sollen die vorgebrachten Begründungen hinterfragt und auf ihre Stichhaltigkeit überprüft werden, wobei im wesentlichen informationsökonomische und versicherungstheoretische Ideen angewendet werden. Diesen Ideen ist gemein, daß sie in unterschiedlicher Ausprägung zur Rechtfertigung einer rein staatlichen Arbeitslosenversicherung herangezogen werden. Nach einer Einschätzung der Validität der Argumente sind einige hierüber hinausgehende politökonomische Überlegungen zu betrachten und erwägenswerte Alternativen zum ausschließlich staatlichen (Zwangs-)System aufzuzeigen.

Viele der folgenden Argumente werden nicht nur zugunsten einer staatlichen sondern auch zugunsten einer obligatorischen Arbeitslosenversicherung vorgebracht. Eine Vertiefung dieser Diskussion soll aber unterbleiben, da es sich lediglich um eine Wiederholung der Argumentionslinien handelte. Nur sofern sich zusätzliche Erkenntnisse ergeben, wird auch gesondert auf das Obligatorium eingegangen.

5.1 Versicherungsökonomische Überlegungen

Ausgangspunkt jeglicher Nachfrage nach einer Versicherung ist Risikoaversion auf Seiten des potentiellen Versicherungsnehmers. Diese Risikoaversion führt dazu, daß eine Versicherungslösung zur Absicherung gegen Risiken und zur Glättung von Einkommensströmen gegenüber dem Sparen präferiert wird.[1] Zurückzuführen ist dies auf die Eigenschaft risikoaversen Verhaltens, gemäß der ein sicherer Auszahlungsbetrag einer unsicheren Auszahlung mit dem gleichen Erwartungswert vorgezogen wird. Versicherungsmärkte im allgemeinen, und damit auch die Arbeitslosenversicherung im speziellen, sind mit einer Reihe von Problemen konfrontiert, die im weiteren zu begutachten sind.

Als Problembereich asymmetrischer Informationen ist zunächst *moral hazard* zu nennen. Dieses bezeichnet das denkbare Verhalten von Versicherten, den Versicherungs- bzw. Schadensfall bewußt herbeizuführen oder dessen Eintreten durch mangelnde Sorgfalt billigend in Kauf zu nehmen.[2] In einer Arbeitslosenversicherung existieren verschiedene Ansatzpunkte zu diesem Verhalten insbesondere auf Seiten der Arbeitnehmer bzw. der Arbeitslosen.[3] Erstens besteht ein Anreiz zur Kündigung einer bestehenden Stelle, wenn dies das Anrecht auf Arbeitslosengeld nicht gefährdet. Zweitens kann es im Sinne nicht beobachtbarer Verhaltensweisen (*hidden actions*) oder privater Informationen (*private information* bzw. *hidden characteristics*) zu einer Verringerung der Suchintensität oder einer Erhöhung der Akzeptanzkriterien eines neuen Jobs kommen, wenn bereits Leistungen aus der Arbeitslosenversicherung bezogen werden. Drittens ist eine mangelnde individuelle Risikovorsorge der Versicherten denkbar, welche sich in einer Vernachlässigung von Sparen und Humankapitalbildung äußert. Auf der Seite der Unternehmen kann sich moral hazard in den Entlassungsentscheidungen niederschlagen. Müssen die in der Arbeitslosenversicherung durch Freisetzungen verursachten Kosten auf der Firmenebene nicht berücksichtigt werden, so neigen Unternehmen zur Anpassung der Produktion eher zu Entlassungen.

[1] Vgl. Björklund et al. (1991), S. 105.

[2] Vgl. Grubel & Walker (1978), S. 2-6.

[3] Vgl. Björklund et al. (1991), S. 106, Schmid et al. (1992), S. 66f. und Chiu & Karni (1998), S. 808.

Diese Schwierigkeiten lassen sich jedoch versicherungstheoretisch lösen.[4] Wartezeiten und vor allem Sperrfristen können als Selbstbeteiligung angesehen werden, die das Hervorrufen des Schadensereignisses "Arbeitslosigkeit" durch eine Kündigung des Arbeitnehmers verhindern oder zumindest stark einschränken. Genau dieser Selbstbeteiligungsmechanismus liegt derzeit auch in der deutschen Arbeitslosenversicherung vor. Die partielle Abdeckung eines Schadens, d.h. in diesem Fall das Ersetzen nur eines Teils des durch Arbeitslosigkeit ausgefallenen Einkommens, zielt auf das Unterbinden unerwünschter nicht beobachtbarer Verhaltensweisen ab. Dies schließt auch das Fehlverhalten während einer Beschäftigung ein, das eine Entlassung nach sich zieht. Je geringer die Abdeckung des Gesamtschadens dabei ausfällt, desto geringer ist der Anreiz zu hidden actions. Diese Überlegung kommt üblicherweise in Arbeitslosenversicherungssystemen - so auch in Deutschland - in Lohnersatzraten unterhalb von Eins zum Ausdruck. Das Festlegen und Durchsetzen von Verhaltensstandards und die Bestimmung von Anspruchsvoraussetzungen, sowie die Überwachung ihrer Einhaltung (*monitoring*) richtet sich ebenfalls gegen das Ausnutzen privater Informationen. Darüber hinaus soll aber auch die individuelle Risikovorsorge gefördert werden, weil Ansprüche auf Leistungen aus der Arbeitslosenversicherung nur unter bestimmten Bedingungen bestehen. In der deutschen Arbeitslosenversicherung spiegeln z.B. Anwartschaftszeiten, die Verpflichtung zur aktiven Arbeitssuche und Zumutbarkeitsregeln für neue Beschäftigungen derartige Anspruchsvoraussetzungen wider. Zur Reduzierung von moral hazard auf der Unternehmensseite bietet sich schließlich die in den USA verbreitete Methode des experience ratings an. Diese Kopplung der firmenindividuellen Beitragssätze an das vorangegangene Entlassungsverhalten ist schon unter Gliederungspunkt 3.2 vertieft worden.

Betrachtet man die genannten Instrumente zur Eindämmung von moral hazard, so ist festzustellen, daß diese bei entsprechender Vertragsgestaltung ohne weiteres auch privaten Versicherungsunternehmen zur Verfügung stehen. Mithin begründet moral hazard für sich genommen noch keine staatliche Bereitstellung einer Arbeitslosenversicherung.[5] Genausowenig kann staatlichen Instanzen ein effizienteres monitoring unterstellt werden.[6] Selbst wenn dieser staatliche Wis-

[4]Vgl. Björklund et al. (1991), S. 106 und Schmid et al. (1992), S. 67.

[5]Siehe neben anderen Björklund et al. (1991), S. 107 und Glismann & Schrader (2001b), S. 35-41.

[6]Vgl. Boadway & Marceau (1991), S. 1.

sensvorsprung bestünde, ist nicht auszuschließen, daß dieser von der spezifischen Zielfunktion eines budgetmaximierenden Bürokraten konterkariert würde.

Ein weiteres versicherungsökonomisches Problem infolge asymmetrischer Informationen stellt *adverse selection* dar.[7] Allgemein äußert sie sich darin, daß bei Heterogenität der Risiken und freiem Zugang zur Versicherung gute Risiken der Versicherung fern bleiben. Schlechte Risiken haben demgegenüber einen größeren Anreiz, die Versicherung in Anspruch zu nehmen. Diese Verhaltensweisen führen zu einem höheren durchschnittlichen Risiko innerhalb dieser Versicherung. Führt dies zu steigenden Prämien, so besteht für die verbliebenen (relativ) guten Risiken ein Anreiz, die Versicherung zu verlassen. Eine Fortsetzung dieses Prozesses kann schließlich in einem Zusammenbruch des betreffenden Versicherungsmarktes gipfeln. Diese Argumentation ist prinzipiell auch auf eine Arbeitslosenversicherung anwendbar. Von einer Ungleichverteilung der Wahrscheinlichkeit arbeitslos zu werden ist aufgrund differierender Charakteristika (Bildungsniveau, Alter, Geschlecht etc.) der Arbeitnehmer auszugehen. Das Risiko der Arbeitslosigkeit dürfte insbesondere bei höher qualifizierten Personen geringer sein. Demzufolge ist ihr Anreiz eine Arbeitslosenversicherung abzuschließen kleiner als bei weniger qualifizierten Personen. In einem privatwirtschaftlichen und freiwilligen Arbeitslosenversicherungsmarkt wird dies zwei Effekte haben. Einige gute Risiken werden gar keine Arbeitslosenversicherung nachfragen und andere gute Risiken werden nur dann eine Nachfrage ausüben, wenn ihnen angemessene, d.h. aktuarisch faire Prämien, berechnet werden. Für einen Großteil der schlechten Risiken folgt umgekehrt, daß ihnen entweder keine Arbeitslosenversicherung angeboten wird, oder daß die Prämien prohibitiv hoch ausfallen und sie keine Nachfrage nach der Versicherung entfalten werden. Adverse selection und ihre beschriebenen Folgen wird häufig als Hauptbegründung für eine staatliche und obligatorische Arbeitslosenversicherung angeführt. Die staatliche Bereitstellung gewährleistet dann das Vorhandensein einer Arbeitslosenversicherung für alle Teilnehmer des Arbeitsmarktes, während das Obligatorium einen Solidarbeitrag guter Risiken erzwingt. Diese Rechtfertigung basiert jedoch auf zwei Prämissen, die ihre Stichhaltigkeit beeinträchtigen. Erstens werden der Arbeitslosenversicherung durch das Obligatori-

[7] Vgl. Björklund et al. (1991), S. 107f., Schmid & Rosenbaum (1995), S. 126, Karni (1999), S. 444f. und Glismann & Schrader (2000), S. 41-44.

um Umverteilungsaufgaben zwischen guten und schlechten Risiken zugesprochen. Zweitens wird im paternalistischen Sinne postuliert, daß jeder Arbeitnehmer gegen Arbeitslosigkeit versichert sein muß. Da vor allem für schlechte Risiken im allgemeinen auf anderem sozialstaatlichen Wege eine Absicherung besteht, bedürfen diese jedoch nicht notwendigerweise einer Arbeitslosenversicherung. Zudem dürfte die Nachfrage nach einer Arbeitslosenversicherung hinreichend groß bleiben, selbst wenn einige gute aber vor allem einige schlechte Risiken nicht partizipieren.[8]
Die soeben angeführten Argumente greifen den in Kapitel 2 besprochenen Widerstreit zwischen Gleichheit und dem öffentlichen Gut Umverteilung einerseits und Effizienzgesichtspunkten andererseits wieder auf. Für sich genommen rechtfertigt auch der Umverteilungsgedanke noch keine staatliche Bereitstellung der Arbeitslosenversicherung. Die Einordnung redistributiver Aufgaben in die Steuerpolitik erscheint angebrachter.[9]

Häufig werden drei weitere versicherungsökonomische Gesichtspunkte zur Rechtfertigung einer staatlichen Arbeitslosenversicherung vorgebracht.

1. Die Wahrscheinlichkeit, mit der die Arbeitslosigkeit und damit der Versicherungsfall eintritt, wird als unbekannt angenommen. Damit fiele auch die Ermittlung aktuarisch fairer Prämien, wie sie für eine tragfähige private Arbeitslosenversicherung notwendig wäre, schwer.[10] Hiergegen ist einzuwenden, daß die Charakteristiken, die ungleiche Chancen am Arbeitsmarkt und damit differierende individuelle Entlassungswahrscheinlichkeiten hervorrufen, bekannt und relativ leicht meßbar sind. Mit Hilfe einer Extrapolation von Erfahrungen aus der Vergangenheit können sie eine einfache Basis zur Differenzierung der Prämien darstellen.[11] Die hierfür notwendigen Daten sind zudem mittlerweile öffentlich verfügbar und unterliegen keinem staatlichen Informationsmonopol.

[8] Vgl. Glismann & Schrader (2000), S. 38f. und dies. (2001b), S. 41-44.

[9] Boadway & Oswald (1983) zeigen aber, daß die staatliche Arbeitslosenversicherung ergänzt durch eine progressive Einkommensbesteuerung eine zweitbeste Lösung darstellen kann, wenn dem Staat keine anderen Transfers zur Redistribution zur Verfügung stehen.

[10] Vgl. Schmid et al. (1992), S. 64, Schmid & Rosenbaum (1995), S. 127f. und Aarts (1997), S. 46f.

[11] Vgl. Björklund et al. (1991), S. 107.

2. Der durch Arbeitslosigkeit entstehende Schaden scheint außerdem nicht oder kaum monetär bewertet werden zu können.[12] Dies gilt indes nur dann, wenn man den über den reinen Einkommensausfall hinausgehenden Schaden, z.B. den Verlust sozialer Kontakte oder Einbußen im Selbstwertgefühl, quantifizieren wollte. Dieses Bemühen zeigt aber nicht einmal die staatliche Arbeitslosenversicherung. Außerdem besteht das originäre Ziel der Arbeitslosenversicherung in der Minderung von Einkommenseinbußen während der Arbeitslosigkeit. Darüber hinausgehende Schäden sind monetär weder erfaßbar noch kompensierbar und begründen keine staatliche anstelle einer privaten Arbeitslosenversicherung.

3. Ein größeres Problem dürfte darin bestehen, daß das Risiko arbeitslos zu werden, weder intrapersonell noch interpersonell unabhängig auftritt. Intrapersonell gilt dies, weil vormalige Arbeitslosigkeit einer Person im Sinne eines negativen Produktivitätssignals bestehende Arbeitslosigkeit entweder verlängern oder eine neuerliche Arbeitslosigkeit wahrscheinlicher machen kann. Interpersonell ist dies der Fall, weil vor allem konjunkturelle Arbeitslosigkeit ein Ansteckungsrisiko mit sich bringt, das über einen Dominoeffekt in eine Rezession mit hoher aggregierter Arbeitslosigkeit münden kann. Gerade dieses *aggregate risk* kann einer privaten Arbeitslosenversicherung entgegenstehen. Tritt der "Schadensfall" Arbeitslosigkeit zeitlich kumuliert auf, so ist eine finanzielle Überforderung privater Versicherungsunternehmen und ihr Zusammenbruch nicht auszuschließen.[13] Hieraus resultieren im Gegensatz zur staatlichen Arbeitslosenversicherung Glaubwürdigkeitsprobleme in bezug auf die Schockresistenz und Dauerhaftigkeit einer privaten Arbeitslosenversicherung.[14] Eine Perpetuierung ihres Scheiterns ist damit wahrscheinlich. Dem ist jedoch entgegenzuhalten, daß die staatliche Bereitstellung eine Verlagerung des aggregierten Risikos auf die Steuerzahler impliziert.

Am ehesten scheinen neben den Überlegungen zum aggregate risk die auf asymmetrischen Informationen basierenden Standardargumente - adverse selection und moral hazard - für eine rein staatliche Arbeitslosenversicherung zu spre-

[12] Vgl. Schmid et al. (1992), S. 64 und Aarts (1997), S. 47f.
[13] Vgl. Björklund et al. (1991), S. 108, Aarts (1997), S. 48f. und Chiu & Karni (1998), S. 807.
[14] Vgl. Schmid et al. (1992), S. 67f.

chen.[15] Einige der folgenden politökonomischen Überlegungen vermögen überdies zu erklären, warum staatliche anstelle von privaten Arbeitslosenversicherungssystemen gebräuchlich sind.

5.2 Politökonomische Überlegungen

Als erstes politökonomisches Argument für eine staatliche Arbeitslosenversicherung ist ein staatlicher Paternalismus zu nennen, welcher darauf abzielt, eine Unterversicherung Einzelner zu verhindern. Dies bezieht sich zum einen auf die Befürchtung, daß einige potentielle Versicherungsnehmer auf einem privaten Markt mit prohibitiv hohen Prämien konfrontiert werden könnten. Zum anderen entspringt dies der Vermutung, daß Individuen aufgrund von kurzsichtigem Verhalten oder Fehleinschätzungen ihrer persönlichen Risikosituation auf den Abschluß einer Arbeitslosenversicherung verzichten könnten.[16] Tritt dann doch Arbeitslosigkeit auf, so unterfielen die betreffenden Personen allerdings trotzdem wieder (anderen) staatlichen Sicherungssystemen. Daneben mag es zwar Gruppen geben, die derartigen Irrtümern unterliegen. Grundsätzlich ist die Meritorisierung der Arbeitslosenversicherung jedoch schwerlich mit dem Bild rational handelnder Wirtschaftssubjekte vereinbar. Schließlich spricht die Furcht vor einer Unter- (oder Nicht-)Versicherung einiger Arbeitnehmer bestenfalls für eine obligatorische, keinesfalls aber für eine staatlich-monopolisierte Arbeitslosenversicherung.

Die Bereitstellung einer Versicherung ist mit Verwaltungskosten verbunden. Dies gilt gleichermaßen bei staatlicher und privater Bereitstellung. Gelegentlich wird jedoch argumentiert, daß dieser Kostenbestandteil innerhalb einer privaten Arbeitslosenversicherung nur auf geringe Akzeptanz stoßen dürfte, da er einen Aufschlag auf die Prämien auslöst.[17] Allerdings deckt auch ein nicht unerheblicher Teil der Beitragseinnahmen der staatlichen Arbeitslosenversicherung Ver-

[15] Jones (1986) und Chiu & Karni (1998) machen sich die beiden letzgenannten Konzepte zunutze, um das Nichtzustandekommen privater Arbeitslosenversicherungen in Volkswirtschaften, in denen Effizienzlöhne gezahlt werden, zu modellieren.

[16] Vgl. Vijlbrief (1993), S. 218 und Aarts (1997), S. 50.

[17] Vgl. Schmid et al. (1992), S. 64f.

waltungskosten ab.[18] Fehlende Transparenz in dieser Hinsicht erweckt jedoch den Eindruck, daß eine Entsprechung von Beitragseinnahmen einerseits und geleisteten Zahlungen der Arbeitsverwaltung andererseits vorliegt. Die stets anfallenden Verwaltungskosten an sich begründen also noch keine staatliche Arbeitslosenversicherung. Wegen des Umfanges der Administrationskosten wird zudem vermutet, daß diese besser vom Staat zu tragen sind.[19] Dies unterstellt jedoch unterschwellig, daß die Alternative zu einem staatlichen Anbieter in einem privaten Arbeitslosenversicherungsmonopol besteht. Verteilen sich die Versicherten und damit die Kosten allerdings auf mehrere Anbieter, so kann davon ausgegangen werden, daß diese den Verwaltungsaufwand bewältigen können. Zudem sind Effizienzgewinne infolge der marktlichen Konkurrenz im Vergleich zu einer staatlich-monopolisierten Bereitstellung zu erwarten.

Bedeutsam ist der Aspekt, daß die Entscheidung für eine staatliche Arbeitslosenversicherung Ergebnis des demokratischen Prozesses sein kann. Wright (1986a) zeigt, daß ein staatlich organisiertes System selbst bei perfekten privaten Versicherungsmärkten aus einem stabilen Mehrheitsvotum resultieren kann. Dies ist konsistent mit der Sichtweise, daß Sozialversicherungen von Individuen deshalb gewünscht werden, weil sie in eine Situation geraten könnten, in der sie die betreffende Sozialversicherung in Anspruch nehmen müssen. Demnach erfolgt keine Absicherung gegen Risiken sondern gegen Unsicherheiten und Unwägbarkeiten des Lebens.[20] Eine Artikulation dieser Präferenz erfolgt über das Wahlverhalten, und für den Medianwähler erweist sich eine private Arbeitslosenversicherung als suboptimal. Ebenso werden durch das Wahlverhalten Präferenzen bezüglich des gewünschten Grades an Umverteilung und sozialem Frieden bekundet. Da eine gewollte Redistribution gewöhnlich nur im Rahmen einer staatlichen Arbeitslosenversicherung erfolgt, wird diese bevorzugt, sofern Umverteilung in den Wählerpräferenzen eine hinreichende Rolle spielt.[21]
Das Ausmaß der staatlich zur Verfügung gestellten sozialen Sicherung beeinflußt außerdem das ökonomische Verhalten, z.B. die berufliche Spezialisierung, was wiederum auf die Präferenzen bezüglich sozialer Sicherungssysteme rückwirkt. Es re-

[18] Siehe hierzu Gliederungspunkt 7.1.4.
[19] Vgl. Vijlbrief (1993), S. 218.
[20] Vgl. Vijlbrief (1993), S. 216f.
[21] Vgl. Wright (1986a), S. 396f.

sultiert eine natürliche Persistenz sozialer Sicherungssysteme und ihrer Großzügigkeit.[22] Mithin sind einmal getroffene (Grundsatz-) Entscheidungen, etwa für oder gegen großzügige Leistungen der Arbeitslosenversicherung, schwierig umzukehren. Unterstützung und Akzeptanz von Reformen nehmen erst im Zeitablauf und nach deren Implementierung zu. Dieselbe Überlegung dürfte für den Wechsel von einer staatlichen zu einer privaten Arbeitslosenversicherung gelten.

Speziell für die Bundesrepublik Deutschland ist ein weiterer politökonomischer Aspekt von Belang. Die Arbeitsverwaltung wird paritätisch von den drei Interessengruppen öffentliche Hand, Gewerkschaften und Arbeitgeberverbänden gesteuert. Diese verlören durch eine Aufweichung oder Aufhebung des staatlichen Arbeitslosenversicherungsmonopols massiv an Einfluß. Dessen Beibehaltung wird folglich von ihnen verteidigt. Als Mitverantwortliche für das Problem hoher Arbeitslosigkeit haben sie zudem ein Interesse daran, auf die Verwendung der Beitragseinnahmen der Arbeitslosenversicherung einzuwirken.[23]

5.3 Fazit

Welche Schlußfolgerungen kann man ziehen und welche Alternativen zur (obligatorischen) staatlichen Arbeitslosenversicherung ergeben sich? Zweifelsohne gehört das staatliche System auf den Prüfstand, und ein erster Schritt ist eine Kosten-Nutzen-Analyse von Systemänderungen. Es wäre verwunderlich, wenn eine stärkere Betonung von Marktmechanismen und eine Verringerung von Umverteilungselementen nicht zielführend im Hinblick auf eine Reduzierung der Arbeitslosigkeit wären. Inwieweit eine rein private Arbeitslosenversicherung politisch durchsetzbar ist, bleibt aber fraglich. Neben der Überwindung politischer Widerstände wären ordnungspolitische Fragen zu klären, vor allem ob ein Obligatorium oder eine freiwillige Versicherung gelten sollte.[24]

---

[22] Hassler et al. (1999) formalisieren diese Idee multipler Gleichgewichte.

[23] Vgl. Wagner & Jahn (1997), S. 177.

[24] Für Großbritannien propagieren Beenstock & Brasse (1986), für die Bundesrepublik Deutschland Glismann & Schrader (2001c, 2002b) einen Systemwechsel. Zu einer Diskussion des Regulierungsbedarfes und der nötigen Ausgestaltungsmerkmale siehe Glismann & Schrader (2001c) und Hartmann (1998), S. 164-183. Das alternative System individueller und obligatorischer Anspar-

Abgesehen von den vorgetragenen Einwänden und Schwierigkeiten sind die bisherigen Erfahrungen mit ergänzenden privaten Arbeitslosenversicherungen ernüchternd.[25] Die erste in der Bundesrepublik Deutschland von der Volksfürsorge AG im Jahre 1996 angebotene private Arbeitslosenversicherung krankte zum einen an einer unzureichenden Vertragsausgestaltung und zum anderen erwies sich die Nachfrage nach diesem Produkt nach anfänglichen Erfolgen als unerwartet gering, so daß sie wieder eingestellt wurde.[26] Der letzte Punkt spricht auf der Nachfrageseite für eine nur geringe Akzeptanz dieses Instruments in der Bundesrepublik Deutschland. Zudem traten keine anderen Anbieter als Nachahmer auf.
Der sog. Career Guard, der in Kanada zu Beginn der 80er Jahre angeboten wurde, scheiterte am massiven Auftreten von adverse selection.[27] Trotz der Beschränkung auf einen bestimmten Personenkreis (leitende Angestellte und Manager) und einer Qualifikationsperiode von sechs Monaten führten hohe Verluste nach zwei Jahren zum Ende des Career Guards. Verantwortlich hierfür war, daß vor allem schlechte Risiken die Versicherung nachfragten und diese vom Anbieter nicht von guten Risiken zu unterscheiden waren.

Aufgrund dieser Beobachtungen scheint eine Teilprivatisierung bzw. ein Mischsystem aus staatlicher Grundversicherung und der Möglichkeit einer freiwilligen privaten Zusatzvorsorge die gangbarste Lösung zu sein.[28] Wesentlicher Vorteil dieser Variante ist, daß die Feststellung des Status' "Arbeitslosigkeit" für private Versicherungsunternehmen entfällt, weil ihre Leistungen nur parallel zu den Leistungen der staatlichen Arbeitslosenversicherung greifen. Die staatliche Grundsicherung ist in Anlehnung an das bestehende System zu gestalten; das Leistungsniveau hätte unter dem momentan geltenden zu liegen, jedoch oberhalb des Sozialhilfeniveaus. Der geringere Finanzierungsbedarf hätte geringere Beitragssätze in der gesetzlichen Arbeitslosenversicherung und eine Lohnnebenkostenentlastung zur Folge. Die freiwillige Zusatzvorsorge ist privatwirtschaftlich zu organisieren und sollte den Versicherungswilligen die Wahl zwischen einem Aufschlag auf die

konten (*UI-savings accounts*) wird von Grubel (1995), Feldstein & Altman (1998) und Orszag & Snower (2002) analysiert.

[25]Vgl. Hartmann (1998), S. 195-199.

[26]Vgl. Frankfurter Allgemeine Zeitung, Ausgaben vom 18.01.1996, 25.03.1999 und 14.12.2000.

[27]Vgl. Karni (1999), S. 461.

[28]Vgl. neben anderen SVR (1996), S. 253-255, Franz (2002), S. 4 und Sell (2002), S. 9.

staatlichen Leistungen und einer Verlängerung der Bezugsdauer nach deren Auslaufen geben.[29]

Nach dieser Diskussion einer staatlichen Arbeitslosenversicherung im Vergleich zu einer privaten Arbeitslosenversicherung sollen im folgenden Kapitel Fragen der optimalen Gestaltung einer Arbeitslosenversicherung untersucht werden.

[29] Auf das *Genter System* soll hier nicht näher eingegangen werden. Dieses zeichnet sich dadurch aus, daß die Arbeitslosenversicherung allein von den Gewerkschaften verwaltet und vom Staat mit Mitteln versorgt wird. Zur Anwendung kommt es gegenwärtig noch in Dänemark, Finnland, Island und Schweden. Holmlund & Lundborg (1988, 1989, 1999) liefern theoretische Analysen des Genter Systems und seiner Wirkungen. Risch (1980) und Engelhard & Geue (1998) untersuchen die Übertragbarkeit auf die Bundesrepublik Deutschland.

Kapitel 6

Optimale Arbeitslosenversicherung und verwandte Ausgestaltungsfragen

Wie kann die Balance zwischen den in den Kapiteln 3 und 4 behandelten (negativen) Anreizeffekten einer Arbeitslosenversicherung und den in Kapitel 2 identifizierten Zielen und erwünschten Wirkungen hergestellt werden? Dieser wohlfahrtstheoretischen Frage gehen Untersuchungen zur optimalen Arbeitslosenversicherung nach. Damit tritt in diesem Kapitel an die Stelle der positiven Analyse des "Was ist?" die normative Fragestellung des "Was soll sein?".

Hintergrund dieser Überlegungen ist stets die Zielsetzung, moral hazard einzudämmen ohne die Versicherungswirkung zu eliminieren. Sofern Instrumente wie perfektes monitoring oder perfektes experience rating nicht umsetzbar sind, ist die Implementierung alternativer Maßnahmen notwendig. Der Ausschluß bestimmter Schadensfälle (*deductibles*) oder eine Selbstbeteiligung des Versicherungsnehmers (*coinsurance*) sind die Standardverfahren zu diesem Zweck. Ihre verschiedenen Varianten spielen im Verlauf dieses Kapitels eine entscheidende Rolle.[1]

Die drei Abschnitte dieses Kapitels geben einen selektiven Überblick über die wichtigsten Ergebnisse der Literatur zur optimalen Arbeitslosenversicherung sowie

[1]Die versicherungsökonomischen Hintergründe wurden in Kapitel 5 präzisiert.

über verwandte institutionelle Fragestellungen. Der erste Abschnitt befaßt sich mit der wünschenswerten Höhe der Leistungen einer Arbeitslosenversicherung. Das Zeitprofil des Arbeitslosengeldes ist Gegenstand des zweiten Abschnittes. Im dritten Abschnitt werden schließlich einige nicht-pekuniäre Ausgestaltungsmerkmale genauer betrachtet.[2]

6.1 Höhe der Leistungen

Moral hazard kann innerhalb einer Arbeitslosenversicherung in verschiedenen Facetten auftreten. Auf der Unternehmensseite gehört hierzu der Anreiz zu vorübergehenden Entlassungen. Dieses Phänomen wird im folgenden nicht weiter behandelt, da dessen Milderung per experience rating bereits in Abschnitt 3.2 diskutiert wurde.

Auf der Arbeitsangebotsseite sind mehrere Ausprägungen von moral hazard denkbar. Im wesentlichen beziehen sich diese auf die Suchaktivitäten eines Arbeitslosen. Das Unterbleiben der Suche, eine Suche mit unzureichender Intensität und die Ablehnung von (angemessenen) Angeboten sind hierbei zu nennen. Shirking während einer Beschäftigung kann überdies als moral hazard ausgelegt werden, wenn es nach einer Kündigung keine Einbußen beim Arbeitslosengeld nach sich zieht. Ohne moral hazard, oder sofern eine Überwachung des Verhaltens der Versicherungsnehmer kostenlos möglich wäre, wäre eine Vollversicherung optimal. Andernfalls ist als Second-best-Lösung eine Selbstbeteiligung des Arbeitslosen mit Hilfe einer unterhalb von Eins liegenden Lohnersatzrate notwendig. Welche Lohnersatzrate allerdings genau zu setzen ist, hängt davon ab, wie die Effizienzverluste auf der einen Seite und das verminderte Einkommensrisiko sowie Umverteilungsziele auf der anderen Seite beurteilt und gewichtet werden.[3]

---

[2]Nicht näher eingegangen wird hier auf politökonomische Erwägungen, die Wahlentscheidungen über den Umfang oder die Reformierung einer Arbeitslosenversicherung thematisieren. In diesem Zusammenhang sei vor allem auf Wright (1986a), Saint-Paul (1996, 2000), Hassler et al. (1999) und di Tella & MacCulloch (2002) verwiesen.
Ausgeklammert werden ebenso Überlegungen zum Auszahlungsprofil der Leistungen. Diese Frage läßt sich vereinfacht auf die Kurzformel "Bismarck oder Beveridge?" reduzieren. *Bismarck* steht dabei für ein einkommensabhängiges Leistungssystem und *Beveridge* für ein System, in dem einkommensunabhängige Pauschalbeträge gezahlt werden. Vgl. hierzu z.B. Pissarides (1998), Goerke (2000) oder Beissinger & Büsse (2001).

[3]Vgl. Vijlbrief (1993), S. 218f.

Das Gros der bis hierher präsentierten Modelle und Untersuchungen operierte unter der Annahme der Risikoneutralität. Zu rechtfertigen war dies zumeist mit einer einfacheren analytischen Handhabbarkeit. Für die vorliegende Problemstellung ist es allerdings sinnvoller, risikoscheues Verhalten zu unterstellen. Erst hierdurch wird die Existenz einer Arbeitslosenversicherung zur Einkommenssicherung und zur Glättung des Konsums begründet.[4] Sofern in den nachstehenden Untersuchungen trotzdem von Risikoneutralität ausgegangen wird, wird dies gesondert hervorgehoben.

Baily (1977a, 1978) konstruiert in zwei klassischen Arbeiten ein partial-gleichgewichtiges Zwei-Perioden-Modell zur Ermittlung der optimalen Selbstbeteiligung und somit der optimalen Lohnersatzrate. Der betrachtete repräsentative Arbeitnehmer ist in der ersten Periode beschäftigt und in der zweiten Periode mit einer gewissen exogenen Wahrscheinlichkeit arbeitslos. Die Freizeit ist kein Argument der Nutzenfunktion und eine Kreditaufnahme gegen spätere Einkünfte ist nicht möglich. Den durch moral hazard verursachten Effizienzkosten einer längeren Suche durch das Arbeitslosengeld wird der Nutzen eines verringerten Einkommensrisikos durch die Arbeitslosenversicherung gegenübergestellt. Unter der Restriktion eines ausgeglichenen Budgets der Arbeitslosenversicherung ist die Lohnersatzrate dann optimal, wenn die marginale Verringerung der Wohlfahrtskosten aus der Einkommensunsicherheit der marginalen Erhöhung der Wohlfahrtskosten aus der Verlängerung der Arbeitslosigkeit entspricht.[5] Die optimale Lohnersatzrate ist (c.p.) umso größer, je höher der Grad der Risikoaversion des Arbeitnehmers ist oder je stärker der Konsum bei Arbeitslosigkeit eingeschränkt werden müsste. Für plausible Parameterwerte der USA jener Zeit[6] ermittelt Baily (1977a) eine optimale Lohnersatzrate von $r=0{,}5$.

Flemming (1978) bemängelt, daß die Rolle des Kapitalmarktes von Baily (1977a, 1978) unzureichend berücksichtigt wird. In einer erweiterten Version des Baily-Modells ermittelt Flemming bei perfektem Kapitalmarkt ebenfalls eine Lohnersatzrate von etwa 0,5. Stattdessen ergibt sich in einer Situation ohne Kapital-

[4] Vgl. Costain (1997), S. 7f.

[5] Anders formuliert muß die bei Arbeitslosigkeit eintretende relative Verringerung des Konsums multipliziert mit der relativen Risikoaversion gleich der Elastizität der Dauer der Arbeitslosigkeit bezüglich dem Arbeitslosengeld sein.

[6] Dies sind eine relative Risikoaversion von 1 und eine Elastizität der Dauer der Arbeitslosigkeit bezüglich r von 0,15. Vgl. Baily (1977a), S. 500f.

markt (und damit ohne die Möglichkeit von Ersparnis und Kreditaufnahme) eine optimale Lohnersatzrate von etwa 0,7.

Hansen & Imrohoroglu (1992) untersuchen die Wohlfahrtseffekte einer Arbeitslosenversicherung zusammen mit der optimalen Lohnersatzrate in einem dynamischen allgemeinen Gleichgewichtsmodell. Die Notwendigkeit einer Arbeitslosenversicherung folgt in ihrer Modellökonomie aus den Annahmen, daß die Individuen idiosynkratischen Beschäftigungsschocks unterliegen, keinen Zugang zu privaten Versicherungsmärkten und keine Möglichkeit der Kreditaufnahme haben, sowie ihre Ersparnisse als zinsloses Vermögen halten müssen. Die Möglichkeit zu moral hazard ergibt sich daraus, daß Arbeitslose auch dann noch mit einer positiven Wahrscheinlichkeit Arbeitslosengeld beziehen können, wenn sie eintreffende Stellenangebote ablehnen. Der Grad des moral hazards ist umso höher, je geringer die Wahrscheinlichkeit ist, daß eine Ablehnung aufgedeckt wird. Der aus unvollständigem monitoring resultierende Anreiz, Angebote abzulehnen, führt dazu, daß die Bereitschaft zur Annahme eines Angebotes mit zunehmendem Arbeitslosengeld sinkt.

Folgende Ergebnisse von Hansen & Imrohoroglu (1992) sind hervorzuheben:

1. Die Arbeitslosenversicherung wirkt der Liquiditätsrestriktion wie gewünscht entgegen.

2. In der Modellökonomie sind Lohnersatzraten wie in den USA von etwa 0,5 optimal, solange das monitoring hinreichend streng durchgeführt wird.

3. Das Ergebnis reagiert sensitiv auf den Grad der Risikoaversion. Je größer die Risikoaversion ist, desto schwächer sind die Auswirkungen von moral hazard. Allerdings gilt dies nur, wenn die Lohnersatzrate optimal gesetzt würde. Für empirisch plausible Werte der Lohnersatzrate und bei Vorliegen von moral hazard würde die Wohlfahrt dagegen durch die Arbeitslosenversicherung stark vermindert.

Wang & Williamson (1996) vergleichen ein optimales System der Arbeitslosenversicherung mit demjenigen der USA. Ein Wechsel zu diesem System würde nach ihren Kalkulationen die Arbeitslosenquote in den USA um 3,4 Prozentpunkte senken und den Output um 3,6% steigern. Entscheidende Eigenschaften dieses optimalen Systems sind ein individuelles (arbeitnehmerbezogenes) experience rating, die Subventionierung der Aufnahme einer Beschäftigung und die Bestrafung der Aufgabe einer Beschäftigung.[7] In einer erweiterten Version kommen Wang & Williamson (2002) allerdings zu dem Schluß, daß die Wohlfahrtsgewinne aus einer Umstellung auf ein optimales System eher gering sein dürften. Die Möglichkeit des Vorsichtssparens sowie Variationsmöglichkeiten bei Such- und Arbeitsanstrengung erweisen sich als ausreichende Optionen zur Glättung des privaten Konsums. Davidson & Woodbury (1997) untersuchen in einem kalibrierten gleichgewichtigen Suchmodell (mit gegebener Anzahl an Jobs und gegebenen Löhnen) das Design einer optimalen Arbeitslosenversicherung. Sie erweitern die ursprüngliche Analyse von Baily und Flemming um die Fragestellung, wie sich die Begrenzung der Bezugsdauer auswirkt. Unter Versicherungsgesichtspunkten wäre danach im Optimum die Bezugsdauer des Arbeitslosengeldes unbegrenzt, wobei sich eine optimale Lohnersatzrate von etwa 0,5 ergäbe. Je stärker die Bezugsdauer begrenzt würde, desto höher hätte die optimale Lohnersatzrate zu sein; bei einer Begrenzung auf 32 Wochen müsste sie einen Wert von 1 annehmen und bei einer weiteren Verkürzung der Bezugsdauer wäre sogar $r>1$. Diese erstaunlichen Resultate folgen jedoch aus den sehr restriktiven Modellprämissen.[8] Hauptverantwortlich für die genannten Ergebnisse ist die Tatsache, daß nur zwei Extreme miteinander verglichen werden, nämlich auf der einen Seite ein System mit unbegrenzter Bezugsdauer und auf der anderen Seite ein System mit begrenzter Bezugsdauer, wobei nach deren Ablauf kein Einkommen mehr erzielt wird.

Kalibrierte Versionen des um verschiedene Politikmaßnahmen wie eine Einkommenssteuer, eine Einstellungssubvention oder eine Entlassungssteuer erweiterten Mortensen-Pissarides-Modells geben Einblicke in die Wohlfahrtswirkungen sowohl dieser Instrumente als auch der Arbeitslosenversicherung. Für die Beurteilung von Wohlfahrtseffekten politischer Maßnahmen werden der Netto-Output oder das Einkommen pro Kopf herangezogen. Es wird Risikoneutralität angenommen, und die sonst übliche Formulierung einer zu maximierenden Nutzenfunktion unterbleibt. Mortensen (1994), Millard (1997) und Millard & Mortensen (1997)

[7] Fredriksson & Holmlund (2003a), S. 7, verweisen allerdings darauf, daß der Zusammenhang zwischen einer Entlassung und der Arbeitsanstrengung vermutlich nicht so stark ist, wie von Wang & Williamson (1996) angenommen. Damit wird die Bedeutung von shirking während einer Beschäftigung zwar abgeschwächt, jedoch nicht vollkommen ausgeschaltet. Als Alternative zu der von Wang & Williamson vorgeschlagenen Strafzahlung böte sich eine Warteperiode an.

[8] Vgl. Fredriksson & Holmlund (2003a), S. 8.

untersuchen in diesem Rahmen, welche Wohlfahrtswirkungen von Änderungen des Systems der Arbeitslosenversicherung ausgehen.
Für das US-amerikanische System der Arbeitslosenversicherung sieht Mortensen (1994) eine Halbierung der Leistungen oder eine Halbierung der Bezugsdauer nicht als sinnvoll an. Laut seinen Schätzungen sänke zwar durch diese Maßnahmen die Arbeitslosenrate und der Output pro Kopf stiege an. Jedoch deuten die deutlich reduzierten durchschnittlichen Einkommen der Arbeitnehmer auf eine Umverteilung zu ihren Ungunsten hin, weshalb ihm ein Leistungsabbau nicht empfehlenswert erscheint.
In einer vergleichenden Studie für die USA und Großbritannien führen Millard & Mortensen (1997) beobachtete Differenzen in Auftreten und Dauer der Arbeitslosigkeit auf die unterschiedlich ausgestaltete Arbeitsmarktpolitik zurück. Aufgrund institutioneller Ähnlichkeiten zwischen Großbritannien und der Bundesrepublik Deutschland im betrachteten Zeitraum von 1983-1992 liefern diese Resultate auch Anhaltspunkte für die deutsche Situation. Im Vergleich zu den USA lassen sich laut Millard & Mortensen (1997) etwa zwei Drittel der längeren Dauer der Arbeitslosigkeit und etwa ein Drittel der höheren Inzidenz der Arbeitslosigkeit in Großbritannien auf arbeitsmarktpolitische Maßnahmen zurückführen.
In starker Anlehnung an die vorgenannte Untersuchung ermittelt Millard (1997) für Großbritannien ebenfalls starke wohlfahrtsmindernde Effekte der Arbeitslosenversicherung. Gemäß seinen numerischen Ergebnissen wird die durchschnittliche Arbeitslosigkeit durch höhere Lohnersatzraten erhöht, die Beschäftigung destabilisiert und der aggregierte Konsum verringert. Damit würde die Arbeitslosenversicherung auch ihren eigentlichen Zweck der automatischen Stabilisierung und der Glättung des Konsums verfehlen.
Trotz der Instruktivität dieser Analysen weisen sie das Defizit auf, daß Risikoneutralität unterstellt wird. Ihre Ergebnisse sind mithin als Obergrenzen für die beschriebenen Effekte aufzufassen.
Costain (1997) greift diesen Punkt auf und integriert in seine numerische Wohlfahrtsanalyse risikoaverses Verhalten. Darüber hinaus wird die Vermögensbildung berücksichtigt und die Suchintensität endogenisiert.[9] Da die Suchintensität durch den Sucher gesteuert wird, sie aber nicht beobachtbar ist, bildet dies die Quelle möglichen moral hazards. Je höher das Arbeitslosengeld ist, desto geringer ist der

[9]Für den Fall der exogenen Suchintensität siehe Valdivia (1996).

Nettogewinn aus dem Auffinden und der Annahme eines Jobs. Folglich sinkt die Suchintensität mit zunehmender Lohnersatzrate, und die Arbeitslosigkeit steigt. In diesem Modellaufbau erweisen sich die Wohlfahrtsgewinne der Arbeitslosenversicherung nach einer Kalibrierung auf die US-amerikanischen Gegebenheiten als gering. Bei geringer Risikoaversion lägen die optimalen Lohnersatzraten zwischen 0,2 und 0,3; der Nutzen der Arbeitslosenversicherung wäre nahe Null. Mit steigender Risikoaversion nehmen sowohl der Nutzen einer Arbeitslosenversicherung als auch die optimale Lohnersatzrate zu. Verantwortlich für die Wohlfahrtsgewinne bei hoher Risikoaversion ist die Tatsache, daß der Rückgang des Arbeitsleids die Verringerung des Nutzens aus dem Konsum überkompensiert. Die Effekte der Glättung des Konsums erweisen sich als gering. Außerdem zeigt sich, daß in kompletter Abwesenheit der Arbeitslosenversicherung der Konsum effektiv durch Ersparnis und Vermögensbildung geglättet werden kann. Hauptmanko bei Costain (1997) ist die unterstellte Homogenität der Agenten. Bei heterogener Erwerbsbevölkerung dürften Wohlfahrtsgewinne aus einer Arbeitslosenversicherung auch bei geringer Risikoaversion zustandekommen, wenn ein Teil der Erwerbsbevölkerung einer hohen Wahrscheinlichkeit unterliegt, arbeitslos zu werden und dies über lange Zeiträume zu bleiben.
Die Wohlfahrtsanalyse von Acemoglu & Shimer (1999) in einem allgemeinen gleichgewichtigen Suchmodell mit Risikoaversion verdeutlicht ebenfalls deren Relevanz. Bei Risikoneutralität würde der maximale Output zwar ohne eine Arbeitslosenversicherung erzielt. Bei Risikoaversion wird diese durch die Arbeitslosenversicherung jedoch kompensiert. Sie hebt Allokationsverzerrungen durch nicht versicherte Risiken auf, und ein bestimmter Grad der Arbeitslosenversicherung ist optimal, indem er eine outputmaximierende Allokation der Ressourcen wiederherstellt. Interessanterweise ergibt sich dieses Ergebnis aus Moral-hazard-Verhalten der Sucher. Ihre Handlungen sind nicht beobachtbar, so daß sie höhere Leistungen der Arbeitslosenversicherung dazu nutzen, länger nach einem gut bezahlten Job zu suchen ohne dabei allerdings ihre Suchintensität zu verringern. Als Reaktion hierauf werden von den Unternehmen auch vermehrt gut entlohnte Stellen geschaffen. Das effiziente und outputmaximierende Gleichgewicht wird bei Risikoaversion dann nur realisiert, wenn eine gewisse Absicherung bei Arbeitslosigkeit vorhanden ist. Je stärker die Risikoaversion ausgeprägt ist, desto höher hätten auch die Leistungen der Arbeitslosenversicherung auszufallen.

Die besprochene Literatur läßt sich wie folgt zusammenfassen. Eine Arbeitslosenversicherung ist unter Wohlfahrtsgesichtspunkten eine sinnvolle Einrichtung, die optimale Höhe ihrer Leistungen (bzw. die optimale Lohnersatzrate) ist jedoch strittig. Der überwiegende Teil der Untersuchungsergebnisse spricht dafür, daß die Lohnersatzraten bestehender Systeme zu hoch sind oder ihre Selbstbeteiligungsmechanismen nicht ausreichen. Der Grund für diese Einschätzung ist in verschiedenen Arten von moral hazard zu sehen. Allerdings relativieren sich die Ergebnisse bei Risikoaversion und bei Heterogenität der Erwerbsbevölkerung.[10] Die Möglichkeit zu privater Vorsorge durch Vermögensbildung begrenzt auf der anderen Seite die Bedeutung dieser Aspekte.

6.2 Zeitprofil der Leistungen

Die vermuteten Rückwirkungen des Arbeitslosengeldes auf das Suchverhalten motivieren die Analyse des optimalen Zeitprofils der Leistungen. Dieses soll gleichzeitig die Suchanreize stärken und die Versicherungswirkung aufrechterhalten. Im folgenden sollen die wesentlichen Ergebnisse der Untersuchungen zum optimalen Zeitprofil aufgezeigt werden. Zunächst werden Modelle betrachtet, die exogene Löhne unterstellen; danach werden Modelle diskutiert, die eine Endogenität der Löhne zulassen.

Die erste Arbeit zum optimalen Zeitprofil des Arbeitslosengeldes stammt von Shavell & Weiss (1979). Modelliert wird ein einfaches Principal-agent-Problem. Der Staat als Anbieter der Arbeitslosenversicherung maximiert den erwarteten Nutzen des arbeitslos gewordenen Agenten bei gegebenem Budget der Arbeitslosenversicherung. Alle Agenten sind risikoavers und identisch. Durch die Wahl ihrer Suchanstrengung und ihres Reservationslohnes haben sie einen Einfluß auf die Wahrscheinlichkeit, eine Beschäftigung zu finden. Die ermittelten optimalen Zeitprofile hängen davon ab, ob der Arbeitslose über Vermögensbestände und die Möglichkeit zur Kreditaufnahme verfügt, inwieweit der Sucherfolg von ihm beeinflußt werden kann und in welchem Maße seine Suchintensität beobachtbar ist. Ohne Vermögen und ohne die Möglichkeit zur Kreditaufnahme sowie ohne

[10] Zudem ließen sich Verzerrungen durch die Arbeitslosenversicherung mit anderen Politikmaßnahmen revidieren. Vgl. z.B. Boadway & Oswald (1983) und Lehmann & van der Linden (2002) für die Zusammenhänge zwischen Einkommensbesteuerung und Arbeitslosenversicherung.

moral hazard, d.h. ohne Steuerbarkeit des Sucherfolges, wären konstante Leistungen optimal. Dies gälte auch dann, wenn zwar moral hazard vorliegt, dieses aber durch individuelles monitoring ausgeschaltet werden kann. Für den Fall, daß individuelles monitoring nicht möglich ist, ist ein im Zeitablauf monoton fallendes Arbeitslosengeld optimal. Hierdurch würde eine im Durchschnitt kürzere Suchdauer induziert. Zu allgemeingültigen Aussagen für die Fälle, in denen ein Anfangsvermögen vorliegt und die Möglichkeit zur Kreditaufnahme besteht, kommen Shavell & Weiss (1979) nicht.[11]

Wang & Williamson (1996) ziehen das Monotonitätsergebnis von Shavell & Weiss (1979) in Zweifel. Im von ihnen hergeleiteten optimalen System hat das Arbeitslosengeld zunächst mit Beginn der Arbeitslosigkeit anzusteigen und beginnt erst nach einer gewissen Zeit monoton zu fallen. Der Grund für dieses Ergebnis liegt darin, daß nicht nur die Arbeitslosen durch ihre Suchintensität ihre Wiederbeschäftigungswahrscheinlichkeit steuern können. Auch die Wahrscheinlichkeit beschäftigt zu bleiben unterliegt durch die Wahl der Arbeitsanstrengung der Kontrolle der Beschäftigten. Um shirking im Job unattraktiv zu machen, muß das Arbeitslosengeld unmittelbar nach einer Entlassung gering ausfallen. Gegen dieses Resultat ist wiederum einzuwenden, daß der Zusammenhang zwischen Arbeitsanstrengung und Entlassungswahrscheinlichkeit sehr eng sein müsste, um es zu rechtfertigen. Als einfache Alternativmaßnahme, die auch administrativ vorzuziehen ist, ist stattdessen eine Warteperiode zu befürworten.

Das optimale Zeitprofil in Wang & Williamson (2002) enthält Elemente dieser Empfehlung. Nach einer relativ niedrigen Lohnersatzrate im ersten Quartal der Arbeitslosigkeit fällt die Lohnersatzrate in den nächsten drei Quartalen auf Werte knapp über Null. Erst danach springt die Lohnersatzrate auf einen Wert über demjenigen des ersten Quartals und verbleibt dauerhaft auf diesem Niveau, wobei die optimale Restbezugszeit unbegrenzt ist. Verantwortlich für dieses Resultat sind die Annahmen, daß während einer Beschäftigung Ersparnisse gebildet werden (können) und während der Arbeitslosigkeit das Humankapital erodiert, weshalb die Wahrscheinlichkeit eine Beschäftigung zu finden im Zeitablauf sinkt.

[11] Ljungqvist (1999) betont, daß im Zeitablauf sinkende Leistungen nicht zur Bestrafung erfolgloser Suche dienen, sondern der Setzung von Suchanreizen. Wird ein Zeitprofil mit abnehmenden Leistungen als politisch nicht wünschenswert eingeschätzt, so schlägt er alternativ eine Verpflichtung zu gemeinnütziger Arbeit vor, um den Nutzen aus der Freizeit zu vermindern.

Hopenhayn & Nicolini (1997) modellieren in der Tradition von Shavell & Weiss (1979) ein wiederholtes Principal-agent-Problem mit risikoscheuen Agenten und einem risikoneutralen Prinzipalen. Ziel der Arbeitsverwaltung (des Prinzipals) ist die Minimierung der Ausgaben der Arbeitslosenversicherung unter der Nebenbedingung eines vorgegebenen erwarteten Nutzens der Arbeitslosen. Die Suchintensität eines Arbeitslosen kann nicht beobachtet werden. Neben dem Arbeitslosengeld steht als Politikinstrument eine Lohnsteuer zur Verfügung. Das Arbeitslosengeld kann während der Arbeitslosigkeit variieren und die Lohnsteuer ist während der gesamten Beschäftigung von der vorangegangenen Dauer der Arbeitslosigkeit abhängig.[12] Ein Entlassungsrisiko in einer neu aufgenommenen Tätigkeit besteht nicht. Der optimale langfristige Kontrakt hat dann zwei Eigenschaften. Erstens sinkt das Arbeitslosengeld monoton über die gesamte Dauer der Arbeitslosigkeit. Zweitens ist die Lohnsteuer umso höher, je länger der Agent vorher arbeitslos gewesen ist. Beiden Ergebnissen ist die gleiche ökonomische Logik gemein: Um intertemporale Anreize zur Aufnahme einer Beschäftigung zu setzen, muß fortgesetzte Arbeitslosigkeit sanktioniert werden.[13]

Hopenhayn & Nicolini (1997) schätzen die Wohlfahrtsgewinne - im Sinne einer Reduzierung der Ausgaben der US-amerikanischen Arbeitslosenversicherung - aus einem Übergang zum optimalen System umso höher ein, je geringer die Vermögensbestände oder die Kreditaufnahmemöglichkeiten der Agenten sind. Die Gestaltung der Lohnsteuer ist dabei stärker für die Wohlfahrtsgewinne verantwortlich als das Zeitprofil der Leistungen.

Schwächen des Modells von Hopenhayn & Nicolini (1997) sind das fehlende Entlassungsrisiko, sobald wieder eine Beschäftigung aufgenommen wurde, die Annahme exogen gegebener Löhne und die Prämisse, daß stets Anspruch auf Arbeitslosengeld besteht.[14]

Die Exogenität der Löhne stellt das Hauptproblem der zuvor betrachteten Untersuchungen dar. Cahuc & Lehmann (2000) modellieren ein Matching-Modell mit endogenen Löhnen und endogener Suchintensität. Die Löhne werden durch Lohnverhandlungen der Insider festgelegt. Es gibt zudem zwei Arten von Arbeitslosen,

[12] Letzteres ist dann als "individuelles experience rating" zu interpretieren.

[13] Die Einschätzung von Hassler & Rodriguez-Mora (2002), daß eine während der Arbeitslosigkeit abnehmende Suchproduktivität fallende Lohnersatzleistungen rechtfertigt, weist in dieselbe Richtung.

[14] Vgl. Fredriksson & Holmlund (2003a), S. 6.

und zwar die kurzfristig Arbeitslosen und die Langzeitarbeitslosen. Arbeitslos gewordene Insider fallen demnach zunächst in die erste Kategorie. Annahmegemäß haben Langzeitarbeitslose keinen Einfluß auf die Lohnbestimmung. Leistungen werden als Arbeitslosengeld an kurzfristig Arbeitslose und als Arbeitslosenhilfe an Langzeitarbeitslose gezahlt. Je höher der Quotient aus Arbeitslosengeld und Arbeitslosenhilfe ist, desto stärker fällt das Zeitprofil der Leistungen. Eine quantitative Analyse liefert folgende Resultate: Ein fallendes Zeitprofil der Leistungen führt zu einer Erhöhung des Drohpunktes der Insider und mithin zu einem höheren Lohndruck. Diesem Lohneffekt wirkt die Erhöhung der Suchintensität entgegen. Da dieser zweite Effekt dominiert, kommt es zu einer Verringerung der Arbeitslosigkeit.

Im Vergleich dazu verbliebe bei exogener Suchintensität nur noch der Lohneffekt. Selbst ein stark fallendes Zeitprofil hätte dann nur geringe Wirkungen auf die Arbeitslosenrate. Fällt das Zeitprofil nur leicht, so erhöht sich die Arbeitslosenrate, wenn auch nur marginal. Ein konstantes Zeitprofil wäre dem fallenden bei exogener Suchintensität und endogenen Löhnen demzufolge vorzuziehen.

Bei endogener Suchintensität aber exogenen Löhnen bleibt das Ergebnis von Shavell & Weiss (1979) bestehen. Die Suchintensität steigt mit fallendem Arbeitslosengeld an und die Arbeitslosenrate sinkt, und zwar stärker als bei endogenen Löhnen.

Für eine Einschätzung der Wohlfahrtswirkungen verwenden Cahuc & Lehmann (2000) das Gerechtigkeitskriterium von Rawls. Entscheidend ist demnach die Situation der Gruppe von Personen in der schlechtesten Lage. Hier sind dies die Langzeitarbeitslosen. In allen drei Fällen (hinsichtlich Endogenität oder Exogenität von Suchintensität oder Löhnen) müssen die Langzeitarbeitslosen Wohlfahrtseinbußen hinnehmen, wobei diese bei endogenen Löhnen und exogener Suchintensität am ausgeprägtesten sind. Nur bei endogenen Löhnen und exogener Suchintensität sinkt jedoch mit dem Quotienten aus Arbeitslosengeld und Arbeitslosenhilfe auch die aggregierte Wohlfahrt. In den beiden anderen Szenarien steigt die aggregierte Wohlfahrt mit einer degressiveren Ausgestaltung, allerdings auf Kosten der Langzeitarbeitslosen. Wegen der Schlechterstellung der Langzeitarbeitslosen halten Cahuc & Lehmann ein fallendes Zeitprofil des Arbeitslosengeldes unter Verwendung des Rawls-Kriteriums nicht für angebracht.

Fredriksson & Holmlund (2001) widersprechen im gleichen Modellaufbau dieser Einschätzung. Ihrer theoretischen und numerischen Analyse zufolge ist das optimale Zeitprofil stets durch abnehmende Leistungen gekennzeichnet. Der Grund hierfür liegt in der Verwendung einer utilitaristischen Nutzenfunktion für die Wohlfahrtsanalyse. Die Beschäftigungswirkungen des in mindestens zwei Leistungen differenzierten optimalen Systems erweisen sich allerdings als vernachlässigenswert gering.

Kreiner & Whitta-Jacobsen (2002) erweitern das Monopolgewerkschaftsmodell um die Differenzierung in Leistungen für kurzfristig Arbeitslose und für Langzeitarbeitslose. Eine Erhöhung der Leistungen für kurzzeitig Arbeitslose, die durch eine Verringerung der Leistungen für Langzeitarbeitslose gegenfinanziert wird, hat eindeutige Implikationen. Für die Gewerkschaft besteht dann ein Anreiz zur Lohnzurückhaltung, um mehr kurzzeitige Arbeitslosigkeit zuzulassen und gleichzeitig die Langzeitarbeitslosigkeit zu verringern. Dies führt im Vergleich zum Fall nicht differenzierter Leistungen zu niedrigeren Löhnen. Folglich wird auch die Arbeitslosigkeit reduziert. Darüber hinaus erfahren alle Gewerkschaftsmitglieder eine Erhöhung ihres Nutzenniveaus.

Alles in allem sprechen sowohl die theoretischen als auch die numerischen Ergebnisse für ein abnehmendes Zeitprofil. Mit der Differenzierung in Arbeitslosengeld und Arbeitslosen- oder Sozialhilfe liegt dieses zwar in den meisten Ländern bereits vor. Jedoch scheint der Quotient aus diesen beiden Leistungen nicht ausreichend hoch zu sein, um optimale Suchanreize zu setzen. Mögliche (unerwünschte) Verteilungswirkungen könnten allerdings gegen ein stark sinkendes Zeitprofil der Leistungen sprechen. Denkbare Alternativen sind eine verstärkte Überwachung von Leistungsbeziehern oder die Einschaltung einer Warteperiode unmittelbar nach dem Eintritt in Arbeitslosigkeit. Diese Maßnahmen werden u.a. im folgenden Abschnitt erörtert.

6.3 Nicht-pekuniäre Ausgestaltungsmerkmale

Dieser Abschnitt stellt einige institutionelle Merkmale zusammen, die für ein vollständiges Bild von Arbeitslosenversicherungssystemen jenseits pekuniärer Gesichtspunkte zu berücksichtigen sind. Neben den zeitlichen Ausgestaltungsmerkmalen (Warteperiode, Bezugsdauer und Qualifikationsperiode) kommen dabei

Überlegungen zur Sprache, die sich auf das monitoring von Leistungsempfängern und die Sanktionierung unerwünschten Verhaltens beziehen. Auch im folgenden geht es dabei darum, Anhaltspunkte für die optimale Ausgestaltung dieser institutionellen Charakteristika zu identifizieren.

Warteperiode, Bezugsdauer und Qualifikationsperiode

Eine Warteperiode und die Begrenzung der Bezugsdauer zielen darauf ab, Suchanreize für Arbeitslose zu setzen.[15]

Versicherungstheoretisch stellt eine Warteperiode einen Selbstbehalt dar, mit dem der Versicherungsnehmer (der Arbeitnehmer) am Risiko des Schadensfalles beteiligt wird. Ebenso wie eine Lohnersatzrate unter Eins zielt dies auf die Vermeidung von moral hazard ab. Alternativ wäre auch ein negativer Selbstbehalt denkbar. Dieser bestünde in einer pauschalen Abfindungszahlung zu Beginn der Arbeitslosigkeit und verminderten Leistungen im Zeitverlauf.[16]

Ist die Bezugsdauer begrenzt, so sollte dies zu einem sinkenden Reservationslohn führen, je näher das Ende der Bezugszeit ist. Je niedriger der Reservationslohn ist, desto höher ist die Abgangsrate aus der Arbeitslosigkeit. Je länger folglich die maximale Bezugsdauer ist, desto länger ist die zu erwartende Dauer des Verbleibs in der Arbeitslosigkeit.

Für das US-amerikanische System können z.B. Katz & Ochs (1980) und Nicholson (1985) diese Prognose bestätigen. Die Komplexität des deutschen Systems führt dazu, daß die empirischen Resultate in dieser Hinsicht weniger eindeutig sind. Steiner (1997a) untersucht für den Zeitraum 1983-1994 die Effekte der sukzessiven Verlängerung der Bezugsdauer für ältere Arbeitslose, welche zwischen 1985 und 1987 vorgenommen wurde[17]. Während sich für männliche Arbeitslose starke Effekte im Sinne einer Verlängerung der Arbeitslosigkeit zeigen, sind diese für weibliche Arbeitslose vernachlässigbar. Hunt (1995) ermittelt für den Zeitraum 1983-1988 den erwarteten Effekt für beide Geschlechter, jedoch nur für eine der betrachteten Altersgruppen (44-48 Jahre). Die Ergebnisse von Hujer et al. (1990) deuten auf einen starken Einfluß der Restbezugsdauer auf den Übergang in Beschäftigung hin; eine verbleibende Bezugsdauer von mindestens zwei Monaten

[15] Vgl. hierzu auch das Suchmodell unter Gliederungspunkt 3.1.2.3.1.

[16] Vgl. Eisen (1997), S. 59 in Bezugnahme auf Baily (1978) und Sampson (1978).

[17] Vgl. Gliederungspunkt 7.1.3.4.

wirkt sich demnach stark negativ auf die Hazard-Raten aus. Dagegen kann Wurzel (1990, 1993) keine signifikanten Effekte des Anspruches auf Arbeitslosengeld (und damit auch der Bezugsdauer) auf die Abgangsraten aus der Arbeitslosigkeit ausmachen.

Alle vorgenannten Untersuchungen beziehen sich nur auf Westdeutschland. Wolff (2003) betrachtet den Fall Ostdeutschlands für den Zeitraum 1990-1999. Signifikante Wirkungen der Bezugsdauer findet er nicht. Hierfür dürfte - neben Meß- und Spezifikationsproblemen - aber vor allem die Möglichkeit des Bezugs von Arbeitslosenhilfe nach dem Auslaufen des Arbeitslosengeldes verantwortlich sein. Es ist zu vermuten, daß dies in Ostdeutschland von größerer Relevanz als in Westdeutschland ist, da in Ostdeutschland die Bedürftigkeitsprüfung häufiger zugunsten der Arbeitslosen ausfällt.

Aufschlußreich ist das österreichische Quasi-Experiment der Jahre 1988-1993. Im Rahmen des sog. Krisenregion-Regulierungsprogrammes wurde in einigen Regionen Österreichs für diesen Zeitraum die maximale Bezugsdauer älterer Arbeitsloser (im Alter über 50 Jahre) von 30 auf 209 Wochen ausgedehnt. Wie Lalive & Zweimüller (2002) nachweisen, hatte dies einen massiven Anstieg der Arbeitslosigkeit der 50-59jährigen Personen zur Folge. Die induzierte Verdoppelung der Arbeitslosenquote dieser Gruppe bildete sich erst nach Beendigung des Programmes wieder zurück. Der Zusammenhang zwischen (maximaler) Bezugsdauer und Verbleib in der Arbeitslosigkeit erscheint hier demnach eindeutig. In einem Hazard-Raten-Modell findet Winter-Ebmer (1998) den erwarteten Effekt einer verlängerten Arbeitslosigkeit allerdings nur für männliche Arbeitslose.

Üblicherweise ist die Anspruchsberechtigung auf Arbeitslosengeld an die Erfüllung bestimmter Bedingungen gebunden. Zu nennen ist vor allem die Erfüllung einer Qualifikationsperiode.

Untersuchungen zu den Effekten der Qualifikationsperiode existieren bisher lediglich für Kanada. Christofides & McKenna (1995, 1996) betrachten den dortigen Zusammenhang zwischen der Qualifikationsperiode und der Dauer einer Beschäftigung. Sie zeigen, daß die Abgangsraten aus einer Beschäftigung mit dem Ablauf der Qualifikationsperiode stark ansteigen. Zu etwa gleichen Teilen scheint das Kündigungsverhalten der Arbeitnehmer und das Entlassungsverhalten der Arbeitgeber hierfür verantwortlich zu sein. Dies spricht für das Auftreten von moral hazard sowohl auf der Arbeitsangebots- als auch auf der Arbeitsnachfrageseite.

Green & Riddell (1997) nutzen für ihre Untersuchung die Verlängerung der Qualifikationsperiode von 10 auf 14 Wochen in einigen kanadischen Regionen im Jahre 1990. Der Vergleich mit dem vorangegangenen Jahr erlaubt die nachfolgenden Schlußfolgerungen. Erstens beeinflußt die Qualifikationsperiode die Beschäftigungsdauer erheblich. Zweitens sind vor allem Geringqualifizierte von dieser zeitlichen Maßschneiderung der Jobs betroffen. Drittens geht der überwiegende Teil der Verhaltensänderungen auf das Entlassungsverhalten der Arbeitgeber zurück. Die Qualifikationsperiode wirkt gemäß Green & Riddell (1997) also weniger auf das Kündigungsverhalten der Arbeitnehmer als auf das Entlassungsverhalten der Unternehmen. Diese Resultate unterstreichen, welche Anreize von weniger beachteten Merkmalen der Arbeitslosenversicherung ausgehen können.

Monitoring und Sanktionen

Die Kopplung der Leistungsberechtigung an eine aktive Suche nach einer neuen Beschäftigung (und an andere Verhaltensmaßregeln während der Arbeitslosigkeit) hängt eng mit Erwägungen zum monitoring zusammen. Auf monitoring in Verbindung mit der Sanktionierung von Fehlverhalten wird im folgenden eingegangen. Schon früh verwiesen Holen & Horowitz (1974) auf einen starken Einfluß von striktem administrativen Vorgehen und von Sanktionen im Arbeitslosenversicherungssystem der USA auf die Arbeitslosenrate. Auch Englander & Director (1986) sehen in strengen Tests zur Arbeitswilligkeit von Leistungsempfängern eine Möglichkeit zur Effizienzsteigerung des Systems. Sowohl Einsparungen im aktuellen Budget der Arbeitslosenversicherung als auch Abschreckungswirkungen sprechen ihrer Ansicht nach für diese Auffassung. Erst einige jüngere Untersuchungen schenken diesen Beobachtungen in Such- oder Matching-Modellen vermehrte Aufmerksamkeit. Vor allem die Nützlichkeit von monitoring und Sanktionen und ihre Wohlfahrtswirkungen im Vergleich zu anderen Maßnahmen stehen dabei im Vordergrund.

Ljungqvist & Sargent (1995a) verwenden ein kalibriertes Suchmodell, in dem risikoneutrale Sucher über die Wahl ihres Reservationslohnes und ihrer Suchintensität optimieren. Die Regierung bestimmt einen angemessenen Lohnsatz, ab dem Sucher einen Job nicht ablehnen dürfen. Verweigern sie die Aufnahme einer Beschäftigung mit einem Lohnsatz über diesem Grenzwert, so besteht ein bestimmtes Risiko, für den Rest der Arbeitslosigkeit das Arbeitslosengeld einzubüßen. Eine Überwachungstechnologie determiniert die Wahrscheinlichkeit, mit der abweichendes Verhalten aufgedeckt wird. Da der vorgegebene angemessene Lohnsatz die Untergrenze des Reservationslohnes festlegt, führt eine Erhöhung dieses angemessenen Lohnsatzes zu höherer Arbeitslosigkeit. Je höher jedoch die Wahrscheinlichkeit einer Aufdeckung abweichenden Verhaltens ist, desto geringer ist die Arbeitslosigkeit, weil geringere Anreize bestehen, angemessene Angebote abzulehnen.

In einem Matching-Modell kommen Boone & van Ours (2000) zu dem Ergebnis, daß Sanktionen im Arbeitslosenversicherungssystem ein effektiveres Mittel zur Verringerung der Arbeitslosigkeit sein können als pauschale Leistungskürzungen. Unterstellt wird die Festlegung von Suchrichtlinien durch die Arbeitsverwaltung. Die Sucher können ihre Suchintensität wählen und die Wahrscheinlichkeit einer Sanktionierung, d.h. einer Reduzierung des Arbeitslosengeldes, sinkt mit zunehmender Suchintensität. Sanktionen haben dann einen ex ante- und einen ex post-Effekt. Der ex ante-Effekt besteht in dem Anreiz, intensiver zu suchen, um eine Sanktionierung zu vermeiden. Der ex post-Effekt besteht darin, daß geringere Leistungen zu verstärkter Suche anspornen. Vor allem der ex post-Effekt ist dafür verantwortlich, daß ein System mit monitoring und Sanktionen generellen Leistungskürzungen vorzuziehen ist. Für einen gegebenen Wohlfahrtsverlust der Arbeitslosen erscheint es sinnvoller, abweichendes Verhalten zu bestrafen anstatt alle Arbeitslosen gleichermaßen schlechter zu stellen.

In einem ähnlichen Matching-Modell untersuchen Boone et al. (2001), inwieweit eine optimale Arbeitslosenversicherung monitoring und Sanktionen enthalten sollte. Die Einführung von monitoring und Sanktionen erweist sich bei realistischen Werten der Kosten des monitorings als wohlfahrtssteigernd. Die in einer kalibrierten Version des Modells ermittelten optimalen Sanktionen sind zudem deutlich höher als diejenigen, die in europäischen Arbeitslosenversicherungssystemen vorgesehen sind.

Fredriksson & Holmlund (2003b) vergleichen schließlich in einer Folgeuntersuchung die Wirkungen von monitoring und Sanktionen mit denen einer begrenzten Bezugsdauer des Arbeitslosengeldes. Da monitoring in Verbindung mit Sanktionen am besten in der Lage zu sein scheint, Suchanreize wiederherzustellen, stellt es ihren Simulationsergebnissen zufolge die zu präferierende Alternative dar.

Die vorgestellten theoretischen Prognosen werden von den - bisher wenigen vorhandenen - empirischen Ergebnissen im wesentlichen gestützt. Experimentelle Studien nutzen veränderte, verschärfte oder neu eingeführte Regelungen, um Verhaltensänderungen der betrachteten Personengruppen aufzudecken. Sie zeigen, daß strengere Anforderungen an das Suchverhalten und härtere Sanktionen den Verbleib in der Arbeitslosigkeit verkürzen.[18] Ökonometrische Untersuchungen zeigen, daß Sanktionen - sowohl deren Androhung als auch deren Ausführung - die individuellen Wiederbeschäftigungswahrscheinlichkeiten deutlich erhöhen. Der Effekt von Sanktionen auf den Abgang aus der Arbeitslosigkeit und die Verkürzung der Dauer der Arbeitslosigkeit ist demnach signifikant.[19]

Der vorliegende Abschnitt unterstreicht, daß eine anreizkompatible und in diesem Hinblick optimale Arbeitslosenversicherung nicht auf ihre pekuniäre Ausgestaltung reduziert werden kann. Die Lohnersatzrate besitzt zwar eine entscheidende Steuerungsfunktion in der Arbeitslosenversicherung und sowohl ihre Höhe als auch ihr Zeitprofil sind hierbei von Bedeutung. Allerdings bieten auch zeitliche Merkmale, wie die Warteperiode, die Bezugsdauer oder die Qualifikationsperiode, sowie die Administration und deren Effizienz hinreichend Gestaltungsspielraum, um bestehende Arbeitslosenversicherungssysteme zu verbessern.

[18]Vgl. für die USA Johnson & Klepinger (1994), für Großbritannien Dolton & O'Neill (1996) und für die Niederlande van den Berg & van der Klaauw (2001). Zu einem Überblick über in den USA durchgeführte Experimente siehe Meyer (1995).

[19]Vgl. Abbring et al. (2000) für den Fall der Niederlande und Lalive et al. (2002) für die Situation in der Schweiz.

Kapitel 7

Deskriptive und empirische Untersuchung

Kapitel 7 widmet sich der Arbeitslosenversicherung in Deutschland.
In Abschnitt 7.1 wird neben der historischen Entwicklung die institutionelle Ausgestaltung der Arbeitslosenversicherung betrachtet. Ein empirischer Überblick vervollständigt den ersten Abschnitt. Abschnitt 7.2 verwendet die zuvor präsentierten Daten zur Konstruktion eines Indexes der Großzügigkeit der deutschen Arbeitslosenversicherung.

7.1 Entwicklung, institutionelle Ausgestaltung und Bedeutung der Arbeitslosenversicherung in der Bundesrepublik Deutschland

7.1.1 Geschichte und Entwicklung der Arbeitslosenversicherung in Deutschland

Mit dem Auftreten vornehmlich saisonaler Arbeitslosigkeit in der zweiten Hälfte des 19. Jahrhunderts rückte die Problematik der Erwerbslosigkeit und der damit verbundenen Folgen erstmals in das öffentliche und politische Blickfeld. Allerdings blieb es bis zum Ende des Ersten Weltkrieges bei einer Diskussion über soziale Schutzmaßnahmen gegen die finanziellen Folgen der Arbeitslosigkeit. Bis zur *Verordnung über die Erwerbslosenfürsorge vom 13. November 1918* im Zuge der Demobilmachung nach dem Ersten Weltkrieg oblag diese Absicherung dem Einzelnen. Eine kollektive Organisation war im wesentlichen den Gewerkschaften, vereinzelt aber auch Arbeitgeberverbänden und kommunalen Stellen, überlassen. Erstere riefen beispielsweise Unterstützungskassen für Mitglieder ins Leben, die wegen des begrenzten Kreises an Anspruchsberechtigten und der geringen Höhe und Dauer der Unterstützung aber wenig Linderung finanzieller Probleme im Falle von Arbeitslosigkeit brachten.

Ergänzend zu den gewerkschaftlichen Unterstützungskassen ist das Zuschußsystem - oder auch Genter System - zu sehen. Da an der finanziellen Absicherung arbeitsloser Arbeiter auch die Gemeinden interessiert waren - andernfalls mußten sie über die Armenfürsorge für diese aufkommen -, förderten diese teilweise die gewerkschaftliche Selbstversicherung mit öffentlichen Zuschüssen oder ergänzten diese zur Abdeckung der Nichtorganisierten. Während das Genter System zu jener Zeit als Notlösung zu interpretieren war, wird es heutzutage in den skandinavischen Ländern z.T. durchaus angewandt.[1]

Wie der Name der Verordnung über die Erwerbslosenfürsorge vom 13. November 1918 bereits suggeriert, war diese noch, u.a. aufgrund der nach dem Ersten Weltkrieg herrschenden Massenarbeitslosigkeit, am Fürsorgeprinzip ausgerichtet. Die Leistungen waren dementsprechend an der Bedürftigkeit orientiert. Bis zum Jahre 1923 erfolgte die Finanzierung der Leistungen noch durch das Reich, die Länder und die Gemeinden. Mit einer Verordnung vom 15. Oktober 1923 erfolgte die Umstellung auf eine Beitragsfinanzierung; die Beiträge waren hierbei - wie es bis heute der Fall ist - zu gleichen Teilen von Arbeitnehmern und Arbeitgebern aufzubringen und wurden als Prozentsatz des Grundlohnes berechnet.[2]

Nach einigen sporadischen Änderungen der Höhe der Unterstützungen und der Bezugsvoraussetzungen in den Folgejahren erfolgte mit der Verabschiedung des *Gesetzes über Arbeitsvermittlung und Arbeitslosenversicherung [AVAVG]* am 7. Juli 1927 und dessen Inkrafttreten zum 1. Oktober 1927 die Einführung einer erstmals als solche zu bezeichnenden staatlichen Arbeitslosenversicherung. Die wesentlichen Merkmale des AVAVG waren die Einführung der Arbeitslosenversicherung als Pflichtversicherung, die Abkehr vom Fürsorge- zugunsten des Versicherungsprinzips und die Zusammenfassung von Arbeitsvermittlung und Arbeitslosenver-

[1] Vgl. Frerich & Frey (1993a), S. 149-154, 196-205 und Kittner (1999), S. 1091.
[2] Vgl. Frerich & Frey (1993a), S. 196f.

sicherung unter der als öffentlich-rechtliche Körperschaft mit autonomer Selbstverwaltung neu errichteten Reichsanstalt für Arbeitsvermittlung und Arbeitslosenversicherung. Konstitutiv waren zudem die Finanzierung der Versicherungs- und Vermittlungsleistungen aus Beiträgen (und bei Bedarf aus öffentlichen Zuweisungen), die nach Lohnklassen differenzierten Leistungen sowie die Definition einer Leistungsberechtigung. Letztere legte erstmals Begriffe wie Arbeitswilligkeit und -fähigkeit, unfreiwillige Arbeitslosigkeit, erfüllte Anwartschaften und an bestimmte Bedingungen geknüpfte Sperrzeiten fest.[3]

Während zwei Jahre später noch Weiterentwicklungen zur Vermeidung von Mißbräuchen, z.B. durch eine präzisere Definition des Begriffs der Arbeitslosigkeit, vorgenommen wurden, waren die darauffolgenden Jahre durch Krisenmanagement im Zeichen der Weltwirtschaftskrise mit Beitragserhöhungen, Leistungskürzungen etc. gekennzeichnet.[4]

Der historischen Vollständigkeit halber seien die charakteristischsten Änderungen in der Arbeitsvermittlung und Arbeitslosenversicherung in der Zeit des Dritten Reichs von 1933 bis 1945 kurz erwähnt, auch wenn diese lediglich Ausdruck der totalitären und zentralistischen Wirtschaftsverfassung waren. Die Reichsanstalt für Arbeitsvermittlung und Arbeitslosenversicherung verlor ihre Selbstverwaltungsbefugnisse und hatte ab 1933 nur noch eine behördliche Stellung. An die Stelle der Aufgabe der Arbeitsverwaltung trat bis zu ihrer vollständigen Ausgliederung im Zuge abnehmender Arbeitslosigkeit mehr und mehr die Aufgabe der Arbeitslenkung sowie die Durchführung wehr- und wirtschaftspolitischer Maßnahmen. Das Leistungsrecht blieb in seinen Grundzügen zunächst unverändert und wurde dem Ziel der Arbeitsbeschaffung entsprechend sogar großzügiger gestaltet. Erst im September 1939 trat jedoch die wichtigste Veränderung ein, nämlich die Wiedereinführung des vor 1927 gültigen Fürsorgeprinzips anstelle des Versicherungsprinzips.[5]

Nach dem Zweiten Weltkrieg arbeiteten zunächst die Landesarbeitsämter und die Arbeitsämter auf der Grundlage des alten AVAVG von 1927 - allerdings in länderspezifischer Auslegung und Fortentwicklung - weiter. Erst 1952 erfolgte mit der Gründung der Bundesanstalt für Arbeitsvermittlung und Arbeitslosenversi-

[3]Vgl. Frerich & Frey (1993a), S. 199-202.
[4]Vgl. Frerich & Frey (1993a), S. 202-205.
[5]Vgl. Frerich & Frey (1993a), S. 266-270.

cherung eine organisatorische Vereinheitlichung, nachdem im Vorjahr mit dem Arbeitslosenversicherungs-Änderungsgesetz und dem Arbeitslosenfürsorgegesetz die rechtliche Vereinheitlichung erfolgt war, die u.a. die Höhe der Zahlungen regelte. Das Bundesanstaltsgesetz vom 10. März 1952 schrieb zudem den heute noch gültigen dreigliedrigen Aufbau (Bundesanstalt für Arbeit, Landesarbeitsämter, Arbeitsämter) und die drittelparitätische Selbstverwaltung fest.[6] Nach verschiedenen Modifikationen wurden die Regelungen zur Arbeitslosenfürsorge und zur Arbeitslosenversicherung in der am 3. April 1957 bekanntgegebenen *Neufassung des AVAVG* zusammengefaßt.[7]

Auch die Neufassung des AVAVG wurde mehrfach überarbeitet und ergänzt, 1959 z.B. durch die Einführung des Schlechtwettergeldes. Grundsätzliche Änderungen wurden jedoch nicht vorgenommen, und erst das *Arbeitsförderungsgesetz vom 13. Mai 1969 [AFG]*, welches das AVAVG ablöste, markierte im Anschluß an die Rezession von 1966/67 ein konzeptionelles Umdenken. Zunächst wurde die Bundesanstalt für Arbeitsvermittlung und Arbeitslosenversicherung in Bundesanstalt für Arbeit umbenannt. Ihre Hauptaufgabe wurde jedoch nicht mehr darin gesehen, die Folgen von Arbeitslosigkeit zu mildern, sondern diese zu verhindern, so daß die aktive Arbeitsmarktpolitik zum Schwerpunkt erhoben wurde. In diesem Sinne sollte die Bundesanstalt für Arbeit neben der Zahlung von Unterstützungsleistungen durch die Förderung beruflicher Bildung und durch Arbeitsbeschaffungsmaßnahmen [ABM] verstärkt strukturell verursachte Arbeitslosigkeit verhüten oder abbauen. Daneben bemerkenswert ist die Berücksichtigung sozialpolitischer Belange in den Zielsetzungen des AFG, wie beispielsweise die Eingliederung von Behinderten oder anderer am Arbeitsmarkt benachteiligter Gruppen. Die Betonung des Aspektes des Strukturwandels und seiner Bewältigung steht im engen Zusammenhang mit dem Stabilitätsgesetz vom 8. Juni 1967. Die beiden als komplementär anzusehenden Gesetze spiegeln den Glauben an die Möglichkeit einer wirtschaftlichen Globalsteuerung wider.[8]

In den 70er und 80er Jahren führten exogene Schocks wie die Ölpreisexplosionen von 1973 und 1978/79 zu einem starken Anstieg der Arbeitslosigkeit. Diese Entwicklung hatte zur Folge, daß die Bundesanstalt für Arbeit immer weni-

[6] Vgl. Lampert (1989), S. 174.

[7] Vgl. Kittner (1999), S. 1092 und Frerich & Frey (1993b), S. 84-86.

[8] Vgl. Zerche et al. (2000), S. 124f., Frerich & Frey (1993b), S. 87-90 und Lampert (1989), S. 173-176.

ger ihren durch das AFG vorgegebenen Aufgaben nachkommen konnte, sondern sich vermehrt um konjunkturell Arbeitslose kümmern mußte. Dies bedeutete gleichzeitig, daß passive Arbeitsmarktpolitik wieder die Oberhand über aktive Arbeitsmarktpolitik gewann. Die anhaltend hohe Arbeitslosigkeit konterkarierte die ursprünglich strukturellen Zielsetzungen trotz der Ausdehnung von ABM und der Auflage zahlreicher arbeitsmarktpolitischer Sonderprogramme und rückte die Lohnersatzleistungen spätestens zu Beginn der 80er Jahre zurück ins Rampenlicht. Anpassungen des AFG erfolgten häufig und oftmals als Reaktion auf die jeweils herrschende Arbeitsmarktlage und die Haushaltssituation der Bundesanstalt für Arbeit und des Bundes.[9]

Auf das AFG hatte die deutsche Einheit keinen inhaltlichen Einfluß. Der am 18. Mai 1990 unterzeichnete und am 1. Juli 1990 in Kraft getretene deutsch-deutsche Staatsvertrag begründete neben der Wirtschafts- und Währungsunion auch die Sozialunion. Der Einigungsvertrag vom 31. August 1990 führte neben der staatlichen Einheit auch die Rechtseinheit herbei, wozu auch die Übernahme des AFG und seiner Bestandteile in den Neuen Bundesländern gehörte. Für das Beitrittsgebiet galten somit die Grundsätze der bundesdeutschen Sozialversicherung, ergänzt durch einige befristete Sonder- und Übergangsregelungen aus dem *AFG-DDR vom 22. Juni 1990.* Auf diese im wesentlichen bis Ende 1991 gültigen Sonderregelungen sei hier nicht detailliert eingegangen. Alleine der Hinweis, daß neben dem Aufbau einer leistungsfähigen Arbeitsmarktverwaltung ein besonderes Augenmerk auf einen erleichterten Zugang zu den Instrumenten der aktiven Arbeitsmarktpolitik gelegt wurde, möge genügen.[10]

Die folgenden Jahre, in denen das AFG noch Gültigkeit hatte, waren aufgrund der finanziellen Belastungen durch die deutsche Einheit und die anhaltend schlechte Beschäftigungssituation abermals gekennzeichnet von Leistungseinschränkungen. Aufgehoben wurde das AFG jedoch endgültig erst am 1. Januar 1998 durch das am 24. März 1997 als *Arbeitsförderungsreformgesetz [AFRG]* beschlossene *Sozialgesetzbuch [SGB] III.* Das SGB III bedeutete ein deutliches strukturelles

[9]Siehe dazu genauer Unterabschnitt 7.1.3.
Vor allem in ökonomisch günstigen Zeiten herrscht eine rege Nachfrage nach sozialpolitischen Wohltaten, was einen politischen Geschenkewettlauf zur Folge haben kann [Grossekettler (2002), S. 73-75]. Dieses Phänomen des Sozialstaats umschreibt Snower (2000) mit *Treibsandeffekt.*

[10]Vgl. Frerich & Frey (1993b), S. 491-496, 511-515, 565-567 und Lampert & Althammer (2001), S. 99, 108-111.

Umsteuern gegenüber dem AFG. Konzeptionell betont das SGB III die Eigenverantwortlichkeit der Teilnehmer am Arbeitsmarkt gerade zur Vermeidung von Arbeitslosigkeit. Außerdem wird der Arbeitsvermittlung und der aktiven Arbeitsmarktförderung durch Beratung, Vermittlung, sowie Förderung von Training, Qualifikation und (Wieder-)Eingliederung ein Vorrang gegenüber den Lohnersatzleistungen zugesprochen. Die Erhöhung des Drucks auf Arbeitslose findet sich dabei in verschärften Zumutbarkeitsregeln, z.B. in Form der Abschaffung des befristeten Qualifikationsschutzes, und in einer Ausdünnung des Leistungskataloges wieder.

Erstens wurde hiermit das Versicherungsprinzip verstärkt in das Gesetz eingearbeitet. Zweitens reduzierte der Staat mit dem SGB III Versuche, den Strukturwandel selbst zu gestalten und seinerseits durch arbeitsmarktpolitische Interventionen für einen hohen Beschäftigungsstand zu sorgen.[11]

7.1.2 Die Pläne der sogenannten "Hartz-Kommission"

Zu Beginn des Jahres 2002 wurde bekannt, daß die Zahlen vermittelter Arbeitskräfte von Seiten der Bundesanstalt für Arbeit in den vorangegangenen Jahren manipuliert worden waren. Deshalb wurde am 22. Februar 2002 eine Regierungskommission unter dem Namen "Moderne Dienstleistungen am Arbeitsmarkt" ins Leben gerufen. Ihre Aufgabe sollte im wesentlichen in der Erarbeitung von Vorschlägen zur Verbesserung arbeitsmarktpolitischer Instrumente und zur Reform der Arbeitsverwaltung bestehen. Der Vorsitzende der Kommission, Dr. Peter Hartz - Personalvorstand bei der Volkswagen AG -, wurde in der Öffentlichkeit zum Namensgeber dieser Kommission und ihrer Vorschläge. In diesem Unterabschnitt soll das Hartz-Konzept in seiner ursprünglich vorgeschlagenen und in der bis zum Anfang des Jahres 2004 umgesetzten Form kurz vorgestellt werden. Einige ausgewählte Punkte werden zudem in der gebotenen Kürze beurteilt.

Die Kernpunkte des Hartz-Konzeptes wurden in 13 Innovationsmodulen zusammengefaßt. Die Tabellen 7.1 und 7.2 stellen die Essenz der vorgeschlagenen Module des Abschlußberichtes und die bisherigen Umsetzungen einander gegenüber. Der Fokus der weiteren Ausführungen liegt auf denjenigen Modulen, die mit der Arbeitslosenversicherung zusammenhängen. Hierzu gehören die Module 2 (Be-

[11]Vgl. Frerich & Frey (1993b), S. 610-614, Zerche et al. (2000), S. 125, 135-142, Kittner (1999), S. 1092-1095 und Genosko (1998), S. 83.

schleunigung der Vermittlung), 3 (Neue Zumutbarkeit), 6 (Zusammenführung von Arbeitslosen- und Sozialhilfe) und 7 (Beschäftigungsbilanz für Unternehmen).[12]

Eine Beschleunigung der Vermittlung, wie mit Modul 2 angestrebt, ist grundsätzlich zu begrüßen.[13] Eine geringere Verweildauer in der Arbeitslosigkeit führt sowohl zu einer Verringerung der gesamten Arbeitslosigkeit als auch zu einer Reduzierung der Zahlungen an Lohnersatzerleistungen. Die Einrichtung von Job Centern in Anlehnung an die Vorbilder aus Großbritannien (Job Centre Plus) und den Niederlanden (Zentren für Arbeit und Einkommen) zielt in diese Richtung. Eine individuelle Betreuung von Erwerbslosen durch eine Stelle, gekoppelt mit stärkeren Leistungsanreizen für Vermittler, dürfte Effizienzverbesserungen in der Vermittlung schaffen. Dies haben auch die Erfahrungen von Schweden, Österreich und der Schweiz mit ähnlichen Konzepten gezeigt. Inwieweit die Umsetzung des Moduls 2 eine deutliche Beschleunigung der Vermittlung bewirkt, ist allerdings fraglich. Es sind lediglich marginale Effekte durch die Verpflichtung zur frühzeitigen Meldung einer Kündigung zu erwarten. Hauptproblempunkt bleibt die Schaffung neuer Stellen. Ohne diese läuft eine bessere oder schnellere Vermittlung ins Leere und erhoffte Beschäftigungswirkungen bleiben aus.
Weniger die im Modul 3 (Neue Zumutbarkeit) flexibilisierten Sperrzeiten noch die verschärften Zumutbarkeitsregeln für Alleinstehende als vielmehr die Umkehr der Beweislast über die Unzumutbarkeit einer angebotenen Beschäftigung ist als Schritt in die richtige Richtung anzusehen. Zwar sind von der Beweislastumkehr keine Beschäftigungsgewinne zu erwarten. Jedoch dürfte sie einerseits zu einer Aufwands- und Kostenentlastung der Arbeitsverwaltung führen. Andererseits er-

[12] Zu verstärkten öffentlichen Diskussionen führte zudem das Modul 8 (Personal Service Agenturen). Der begrüßenswerten Erkenntnis, daß es sich bei der Zeit- und Leiharbeit in Deutschland um einen unterrepräsentierten Bereich handelt, stehen jedoch einige Umsetzungsmängel gegenüber. Die PSAs sind aufgrund vermutlich hoher Kosten (Bezuschußung der Leiharbeitnehmer, Verwaltungskosten usw.) nur für einen begrenzten Personenkreis einsetzbar. Ebenso sind die Kriterien zur Auswahl der bei den PSAs angestellten Arbeitslosen ungeklärt, d.h. eine genaue Zielgruppendefinition fehlt bislang. Zudem ist die geplante Ausleihe zu einem spezifischen PSA-Tarif oder gar zu den Tariflöhnen des Entleihbetriebes kritisch zu beurteilen. Einstellungsanreize entstehen hierbei kaum und außerdem sind Verdrängungseffekte zu befürchten. Im Prinzip sind die PSAs demnach nur als Umgehung bestehender Kündigungsschutzregelungen sowie als zusätzliche Integrationsmaßnahmen anzusehen, deren Erfolgsaussichten im Hinblick auf eine Verringerung der Arbeitslosigkeit ungewiß sind.

[13] Vgl. dazu auch Ochel & Werding (2002), S. 11f.

Modul	Kurzbezeichnung	Ursprungsvorschlag	Umsetzung
1	*Job Center*	Verbesserung des Kundenservices durch schnelle und integrierte Beratung und Betreuung durch die Job Center (ehemals Arbeitsämter).	Beginn der Einrichtung von Job Centern und Start von Modellprojekten zur Zusammenarbeit von Arbeits- und Sozialämtern im November 2002. Flächendeckende Einführung zum 1.1.2004.
2	*Beschleunigung der Vermittlung*	1. Die Information über eine Kündigung an das Job Center muß schon zu deren Zeitpunkt und nicht erst bei ihrem Inkrafttreten erfolgen, andernfalls erfolgen Abschläge beim Arbeitslosengeld.	Zum 1.7.2003 realisiert wie geplant (§§ 37b und 140 SGB III).
		2. Verpflichtung zur aktiven Beschäftigungssuche bereits ab Erhalt einer Kündigung.	Zum 1.1.2003 realisiert wie geplant (§ 2 SGB III).
3	*Neue Zumutbarkeit*	1. Verschärfung der Zumutbarkeit für Alleinstehende vor allem durch höhere Mobilitätsanforderungen.	Zum 1.1.2003 realisiert wie geplant (§ 121 SGB III).
		2. Umkehr der Beweislast: Unzumutbarkeit einer angebotenen Beschäftigung muß durch den Arbeitslosen nachgewiesen werden.	Zum 1.1.2003 realisiert wie geplant (§ 144 SGB III).
		3. Staffelung der Sperrzeiten (3 Wochen beim ersten, 6 Wochen beim zweiten und 12 Wochen ab dem dritten Verstoß)	Zum 1.1.2003 realisiert wie geplant (§§ 144 und 147 SGB III).
4	*Ausbildungszeit-Wertpapier*	Zweck- und personengebundenes Wertpapier zur Garantie einer Ausbildung.	Nicht umgesetzt.
5	*Bridge-System für ältere Arbeitnehmer*	Wahl zwischen Lohnversicherung zum Ersatz von Einkommenseinbußen bei Annahme einer niedriger bezahlten Stelle oder Verzicht auf Vermittlung und Erhalt einer monatlichen Unterstützung statt des Arbeitslosengeldes.	Entgeltsicherung für ältere Arbeitnehmer ab dem 50. Lebensjahr (§ 421 j SGB III) und Befreiung eines Arbeitgebers von der Beitragspflicht zur Arbeitslosenversicherung bei Einstellung eines mind. 55-jährigen Arbeitslosen (§ 421 k SGB III).
6	*Zusammenführung von Arbeitslosen- und Sozialhilfe*	1. Arbeitslosengeld I: Originäres Arbeitslosengeld gemäß den bisher geltenden Regelungen.	Änderung der "Altersregelung" zum 1.1.2004, d.h. Kürzung der max. Bezugszeit für über 55-Jährige auf 18 Monate. Max. Bezugsdauer für unter 55-Jährige bei 12 Monaten.
		2. Arbeitslosengeld II: Bedürftigkeitsabhängige Leistung im Anschluß an das Arbeitslosengeld I (entspricht der früheren Arbeitslosenhilfe).	Zusammenlegung der früheren Arbeitslosen- und Sozialhilfe unter dem Namen "Arbeitslosengeld II" zum 1.1.2005.
		3. Sozialgeld: Entspricht der früheren Sozialhilfe.	Verschärfte Sanktionen aber mildere Anrechnungsregeln für Hinzuverdienste.
		4. Vereinfachte Leistungsberechnung und Pauschalierung des Arbeitslosengeldes.	Z.T. zum 1.1.2004 umgesetzt.

Tabelle 7.1: Elemente des Hartz-Konzeptes (1)
Quellen: Eigene Zusammenstellung nach dem Bericht der Kommission "Moderne Dienstleistungen am Arbeitsmarkt" vom 16.8.2002, sowie dem SGB III i.d.F. vom 1. Januar 2003 und vom 1. Januar 2004.

Modul	Kurzbezeichnung	Ursprungsvorschlag	Umsetzung
7	*Beschäftigungsbilanz für Unternehmen*	Bonus in der Arbeitslosenversicherung für Unternehmen mit einer positiven Beschäftigungsentwicklung.	Nicht umgesetzt.
8	*Personal Service Agenturen (PSA)*	Leiharbeitseinrichtungen, die Arbeitslose beschäftigen (in der Probezeit zum Arbeitslosengeld, danach zum speziellen PSA-Tarif) und an Unternehmen verleihen.	Einrichtung und Betrieb von PSA ab 1.1.2003 (§§ 37c, 434 g Abs. 5 SGB III), wobei in 2003 ein Tarifvertrag für Arbeitnehmerüberlassung gilt.
9	*Ich-AG, Familien-AG und Mini-Jobs*	1. Bezuschussung von Arbeitslosen beim Schritt in die Selbständigkeit und bevorzugte steuerliche Behandlung der Einnahmen.	Existenzgründungszuschüsse von monatlich jeweils 600 Euro im ersten, 360 Euro im zweiten und 240 Euro im dritten Jahr, sofern das jährliche Arbeitseinkommen voraussichtlich 25.000 Euro nicht überschreitet (§ 421 I SGB III).
		2. Anhebung der Verdienstgrenze für Dienstleistungen im Haushalt auf 500 Euro.	Anhebung der Verdienstgrenze zum 1.4.2003 auf 400 Euro und Einführung einer Gleitzone bzgl. der Sozialversicherungsabgaben zwischen 400 und 800 Euro.
10	*Neuorganisation der BA*	Änderung des Personalkonzeptes, Verbesserung von Controlling und IT-Systemen etc.	Umbenennung der BA in "Bundesagentur für Arbeit" zum 1.1.2004.
11	*Kompetenz Center*	Umbau der Landesarbeitsämter in (steuerfinanzierte) Kompetenz-Center, insb. zur regionalen Beschäftigungsentwicklung.	War für 2003 vorgesehen. Im Rahmen der Neuorganisation der BA zum 1.1.2004 Umbenennung der Landesarbeitsämter in Regionaldirektionen.
12	*Job Floater*	Finanzierungspaket aus Förderkredit und Nachrangdarlehen für Unternehmen, die einen Arbeitslosen einstellen.	Start zum 1. November 2002 unter dem Programmnamen "Kapital für Arbeit" in Regie der Kreditanstalt für Wiederaufbau.
13	*Profis der Nation*	Werbung für das Konzept durch verschiedene gesellschaftliche Gruppen wie Politiker, Gewerkschafter, Arbeitgeber, Wissenschaftler usw.	Die Auftaktveranstaltung wurde am 13. November 2002 in Wolfsburg abgehalten.

Tabelle 7.2: Elemente des Hartz-Konzeptes (2)

Quellen: Eigene Zusammenstellung nach dem Bericht der Kommission "Moderne Dienstleistungen am Arbeitsmarkt" vom 16.8.2002, sowie dem SGB III i.d.F. vom 1. Januar 2003 und vom 1. Januar 2004.

geben sich in Verbindung mit den Zumutbarkeitsregeln mehr Sperrzeiten, was wiederum eine wenn auch nur geringe finanzielle Entlastung der Arbeitslosenversicherung erwarten läßt.
Die zunächst geplanten Umsetzungen des Moduls 6 (Zusammenführung von Arbeitslosen- und Sozialhilfe) sahen lediglich eine Umbenennung von Arbeitslosengeld, Arbeitslosenhilfe und Sozialhilfe in Arbeitslosengeld I, Arbeitslosengeld II und Sozialgeld vor. Im Rahmen des vierten Gesetzes für moderne Dienstleistungen am Arbeitsmarkt wird abweichend davon zum 1. Januar 2005 eine Zusammenlegung von Arbeitslosen- und Sozialhilfe als Arbeitslosengeld II angestrebt.[14] Weder die Zusammenlegungsidee noch die mit ihr verbundenen Vorteile stellen jedoch innovative Erkenntnisse dar.[15] Das Nebeneinander zweier bedürftigkeitsabhängiger Sicherungssysteme birgt die Gefahr ausgeprägter Ineffizienzen. Zum einen liegt dies an den unterschiedlichen Finanzierungsverantwortlichkeiten, denn bisher wird die Arbeitslosenhilfe vom Bund und die Sozialhilfe von den Kommunen getragen. Hieraus ergeben sich Anreize für die Träger, die Lasten auf den jeweils anderen Träger zu verschieben. Zum anderen verletzt nicht nur die Arbeitslosenhilfe, sondern auch die Sozialhilfe das Lohnabstandsgebot mit negativen Rückwirkungen auf die Arbeitsanreize.[16] Die Zusammenführung von Arbeitslosen- und Sozialhilfe als künftiges Arbeitslosengeld II dürfte stärkere Anreize zur Aufnahme einer Beschäftigung mit sich bringen, weil die Leistungen in etwa der vormaligen Sozialhilfe entsprechen. Diese Maßnahme ist deshalb im Grundsatz positiv zu beurteilen.
Die Vorschläge des Moduls 7 (Beschäftigungsbilanz für Unternehmen) blieben in der Öffentlichkeit weitestgehend unbemerkt und wurden frühzeitig nicht weiter verfolgt. Möglicherweise wurden die finanziellen Anreize durch Boni in der Arbeitslosenversicherung für Unternehmen als nicht ausreichend angesehen, um diese zur freiwilligen Erstellung von Beschäftigungsbilanzen zu stimulieren. In der geplanten Form hätten die Boni außerdem ex post-Lohnsubventionen an Unternehmen entsprochen. Die Wirksamkeit dieser Maßnahme erscheint fragwürdig. In einer anderen Interpretation kann man Boni in der Arbeitslosenversicherung für Unternehmen mit positiven Beschäftigungsbilanzen als einseitiges experience

[14]Vgl. BGBl. I 2003, S. 2954.
[15]Siehe für einen jüngeren Vorschlag und dessen Diskussion SVR (2002), S. 388-394.
[16]Vgl. Boss (2002) zur genauen Analyse der Wirkung der Sozialhilfe in Deutschland.

rating deuten. Wie an anderer Stelle dargelegt, sind die Wirkungen eines "echten" experience ratings positiv zu beurteilen und dessen konsequente Umsetzung wäre zu befürworten gewesen.
Zusammenfassend kann man dem Hartz-Konzept zugute halten, daß es einige bedenkenswerte Ansätze enthielt. Diese beschränkten sich aber, obgleich auftragsgemäß, auf Fragen der schnelleren Vermittlung von Arbeitskräften und der Umstrukturierung der Verwaltung. Nicht behandelt werden jegliche die Nachfrage nach Arbeit betreffende Punkte, also Fragen der Lohnstruktur, der Lohnfindung und der Regulierungsdichte am Arbeitsmarkt. Die implizite Konzentration auf Mismatch-Phänomene ignoriert eine Reihe weiterer struktureller Defizite auf dem deutschen Arbeitsmarkt. Darüber hinaus wurde ein wesentlicher Teil der anfänglichen Entwürfe durch die Einflußnahme verschiedener Interessengruppen entweder verwässert oder gestrichen. Den im Bundestagswahlkampf des Jahres 2002 angekündigten beschäftigungspolitischen großen Wurf stellte das Hartz-Konzept und dessen Umsetzung mithin nicht dar. Die prognostizierte Halbierung der Arbeitslosenzahlen innerhalb von drei Jahren nach der Implementierung der Vorschläge dürfte sich als utopisch erweisen, zumal die zugrundeliegenden Berechnungen Verdrängungs-, Substitutions- und Mitnahmeeffekte außer acht lassen.[17]

7.1.3 Ausgestaltung der Arbeitslosenversicherung in AVAVG, AFG und SGB III

Im folgenden soll das Augenmerk auf einzelne institutionelle Aspekte und deren Entwicklung im Zeitablauf gelegt werden, wobei nur gesetzliche Details gewürdigt werden, die ökonomisch signifikant erscheinen. Berücksichtigt werden dabei Regelungen, die bis zum Ende des Jahres 2003 in Kraft waren. Mögliche Änderungen zum Jahre 2004 finden in diesem Unterabschnitt keinen Eingang.

7.1.3.1 Gesetzliche Lohnersatzrate

Unter der Lohnersatzrate ist hier der Quotient aus (Netto-)Arbeitslosengeld und der gesetzlich definierten Bemessungsgrundlage im Sinne des vorherigen (Netto-) Lohnes zu verstehen.[18]

---

[17] Vgl. Scherl (2003) für eine ähnliche Einschätzung im Rahmen einer Kritik an den Hartz-Vorschlägen und ihrer Umsetzung.

[18] Die Bemessungsgrundlage wird in 7.1.3.2 näher betrachtet.

Die Entwicklung der gesetzlichen Lohnersatzrate seit 1957 ist in Abbildung 7.1 abgetragen. Zu bemerken ist, daß die Lohnersatzrate erst ab 1975 ausdrücklich in den Gesetzestexten erwähnt wird. Vorher war das Arbeitslosengeld unterteilt in den Hauptbetrag und die Familienzuschläge für Ehepartner und Kinder, welche zusammen einen tabellarisch bestimmten absoluten Höchstbetrag nicht überschreiten durften. Problematisch hieran ist, daß Haupt- und Höchstbetrag nur tabellarisch abzulesen sind, daß sich der Hauptbetrag außerdem auf das vorangegangene Bruttoarbeitsentgelt bezog und daß die Familienzuschläge mit einem gesetzlichen Absolutbetrag geregelt waren. Eine einheitliche gesetzliche Lohnersatzrate gab es demzufolge nicht. Behelfsweise wird diese hier bis 1975 als Quotient aus dem Höchstbetrag des Arbeitslosengeldes zur Arbeitsentgeltuntergrenze des letzten Tabellenwertes gebildet.[19]

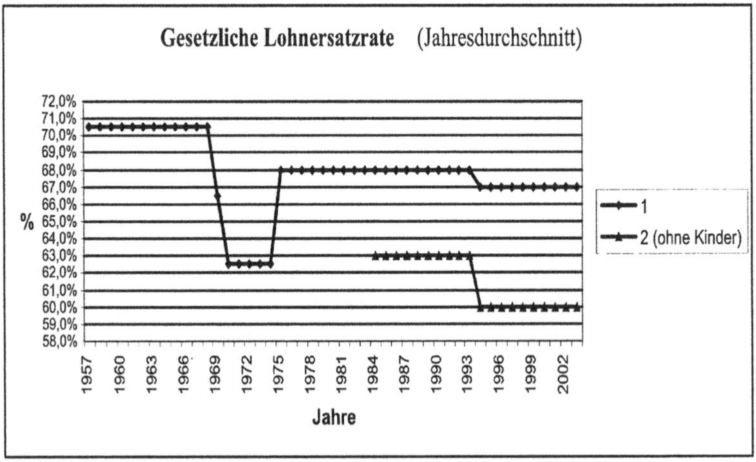

Abbildung 7.1: Lohnersatzraten in AVAVG, AFG und SGB III
Quellen: AVAVG [BGBl. I 1957, S. 321]; AFG [BGBl. I 1969, S. 582]; Haushaltsbegleitgesetz 1984 [BGBl. 1983, S. 1532]; 1. Gesetz zur Umsetzung des Spar-, Konsolidierungs- und Wachstumsprogrammes 1994 [BGBl. I 1993, S. 2353]; SGB III 1998 [BGBl. I 1997, S. 594].

[19]Dies entspricht näherungsweise der vom Gesetzgeber "beabsichtigten" Lohnersatzrate als Verhältnis vom Hauptbetrag zum vorherigen Nettoentgelt.

Bemerkenswert sind zwei Beobachtungen. Erstens erkennt man, daß im Zeitablauf die Lohnersatzraten nur selten und meist geringfügig geändert wurden. Dabei kam es lediglich zum Januar 1975 im Rahmen der Steuer- und Kindergeldreform zu einer Erhöhung von 62,5% auf 68% und zu einer Umstellung auf das vorangegangene Nettoentgelt als Bemessungsgrundlage.[20] Zweitens erfolgte zum Beginn des Jahres 1984 aufgrund des Haushaltsbegleitgesetzes eine Differenzierung der Lohnersatzrate.[21] Während die Lohnersatzrate für Arbeitslosengeldbezieher mit mindestens einem Kind bei 68% verblieb, wurde die Lohnersatzrate für Arbeitslosengeldbezieher ohne Kinder auf 63% reduziert. Auf diesem Wege wurde die 1975 durchgeführte Streichung der Familienzuschläge "durch die Hintertür" wieder rückgängig gemacht. Diese Differenzierung hat weiterhin Bestand und wurde 1994 bei der Verringerung der Leistungssätze auf 67% bzw. 60% im Ersten Gesetz zur Umsetzung des Spar-, Konsolidierungs- und Wachstumsprogrammes verschärft.[22]

7.1.3.2 Berechnungsgrundlage des Arbeitslosengeldes

Unter der Berechnungsgrundlage für das Arbeitslosengeld ist der vorangegangene Lohn zu verstehen. Folglich ergeben sich zwei Ansatzpunkte für Änderungen, nämlich die Definitionen des Bemessungsentgeltes und des Bemessungszeitraumes[23].

Tabelle 7.3 verdeutlicht, daß der Bemessungszeitraum seit 1986 stetig verlängert wurde. Der grundsätzliche Gedanke hinter einer Verlängerung des Bemessungszeitraumes ist dabei, daß eine Verringerung der individuellen Bemessungsgrundlage und damit des zu zahlenden Arbeitslosengeldes angestrebt wird. In dieselbe Richtung zielte beispielsweise eine 1987 in Kraft getretene Sonderregelung, nach der sich der Bemessungszeitraum von 3 auf 12 Monate verlängerte, wenn das Arbeitsentgelt in jenen 12 Monaten ungewöhnlich gestiegen war.[24]

---

[20] Vgl. Lampert (1989), S. 179.

[21] Vgl. BGBl. I 1983, S. 1532.

[22] Vgl. BGBl. I 1993, S. 2353. Eine genauere Darstellung der Relation von normalem zu reduziertem Satz kann hier unterbleiben, denn der Anteil der Bezieher mit reduzierter Lohnersatzrate lag stets zwischen 66 und 72% (hier nicht aufgeführte eigene Berechnungen mit den Daten der ANBA) und unterlag nur geringfügigen Fluktuationen.

[23] Der Bemessungszeitraum gibt diejenige Zeitspanne an, auf deren Grundlage der maßgebliche Lohn berechnet wird.

[24] Vgl. Achtes Gesetz zur Änderung des AFG vom 14.12.1987 [BGBl. I 1987, S. 1542].

Jahre	*Gesetzliche Grundlage*	*Bemessungszeitraum*
April 1957-1959	AVAVG	3 Monate
1960-Juni 1969	Zweites AVAVG-Änderungsgesetz vom 7.12.1959	1 Monat
Juli 1969-1985	AFG	1 Monat
1986-1993	Siebtes AFG-Änderungsgesetz vom 20.12.1985	3 Monate
1994-1997	Erstes Gesetz zur Umsetzung des Spar-, Konsolidierungs- und Wachstumsprogrammes	6 Monate
1998-2003	SGB III	12 Monate

Tabelle 7.3: Bemessungszeiträume in AVAVG, AFG und SGB III
Quellen: AVAVG [BGBl. I 1957, S. 321]; 2. AVAVG-Änderungsgesetz 1960 [BGBl. I 1959, S. 705]; AFG [BGBl. I 1969, S. 582]; 7. AFG-Änderungsgesetz 1986 [BGBl. I 1985, S. 2484]; 1. Gesetz zur Umsetzung des Spar-, Konsolidierungs- und Wachstumsprogrammes 1994 [BGBl. I 1993, S. 2353]; SGB III 1998 [BGBl. I 1997, S. 594].

Häufigeren Änderungen unterlag die Definition des Bemessungsentgeltes, wobei dies nicht notwendigerweise Ausdruck systematischer Überlegungen, sondern oftmals die Folge einer angespannten Haushaltslage des Bundes und der Bundesanstalt für Arbeit war. Hinsichtlich des Bemessungsentgeltes sind zwei Grundfragen von Interesse, und zwar ob als Bemessungsgrundlage der Brutto- oder Nettolohn herangezogen wird und wie Einmalzahlungen, also beispielsweise Urlaubs- oder Weihnachtsgeld, sowie Entlassungsentschädigungen, zu behandeln sind. Das Bemessungsentgelt determiniert dann das individuelle Arbeitslosengeld.
Wie bereits im Zusammenhang mit der Lohnersatzrate erwähnt, wurde die Berechnungsgrundlage 1975 vom Brutto- auf den Nettolohn umgestellt.[25] Da diese heute noch gültige Umstellung als Folge der Steuer- und Kindergeldreform stattfand, wurde hiermit jedoch keine systematische Änderung der Arbeitslosenversicherung bezweckt. Für sich genommen bedeutete sie allerdings aufgrund der Streichung der Familienzuschläge eine Verringerung der Leistungen aus der Arbeitslosenversicherung; unter Berücksichtigung zusätzlicher Kindergeldleistungen wurden anspruchsberechtigte Arbeitslose jedoch insgesamt besser gestellt.

[25] Während der Bruttolohn das durchschnittliche Arbeitsentgelt des Bemessungszeitraumes meint, ist unter dem Nettolohn das um die bei einem Arbeitnehmer gewöhnlich anfallenden gesetzlichen Abzüge verminderte Arbeitsentgelt zu verstehen. Letzterer ist mithin nur eine fiktive Größe.

Die Nichtberücksichtigung von einmaligen Zuwendungen für das Bemessungsentgelt wird erstmalig im AFG erwähnt. Hierunter fielen jedoch keine wiederkehrenden Zuwendungen in Form von Urlaubs- oder Weihnachtsgeld; diese wurden erst mit dem AFKG von 1982 - zusammen mit Mehrarbeitszuschlägen - aus der Bemessungsgrundlage gestrichen.[26] Das SGB III machte eine derartige Behandlung wiederkehrender Zuwendungen wieder rückgängig, führte stattdessen aber vorübergehend eine Anrechnung von Entlassungsentschädigungen auf das Arbeitslosengeld ein. Schließlich verfügte das Bundesverfassungsgericht mit einem Beschluß im Jahre 2000, daß auch einmalig gezahltes Arbeitsentgelt in die Bemessung des Arbeitslosengeldes einzufließen hat.
Es ist offenkundig, daß die Konsequenzen der genannten Modifikationen schwer meßbar sind, daß sie jedoch Auswirkungen auf die Daten und insbesondere auf die effektive Lohnersatzrate haben.

7.1.3.3 Anwartschaftszeit und Rahmenfrist

Die Anwartschaftszeit umfasst den mindestens abzuleistenden Arbeitszeitraum, um Ansprüche auf Arbeitslosengeld zu erwerben. Sie beschreibt mit anderen Worten die minimale Qualifikationsperiode. Die Rahmenfrist wiederum gibt den Zeitraum an, in dem die Anwartschaftszeit erfüllt worden sein muß.
Je kürzer demzufolge die Anwartschaftszeit oder je länger die Rahmenfrist sind, desto - jeweils ceteris paribus - schneller besteht Anspruch auf Arbeitslosengeld. Je kleiner also der Quotient aus Anwartschaftszeit und Rahmenfrist ist (AW:RF), desto großzügiger ist in diesem Hinblick die Arbeitslosenversicherung.
In Tabelle 7.4 sind die unterschiedlichen Regelungen abgetragen. Es zeigt sich, daß das AFG zunächst eine arbeitslosenfreundlichere Regelung im Vergleich zum AVAVG traf, welche vom AFKG 1982 jedoch über das Maß des AVAVG hinaus verschärft wurde. Diese Regelung besteht auch im SGB III fort.

[26] Vgl. BGBl. I 1981, S. 1497.

Jahre	*Gesetzliche Grundlage*	*Anwartschaftszeit*	*Rahmenfrist*	AW:RF
April 1957- Juni 1969	AVAVG	6 Monate	2 Jahre	0,25
Juli 1969-1981	AFG	6 Monate	3 Jahre	0,16
1982-1997	Gesetz zur Konsolidierung der Arbeitsförderung vom 22.12.1981	12 Monate	3 Jahre	0,33
1998-2003	SGB III	12 Monate	3 Jahre	0,33

Tabelle 7.4: Anwartschaftszeiten und Rahmenfristen in AVAVG, AFG und SGB III
Quellen: AVAVG [BGBl. I 1957, S. 321]; AFG [BGBl. I 1969, S. 582]; AFKG 1982 [BGBl. I 1981, S. 1497]; SGB III 1998 [BGBl. I 1997, S. 594].

7.1.3.4 Qualifikationsperiode und Bezugsdauer

Die Qualifikationsperiode gibt den Zeitraum beitragspflichtiger Beschäftigung an, der eine bestimmte Bezugsdauer des Arbeitslosengeldes begründet.[27] Je höher der Quotient aus Bezugsdauer und Qualifikationsperiode ist (D:M), desto besser wird demnach der Arbeitslose gestellt. Die Tabellen 7.5 und 7.6 verdeutlichen die jeweiligen Zusammenhänge zwischen der Qualifikationsperiode und der Bezugsdauer.

Von der erheblichen Zahl an Änderungen sind folgende besonders hervorzuheben. Während im AVAVG und im AFG in etwa zwei Monate beitragspflichtiger Beschäftigung zu einem Monat Arbeitslosengeldanspruch führten, wurde dieses Verhältnis ab 1983 auf etwa 3:1 reduziert. Ab dem Juli 1987 wurde dies jedoch wieder rückgängig gemacht und im SGB III ab 1998 auf das exakte Verhältnis von 2:1 weiter gelockert.

1985 wurden für ältere Arbeitslose ab dem 49. Lebensjahr längere Bezugsdauern eingeführt. Als Begründung wurde angeführt, daß längere vorangegangene Beitragszeiten auch einen längeren Anspruch auf Arbeitslosengeld begründen sollten und daß die Vermittlungschancen älterer Arbeitsloser vergleichsweise schlechter seien.[28] Die "Altersregelung" wurde in den Folgejahren mehrfach modifiziert, ohne die grundsätzliche Regelung anzutasten.

[27] Bis zur Ablösung des AFG im Jahre 1997 gab es eine Reihe sog. gleichgestellter Zeiten. Um eine größere Äquivalenz zwischen Beitrags- und Anspruchszeiten zu erzeugen, gelten diese, abgesehen von Wehr- und Zivildienstzeiten mit einer Mindestanspruchsdauer von 6 Monaten, im SGB III nicht mehr.

[28] Vgl. Deutsche Bundesbank (1989), S. 15.

Jahre	Gesetzliche Grundlage	Qualifikationsperiode	Bezugsdauer	Mindestalter	D:M
April 1957 - Juni 1969	AVAVG	in Wochen	in Tagen		
		26	78		0,429
		39	120		0,440
		52	156		0,429
		Bei erweiterter Rahmenfrist von 3 Jahren:			
		104	234		0,321
		156	312		0,286
Juli 1969- Dezember 1982	AFG	in Tagen	in Tagen		
		180	78		0,433
		270	120		0,444
		360	156		0,433
		540	234		0,433
		720	312		0,433
ab Januar 1983	Haushaltsbegleitgesetz vom 20.12.1982	in Tagen	in Tagen		
		360	104		0,289
		Bei einer Anwartschaftszeit von weniger als 360 Tagen:			
		180	52		0,289
		240	78		0,325
		Bei erweiterter Rahmenfrist von 4 Jahren:			
		540	156		0,289
		720	208		0,289
		900	260		0,289
		1080	312		0,289
ab Januar 1985	Gesetz zur Änderung des AFG und der gesetzlichen Rentenversicherung vom 20.12.1984	in Tagen	in Tagen		
		Bei erweiterter Rahmenfrist von 7 Jahren und nach Alter:			
		1260	338	49	0,268
		1440	364	49	0,253
		1620	390	49	0,241
		1800	416	49	0,231
		1980	442	49	0,223
		2160	468	49	0,217
Januar 1986- Juni 1987	Siebtes AFG-Änderungsgesetz vom 20.12.1985	in Tagen	in Tagen		
		Bei erweiterter Rahmenfrist von 7 Jahren und nach Alter:			
		1260	364	44	0,289
		1440	418	44	0,290
		1620	468	49	0,289
		1800	520	49	0,289
		1980	572	54	0,289
		2160	624	54	0,289

Tabelle 7.5: Qualifikationsperioden und Bezugsdauern in AVAVG, AFG und SGB III (1)

Quellen: AVAVG [BGBl. I 1957, S. 321]; AFG [BGBl. I 1969, S. 582]; Haushaltsbegleitgesetz 1983 [BGBl. I 1982, S. 1857]; Arbeitsförderungs- und Rentenversicherungs-Änderungsgesetz 1985 [BGBl. I 1984, S. 1713]; 7. AFG-Änderungsgesetz 1986 [BGBl. I 1985, S. 2484]; Gesetz zur Verlängerung des Versicherungsschutzes bei Arbeitslosigkeit und Kurzarbeit 1987 [BGBl. I 1987, S. 1542]; SGB III 1998 [BGBl. I 1997, S. 594].

Jahre	Gesetzliche Grundlage	Qualifikationsperiode	Bezugsdauer	Mindestalter	D:M
Juli 1987- Dezember 1997	Gesetz zur Verlängerung des Versicherungsschutzes bei Arbeitslosigkeit und Kurzarbeit vom 27.6.87	in Tagen	in Tagen		
		360	156		0,433
		Bei einer Anwartschaftszeit von weniger als 360 Tagen:			
		180	78		0,433
		240	104		0,433
		Bei erweiterter Rahmenfrist von 7 Jahren und nach Alter:			
		480	208		0,433
		600	260		0,433
		720	312		0,433
		840	364	42	0,433
		960	416	42	0,433
		1080	468	42	0,433
		1200	520	44	0,433
		1320	572	44	0,433
		1440	624	49	0,433
		1560	676	49	0,433
		1680	728	54	0,433
		1800	780	54	0,433
		1920	832	54	0,433
ab Januar 1998	SGB III	in Monaten	in Monaten		
		12	6		0,500
		16	8		0,500
		20	10		0,500
		24	12		0,500
		28	14	45	0,500
		32	16	45	0,500
		36	18	45	0,500
		40	20	47	0,500
		44	22	47	0,500
		48	24	52	0,500
		52	26	52	0,500
		56	28	57	0,500
		60	30	57	0,500
		64	32	57	0,500

Tabelle 7.6: Qualifikationsperioden und Bezugsdauern in AVAVG, AFG und SGB III (2)

Quellen: AVAVG [BGBl. I 1957, S. 321]; AFG [BGBl. I 1969, S. 582]; Haushaltsbegleitgesetz 1983 [BGBl. I 1982, S. 1857]; Arbeitsförderungs- und Rentenversicherungs-Änderungsgesetz 1985 [BGBl. I 1984, S. 1713]; 7. AFG-Änderungsgesetz 1986 [BGBl. I 1985, S. 2484]; Gesetz zur Verlängerung des Versicherungsschutzes bei Arbeitslosigkeit und Kurzarbeit 1987 [BGBl. I 1987, S. 1542]; SGB III 1998 [BGBl. I 1997, S. 594].

7.1.3.5 Warteperiode und Sperrzeit

Eine Wartezeit vor dem Beginn des Bezugs von Arbeitslosengeld sah lediglich das AVAVG vor. Sie betrug ausnahmslos 3 Tage.[29] Mit dem Inkrafttreten des AFG wurde diese Warteperiode ersatzlos gestrichen, was ebenso im SGB III gilt.

Jahre	*Gesetzliche Grundlage*	*Sperrzeit*	*Gründe für Verhängung der Sperrzeit*
April 1957 - Juni 1969	AVAVG	4 Wochen	1. Arbeitsaufgabe
			2. Ablehnung einer angebotenen Beschäftigung
			3. Ablehnung oder Abbruch einer Eingliederungsmaßnahme
Juli 1969-1981	AFG	4 Wochen	1. Arbeitsaufgabe
			2. Ablehnung einer angebotenen Beschäftigung
			3. Ablehnung oder Abbruch einer Eingliederungsmaßnahme
1982-1993	Gesetz zur Konsolidierung der Arbeitsförderung vom 22.12.1981	8 Wochen	Punkt 1. und 3. wie im AFG
			2. Ablehnung einer *zumutbaren* Beschäftigung
1985-1993	Gesetz zur Änderung von Vorschriften des AFG vom 20.12.1984	12 Wochen	Nur bei eigener oder verschuldeter Kündigung (Punkt 1. des AFG)
1994-1997	Erstes Gesetz zur Umsetzung des Spar-, Konsolidierungs- und Wachstums-programmes vom 20.12.1993	12 Wochen	Ausweitung der verlängerten Sperrzeit auf die Punkte 2. und 3. des AFG
1998-2003	SGB III	12 Wochen	1. Arbeitsaufgabe
			2. Ablehnung einer zumutbaren Beschäftigung
			3. Ablehnung oder Abbruch einer Eingliederungsmaßnahme

Tabelle 7.7: Sperrzeiten in AVAVG, AFG und SGB III
Quellen: AVAVG [BGBl. I 1957, S. 321]; AFG [BGBl. I 1969, S. 582]; AFKG 1982 [BGBl. I 1981, S. 1497]; Arbeitsförderungs- und Rentenversicherungs-Änderungsgesetz 1985 [BGBl. I 1984, S. 1713]; 1. Gesetz zur Umsetzung des Spar-, Konsolidierungs- und Wachstumsprogrammes 1994 [BGBl. I 1993, S. 2353]; SGB III 1998 [BGBl. I 1997, S. 594].

Das Zustandekommen einer Sperrzeit hängt von bestimmten Bedingungen bzw. von der Mißachtung bestimmter Regularien durch den Arbeitslosen ab. Mithin ergibt sich zusammen mit der Länge der Sperrzeit die Strenge der Sanktionsmechanismen. Offen bleibt dabei, inwieweit diese die gewünschte Abschreckungswirkung haben. Dieser Effekt ist wahrscheinlicher, wenn die Sperrzeit auf die Anspruchsdauer angerechnet wird, da die Sperrzeit andernfalls nur den Effekt einer Wartezeit hat. Dieses Vorgehen wurde mit dem Vierten Gesetz zur Ände-

[29] Vgl. BGBl. I 1957, S. 321.

rung des AFG zum Beginn des Jahres 1978 eingeführt[30] und ist ebenfalls im SGB III verankert[31]. Tabelle 7.7 listet die Länge der Sperrzeiten ebenso auf wie die Gründe für deren Verhängung. Auffällig ist dabei, daß einerseits diese Gründe kaum verändert wurden - von der Hinzufügung der Zumutbarkeit einer Beschäftigung im AFKG einmal abgesehen. Andererseits wurde die Sperrzeit zweimal mit dem Ziel verlängert, einen größeren Druck auf Arbeitslose zur schnelleren (Wieder-)Aufnahme einer Beschäftigung auszuüben.

7.1.3.6 Arbeitslosigkeit, Arbeitssuche und Zumutbarkeit einer Beschäftigung

Die Oberbegriffe, wann der Einzelne Anspruch auf Arbeitslosengeld hat, unterlagen nie größeren Änderungen. Die wichtigsten zu erfüllenden Anspruchsbedingungen sind bzw. waren[32]:

1. Vorliegen von Arbeitslosigkeit und Meldung der Arbeitslosigkeit beim zuständigen Arbeitsamt.
2. Erfüllung der Anwartschaftszeit.
3. Verfügbarkeit für Vermittlungsbemühungen des Arbeitsamtes und für einen neuen Arbeitsplatz, sowie die
4. Bereitschaft zur Annahme einer neuen (zumutbaren) Beschäftigung.

Das SGB III berücksichtigt neben der Verfügbarkeit des Arbeitslosen und seiner Bereitschaft zur Annahme einer angebotenen Stelle erstmals den Aspekt der aktiven Suche nach einem Arbeitsplatz. Demzufolge sucht eine Beschäftigung, wer „*alle Möglichkeiten nutzt und nutzen will, um seine Beschäftigungslosigkeit zu beenden*“[33]. Diese Eigenbemühungen sind zusätzlich auf Verlangen des Arbeitsamtes nachzuweisen. Inwieweit dies bisher den gewünschten Erfolg zusätzlicher Eigeninitiative erbracht hat, ist kaum überprüfbar, zumal der Nachweis von Suchanstrengungen für den Einzelnen relativ einfach zu realisieren sein dürfte.

[30] Vgl. BGBl. I 1977, S. 2557.
[31] Vgl. BGBl. I 1997, S. 594.
[32] Vgl. AFG [BGBl. I 1969, S. 582] und SGB III [BGBl. I 1997, S. 594].
[33] §119, Absatz 1, Nr. 1 SGB III [BGBl. I 1997, S. 594].

Den grundlegendsten Änderungen unterlagen zumeist die Zumutbarkeitskriterien, d.h. die Bedingungen, unter denen ein Arbeitsloser gehalten ist, eine neue Stelle anzunehmen. Eine Verschärfung der Zumutbarkeitskriterien bedeutet folglich, daß dem Arbeitslosen größere Zugeständnisse bei der Aufnahme einer neuen Tätigkeit abverlangt werden. In diesem Sinne ist dies gleichbedeutend mit einer weniger "großzügigen" Ausgestaltung der Arbeitslosenversicherung.

Jahre	*Gesetzliche Grundlage*	*Wirkungsrichtung +: Lockerung, -: Verschärfung*	*Art der Regelung oder der Änderung*
April 1957 - Juni 1969	AVAVG		Forderung nach Verfügbarkeit des Arbeitslosen:
			1. Arbeitsloser muß sich bereit halten, unter den üblichen Bedingungen des Arbeitsmarktes eine Beschäftigung auszuüben.
			2. Körperliches und geistiges Leistungsvermögen relevant, nicht vorheriger Beruf.
Juli 1969 - 1975	AFG	+	Delegierung der Einzelfallentscheidung auf Verwaltung und Rechtssprechung.
1976-7.8.1978	Haushaltsstrukturgesetz 18.12.1975	-	Einfügung des Begriffs "Zumutbarkeit":
			Neben den Interessen des Arbeitslosen sind auch diejenigen der Gesamtheit der Beitragszahler sowie Lage und Entwicklung des allgemeinen Arbeitsmarktes zu berücksichtigen.
8.8.1978-2.10.1979	Zumutbarkeitsanordnung (Runderlass 230/78 der Bundesanstalt für Arbeit)	-	- Konkretisierung der Zumutbarkeitsregeln bzgl.
			1. Beruflicher und regionaler Mobilität,
			2. Arbeitsbedingungen (z.B. Arbeitszeit, Einkommen),
			3. Drei Qualifikationsstufen
			- Abgestufte Zumutbarkeit nach Dauer der Arbeitslosigkeit
3.10.1979-14.4.1982	Zumutbarkeitsanordnung (Runderlass 331/79 der Bundesanstalt für Arbeit)	+	Rücknahme der Detailregelungen zugunsten allgemeinerer Formulierungen zur Berücksichtigung der Einzelfallgerechtigkeit
	(entsprechend dem Fünften Gesetz zur Änderung des AFG vom 23.7.1979)		
15.4.1982-März 1997	Zumutbarkeitsanordnung	-	Erneute Konkretisierung der Zumutbarkeitsregeln, z.B. mit der Einführung von 5 Qualifikationsstufen:
	(entsprechend der Forderung des AFKG vom 22.12.1981 nach einer Neufassung)		1. Universitäts-/Fachhochschulausbildung
			2. Aufstiegsfortbildung
			3. Ausbildung in einem Ausbildungsberuf
			4. Anlernausbildung
			5. Alle übrigen Beschäftigungen
April 1997 - 2003	SGB III (bzw. AFRG)	-	Abschaffung des Qualifikationschutzes und Einführung einer Staffelung nach dem Arbeitsentgelt
			1. Monat 1-3 der Arbeitslosigkeit: mind. 80% des vorherigen Nettolohnes
			2. Monat 4-6 der Arbeitslosigkeit: mind. 70% des vorherigen Nettolohnes
			3. ab Monat 7 der Arbeitslosigkeit: mind. Höhe des Arbeitslosengeldes

Tabelle 7.8: Zumutbarkeitskriterien in AVAVG, AFG und SGB III
Quellen: Peters-Lange (1992), S. 95-106 und 223-248; SGB III 1998 [BGBl. I 1997, S. 594].

Die wichtigsten Tatbestände und Änderungen in dieser Hinsicht stellt Tabelle 7.8 zusammen. Die dort abgetragene beabsichtigte Wirkungsrichtung einer Gesetzesänderung mag als Bewertung genügen.

7.1.3.7 Meldepflichten und Mißbrauchskontrollen

Öffentliche Debatten über "faule Arbeitslose" und über die mißbräuchliche Inanspruchnahme von Leistungen der Arbeitslosenversicherung erscheinen mit gewisser Regelmäßigkeit auf der politischen Tagesordnung. Gemeint ist mit Mißbrauch zumeist das vorsätzliche oder illegale Erwirken oder Aufrechterhalten der Versicherungsleistung (moral hazard).[34] Inwieweit Mißbrauch von Bedeutung ist, ist dabei jedoch nicht klar; die Besonderheiten asymmetrischer Information legen aber nahe, daß Mißbräuche auftreten können. In diesem Sinne sind dann auch Meldepflichten und Mißbrauchskontrollen, denen Arbeitslose unterliegen, zu interpretieren. Der folgende Kurzüberblick zeigt, daß sämtliche Gesetzesänderungen seit 1977 eine Verschärfung der Meldepflichten vorsahen: Während das AVAVG noch eine durch den Verwaltungsrat näher zu spezifizierende regelmäßige Meldepflicht vorsah, schwächte das AFG dies insofern ab, als daß eine Meldung nur nach einer Aufforderung durch das Arbeitsamt zu erfolgen hatte. Mit dem 4. AFG-Änderungsgesetz von 1977 wurde eine Arbeitsberatung mit mindestens dreimonatigem Rhythmus eingeführt, mit dem 5. AFG-Änderungsgesetz von 1979 dann eine Verkürzung des Meldezeitraums, wenn bestimmte Mißbrauchsverdachtsmomente vorlagen. Das Gesetz zur Umsetzung des Föderalen Konsolidierungsprogramms aus dem Juli 1993 eröffnete den Arbeitsämtern zur besseren Mißbrauchskontrolle dann die Möglichkeit zur Überprüfung einzelner Leistungsbezieher (monitoring). Das 1. Gesetz zur Umsetzung des Spar-, Konsolidierungs- und Wachstumsgesetzes von 1994 schrieb danach eine grundsätzliche Meldepflicht im Abstand von 3 Monaten vor. Das SGB III baute diese Regelung schließlich weiter aus, indem die leistungsbegründende Wirkung der Arbeitslosmeldung nach 3 Monaten unmittelbar erlosch. Aufgrund des sich hieraus ergebenden Verwaltungsaufwandes wurde diese Regelung jedoch zwei Jahre später wieder aufgehoben.

[34] Seltener stellt moral hazard auf das Verhalten von Arbeitgebern ab. Eine Ausnahme bilden stark saisonabhängige Betriebe, was in der Möglichkeit von Außenprüfungen in diesen aufgrund des AFKG (BGBl. I 1981, S. 1497) zum Ausdruck kam.

7.1.4 Quantitative Bedeutung der Arbeitslosenversicherung

Neben der Wiedergabe und Erläuterung der Datenbasis für den Abschnitt 7.2 sollen hier die empirischen Konsequenzen der im vorangegangenen Abschnitt behandelten Ausgestaltungsmerkmale verdeutlicht werden. Zu diesem Zweck erfolgt eine Vorstellung und Beschreibung der Zeitreihen, die mit den behandelten Gesetzesinhalten und -änderungen im Zusammenhang stehen.[35]

7.1.4.1 Arbeitslosenzahl, Arbeitslosenquote und deren Veränderung im Zeitablauf

Die Entwicklung der Zahl der Arbeitslosen und der Arbeitslosenquote zeigt das bekannte Bild. Im Anschluß an die drei großen Beschäftigungsschocks der letzten drei Jahrzehnte - die beiden Ölkrisen und die deutsche Wiedervereinigung - zeichnete sich die Arbeitslosigkeit durch ein hohes Beharrungsvermögen aus. Die jeweils höhere Sockelarbeitslosigkeit konnte nur schleppend abgebaut werden. Dies wird in den Abbildungen 7.2 und 7.3 deutlich, die die jahresdurchschnittliche Arbeitslosenzahl bzw. die jahresdurchschnittliche Arbeitslosenquote wiedergeben.

Im einzelnen herrschte bis zum ersten Ölpreisschock 1973 zwischen 1960 und 1972 nahezu Vollbeschäftigung. Aus heutiger Perspektive gilt dies auch für die Rezession von 1966/67, in deren Verlauf sich die Zahl der Arbeitslosen von 169.000 auf 466.000 fast verdreifachte, zumal die Arbeitslosigkeit danach wieder schnell auf ihr Ursprungsniveau zurückging. Insofern ist die bemerkenswertere Folge der ersten großen Nachkriegsrezession die Verabschiedung des Stabilitätsgesetzes und in dessen Anschluß des AFG. Der erste Ölpreisschock im Jahre 1973 führte bis 1975 zu einer annähernden Vervierfachung der Arbeitslosenzahl von 282.000 auf 1.086.000. Diese bildete sich bis 1979 auf etwa 890.000 zurück, bevor der zweite Ölpreisschock 1979 einen weiteren Schub verursachte, der mit 2.305.000 Arbeitslosen 1985 seinen vorläufigen Höhepunkt fand. Bis 1990 bildete sich die Arbeitslosigkeit leicht zurück, 1990 vor allem bedingt durch einen kurzen Wiedervereinigungsboom. Darauf folgte jedoch, jetzt bei Berücksichtigung auch der ostdeutschen Daten, ein weiterer gravierender Anstieg der Arbeitslosenzahl auf

[35] Aus Gründen der Datenkontinuität sind in diesem Unterabschnitt nahezu ausnahmslos Daten der BA wiedergegeben.

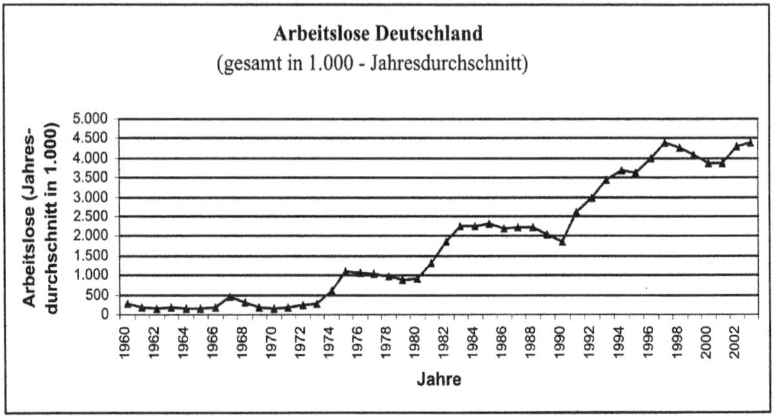

Abbildung 7.2: Zahl der Arbeitslosen 1960-2003 (Jahresdurchschnitt in 1.000)
Quelle: Jahresdurchschnitte berechnet aus den Monatszahlen der Amtlichen Nachrichten der Bundesanstalt für Arbeit, laufende Jahrgänge. Ab 1991 inkl. Ostdeutschland.

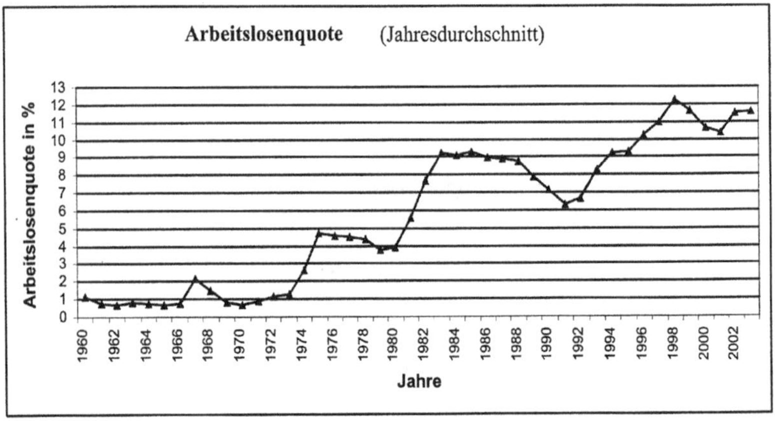

Abbildung 7.3: Arbeitslosenquote 1960-2003 (Jahresdurchschnitt)
Quelle: Jahresdurchschnitte berechnet aus den Monatszahlen der Amtlichen Nachrichten der Bundesanstalt für Arbeit, laufende Jahrgänge. Ab 1991 inkl. Ostdeutschland.

4,4 Millionen im Jahre 1997, welche bis zum Jahre 2000 wieder nur leicht auf etwa 3,9 Millionen sank und in den Folgejahren erneut anstieg.
Derselbe grundsätzliche Verlauf ist gemäß Abbildung 7.3 für die Arbeitslosenquote zu konstatieren.

Die Darstellungen der Veränderungen im Vergleich zum Vorjahr in den Abbildungen 7.4 und 7.5 bestätigen das Gesagte. Sämtliche Zunahmen der Arbeitslosenzahlen oder -quoten nach den Ölkrisen und der deutschen Wiedervereinigung übertreffen den darauffolgenden Rückgang bei weitem.
Zu bedenken ist jeweils, daß es sich in der Darstellung um die Änderung von Bestandsgrößen handelt und nicht um Stromgrößen. Die Veränderung der Zahl der Arbeitslosen gibt demnach immer nur die Differenz zwischen Zu- und Abgängen in bzw. aus Arbeitslosigkeit an, obwohl klar sein muß, daß diese Differenz nur einen Bruchteil der Bewegungen am Arbeitsmarkt ausmacht.[36]

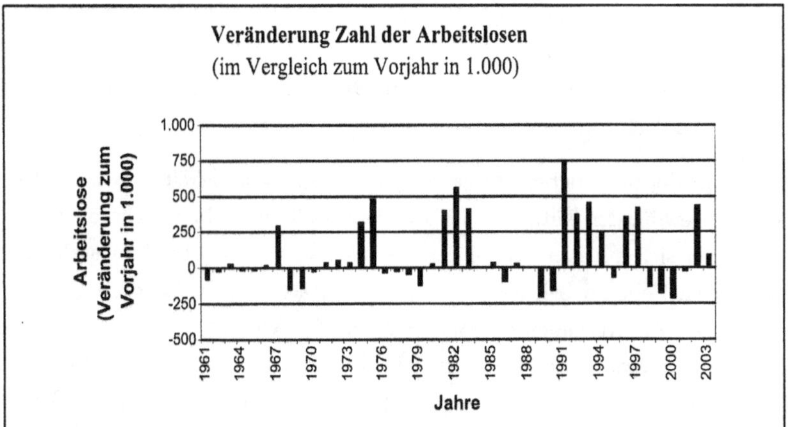

Abbildung 7.4: Jährliche Veränderung der Zahl der Arbeitslosen (in 1.000)
Quelle: Amtliche Nachrichten der Bundesanstalt für Arbeit, laufende Jahrgänge. Ab 1991: Gesamtdeutschland.

[36]Beispielsweise standen im Jahre 2002 7.412.214 Zugängen in Arbeitslosigkeit 7.150.640 Abgänge aus Arbeitslosigkeit gegenüber. Vgl. Jahreszahlen der ANBA (2002).

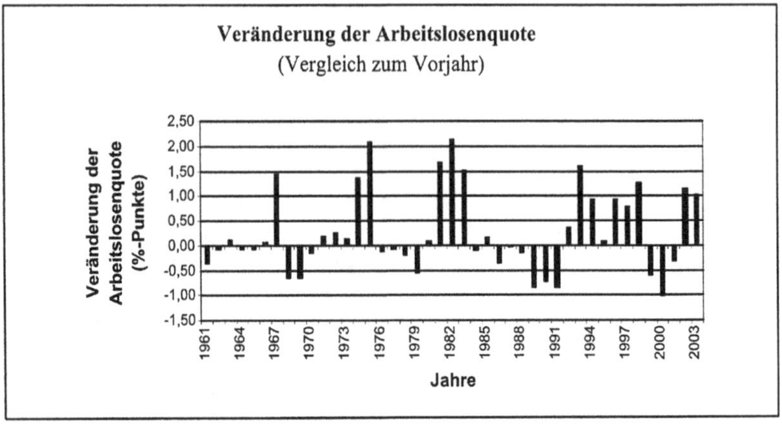

Abbildung 7.5: Jährliche Veränderung der Arbeitslosenquote
Quelle: Amtliche Nachrichten der Bundesanstalt für Arbeit, laufende Jahrgänge. Ab 1991: Gesamtdeutschland.

7.1.4.2 Einnahmen, Ausgaben und Saldo der Bundesanstalt für Arbeit

Angesichts der beschriebenen Entwicklung der Arbeitslosigkeit kann auch der Bedeutungsgewinn der Tätigkeit der Bundesanstalt für Arbeit nicht überraschen. Dieser läßt sich mit dem Anteil der Gesamtausgaben der Bundesanstalt für Arbeit am BIP ebenso belegen wie mit der Betrachtung der absoluten Höhe der Einnahmen und Ausgaben der Bundesanstalt für Arbeit.

Die Gesamtausgaben der Bundesanstalt für Arbeit umfassen sowohl diejenigen für passive (Arbeitslosengeld, Kurzarbeitergeld usw.), für aktive (alle Maßnahmen der beruflichen Förderung) als auch die restlichen Maßnahmen (wie z.B. Schlechtwettergeld).[37] Demzufolge ist es nicht verwunderlich, daß der in Abbildung 7.6

[37]Diese Summe gibt aber noch nicht die gesamten fiskalischen Kosten der Arbeitslosigkeit an. Neben den Gesamtausgaben der BA sind noch die Ausgaben des Bundes für Leistungen an Arbeitslose zu beachten, also besonders die Arbeitslosen- und die Sozialhilfe und vor allem die Mindereinnahmen an Lohn- und Einkommenssteuern und Sozialbeiträgen [Vgl. Franz (1999), S. 340]. Dies stellt aber nur auf die quantifizierbaren gesamtwirtschaftlichen Kosten von Arbeitslosigkeit ab und läßt "indirekte" Kosten in Form von abnehmender sozialer Stabilität außer acht.

abgetragene Anteil der Gesamtausgaben der Bundesanstalt für Arbeit am BIP der Entwicklung der Arbeitslosenquote gleicht. In jeder Rezession stieg dieser Anteil sprunghaft an und verringerte sich danach nur leicht bis zum nächsten Beschäftigungseinbruch. Die einzige Ausnahme bildet hier der leichte aber stetige Anstieg dieser Relation nach 1969, der auf den erweiterten Leistungskatalog des AFG aus jenem Jahr zurückzuführen sein dürfte.
Hinsichtlich der gesamten Einnahmen und Ausgaben der Bundesanstalt für Arbeit, die in Abbildung 7.7 dargestellt sind, lassen sich folgende stilisierte Fakten herausarbeiten:

- Sowohl Ausgaben als auch Einnahmen der Bundesanstalt für Arbeit sind seit 1960 stetig gestiegen. Die Ausgaben betreffend gilt dies nur für wenige Jahre im Anschluß an konjunkturelle Erholungsphasen nicht.

- Die Ausgaben werden im wesentlichen von der Entwicklung der Arbeitslosigkeit getrieben. Der Einfluß diskretionärer Eingriffe auf die Ausgabenseite ist dagegen gering.[38]

- Die Einnahmen gleichen in ihrer Entwicklung den Ausgaben. Dabei folgen sie den Ausgaben meist mit etwa einjähriger Verzögerung.

Am Saldo der Bundesanstalt für Arbeit als Differenz zwischen Einnahmen und Ausgaben sind gemäß Abbildung 7.8 Beschäftigungsschocks unmittelbar ablesbar. Vor der Wiedervereinigung fallen besonders die Defizite von über 4 Millionen Euro in den Jahren 1975 und 1981 ins Auge, während bei der BA von 1992 bis 1999 in acht aufeinanderfolgenden Jahren Unterschüsse bis zu 12 Millionen Euro aufgrund vereinigungsbedingter Zusatzausgaben aufliefen. Defizite sind jeweils im Rahmen der gesetzlichen Zuschußpflicht vom Bund zu decken. Interessanterweise erwirtschaftete die Bundesanstalt für Arbeit in Phasen relativer Vollbeschäftigung (1960-1966) und in konjunkturellen Erholungsphasen (1977/78 und 1984/85) aber auch Überschüsse von allerdings geringerer Bedeutung.
Vor einer eingehenderen Betrachtung der Ausgabenseite und dort insbesondere des Arbeitslosengeldes, sind zunächst einige Ausführungen zur Einnahmenseite angebracht.

[38]Vgl. Lampert (1989), S. 177.

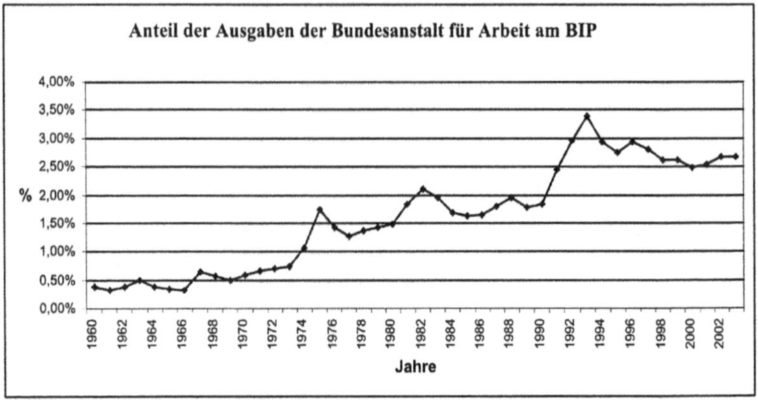

Abbildung 7.6: Anteil der Gesamtausgaben der Bundesanstalt für Arbeit am BIP
Quelle: Eigene Berechnungen. Gesamtausgaben: Amtliche Nachrichten der Bundesanstalt für Arbeit, laufende Jahrgänge; BIP: Statistisches Jahrbuch des Statistischen Bundesamtes.

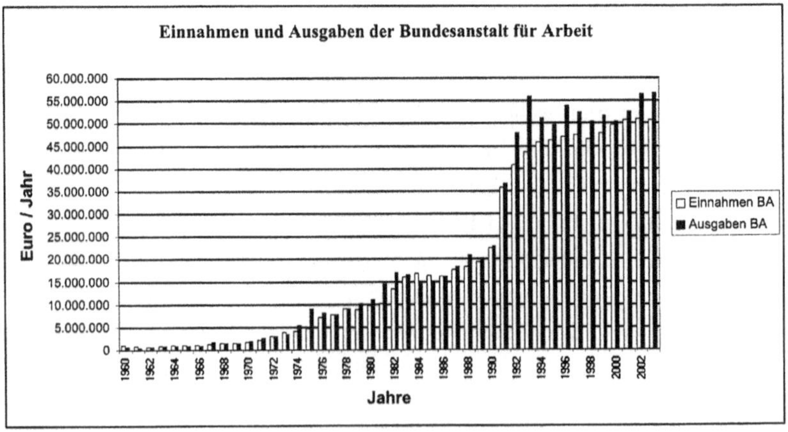

Abbildung 7.7: Einnahmen und Ausgaben der Bundesanstalt für Arbeit (nominal)
Quelle: Eigene Berechnungen anhand der Monatsdaten der Amtlichen Nachrichten der Bundesanstalt für Arbeit, laufende Jahrgänge.

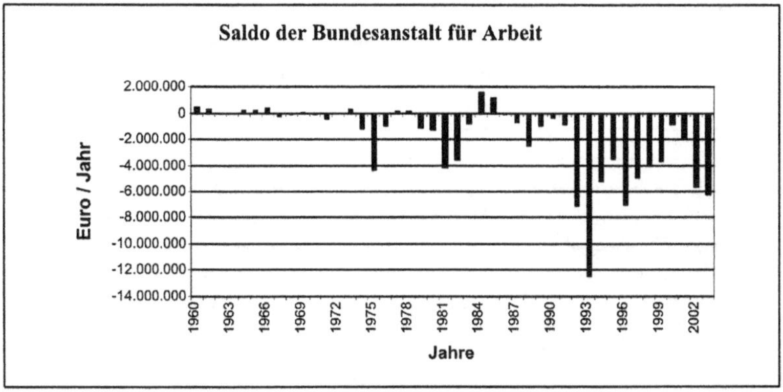

Abbildung 7.8: Saldo der Bundesanstalt für Arbeit aus Einnahmen und Ausgaben (nominal)
Quelle: Eigene Berechnungen aus den Daten der Amtlichen Nachrichten der Bundesanstalt für Arbeit, laufende Jahrgänge.

7.1.4.3 Beitragseinnahmen der Bundesanstalt für Arbeit und Beitragssätze zur Arbeitslosenversicherung

Den größten Teil ihrer Einnahmen erzielt die Bundesanstalt für Arbeit regelmäßig über die Beiträge zur Arbeitslosenversicherung. Dies geht aus Abbildung 7.9 hervor, die den Anteil der Beitragseinnahmen an den gesamten Einnahmen der Bundesanstalt für Arbeit im Zeitablauf darstellt. Nur in vier Jahren des betrachteten Zeitraums (1962, 1965, 1966, 1973) unterschritt der Anteil der Beitragseinnahmen an den Gesamteinnahmen den Wert von 80%. Während der Anteil bis 1978 noch relativ stark und um ein Mittel von etwa 83% schwankte, verblieb er ab 1979 in einem relativ engen Band zwischen 90 und 95%.

Hat man die Beitragseinnahmen als wichtigste Einnahmequelle der Bundesanstalt für Arbeit identifiziert, so ist eine Betrachtung der Entwicklung der Beitragssätze zur Arbeitslosenversicherung zwingend. Die Beitragssätze zur Arbeitslosenversicherung - ausgewiesen als Summe aus Arbeitnehmer- und Arbeitgeberanteil - sind in Abbildung 7.10 abgetragen.[39] Arbeitnehmer und Arbeitgeber tragen dabei je

[39] Als sinnvoller Ausgangspunkt der Zeitreihe erweist sich der August 1961, ab dem der Beitragssatz bis Ende 1961 auf Null festgelegt wurde.

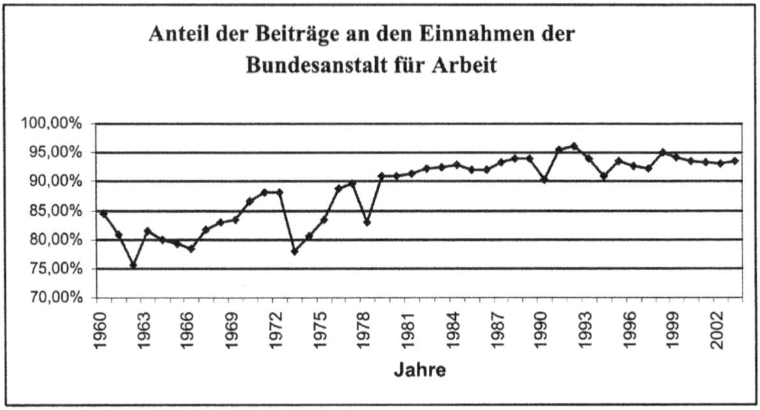

Abbildung 7.9: Anteil der Beitragseinnahmen an den Einnahmen der Bundesanstalt für Arbeit
Quelle: Eigene Berechnungen aus den jahresdurchschnittlichen, summierten Monatswerten der Amtlichen Nachrichten der Bundesanstalt für Arbeit, laufende Jahrgänge.

die Hälfte des auf den Bruttolohn berechneten Beitrages. Als Höchstgrenze für den beitragspflichtigen Bruttolohn fungiert zudem die Beitragsbemessungsgrenze der gesetzlichen Rentenversicherung.

Insgesamt vier Beobachtungen sind hervorzuheben.[40] Erstens ist der Beitragssatz in den letzten 40 Jahren recht stetig angestiegen. Zweitens wurde der Beitragssatz nur dreimal über mehr als drei Jahre unverändert gelassen. Drittens stehen neun z.T. deutlichen Beitragserhöhungen nur drei marginale Verringerungen gegenüber. Viertens erfolgten die drei deutlichsten Erhöhungen des Beitragssatzes spätestens ein Jahr nach den drei absolut stärksten Beschäftigungsrückgängen. Die gestiegenen Kosten der Arbeitslosigkeit wurden demzufolge jeweils durch Erhöhungen des Beitragssatzes finanziert. Dies dürfte die Haupterklärung für das Phänomen sein, daß die Höhe der Einnahmen den Ausgaben zeitversetzt folgt. Daß die Beitragserhöhungen nach einer konjunkturellen Belebung nicht wieder zumindest

[40] Anmerkungen zur Grafik: Von April 1962 bis Dezember 1963 galt ein Beitragssatz von 1,4%. Die Veränderung der Beitragssätze 1985 bzw. 1991 erfolgte zum Juni bzw. zum April. Ab Juli 1990 galt der aufgeführte Beitragssatz auch für die ostdeutschen Bundesländer.

Abbildung 7.10: Gesamter Beitragssatz zur Arbeitslosenversicherung
Quellen: 1961-1988: Lampert (1989), S. 174, 179; 1989-2003: BMWA.

teilweise rückgängig gemacht wurden, dürfte wesentlich zu den oben angesprochenen Überschüssen der Bundesanstalt für Arbeit in den Jahren 1977/78 und 1984/85 geführt haben.
Neben dem Beitragssatz als offensichtlichem Hebel bietet sich auch die Verbreiterung der Bemessungsgrundlage zur Erhöhung des Beitragsaufkommens an. Da dies jedoch deutlich geringere Effekte auf die Beitragseinnahmen hat, sei beispielhaft nur die stärkere Einbeziehung von Einmalzahlungen wie Weihnachts- und Urlaubsgeld in die Beitragspflicht, wie im Haushaltsbegleitgesetz 1984 geschehen, erwähnt.[41]

7.1.4.4 Ausgaben für aktive und passive Maßnahmen der Bundesanstalt für Arbeit

Die Abbildung 7.11 stellt die Anteile der Ausgaben aktiver und passiver Maßnahmen der Bundesanstalt für Arbeit an ihren Gesamtausgaben dar.[42] Während passive Maßnahmen auf die Einkommenssicherung der Empfänger abzielen, sollen

[41] Vgl. Steffen (2001), S. 8.

[42] Aufgrund der leichteren Verfügbarkeit wurden hierfür Daten der Deutschen Bundesbank herangezogen, die diese Angaben wiederum von der Bundesanstalt für Arbeit bezieht.

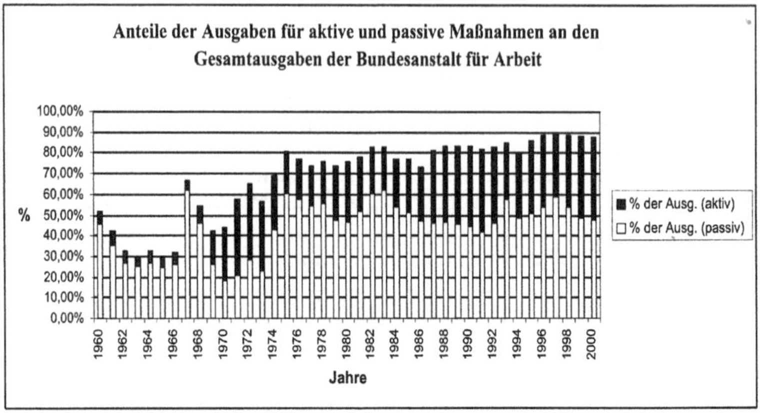

Abbildung 7.11: Anteile der Ausgaben der Bundesanstalt für Arbeit für aktive und passive Maßnahmen der Arbeitsmarktpolitik
Quelle: Eigene Berechnungen aus den Daten der Monatsberichte der Deutschen Bundesbank [Juni 1975, Juni 1979, Juni 1990, April 1994, April 2001].

aktive Maßnahmen die Nutznießer entweder in eine Beschäftigung zurückbringen oder die Ausübung einer bestehenden Beschäftigung verbessern bzw. die Fertigkeiten einer künftigen Tätigkeit vermitteln.[43] Ausgaben für passive Maßnahmen umfassen dabei das Arbeitslosengeld, das Kurzarbeitergeld, das Konkursausfall- bzw. Insolvenzgeld und die Anschlußarbeitslosenhilfe. Ausgaben für aktive Maßnahmen sind sämtliche Leistungen der beruflichen Förderung, insbesondere für Arbeitsbeschaffungsmaßnahmen, berufliche Bildung und berufliche Rehabilitation. Der jeweils verbleibende Restanteil setzt sich hauptsächlich zusammen aus den Ausgaben für die Winterbauförderung und für das Schlechtwettergeld, sowie den Verwaltungskosten der Bundesanstalt für Arbeit und der ihr nachgeordneten Instanzen.

Bezüglich der Summe aus den Anteilen der aktiven und passiven Ausgaben sind grob vier Phasen zu erkennen. Zwischen 1962 und 1966 (Phase I) machte die Summe meist kaum mehr als 30% der Gesamtausgaben aus, zwischen 1969 und 1974 im wesentlichen zwischen 40 und 60% (Phase II), zwischen 1975 und 1986 zwi-

[43] Vgl. sinngemäß Eichhorst et al. (2001), S. 193-195.

schen 70 und 80% (Phase III) und schließlich zwischen 1987 und 2000 zwischen 80 und 90% (Phase IV). In Phase I ist der Restanteil noch besonders ausgeprägt, in den Phasen III und IV ist er nur noch von geringer Bedeutung. Zwei Hauptgründe sind vermutlich für diese Beobachtungen verantwortlich. Zum einen läßt dies auf eine veränderte Zusammensetzung der Arbeitslosigkeit schließen. Der hohe Anteil von Zahlungen für Schlechtwettergeld spricht für eine Dominanz saisonaler Arbeitslosigkeit. Dahingegen deuten die Phasen III und IV größere strukturelle Probleme auf dem Arbeitsmarkt an. Zum anderen spiegelt die veränderte Ausgabenstruktur die veränderte Zielsetzung und Gesetzeslage der Arbeitsförderung nach 1969 wider.

Letzeres wird vor allem dadurch gestützt, daß der Anteil der Ausgaben aktiver Arbeitsmarktmaßnahmen zwischen 1969 und 1974 zwischen 25 und 37% betrug, wohingegen er zwischen 1960 und 1968 konstant um 6% lag. Dies ist eine umittelbare Folge des AFG. Vor allem aufgrund finanzieller Engpässe lag der Anteil aktiver Maßnahmen zwischen 1975 und 1986 mit 21 bis 29% niedriger. Zwischen 1987 und 2000 gewann die aktive Arbeitsmarktförderung jedoch wieder an Bedeutung und machte zwischen 30 und 40% der Ausgaben aus.[44]

Die Ausgaben für passive Maßnahmen sollten per definitionem im engen Zusammenhang mit konjunkturellen Einflüssen am Arbeitsmarkt stehen. Für die Periode bis 1974 läßt sich dies auch in Abbildung 7.11 ablesen, seit 1975 wendet die Bundesanstalt für Arbeit jedoch zwischen 40 und 60% ihrer Ausgaben für passive Maßnahmen auf. Der Anteil passiver Maßnahmen war in den letzten 25 Jahren demnach sowohl gegen konjunkturelle Einflüsse als auch gegen Eingriffe in das Leistungsrecht relativ resistent. Systemimmanente Fehlanreize in der Arbeitslosenversicherung und das "Lernen" des Systems durch die Leistungsbezieher könnten hierfür Ursachen sein.

Im Hinblick auf die aktiven Arbeitsmarktmaßnahmen ist es fraglich, inwieweit es ordnungspolitisch sinnvoll ist, sie und andere versicherungsfremde Leistungen und Aufgaben der Bundesanstalt für Arbeit zu übertragen.[45] Eine steuerfinanzierte aktive Arbeitsmarktpolitik hätte einige Vorteile. Erstens würden die Beitragszahler der Arbeitslosenversicherung finanziell entlastet. Zweitens würde damit

---

[44]Bedingt wurde dies auch durch einen erneuten Paradigmenwechsel zugunsten aktiver Arbeitsmarktpolitik.

[45]International ist dies zudem unüblich [Vgl. die Übersicht in Eichhorst et al. (2001), S. 201].

eine sachgerechtere Finanzierung versicherungsfremder Leistungen erreicht. Und drittens ist ein zielgerichteterer und effizienterer Einsatz der Mittel ebenso zu erwarten wie eine Verringerung der Kosten aktiver Arbeitsmarktpolitik. Lediglich politökonomische Erwägungen sprechen dafür, daß eine derartige Reform von verschiedenen Interessengruppen nicht gewünscht wird.

7.1.4.5 Spezifische Daten zur Arbeitslosenversicherung

Im Vorwege seien einige bedeutende Punkte zur Auszahlung des Arbeitslosengeld aufgezählt:

1. Die Bundesanstalt für Arbeit leistet für Arbeitslosengeldbezieher Beiträge zur Krankenversicherung. In den folgenden Daten hinsichtlich des Arbeitslosengeldes sind diese Beiträge enthalten.

2. Das Vierte Gesetz zur Änderung des AFG aus dem Jahre 1978 führte zum Juli 1978 Rentenversicherungsbeiträge für die Empfänger von Arbeitslosengeld ein, und zwar zunächst bezogen auf das vorige Nettoentgelt, ab 1983 dann bezogen auf das Arbeitslosengeld. Diese Beiträge sind seit 1979 von der Bundesanstalt für Arbeit zu leisten und wurden aus den Daten des Arbeitslosengeldes nicht herausgerechnet.

3. Das Arbeitslosengeld wird für die Woche berechnet. Im SGB III wird es für Kalendertage, im AFG und im AVAVG für die Wochen- bzw. Werktage gewährt.[46]

4. Mit der Dritten AFG-Novelle im Jahre 1974 wurden die Geldleistungen des AFG dynamisiert. Leistungstabellen bestimmen die wöchentlichen Höchstsätze des Arbeitslosengeldes.

Wie Abbildung 7.12 zeigt, verläuft die Kurve der Gesamtausgaben der Bundesanstalt für Arbeit für Arbeitslosengeld zu den Kurven der Arbeitslosenzahl und der Arbeitslosenquote sehr ähnlich. Abweichend hiervon sanken die Gesamtausgaben für Arbeitslosengeld im Vergleich zum Vorjahr aber seltener als die Arbeitslosenzahlen. Dies deutet zum einen darauf hin, daß Eingriffe in arbeitsförderungsgesetzliche Regelungen mehr kostendämpfende als kostensenkende

[46] Vgl. Steffen (2001), S. 21.

Auswirkungen hatten.[47] Zum anderen wurden Verbesserungen der Haushaltslage der Bundesanstalt für Arbeit zeitweise zu Leistungsverbesserungen genutzt. Anders ist z.B. der Anstieg der Ausgaben für Arbeitslosengeld 1988 bei etwa gleichgebliebener Arbeitslosigkeit kaum zu erklären; verantwortlich hierfür dürfte die Verlängerung der Bezugsdauer im Jahre 1987 sein.

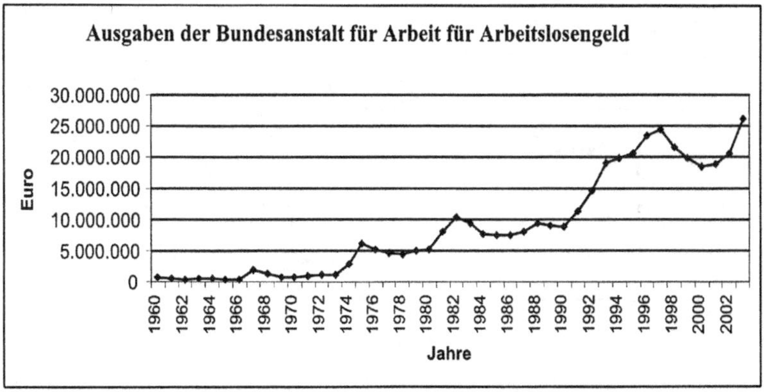

Abbildung 7.12: Jährliche Gesamtausgaben der Bundesanstalt für Arbeit für Arbeitslosengeld (inklusive SV-Beiträgen; real in Preisen von 1995)
Quelle: Eigene Berechnungen aus den Monatswerten der Amtlichen Nachrichten der Bundesanstalt für Arbeit, laufende Jahrgänge.

Der Anteil der Ausgaben für Arbeitslosengeld an den Gesamtausgaben der Bundesanstalt für Arbeit kann als Indiz für die relative Bedeutung des Arbeitslosengeldes herangezogen werden. Abbildung 7.13 veranschaulicht dies graphisch. Zwei Beobachtungen sind besonders hervorzuheben. Nach 1975 hat die quantitative Bedeutung des Arbeitslosengeldes im Vergleich zum Zeitraum zwischen 1960 und 1974 zugenommen. Der Anteil der Ausgaben für Arbeitslosengeld unterschritt nur 1991 und 1992 geringfügig die Marke von 35%. Zudem waren die Anstiege von 1966 auf 1967 und von 1973 bis 1975 in Prozentpunkten betrachtet stärker als in jedem anderen darauffolgenden Zeitraum. Während außerdem in konjunkturellen Erholungsphasen die Bedeutung des Arbeitslosengeldes zurück-

[47]Beispielsweise machen sich die Absenkungen der Lohnersatzrate 1969 und 1993 kaum bemerkbar.

geht, scheint dieser Rückgang nach 1975 von größerer Trägheit gekennzeichnet zu sein.

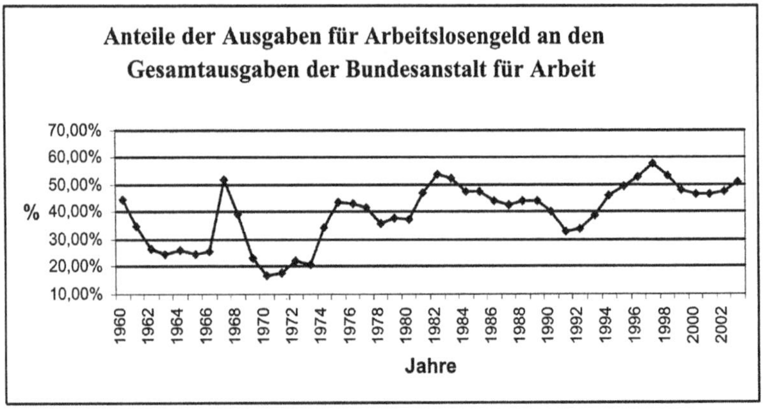

Abbildung 7.13: Anteil der jährlichen (nominalen) Ausgaben für Arbeitslosengeld an den jährlichen (nominalen) Gesamtausgaben der Bundesanstalt für Arbeit *Quelle: Eigene Berechnungen aus den Monatswerten der Amtlichen Nachrichten der Bundesanstalt für Arbeit, laufende Jahrgänge.*

Hauptbestimmungsfaktor starker Anstiege der Anzahl der Bezieher von Arbeitslosengeld - dargestellt in Abbildung 7.14 - waren die bereits erwähnten Rezessionen und die deutsche Wiedervereinigung. Insofern ist eine Betrachtung weniger auffälliger Entwicklungen interessanter. Die Einführung des AFG 1969 mit (im Vergleich zum AVAVG) geringerer Lohnersatzrate, verlängerter Bezugsdauer und gelockerter Zumutbarkeit hatte keinen spürbaren Effekt auf die Anzahl der Bezieher von Arbeitslosengeld. Der relative Rückgang der Anzahl der Bezieher zwischen 1975 und 1980 war stärker als derjenige der Arbeitslosenzahlen und der Arbeitslosenquote. Dies ging einher mit zwei deutlichen Verschärfungen der Zumutbarkeitsregeln in 1976 und 1978. Bei etwa konstanter Arbeitslosigkeit zwischen 1983 und 1987 ging die Anzahl der Bezieher von Arbeitslosengeld zurück, nachdem 1982 die Zumutbarkeitskriterien erneut verschärft wurden und die Anwartschaftszeit verlängert wurde, 1983 das Verhältnis von Bezugsdauer zu Qualifikationsperiode zurückgeschraubt wurde und 1984 die Lohnersatzrate dif-

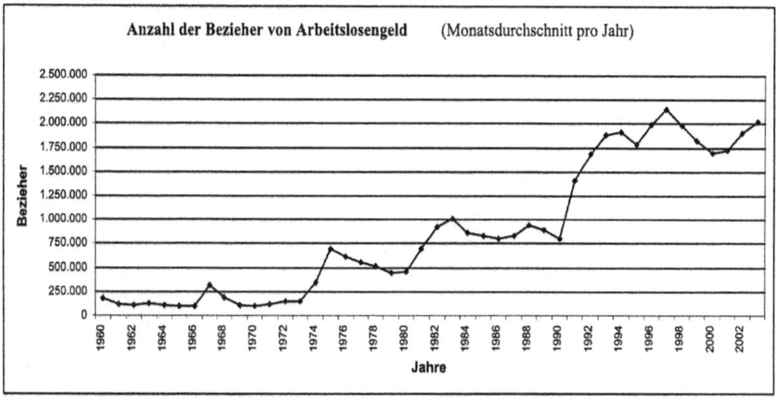

Abbildung 7.14: Anzahl der Bezieher von Arbeitslosengeld (Jahresdurchschnitt)
Quelle: Eigene Berechnungen aus den Monatswerten der Amtlichen Nachrichten der Bundesanstalt für Arbeit, laufende Jahrgänge.

ferenziert und damit im Durchschnitt gesenkt wurde. 1987 kam es hingegen zu einer Erhöhung der Anzahl der Bezieher, nachdem das Verhältnis von Bezugsdauer zu Qualifikationsperiode erhöht worden war. Abbildung 7.14 vermittelt somit einen ersten Eindruck von möglichen kausalen Zusammenhängen zwischen der Großzügigkeit der Arbeitslosenversicherung und ihrer Inanspruchnahme. Bei der Interpretation der Resultate ist aber zu beachten, daß auch andere Faktoren die Ursache für die geringere Zahl an Beziehern sein können. Besonders zu nennen sind die Entmutigung von Arbeitslosen und deren Übergang in die Stille Reserve, der Verlust des Anspruchs auf Arbeitslosengeld wegen Überschreitens der Höchstbezugsdauer und damit des anschließenden Bezugs von Arbeitslosen- oder Sozialhilfe, oder daß wegen der Nichterfüllung der Anwartschaftszeit keine Ansprüche zustandegekommen sind.
Zusätzlich wünschenswert wäre folglich eine Zeitreihe der durchschnittlichen Bezugsdauer von Arbeitslosengeld, mit deren Hilfe Rückschlüsse auf die Such- und Vermittlungseffizienz möglich wären. Diese Zeitreihe liegt erst seit 1995 lückenlos vor. Zwischen 1995 und 2002 schwankte die durchschnittliche Bezugsdauer des Arbeitslosengeldes zwischen 24,3 Wochen in 1997 und 20,6 Wochen in 2001.[48]

[48]Vgl. Jahreszahlen der ANBA (2002), Tabelle II.C.10, S. 83.

Aufschlußreicher als die Gesamtausgaben für Arbeitslosengeld ist die Entwicklung des Arbeitslosengeldes pro Monat und pro Kopf, welches in Abbildung 7.15 abgetragen ist. Als Quotient aus den gesamten (monatlichen) Ausgaben für Arbeitslosengeld und der stichtagsbezogenen monatlichen Anzahl an Beziehern verbindet sie die vorher behandelten Datenreihen.

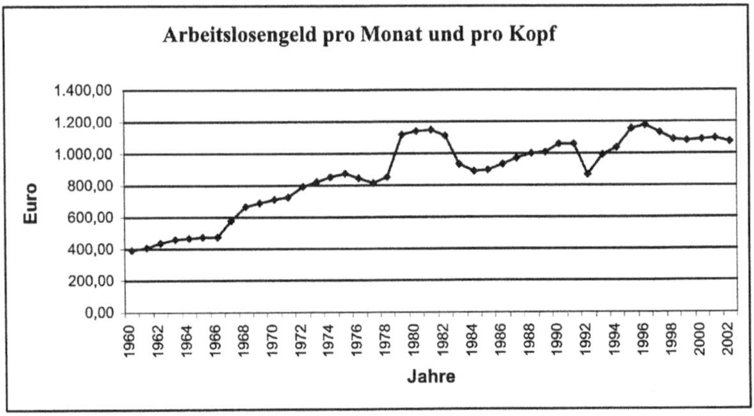

Abbildung 7.15: Jahresdurchschnitt des monatlichen Arbeitslosengeldes pro Kopf (inklusive SV-Beiträgen; real in Preisen von 1995)
Quelle: Bis 1993 Amtliche Nachrichten der Bundesanstalt für Arbeit, laufende Jahrgänge; ab 1994 eigene Berechnungen aus den Jahresdaten der Amtlichen Nachrichten der Bundesanstalt für Arbeit, laufende Jahrgänge.

Für den relativ stetigen Anstieg des monatlichen Arbeitslosengeldes pro Kopf sind vor allem zwei Einflußfaktoren von Bedeutung. Erstens folgt die Zeitreihe der Lohnentwicklung, weil diese die Bemessungsgrundlage des Arbeitslosengeldes bestimmt. Zweitens dürfte sich die Qualifikationsstruktur der Anspruchsberechtigten im Zeitablauf verändert haben. Aufgrund zunehmender Arbeitslosigkeit auch besser Qualifizierter und deren höherer Bemessungsgrundlage stiegen auch die monatlichen Pro-Kopf-Zahlungen für Arbeitslosengeld.
Einige Besonderheiten sind zusätzlich zu erwähnen. Der starke Anstieg von 1978 auf 1979 ergibt sich aus der statistischen Besonderheit, daß die 1978 eingeführten Rentenversicherungsbeiträge mit berücksichtigt sind. Der Rückgang zwischen

1982 und 1984 kann mit keiner Gesetzesänderung in Verbindung gebracht werden, allerdings drängt sich auch keine andere Erklärung auf. Der Rückgang von 1991 auf 1992 ist ein eindeutiger Effekt der Wiedervereinigung, d.h. die geringere Bemessungsgrundlage infolge der niedrigeren Löhne und Gehälter in Ostdeutschland ist für den kleineren Pro-Kopf-Wert verantwortlich. Erstaunlich ist schließlich, daß die meisten Verringerungen der gesetzlichen Lohnersatzrate keinen senkenden Effekt auf das monatliche Arbeitslosengeld pro Kopf hatten.

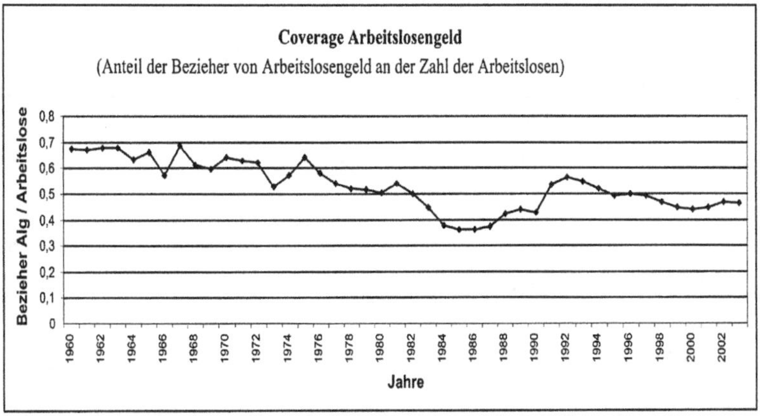

Abbildung 7.16: Anteil der Bezieher von Arbeitslosengeld an den gesamten Arbeitslosen
Quelle: Eigene Berechnungen aus den Monatsdaten der Amtlichen Nachrichten der Bundesanstalt für Arbeit, laufende Jahrgänge.

Der Anteil der Bezieher an der Zahl der Arbeitslosen - auch als coverage oder beneficiary rate bezeichnet - ist in Abbildung 7.16 abzulesen. Über den gesamten Untersuchungszeitraum betrachtet ist die Abdeckung rückläufig.[49] Vorübergehende Abweichungen von diesem Trend nach oben lassen sich nur in Phasen konjunktureller Abschwünge erkennen. Neben gesetzlichen Modifikationen dürften hierfür auch die bei der Anzahl der Bezieher von Arbeitslosengeld genannten Einschränkungen verantwortlich sein.

[49]Coverage, Bewilligungsquote und ausgesprochene Sperrzeiten können als Indizien für die praktizierte Strenge des Systems aufgefaßt werden.

Für diese Zeitreihe können grob drei Phasen identifiziert werden. Zwischen 1960 und 1974 schwankte die Abdeckung zwischen 0,69 (im Jahre 1967) und 0,53 (im Jahre 1973), wobei sie auf die Einführung des AFG 1969 kaum reagierte. Von 1975 bis 1982 sank die Abdeckung nahezu kontinuierlich von 0,65 auf 0,5, was neben der konjunkturellen Erholung auch auf die Verschärfung der Zumutbarkeitskriterien in den Jahren 1976 und 1978 zurückzuführen sein könnte. Die Werte in 1983 und 2003 liegen beide etwa bei 0,45 und in dieser Zeitspanne ergab sich eine Bandbreite zwischen 0,36 (1985) und 0,56 (1992), die damit unter dem Niveau der beiden vorherigen Phasen liegt.

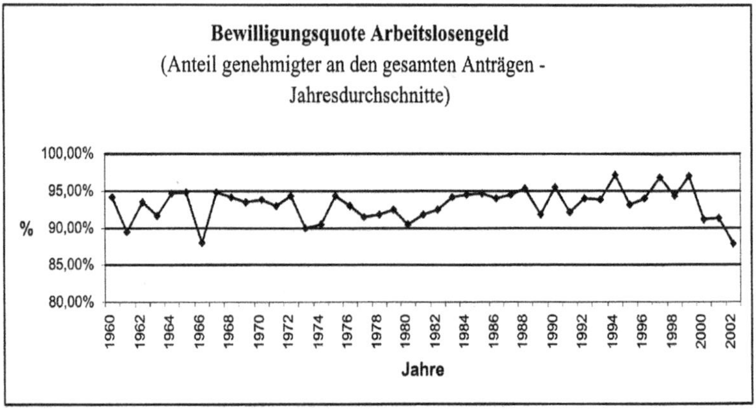

Abbildung 7.17: Anteil der genehmigten Anträge auf Arbeitslosengeld an der Gesamtzahl der gestellten Anträge (pro Jahr)
Quelle: Eigene Berechnungen aus den Monatsdaten der Amtlichen Nachrichten der Bundesanstalt für Arbeit, laufende Jahrgänge.

Der in Abbildung 7.17 wiedergegebene Anteil der genehmigten Anträge an der Zahl der gestellten Anträge bewegt sich über den Zeitraum von 1960 bis 2002 in einem relativ engen Band zwischen 88 und 97%. Vermutlich liegt dies daran, daß Arbeitslose ihre Chancen auf den Bezug von Arbeitslosengeld sehr gut einschätzen können und von einem Antrag absehen, wenn ihnen die Bewilligungsaussichten aufgrund der Bezugsregeln zu gering erscheinen. Außerdem ist davon auszugehen, daß die Bewilligungsquote über den gesamten Zeitraum betrachtet deshalb nur geringen Schwankungen unterlag, weil die Strenge der Arbeitsverwaltung kaum Änderungen unterlag.

Die Zeitreihe der monatsdurchschnittlichen absoluten Sperrfristen in Abbildung 7.18 zeigt ein recht volatiles Bild mit Peaks in konjunkturellen Schwächephasen. Bedeutend ist, daß die Sperrfrist bei freiwilliger oder verschuldeter Arbeitsaufgabe eines Beschäftigten wie eine Wartezeit vor dem Bezug von Arbeitslosengeld wirkt. Dies ist deshalb wichtig, weil über den gesamten Betrachtungszeitraum jährlich mindestens 75% der Sperrzeiten wegen freiwilliger oder verschuldeter Arbeitsaufgabe verhängt wurden[50]. Umgekehrt spielen mithin während des Bezugs von Arbeitslosengeld verhängte Sperrzeiten nur eine untergeordnete Rolle.

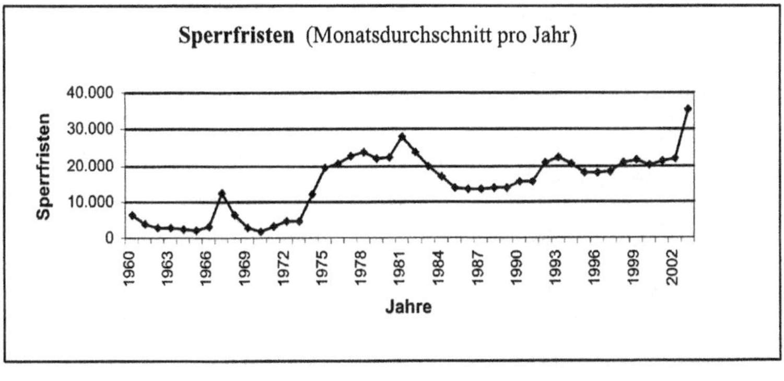

Abbildung 7.18: Anzahl der ausgesprochenen Sperrfristen (Monatsdurchschnitt pro Jahr)
Quelle: Amtliche Nachrichten der Bundesanstalt für Arbeit, laufende Jahrgänge.

Abschließend soll anhand von Abbildung 7.19 der Zusammenhang zwischen dem Anteil der jährlich ausgesprochenen Sperrfristen an der Zahl der Anspruchsberechtigten als Summe aus Empfängern von Arbeitslosengeld und Nicht-Empfängern aufgrund von Sperrfristen aufgezeigt werden. Zwischen 1960 und 1982 bewegte sich die Rate von Sperrfristen zu Anspruchsberechtigten in einer großen Bandbreite zwischen 2% und über 4,5%. Insbesondere seit 1980 ist diese Rate aber

[50]Quelle: Hier nicht aufgeführte eigene Berechnungen.

nachhaltig zurückgegangen, und das dauerhafte Unterschreiten einer Marke von 2,5% nach 1982 ist neben den veränderten Bedingungen auf dem Arbeitsmarkt vermutlich auch auf die verlängerte Sperrfrist von 8 Wochen ab 1982 zurückzuführen. Seit 1992 liegt der Anteil der Sperrfristen an den Anspruchsberechtigten recht konstant um 1%. Der Zusammenhang zur abermaligen Verlängerung der Sperrzeit auf 12 Wochen im Jahre 1994 ist hier aber weniger klar. Stattdessen dürfte hierfür die stark gestiegene Bezugsgröße aufgrund der in Ostdeutschland hinzugekommenen Arbeitslosen verantwortlich sein. Das Verharren der Rate auf niedrigem Niveau in den letzten Jahren spricht aber zumindest dafür, daß die momentane Länge der Sperrzeit die gewünschten abschreckenden Anreize setzt.

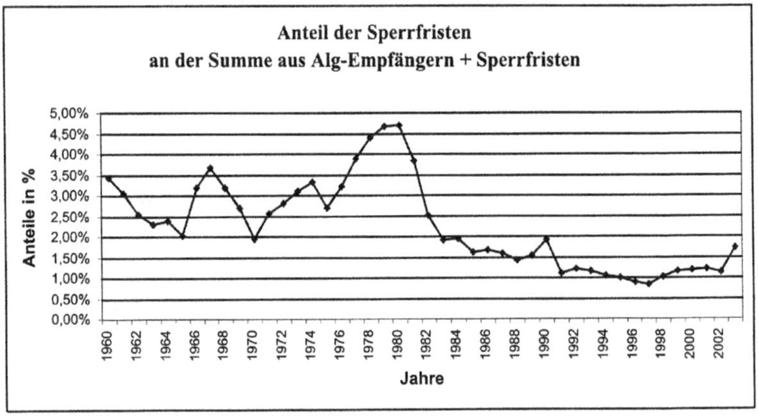

Abbildung 7.19: Anteil der ausgesprochenen Sperrfristen an der Zahl der Anspruchsberechtigten
Quelle: Eigene Berechnungen aus den Monatsdaten der Amtlichen Nachrichten der Bundesanstalt für Arbeit, laufende Jahrgänge.

Mit Hilfe der in diesem Unterabschnitt präsentierten Datenbasis soll im Anschluß in Abschnitt 7.2 ein *Index der Großzügigkeit der Arbeitslosenversicherung* konstruiert werden.

7.2 Index der Großzügigkeit der Arbeitslosenversicherung

Dieser Abschnitt befaßt sich mit der Quantifizierung der Variablen "Großzügigkeit der Arbeitslosenversicherung". Zu diesem Zweck werden auf der Grundlage der Daten des vorherigen Abschnittes Indices entwickelt und berechnet.
Zunächst werden einige bereits bestehende Indices präsentiert, bevor die neuen Ergebnisse vorgestellt werden. Abschließend werden Anwendungsmöglichkeiten des Indexes angesprochen.

7.2.1 Bestehende Indices

Im folgenden kommen einerseits Untersuchungen zur Sprache, die direkt auf die Konstruktion eines Indexes abzielen. Andererseits werden (ökonometrische) Untersuchungen aufgeführt, die eine Maßzahl für die Wirkung der Ausgestaltung der Arbeitslosenversicherung als erklärende Variable verwendet haben.
Im Rahmen der OECD jobs study 1994 wurde für 21 OECD-Staaten jeweils eine *summary measure of benefit entitlements* gebildet.[51] Hierfür wurden jeweils Lohnersatzraten für als typisch erachtete Fälle (von Arbeitslosigkeit) ermittelt, und zwar für

- drei Perioden (im 1. Jahr, im 2. bzw. 3. Jahr und im 4. bzw. 5. Jahr der Arbeitslosigkeit),
- drei Situationen bezüglich des Familienstandes (alleinstehend, verheiratet mit unterhaltsberechtigtem Ehepartner, verheiratet mit beschäftigtem Ehepartner)[52] und
- zwei vorherige Einkommensniveaus (durchschnittliches Einkommen und 2/3 des durchschnittlichen Einkommens).[53]

[51] Siehe OECD (1994), Kap. 8, S. 171-237.

[52] Seit 1998 wird mit der Gruppe der Alleinerziehenden eine vierte Familiensituation berücksichtigt. Vgl. z.B. OECD (1998).

[53] Außerdem wird nur die als repräsentativ angenommene Situation eines 40-jährigen Arbeitnehmers betrachtet, der vorher seit dem achtzehnten Lebensjahr beschäftigt gewesen ist. Für die Berechnungen hinsichtlich der Arbeitslosenhilfe wird unterstellt, daß der Arbeitslose nicht im Besitz von Vermögen ist.

Zur Berechnung der Lohnersatzraten wurden die (jährlichen) Unterstützungszahlungen durch das (jährliche) durchschnittliche Bruttoeinkommen der Erwerbstätigen dividiert. Letzteres ergibt sich aus dem arithmetischen Mittel des durchschnittlichen Bruttolohnes eines Arbeiters in der Produktion (*average production worker wage*) und des durchschnittlichen Brutto-Angestelltenverdienstes. Die insgesamt 18 Lohnersatzraten wurden durch die Bildung des ungewichteten Mittels zu einem Index verdichtet.[54] Für Deutschland schwankte dieser Index von 1961 bis 1999 in einem sehr engen Band zwischen 0,27 und 0,31.[55]

Neben den vorgenannten Bruttolohnersatzraten (*gross replacement rates*) ermittelt die OECD regelmäßig auch faktische Lohnersatzraten (*net replacement rates*). Diese unterscheiden sich von den Bruttolohnersatzraten zum einen dadurch, daß zusätzlich andere Unterstützungsleistungen (wie Kindergeld, Wohngeld usw.) berücksichtigt werden. Zum anderen wird der Nettolohn (zuzüglich Unterstützungsleistungen während einer Beschäftigung) als Bezugsbasis herangezogen. Für das Jahr 2001 gibt die OECD (2002a, Table 3.10, S. 40) das ungewichtete Mittel der faktischen Lohnersatzraten (über drei Perioden, vier Familiensituationen und für zwei vorherige Einkommensniveaus) in der Bundesrepublik Deutschland mit 0,63 an.

Neben der OECD hat das niederländische Central Planning Bureau (1995) Kalkulationen zu faktischen Nettolohnersatzraten durchgeführt. Auf die Details soll an dieser Stelle jedoch nicht näher eingegangen werden.[56] Es mag der Hinweis genügen, daß die ermittelten Ergebnisse für einige Länder im Vergleich zur OECD-Methodik zwar deutlich differierten, dies jedoch für die Bundesrepublik Deutschland nicht der Fall war.

Grundsätzlich zielt die Berechnung faktischer Lohnersatzraten darauf ab, die Einkommenspositionen von Beschäftigten und Arbeitslosen zu vergleichen. Darüber hinaus soll eine international vergleichende Einschätzung der Einkommensposition von Arbeitslosen ermöglicht werden. Wie großzügig die Arbeitslosenversicherung jeweils ausgestaltet ist, wird dabei bewußt nur als Teil der gesamten Kalkula-

[54] Vgl. zu einem Überblick zu diesem Vorgehen Martin (1996).

[55] Vgl. OECD (2002a), Figure 3.4., S. 42.

[56] Vgl. zu einer Gegenüberstellung mit den Annahmen, Berechnungsmethoden und Ergebnissen der OECD z.B. Central Planning Bureau (1995), Martin (1996), Salomäki & Munzi (1999) und Salomäki (2001).

tion wiedergegeben. Deshalb sind faktische Lohnersatzraten für den Zweck dieses Abschnittes wenig geeignet und ihre Ermittlung kann unterbleiben.

Beitrag	**Variable**	**Untersuchtes Land**
Maki & Spindler (1975)	Lohnersatzrate (r)	Großbritannien
Grubel, Maki & Sax (1975)	Lohnersatzrate (r)	Kanada
Grubel & Maki (1976)	Lohnersatzrate (r)	USA
Keil & Symons (1990)	Zusammengesetztes Maß = $r \cdot$ Coverage	Kanada
Milbourne, Purvis & Scoones (1991)	D/M	Kanada
Lemieux & MacLeod (2000)	Zusammengesetztes Maß = $r \cdot D/M$	Kanada
Fortin (1989)	Zusammengesetztes Maß = $r \cdot D/M \cdot$ Coverage	Kanada
Sargent (1995, 1998)	Verhaltensbasiertes zusammengesetztes Maß	Kanada

Tabelle 7.9: Ausgewählte Variablen und Indices zur Abbildung der Großzügigkeit einer Arbeitslosenversicherung

Die Zusammenstellung in Tabelle 7.9 gibt einen exemplarischen Überblick über Variablen bzw. Indices, mit denen die Generosität einer Arbeitslosenversicherung (in makroökonomischen Studien) bisher abgebildet wurde. Daß hier im wesentlichen kanadische Studien aufgeführt sind, hat mehrere Gründe. Erstens lieferten verschiedene Gesetzesänderungen in der kanadischen Arbeitslosenversicherung seit Beginn der 70er Jahre eine aussagekräftige Datenbasis für ökonometrische Analysen. Zweitens wird eine Evolution der Indices deutlich, die sich in der Berücksichtigung verschiedener (zusätzlicher) Systemgesichtspunkte im Zeitablauf widerspiegelt. Dies entspringt der Überlegung, daß die alleinige Verwendung der Lohnersatzrate nicht adäquat erscheint. Drittens liegen nach dem Kenntnisstand des Autors keine Untersuchungen für Deutschland vor, die speziell die Großzügigkeit der Arbeitslosenversicherung und ihre Wirkungen auf die Arbeitslosigkeit fokussieren.

Im nächsten Unterabschnitt soll unter Verwendung der Daten aus Unterabschnitt 7.1.4 ein (neuer) Index der Großzügigkeit der Arbeitslosenversicherung in Deutschland konstruiert werden. Die Konzentration auf die Bundesrepublik Deutschland erfolgt zur Verdeutlichung der grundsätzlichen Vorgehensweise und weil eine international vergleichende Perspektive den Rahmen der vorliegenden Arbeit sprengte.[57]

7.2.2 Ein Index für die Bundesrepublik Deutschland

Das System der Arbeitslosenversicherung in Deutschland wurde in Abschnitt 7.1.3 bereits detailliert beschrieben. Ausgangspunkt der folgenden Überlegungen ist (wiederum) die Kritik von Atkinson & Micklewright (1991) an der vereinfachenden Reduzierung der Ausgestaltung einer Arbeitslosenversicherung auf die Lohnersatzrate. Die theoretische Untersuchung hat gezeigt, daß auch andere Elemente einer Arbeitslosenversicherung von Relevanz sind. Die wesentlichen Ausgestaltungsmerkmale, die berücksichtigt werden müssen, sind

1. die Lohnersatzrate,
2. die Bezugsdauer,
3. die Qualifikationsperiode,
4. die Wartezeit und
5. die Bestimmungen zur Anspruchs- und Leistungsberechtigung.

Zunächst einige Anmerkungen zur quantitativen Erfassung der einzelnen Komponenten.

Die Erläuterungen im vorangegangenen Unterabschnitt haben gezeigt, daß man kaum von *der* Lohnersatzrate sprechen kann. Zum einen ist zu fragen, welches Einkommen während der Arbeitslosigkeit anzusetzen ist. Soll dies nur durch das Arbeitslosengeld (oder die Arbeitslosen- bzw. Sozialhilfe) repräsentiert werden? Oder sollen auch weitere Sozialleistungen und anderweitige Vergünstigungen Eingang finden? Die OECD bejaht bei der Berechnung der faktischen Lohnersatzrate

[57] Für deskriptive internationale Systemvergleiche siehe z.B. Blaustein & Craig (1977), OECD (1988, 1994, 1997, 1998), Central Planning Bureau (1995) und Werner & Winkler (2003). Für Länderstudien vgl. etwa Blaustein et al. (1993) für die USA, Corak (1994) für Kanada, sowie Pohlmeier & Raj (1998) für eine Reihe osteuropäischer Staaten.

offenkundig die letztgenannte Frage. Zum anderen stellt sich die Frage nach der Berechnungsgrundlage, d.h. worauf soll das empfangene Arbeitslosengeld (oder das Einkommen während der Arbeitslosigkeit) bezogen werden?[58] Üblicherweise kommt das Konzept des Einkommens des durchschnittlichen Arbeitnehmers zur Anwendung. Hierfür wird ein Durchschnitt aus den Löhnen des durchschnittlichen Arbeiters in der Produktion (*average production worker*) und des Verdienstes des durchschnittlichen Gehaltsempfängers gebildet.[59] Die Vermutung, daß derartige stilisierte Studien verzerrte oder unpräzise Resultate liefern, bestätigt sich nicht: Salomäki & Munzi (1999) und Salomäki (2001) zeigen in einem Vergleich der Studien auf stilisierter Datenbasis mit eigenen Berechnungen auf empirischer Datenbasis, daß die Ergebnisse in vielen Fällen recht eng korrespondieren.
Weil hier ausdrücklich die oben aufgeführten Ausgestaltungsmerkmale der Arbeitslosenversicherung zur Debatte stehen, wird wie folgt vorgegangen. Ausgangspunkt sind die gesetzlichen Nettolohnersatzraten in Deutschland. In Tabelle 7.10 sind diese in den Spalten *RR gesetzlich 1* und *RR gesetzlich 2* abzulesen.[60] Bei *RR gesetzlich 2* handelt es sich dabei um den 1984 eingeführten reduzierten Satz für Arbeitslose ohne Kinder. Aufgrund der schon angesprochenen Berechnungsschwierigkeiten wird unter Vernachlässigung der Kinder- und Familienzuschläge für die Jahre vor 1975 näherungsweise die Übereinstimmung beider Lohnersatzraten unterstellt. Während in Tabelle 7.10 die Spalte 3 (arithmetisches Mittel) selbsterklärend ist, bedarf die Spalte 4 (gewichtetes Mittel) einer kurzen Erläuterung. Hier wurden die gesetzlichen Lohnersatzraten mit den tatsächlichen Anteilen der Bezieher an den beiden Gruppen gewichtet.[61] Diese gewichtete (gesetzliche) Lohnersatzrate unterschritt seit 1984 wegen des höheren Anteils von Beziehern mit dem reduzierten Satz stets das arithmetische Mittel.

Zum Vergleich gibt die letzte Spalte der Tabelle 7.10 die effektive Lohnersatzrate an, die in Anlehnung an die zuvor beschriebene OECD-Vorgehensweise ermittelt

[58]Vgl. z.B. Micklewright (1985) zur Problematik der anzusetzenden vorangegangenen Einkünfte.

[59]Vgl. OECD (1994), Annex 8.A, S. 221, für eine genauere Beschreibung.

[60]Anmerkung: Da das AFG genau zur Mitte des Jahres 1969 eingeführt wurde, entspricht der Wert des Jahres 1969 dem arithmetischen Mittel der Werte aus der ersten und der zweiten Jahreshälfte.

[61]Diese Anteile sind hier nicht aufgeführt. Sie entstammen eigenen Berechnungen auf der Grundlage der Jahresdurchschnitte, die aus den Monatszahlen der ANBA berechnet wurden.

Jahr	RR gesetzlich 1 ("normal")	RR gesetzlich 2 (ohne Kind)	RR gesetzlich arithmetisch aus 1 & 2	RR gesetzlich gewichtet aus 1 & 2	RR effektiv
1960	0,705	0,705	0,705	0,705	0,474
1961	0,705	0,705	0,705	0,705	0,458
1962	0,705	0,705	0,705	0,705	0,465
1963	0,705	0,705	0,705	0,705	0,465
1964	0,705	0,705	0,705	0,705	0,448
1965	0,705	0,705	0,705	0,705	0,426
1966	0,705	0,705	0,705	0,705	0,409
1967	0,705	0,705	0,705	0,705	0,499
1968	0,705	0,705	0,705	0,705	0,555
1969	0,665	0,665	0,665	0,665	0,525
1970	0,625	0,625	0,625	0,625	0,499
1971	0,625	0,625	0,625	0,625	0,483
1972	0,625	0,625	0,625	0,625	0,511
1973	0,625	0,625	0,625	0,625	0,513
1974	0,625	0,625	0,625	0,625	0,514
1975	0,680	0,680	0,680	0,680	0,521
1976	0,680	0,680	0,680	0,680	0,486
1977	0,680	0,680	0,680	0,680	0,452
1978	0,680	0,680	0,680	0,680	0,460
1979	0,680	0,680	0,680	0,680	0,592
1980	0,680	0,680	0,680	0,680	0,596
1981	0,680	0,680	0,680	0,680	0,604
1982	0,680	0,680	0,680	0,680	0,592
1983	0,680	0,680	0,680	0,680	0,495
1984	0,680	0,630	0,655	0,651	0,466
1985	0,680	0,630	0,655	0,647	0,461
1986	0,680	0,630	0,655	0,647	0,462
1987	0,680	0,630	0,655	0,646	0,467
1988	0,680	0,630	0,655	0,646	0,469
1989	0,680	0,630	0,655	0,646	0,468
1990	0,680	0,630	0,655	0,647	0,483
1991	0,680	0,630	0,655	0,645	0,475
1992	0,680	0,630	0,655	0,651	0,382
1993	0,680	0,630	0,655	0,649	0,436
1994	0,670	0,600	0,635	0,624	0,453
1995	0,670	0,600	0,635	0,623	0,492
1996	0,670	0,600	0,635	0,623	0,513
1997	0,670	0,600	0,635	0,623	0,495
1998	0,670	0,600	0,635	0,623	0,467
1999	0,670	0,600	0,635	0,623	0,455
2000	0,670	0,600	0,635	0,623	0,453
2001	0,670	0,600	0,635	0,624	0,525
2002	0,670	0,600	0,635	0,624	0,512

Tabelle 7.10: Lohnersatzraten in Deutschland (1960-2002)
Quellen: AVAVG, AFG und SGB III, sowie eigene Berechnungen.

wurde.[62] Es zeigt sich, daß die effektive Lohnersatzrate stets unter den gesetzlichen Lohnersatzraten liegt. Um das Augenmerk auf dem System der Arbeitslosenversicherung zu belassen und andere Effekte auszublenden, werden im folgenden die Werte der gewichteten Lohnersatzrate verwendet.
Der Gesichtspunkt der Bezugsdauer des Arbeitslosengeldes bedarf keiner weiteren Erläuterung. Die Tabellen 7.5 und 7.6 unter Gliederungspunkt 7.1.3.4 stellten die Bezugsdauern des Arbeitslosengeldes in Deutschland überblickartig zusammen. Dieselbe Tabelle ordnete der Bezugsdauer zudem die jeweilige Qualifikationsperiode zu. Das Ableisten der Qualifikationsperiode ist dabei ein entscheidendes Kriterium für die Anspruchsberechtigung.[63]
Das Modell unter Gliederungspunkt 3.1.1.2 hat gezeigt, daß der Quotient aus Bezugsdauer D und Qualifikationsperiode M wesentlich für die Arbeitsangebotsentscheidung ist. Deshalb wird hier auch dieser Quotient gebildet, wobei eine Qualifikationsperiode von 1 Jahr (bzw. 360 Tagen) als Referenzfall herangezogen wurde. Diese jährlich gültige D/M-Rate ist in Tabelle 7.11 aufgeführt.
Eine Warteperiode galt lediglich im AVAVG. Da sie mit 3 Tagen zudem sehr kurz und damit nur von geringer Bedeutung war, findet sie im folgenden keine Berücksichtigung.[64]

Begrifflich ist es hilfreich, die zeitlichen Aspekte als Kriterien der Anspruchsberechtigung (*entitlement*) zu bezeichnen. In Abgrenzung dazu umfassen alle Regelungen, die das Verhalten während der Arbeitslosigkeit betreffen und den Zustand der Arbeitslosigkeit definieren, die Leistungsberechtigung (*eligibility*).[65]

---

[62]Die zugrundegelegten monatlichen Löhne und Gehälter sind dem Statistischen Jahrbuch entnommen. Nicht auf die Arbeitslosenversicherung zurückgehende Leistungen wurden nicht berücksichtigt. Hieraus ergeben sich im wesentlichen die Abweichungen zur faktischen Lohnersatzrate der OECD.

[63]Vgl. darüber hinaus die Erläuterungen zu einer möglichen Maßschneiderung der Dauer einer Beschäftigung in Abschnitt 6.3, sowie in Green & Riddell (1997) und Baker & Rea (1998).

[64]Grundsätzlich wäre zusätzlich der Quotient $\frac{D}{A+D}$ zu berücksichtigen, wobei A wie zuvor die Wartezeit darstellt.

[65]Diese Differenzierung wird von der OECD (2000), S. 129f. vorgeschlagen. Dieser Unterscheidung folgend wurden die Kriterien der Anspruchsberechtigung in den Gliederungspunkten 7.1.3.3-5 erörtert und die Regelungen zur Leistungsberechtigung in den Gliederungspunkten 7.1.3.6 und 7.1.3.7.

Jahr	D/M	Sperrfristen-quote	Bewilligungs-quote	Eligibility = (1-Spfq)*Bewq	Coverage
1960	0,429	0,0342	0,9410	0,9089	0,6741
1961	0,429	0,0306	0,8953	0,8679	0,6689
1962	0,429	0,0255	0,9345	0,9107	0,6784
1963	0,429	0,0231	0,9169	0,8957	0,6770
1964	0,429	0,0239	0,9461	0,9235	0,6344
1965	0,429	0,0202	0,9478	0,9287	0,6619
1966	0,429	0,0318	0,8795	0,8515	0,5714
1967	0,429	0,0368	0,9490	0,9141	0,6865
1968	0,429	0,0320	0,9424	0,9122	0,6137
1969	0,433	0,0269	0,9358	0,9106	0,5985
1970	0,433	0,0194	0,9384	0,9202	0,6414
1971	0,433	0,0256	0,9305	0,9067	0,6279
1972	0,433	0,0282	0,9436	0,9170	0,6211
1973	0,433	0,0311	0,9007	0,8727	0,5271
1974	0,433	0,0334	0,9042	0,8741	0,5725
1975	0,433	0,0271	0,9435	0,9179	0,6401
1976	0,433	0,0323	0,9301	0,9000	0,5813
1977	0,433	0,0390	0,9152	0,8795	0,5411
1978	0,433	0,0441	0,9180	0,8776	0,5218
1979	0,433	0,0467	0,9245	0,8813	0,5153
1980	0,433	0,0471	0,9043	0,8617	0,5051
1981	0,433	0,0383	0,9176	0,8824	0,5383
1982	0,433	0,0251	0,9242	0,9010	0,4995
1983	0,289	0,0191	0,9415	0,9236	0,4482
1984	0,289	0,0193	0,9452	0,9269	0,3793
1985	0,289	0,0163	0,9459	0,9306	0,3626
1986	0,289	0,0166	0,9396	0,9239	0,3628
1987	0,361	0,0159	0,9451	0,9301	0,3736
1988	0,433	0,0144	0,9534	0,9397	0,4232
1989	0,433	0,0153	0,9184	0,9044	0,4371
1990	0,433	0,0191	0,9548	0,9365	0,4270
1991	0,433	0,0110	0,9247	0,9145	0,5370
1992	0,433	0,0122	0,9118	0,9007	0,5627
1993	0,433	0,0118	0,9306	0,9196	0,5488
1994	0,433	0,0106	0,9560	0,9459	0,5181
1995	0,433	0,0100	0,9325	0,9232	0,4922
1996	0,433	0,0090	0,9380	0,9295	0,5000
1997	0,433	0,0085	0,9713	0,9630	0,4900
1998	0,500	0,0103	0,9498	0,9400	0,4659
1999	0,500	0,0116	0,9763	0,9650	0,4468
2000	0,500	0,0118	0,9210	0,9101	0,4369
2001	0,500	0,0121	0,9198	0,9087	0,4480
2002	0,500	0,0113	0,8920	0,8819	0,4688

Tabelle 7.11: D/M-Rate, Sperrfristenquote, Bewilligungsquote, eligibility und coverage in Deutschland (1960-2002)
Quelle: Eigene Berechnungen.

Die Regelungen zur Leistungsberechtigung umfassen die Definition des Zustandes der Arbeitslosigkeit, die zulässigen Gründe für den sanktionsfreien Zugang in Arbeitslosigkeit, die Notwendigkeit der Verfügbarkeit, die Verpflichtung zur aktiven Suche und die Zumutbarkeitskriterien.[66] Die Nichtbefolgung dieser Normen zieht Sanktionen in Form von Sperrzeiten oder der Kürzung bzw. Streichung der Leistungen nach sich. Inwieweit die genannten Regularien auch zur Anwendung kommen, hängt wiederum von der Effizienz der Arbeitsverwaltung ab.

Die Regeln zur Leistungsberechtigung zielen vor allem auf die Erhöhung der Suchintensität und auf die Verringerung der Reservationslöhne ab. Dies geschieht über vier Effekte: Der Ausschlußeffekt (*exclusion effect*) basiert darauf, daß bestimmte Umstände außerhalb der Kontrolle des Einzelnen dazu führen, daß keine Leistungsansprüche bestehen. Der Verhaltenseffekt (*behavioural effect*) äußert sich darin, daß die Einhaltung der Regeln direkt die Wiederbeschäftigungswahrscheinlichkeit erhöht. Der Lästigkeitseffekt (*disutility effect*) umschreibt die Tatsache, daß die Erfüllung der Regeln mit gewissen Mühen verbunden ist. Der Abschreckungseffekt (*entry effect*) bewirkt, daß Ansprüche eventuell nicht geltend gemacht werden, weil das geforderte Verhalten als unzumutbar empfunden wird.[67]

Eine direkte Quantifizierung der Wirkungen der Leistungsberechtigungsregeln erweist sich als schwierig. Die alleinige Verwendung von Sanktionsraten (des Anteils von Sperrfristen an der Zahl der Bezieher von Arbeitslosengeld zuzüglich Sperrfristen) ist dabei mit gewissen Problemen behaftet. Die Strenge von Regelungen ist mit deren Durchsetzung nicht additiv, sondern multiplikativ verbunden, weil die Regelungen solange ohne Wirkung sind, wie ihre Einhaltung nicht hinreichend verifiziert wird. Damit sind Sanktionsraten kein direkter Indikator für die Implementierung der Regeln.[68] Die unter 7.1.4.5 vorgestellte Zeitreihe der Sperrfristenquote kann jedoch als hilfreiche Approximation für die quantitative Bedeutung der Leistungsberechtigungsregeln angesehen werden. Die zusätzliche Berücksichtigung der Bewilligungsquote ergänzt die Quantifizierung der Leistungsberechtigungsregeln. Damit fließt ein Datensatz ein, der Hinweise auf die Effizienz der

[66] Vgl. für eine ausführliche Behandlung dieses Themenkreises OECD (2000) und Grubb (2000).

[67] Vgl. OECD (2000), S. 131 und Grubb (2000), S. 149f.

[68] Vgl. Grubb (2000), S. 162f.

Arbeitsverwaltung liefert. Die Zusammenfassung beider Datenreihen mit Hilfe der Formel

$$(1 - \text{Sperrfristenquote}) \cdot \text{Bewilligungsquote} = \text{Eligibility} \tag{7.1}$$

liefert schließlich eine Zeitreihe für die *eligibility* [*El.*].[69] Die jeweiligen jährlichen Daten sind in Tabelle 7.11 aufgeführt.
Sinnvoll kann alternativ die Berücksichtigung der *coverage* [*Cov.*] sein.[70] Damit trägt man der Überlegung Rechnung, daß nur ein Teil aller Arbeitslosen leistungs- und anspruchsberechtigt ist. Der hiermit quantifizierte Tatbestand ähnelt also demjenigen der eligibility. Allerdings besteht die Gefahr, daß die Effekte der Bezugsdauer, der Qualifikationsperiode oder der Leistungsberechtigung mehrfach Eingang finden. Die coverage dürfte demnach stärker von den Regeln zur Anspruchsberechtigung als von denjenigen zur Leistungsberechtigung beeinflußt werden. Die Jahresdaten zur coverage sind in der letzten Spalte von Tabelle 7.11 abzulesen.

Unter Verwendung der Daten in den Tabellen 7.10 und 7.11 können nun Indices der Großzügigkeit der Arbeitslosenversicherung in Deutschland konstruiert werden. In Anlehnung an bisherige Indices und zu Vergleichszwecken werden insgesamt 4 Indices (bzw. zusammengesetzte Maße) errechnet:

$$\text{Index I} = RR_{gew.} \cdot \frac{D}{M}. \tag{7.2}$$

$$\begin{aligned} \text{Index II} &= RR_{gew.} \cdot \frac{D}{M} \cdot \text{Eligibility} \\ &= \text{Index I} \cdot \text{Eligibility}. \end{aligned} \tag{7.3}$$

$$\text{Index III} = RR_{gew.} \cdot \text{Coverage}. \tag{7.4}$$

$$\begin{aligned} \text{Index IV} &= RR_{gew.} \cdot \text{Coverage} \cdot \frac{D}{M} \\ &= \text{Index III} \cdot \frac{D}{M}. \end{aligned} \tag{7.5}$$

[69] Die Möglichkeit eines reziproken Zusammenhanges zwischen eligibility und Arbeitslosigkeit - vgl. dazu Leigh (1986) - wird dabei bewußt ignoriert. Der reziproke Effekt könnte darin bestehen, daß bei steigender Arbeitslosigkeit die Leistungsberechtigung aus politischen Gründen erhöht wird. Die Beobachtungen der Vergangenheit stützen diese Hypothese jedoch nicht; vielmehr scheint aufgrund finanzieller Restriktionen das Gegenteil der Fall zu sein.

[70] Vgl. hierzu die zusammengesetzten Maße bei Fortin (1989) und Keil & Symons (1990).

Jahr	Index I: RR gew. * D/M	Index II: RR gew. * D/M * El.	Index III: RR gew. * Cov.	Index IV: RR gew. * Cov. * D/M	Index I: 1970=100	Index II: 1970=100	Index III: 1970=100	Index IV: 1970=100
1960	0,3021	0,2746	0,4753	0,2037	111,56	110,19	118,55	117,25
1961	0,3021	0,2622	0,4716	0,2021	111,56	105,22	117,63	116,34
1962	0,3021	0,2752	0,4783	0,2050	111,56	110,41	119,30	117,99
1963	0,3021	0,2706	0,4773	0,2046	111,56	108,59	119,06	117,75
1964	0,3021	0,2790	0,4473	0,1917	111,56	111,96	111,57	110,35
1965	0,3021	0,2806	0,4666	0,2000	111,56	112,59	116,39	115,11
1966	0,3021	0,2573	0,4029	0,1727	111,56	103,23	100,49	99,38
1967	0,3021	0,2762	0,4840	0,2074	111,56	110,82	120,73	119,40
1968	0,3021	0,2756	0,4327	0,1854	111,56	110,59	107,93	106,74
1969	0,2882	0,2624	0,3980	0,1725	106,40	105,29	99,28	99,28
1970	0,2708	0,2492	0,4009	0,1737	100,00	100,00	100,00	100,00
1971	0,2708	0,2456	0,3925	0,1701	100,00	98,53	97,90	97,90
1972	0,2708	0,2483	0,3882	0,1682	100,00	99,65	96,83	96,83
1973	0,2708	0,2364	0,3295	0,1428	100,00	94,84	82,18	82,18
1974	0,2708	0,2367	0,3578	0,1551	100,00	94,99	89,26	89,26
1975	0,2947	0,2705	0,4353	0,1886	108,80	108,53	108,57	108,57
1976	0,2947	0,2652	0,3953	0,1713	108,80	106,42	98,60	98,60
1977	0,2947	0,2592	0,3679	0,1594	108,80	103,99	91,78	91,78
1978	0,2947	0,2586	0,3548	0,1538	108,80	103,76	88,51	88,51
1979	0,2947	0,2597	0,3504	0,1518	108,80	104,20	87,40	87,40
1980	0,2947	0,2539	0,3435	0,1488	108,80	101,89	85,67	85,67
1981	0,2947	0,2600	0,3660	0,1586	108,80	104,34	91,30	91,30
1982	0,2947	0,2655	0,3396	0,1472	108,80	106,53	84,72	84,72
1983	0,1964	0,1814	0,3047	0,0880	72,53	72,80	76,02	50,68
1984	0,1880	0,1743	0,2469	0,0713	69,43	69,94	61,59	41,06
1985	0,1870	0,1740	0,2347	0,0678	69,04	69,82	58,54	39,03
1986	0,1868	0,1726	0,2346	0,0678	68,97	69,25	58,52	39,01
1987	0,2332	0,2169	0,2412	0,0871	86,09	87,02	60,18	50,15
1988	0,2799	0,2631	0,2734	0,1185	103,36	105,55	68,20	68,20
1989	0,2800	0,2533	0,2825	0,1224	103,39	101,62	70,46	70,46
1990	0,2802	0,2624	0,2761	0,1196	103,47	105,30	68,87	68,87
1991	0,2797	0,2558	0,3466	0,1502	103,27	102,63	86,46	86,46
1992	0,2819	0,2539	0,3661	0,1586	104,09	101,89	91,32	91,32
1993	0,2810	0,2584	0,3559	0,1542	103,76	103,70	88,78	88,78
1994	0,2706	0,2559	0,3235	0,1402	99,91	102,69	80,69	80,69
1995	0,2700	0,2492	0,3067	0,1329	99,68	100,00	76,49	76,49
1996	0,2700	0,2510	0,3116	0,1350	99,70	100,71	77,72	77,72
1997	0,2699	0,2600	0,3052	0,1323	99,67	104,31	76,14	76,14
1998	0,3113	0,2926	0,2900	0,1450	114,93	117,41	72,34	83,47
1999	0,3115	0,3006	0,2784	0,1392	115,01	120,61	69,43	80,11
2000	0,3116	0,2836	0,2723	0,1361	115,06	113,79	67,92	78,37
2001	0,3120	0,2835	0,2795	0,1398	115,18	113,74	69,73	80,45
2002	0,3120	0,2751	0,2925	0,1463	115,20	110,40	72,97	84,20

Tabelle 7.12: Indices der Großzügigkeit der Arbeitslosenversicherung in Deutschland (1960-2002)
Quelle: Eigene Berechnungen.

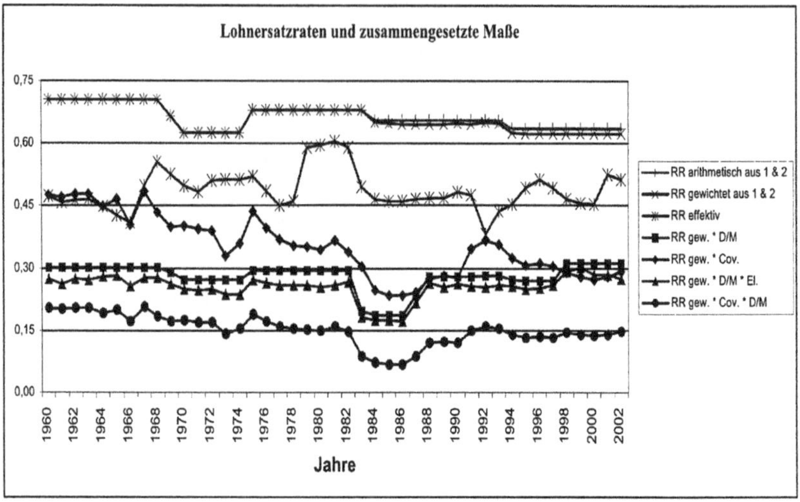

Abbildung 7.20: Lohnersatzraten und zusammengesetzte Maße in Deutschland (1960-2002)

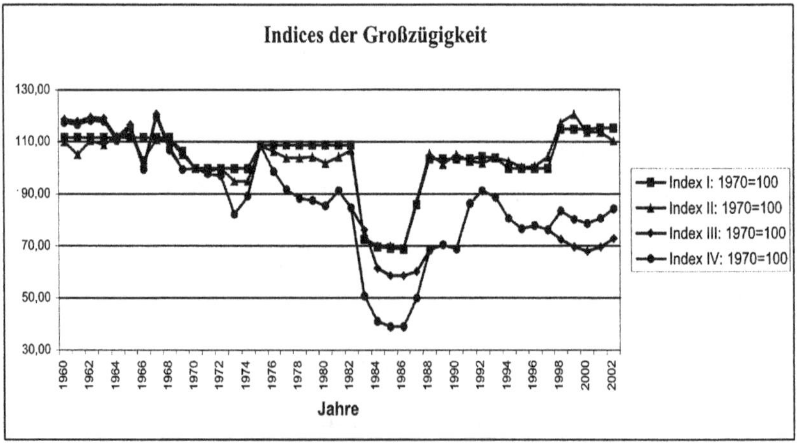

Abbildung 7.21: Indices der Großzügigkeit der Arbeitslosenversicherung in Deutschland (1960-2002)

Die jährlichen Ergebnisse finden sich in Tabelle 7.12. Sie werden in den Abbildungen 7.20 und 7.21 graphisch veranschaulicht. Als Referenz für einen "reinen" Index wurde das Jahr 1970 gewählt. In diesem Jahr galt erstmals über den gesamten Jahresverlauf hinweg das AFG, weshalb es sich als Bezugspunkt anbietet. Alle Indices zeigen qualitativ ähnliche Verläufe. In den Jahren vor 1969 lagen sie nahezu durchweg höher als in den Jahren danach. Dies spiegelt eine großzügigere Arbeitslosenversicherung vor der ersten großen Nachkriegsrezession wider. 1975 lagen alle Indices über dem Niveau von 1970. Erst danach kam es zu einer zunächst allmählichen und danach stärkeren Verringerung. Das Minimum aller Indices war 1986 erreicht. Seitdem zeigen sie einen eindeutig nach oben gerichteten Trend. Der Index I erreichte im Jahre 2002 seinen bisherigen Höchstwert. Auch der Index II liegt zuletzt höher als der Vergleichswert im Jahre 1970. Zusammenfassend kann man also von einem Anstieg der Großzügigkeit der Arbeitslosenversicherung seit etwa 1986 sprechen.

Per Konstruktion besteht bei jedem Index die Möglichkeit, daß gegenläufige Effekte nicht sichtbar werden bzw. gegeneinander aufgerechnet werden. Bei zusammengefaßten Maßen wie hier ist dies jedoch sogar erwünscht. Nur dann ist z.B. ein Urteil darüber möglich, inwieweit eine Verringerung der Lohnersatzrate durch eine Erhöhung der Bezugsdauer kompensiert wird.
Problematischer könnten Mehrfachzählungen in den Daten sein. Beispielsweise verringert eine Person, deren Bezugsdauer des Arbeitslosengeldes abgelaufen ist, auch gleichzeitig die coverage der Arbeitslosenversicherung. Eine vollständige Ausschaltung dieses Effektes ist jedoch nicht möglich.
Nicht gefeit sind die jeweiligen Indices gegen konjunkturelle Effekte. Insbesondere an den Indices III und IV erkennt man, daß diese während und kurz nach rezessiven Phasen anstiegen, wofür ein prozyklisches Verhalten der coverage verantwortlich ist. Auch dies ist bei der Interpretation der Ergebnisse zu berücksichtigen.
Darüber hinaus ist es nicht möglich, die Entwicklung sozialer Normen direkt abzubilden. Diese Normen können sich auf die Bereitschaft, Sozialleistungen in Anspruch zu nehmen oder die allgemeine Affinität zur Arbeit beziehen. Diese verhaltenspsychologischen Aspekte und damit das Ausmaß von Abschreckungseffekten bestimmter Regelungen dürften aber Rückwirkungen auf den Index II haben. Insofern finden die besagten Normen zumindest indirekt Eingang.

Da der Index II zudem sowohl die Lohnersatzrate als auch die zeitliche Ausgestaltung der Arbeitslosenversicherung sowie Aspekte der Verwaltung berücksichtigt, dürfte er sich am ehesten als zusammenfassendes Maß für die Großzügigkeit der Arbeitslosenversicherung eignen. Unter Beachtung der zuvor erwähnten Einschränkungen zur coverage ist der Index IV als alternatives Maß anzusehen.
Bei der Interpretation der Indices ist schließlich zu beachten, daß Anspruchsberechtigte auf die Beantragung der Zahlungen verzichten könnten (*eligible non-filer*).[71] Allerdings scheint diese Einschränkung für die Bundesrepublik Deutschland nur von sehr geringer Bedeutung zu sein, denn 97% aller Anspruchsberechtigten nehmen hierzulande dann Sozialleistungen wahr, wenn sie hierauf Anspruch haben.[72] Aufschlußreich ist in diesem Zusammenhang die Beobachtung, daß eine positive Korrelation zwischen der Großzügigkeit der Leistungen der Arbeitslosenversicherung und ihrer Inanspruchnahme besteht.[73] Vermutlich sind die Leistungen in Deutschland also so großzügig ausgestaltet, daß kaum ein Anspruchsberechtigter bereit ist, auf sie zu verzichten.
Nach diesen relativierenden Anmerkungen zu den ermittelten Indices werden im nächsten Unterabschnitt einige Anwendungsmöglichkeiten aufgezeigt.

7.2.3 Anwendungsmöglichkeiten des Indexes

Es bleibt abschließend die Frage zu klären, welchen Nutzen der ermittelte Index hat.[74]
Zunächst zu nennen ist die Objektivierung und Quantifizierung des Begriffs der "Großzügigkeit der Arbeitslosenversicherung". Vielfach wird von generösen Sozialleistungen gesprochen, ohne näher zu spezifizieren, was damit gemeint ist. Die simplifizierte Gleichsetzung eines hohen Arbeitslosengeldes mit einer großzügigen Arbeitslosenversicherung erweist sich als problematisch. Der Anstieg des Indexes II in den letzten etwa 20 Jahren zeigt jedoch, daß die öffentliche Wahrnehmung einer (wieder) großzügiger werdenden Arbeitslosenversicherung in Deutsch-

[71] Vgl. für einen erstmaligen Hinweis auf diese Problematik Hills (1981).

[72] Vgl. Salomäki (2001), Table 4.7, S. 114.

[73] Vgl. Blank & Card (1991) und vor allem McCall (1995) für diesbezügliche US-amerikanische Untersuchungen. Beide finden eine positive Korrelation zwischen der Lohnersatzrate (bzw. der Höhe der Leistungen) und der Rate der Inanspruchnahme (*take-up rate*) des Arbeitslosengeldes.

[74] Wird im folgenden von "dem Index" gesprochen, so ist der Index II gemeint. Wie erwähnt, dürfte dieser den anderen Indices vorzuziehen sein.

land nicht von der Hand zu weisen ist. In diesem Sinne ist diese Zeitreihe bereits per se aufschlußreich.

Auch zur Beurteilung von Reformvorhaben oder von erfolgten Reformen kann der Index herangezogen werden. Ex ante verdeutlicht er trade-offs zwischen einzelnen Programmteilen. Ex post kann der Index Hinweise auf die Wirksamkeit von Reformen liefern. Tritt z.B. bei veränderten Regeln der Leistungsberechtigung keine nennenswerte Änderung der eligibility auf, so müsste auch der Index nahezu unverändert bleiben.[75]

Neben diesem direkten Einsatz des Indexes erscheint dessen Verwendung in makroökonometrischen Studien vielversprechend. Eine umfassende Analyse im Anschluß an den folgenden Überblick über ausgewählte vorherige Untersuchungen unterbleibt aber. Der damit verbundene Hinweis auf Verwendungsmöglichkeiten des Indexes möge genügen.

Den meisten makroökonometrischen Untersuchungen des Arbeitsmarktes ist gemein, daß sie stets als eine der Erklärenden eine Variable berücksichtigen, die approximativ das System der Arbeitslosenversicherung abbilden soll. Die frühen Arbeiten von Maki & Spindler (1975) für Großbritannien, von Grubel et al. (1975) für Kanada und von Grubel & Maki (1976) für die USA begnügten sich dabei mit der Lohnersatzrate. Ermittelt wurde dabei jeweils ein positiver (und signifikanter) Zusammenhang zwischen der Lohnersatzrate und der Höhe der Arbeitslosigkeit. Burtless (1987) verzichtet in seinem Vergleich von West-Deutschland, Frankreich, Großbritannien, Schweden und den USA zwar auf einen Schätzansatz, jedoch kommt er unter Berücksichtigung der unterschiedlichen Ausgestaltungen zu dem Schluß, daß die Arbeitslosenversicherungen bis 1985 weder zum Anstieg der Arbeitslosigkeit beigetragen haben können, noch internationale Differenzen in der Höhe der Arbeitslosigkeit erklären können. Lediglich eine langsamere Anpassung an das (langfristige) Gleichgewicht wird von ihm als plausibel angesehen. Fortin (1989) zeigt, daß die strukturelle Arbeitslosigkeit in Kanada zwischen 1956 und 1984 mit dem von ihm konstruierten Maß $[r \cdot D/M \cdot coverage]$ in einem positiven Zusammenhang stand. Milbourne et al. (1991) weisen nach, daß, nachdem ab dem Jahre 1977 die Anspruchsdauer in den kanadischen Provinzen von der

[75]Zu beachten ist dabei allerdings, daß eventuell nur ein (kleiner) Teil der Bevölkerung stark mit Verhaltensänderungen reagiert. Aggregiert dürfte dies aber eher zu einer Unterschätzung dieser Anpassungsreaktionen führen.

vorherigen regionalen Arbeitslosenquote abhängig war, in den folgenden Jahren eine größere Persistenz der dortigen Arbeitslosigkeit vorherrschte. Diese Persistenz wird auch von Lemieux & MacLeod (2000) ermittelt. Sie machen dafür die in Kanada im Jahre 1971 durch eine Verringerung der Qualifikationsperiode drastisch erhöhte D/M-Rate verantwortlich. Dahinter steht die Argumentation, daß die einmalige Inanspruchnahme von Arbeitslosengeld die Wahrscheinlichkeit eines erneuten Leistungsbezuges erhöht. Allerdings führen erst adverse Schocks dazu, daß veränderte Regeln der Anspruchsberechtigung diese Wirkung entfalten. Das individuelle Verhalten unterliegt damit einer verzögerten Anpassung (*lagged adjustment*) an modifizierte Regularien.[76]
Blöndal & Pearson (1995) fassen das OECD-Maß, d.h. die summary measure of entitlement, für 21 Staaten zusammen und regressieren die aggregierte Arbeitslosenquote in einer Zeitreihenanalyse auf dieses zusammengefaßte Maß. Ihr Ergebnis für den Zeitraum von 1967 bis 1991 liefert zwar den erwarteten positiven Koeffizienten. Allerdings ist dieser statistisch kaum signifikant.

Exemplarisch sei hier eine einfache lineare Regression für Deutschland für die Jahre von 1986 bis 2002 unter Verwendung des OECD-Maßes und des Indexes II aufgeführt.[77]
Man erhält die folgenden Schätzgleichungen:

$$u = -18,0325 \quad + \quad 95,6044 \cdot \text{OECD}, \qquad \text{Adj. } R^2 = 0,2227; \tag{7.6}$$
$$\text{(t-Stat.: 2,3630)}$$
$$u = 2,6163 \quad + \quad 26,1095 \cdot \text{Index II}, \qquad \text{Adj. } R^2 = 0,1338. \tag{7.7}$$
$$\text{(t-Stat.: 1,8629)}$$

Die Koeffizienten haben jeweils das erwartete (positive) Vorzeichen. Beide Resultate sind aber statistisch wenig signifikant. Dies spricht für die Notwendigkeit, zusätzliche Variablen in die Schätzgleichung zu integrieren. Die höhere Signifikanz des OECD-Maßes dürfte darauf zurückzuführen sein, daß es umfassender angelegt ist und sich nicht ausschließlich auf die Arbeitslosenversicherung bezieht.

[76] Vgl. zu dem Hinweis auf die mögliche verzögerte Wirkung einer großzügigeren Arbeitslosenversicherung auch OECD (1996), S. 28.

[77] Da das OECD-Maß nur für ungerade Jahre vorliegt, wurden seine Werte für die geraden Jahren interpoliert.

Der Index II hat aber für die genannten Jahre durchaus Erklärungskraft in bezug auf die Höhe der Arbeitslosigkeit.
Interessanterweise liefern weder die gewichtete ($RR_{gew.}$) noch die arithmetische Lohnersatzrate ($RR_{arithm.}$) das erwartete Vorzeichen des Koeffizienten:

$$u = 86,2497 - 121,198 \cdot RR_{gew.}, \quad \text{Adj. } R^2 = 0,6786; \tag{7.8}$$
(t-Stat.: -5,8973)

$$u = 100,5315 - 141,4873 \cdot RR_{arithm.}, \quad \text{Adj. } R^2 = 0,6548. \tag{7.9}$$
(t-Stat.: -5,5987)

Beide scheinen also für diesen Zeitraum als Erklärende im Gegensatz zum Index II ungeeignet zu sein.
Für den Zeitraum von 1983 bis 1993 und eine Auswahl von 15 bis 17 OECD-Staaten berücksichtigt Scarpetta (1996) das OECD-Maß als Erklärende in einem Schätzansatz auf Basis des Modells von Layard et al. (1991). Auch in dieser Querschnittanalyse stellt sich ein positiver und signifikanter Zusammenhang zwischen dem OECD-Maß und der Höhe der Arbeitslosigkeit heraus. In einer Folgeuntersuchung für eine etwas größere Anzahl von 17 bis 19 OECD-Staaten kommen Elmeskov et al. (1998) zu dem gleichen Ergebnis.

Inwieweit der im vorliegenden Abschnitt präsentierte Index der Großzügigkeit auch für internationale Querschnittanalysen geeignet ist, bedarf ebenso einer weiteren Prüfung wie die Frage, ob sich der Index II bei der Verwendung anspruchsvoller ökonometrischer Verfahren als robust erweist.

Kapitel 8

Schlußbetrachtung

8.1 Zusammenfassung der Ergebnisse

Diese Arbeit befaßte sich mit der Ausgestaltung einer Arbeitslosenversicherung, ihren ökonomischen Anreizwirkungen und den resultierenden Arbeitsmarkteffekten.

Real existierende Arbeitslosenversicherungssysteme sind einerseits gemeinhin zu komplex, um sie in ökonomischen Modellen detailgetreu abzubilden. Andererseits erweist es sich als zu einfach, die Ausgestaltung der Arbeitslosenversicherung nur durch die Höhe der Leistungen oder die Lohnersatzrate zu approximieren. Neben diesem pekuniären Gesichtspunkt sind vor allem Zeitaspekte wie die Bezugsdauer, die Qualifikationsperiode und die Wartezeit von Bedeutung. Zudem spielt die Effizienz der Administration in dem Sinne eine Rolle, als vorhandene Regelungen effektiv implementiert und ihre Einhaltung überwacht werden müssen. Die Berücksichtigung dieser Punkte stellt die verschiedenen vorgestellten Modelle auf ein breiteres theoretisches Fundament. Zudem wird hierdurch das Spektrum der zur Auswahl stehenden Politikoptionen erweitert.

In Übereinstimmung mit vorherigen Untersuchungen wurde gezeigt, daß das individuelle Arbeitsangebot im statischen Modell mit der Höhe des Arbeitslosengeldes (bzw. der Lohnersatzrate) und der Bezugsdauer sinkt und mit der Qualifikationsperiode und der Wartezeit steigt. Suchmodelle implizieren, daß der Reservationslohn umso höher ist, je höher das Arbeitslosengeld (bzw. die Lohnersatzrate) ist, woraus eine längere Arbeitslosigkeit resultiert. Den gleichen Effekt hat eine Verlängerung der Bezugsdauer, wobei eine Warteperiode dies allerdings ab-

schwächen kann. Da die Begrenzung der Bezugsdauer oder eine Warteperiode außerdem einen nicht-stationären Reservationslohn zur Folge haben, sind sie geeignet, Suchanreize zu verbessern.
Auch auf der Arbeitsnachfrageseite sind unerwünschte Folgen der Arbeitslosenversicherung zu erwarten. Zu nennen sind Anreize zu vorübergehenden Entlassungen und die Gefahr allokativer Verzerrungen durch Quersubventionierungen. Diese Effekte sind umso stärker ausgeprägt, je höher und leichter zugänglich die Leistungen der Arbeitslosenversicherung sind. Das in den USA erprobte System des experience ratings ist jedoch in der Lage dem entgegenzuwirken.
Hinsichtlich der Ausgestaltungsmerkmale der Arbeitslosenversicherung prognostizieren die untersuchten allgemeinen Gleichgewichtsmodelle des Arbeitsmarktes die gleichen Effekte. Die gleichgewichtige Arbeitslosigkeit ist jeweils umso höher, je höher das Arbeitslosengeld (bzw. die Lohnersatzrate) ist, je länger die Bezugsdauer ist und je kürzer die Qualifikationsperiode oder die Wartezeit sind. Je geringer außerdem die Effizienz der Arbeitsverwaltung ist, d.h. je weniger streng diese vorhandene Regeln auslegt oder durchsetzt, desto höher wird die gleichgewichtige Arbeitslosigkeit ausfallen.
Darüber hinaus wurde der Zusammenhang zwischen Institutionen, Arbeitsmarktschocks und der Persistenz der Arbeitslosigkeit verdeutlicht. Je großzügiger vorhandene Sozialsysteme und damit auch die Arbeitslosenversicherung sind, desto geringer dürfte die Schockanpassungsfähigkeit einer Volkswirtschaft sein.
Mit Hilfe einer deskriptiven und empirischen Analyse konnte für die Bundesrepublik Deutschland gezeigt werden, daß die Arbeitslosenversicherung in den letzten etwa 20 Jahren einen leichten Anstieg der Großzügigkeit zu verzeichnen hatte. Gemäß den theoretischen Vorhersagen war dies vermutlich ein mitverantwortlicher Faktor für eine höhere strukturelle Arbeitslosigkeit und für eine größere Schockanfälligkeit der deutschen Volkswirtschaft.
Diese Schlußfolgerungen sind dadurch zu relativieren, daß die beschriebenen Effekte lediglich das Ergebnis der ökonomischen Anreize sind, die mit einer Arbeitslosenversicherung einhergehen. Eine Arbeitslosenversicherung stellt ein sinnvolles Instrument sozialer Absicherung bei unfreiwilliger Arbeitslosigkeit dar. Ferner erleichtern Lohnersatzleistungen die Suche nach einer passenden Beschäftigung. Auf diesem Wege wird verhindert, daß aus einer wirtschaftlichen Notsituation heraus ein beliebiger Job angenommen werden muß. Die resultierende Verbesse-

rung der Matchingeffizienz und die höhere volkswirtschaftliche Produktivität sind die grundlegenden Argumente für die Existenz einer Arbeitslosenversicherung. Es verbleibt jedoch das Grundproblem, wie diese anreizkompatibel auszugestalten ist und wie ihre erwünschten und unerwünschten Effekte in Einklang gebracht werden können. Neben den zuvor genannten Ausgestaltungsmerkmalen bieten dafür das Zeitprofil der Leistungen und eine partielle private Bereitstellung der Arbeitslosenversicherung vielversprechende Ansatzpunkte.

8.2 Reformoptionen für Deutschland

Abschließend sollen einige Reformelemente für die Arbeitslosenversicherung in Deutschland genannt werden. Sie zielen darauf ab, die Suchanreize zu erhöhen, die Effizienz des Systems durch eine Stärkung des Versicherungsprinzips zu verbessern und dessen Kosten zu senken, um damit nicht zuletzt einen geringeren Beitragssatz zur Arbeitslosenversicherung zu ermöglichen.[1]

Zu befürworten ist zunächst die Einführung einer Wartezeit. Neben ihrer Wirkung als Selbstbehalt der Versicherten könnte sie auch eine Entlastung der Arbeitsverwaltung nach sich ziehen. Eine Warteperiode von vier Wochen kommt dabei angemessenerweise in Frage.[2]

Die Bezugsdauer sollte am Äquivalenzprinzip ausgerichtet sein.[3] Dies bedeutet, daß sich die Dauer der Leistungen an der Dauer der Einzahlung zu orientieren hat. Die momentan gültige Rate von Bezugsdauer zu Qualifikationsperiode von 0,5 sollte abgesenkt werden. Bei konsequenter Umsetzung dieser Idee böte sich ein Wert von 0,25 an. Zusätzlich sollte der Bezugsdauer eine Obergrenze gesetzt werden. Ein Maximum von 12 Monaten kommt dafür in Betracht.[4] Außerdem impliziert dieser Vorschlag ein Abrücken von der Staffelung der Bezugsdauer nach dem Lebensalter; diese Maßnahme hat sich als wenig zielführend erwiesen.[5]

[1] Die jeweiligen Punkte erfüllen dabei mindestens eines der folgenden Kriterien: Gemessen an den theoretischen Ergebnissen erscheinen sie ökonomisch sinnvoll und/oder sie stellen Empfehlungen bereits vorhandener Reformvorschläge dar.

[2] Vgl. zur Idee einer - allerdings zweimonatigen - Karenzzeit IZA (2002), S. 5.

[3] Vgl. dazu auch Kröger & Leschke (2002), S. 129f.

[4] Vgl. z.B. SVR (2001), S. 375f., IZA (2002), S. 5 und SVR (2002), S. 387 für den Vorschlag einer auf 12 Monaten begrenzten Bezugsdauer.

[5] Das vierte Gesetz für moderne Dienstleistungen am Arbeitsmarkt [BGBl. I 2003, S. 2954] sieht zum 1.1.2005 eine Begrenzung der Bezugszeit auf 12 Monate vor. Die Altersregelung wird

Gegen das Äquivalenzprinzip verstößt nicht nur die vorgenannte Altersregelung, sondern auch die zur Zeit gültige Differenzierung der Lohnersatzrate. Diese Zweiteilung, und der damit verbundene Versuch, der Arbeitslosenversicherung Aufgaben der Familienpolitik zuzuweisen, sollte aufgehoben werden.[6] Diese Vereinheitlichung der Lohnersatzrate sollte jedoch nicht notwendigerweise mit einer Reduzierung der Leistungen verbunden sein. Stattdessen ist eine degressive Komponente in der Lohnersatzrate zu befürworten, um Suchanreize zu stärken.[7] Beispielsweise könnte die Lohnersatzrate für alle Arbeitslosen in den ersten 4 Monaten bei 0,66, in den folgenden 4 Monaten bei 0,63 und in den darauffolgenden 4 Monaten bei 0,60 liegen. Eine derartige Regelung dürfte für die Empfänger transparent und für die Arbeitsverwaltung leicht zu bewältigen sein.

Die Erfahrungen anderer Länder zeigen, daß strengere Regeln der Leistungsberechtigung verbunden mit besserem monitoring positive Effekte im Sinne einer Verminderung der Arbeitslosigkeit haben.[8] Insofern ist auch hier anzusetzen und vor allem die Suchintensität stärker zu überprüfen, indem Suchanstrengungen von den Leistungsbeziehern regelmäßig ohne Aufforderung nachgewiesen werden. Ferner sollte damit eine individuelle Beratung und Betreuung der Arbeitsuchenden einhergehen.[9]

Hinsichtlich der Beitragssätze erscheint ein sektorales experience rating zweckmäßig, wie es schon an früherer Stelle angeregt wurde.[10]

Eine zusätzliche Option stellt die Einführung eines Mischsystems dar.[11] Dieses würde aus einer obligatorischen Grundsicherung und einer freiwilligen Zusatzvorsorge bestehen. Für die Leistungen der obligatorischen Grundsicherung hätten die obigen Ausgestaltungsmerkmale zu gelten. Die freiwillige Zusatzvorsorge ist vorzugsweise privatwirtschaftlich zu organisieren. Personen, die aufgrund ihrer Einstellung zum Risiko an höheren oder länger andauernden Unterstützungslei-

zwar abgeschwächt, indem eine maximale Bezugsdauer von 18 Monaten für über 55-Jährige gelten soll. Jedoch wird die Altersregelung damit nicht wie hier befürwortet abgeschafft.

[6] Vgl. SVR (1996), S. 254 und SVR (2003), S. 396.

[7] Vgl. dazu auch SVR (1999), S. 287 und SVR (2003), S. 397f.

[8] Vgl. OECD (2000) für eine OECD-weite Betrachtung und Nickell & van Ours (2000) für die Fälle Großbritanniens und der Niederlande.

[9] Vgl. vor allem zum letzten Punkt SVR (2001), S. 375f. und SVR (2002), S. 385f.

[10] Vgl. SVR (2003), S. 396-401 zu einem detaillierten Vorschlag einer arbeitgeberseitigen Beitragssatzdifferenzierung über einen Steuer- und Subventionsmechanismus.

[11] Vgl. dazu auch SVR (1996), S. 255f.

stungen Interesse haben, könnten entsprechende Policen bei privaten Versicherungsunternehmen nachfragen. Hier gälten die üblichen versicherungstheoretischen Überlegungen bezüglich (individueller) Risiko- und Prämienklassen. Durch die zu erwartende Verringerung der Beitragssätze zur obligatorischen Arbeitslosenversicherung ist zudem davon auszugehen, daß die notwendigen individuellen finanziellen Spielräume für den Abschluß solcher Verträge geschaffen werden. Eine weitere Verletzung des Äquivalenzprinzips in der deutschen Arbeitslosenversicherung ist die sachfremde Finanzierung der aktiven Arbeitsmarktpolitik über die Beitragseinnahmen der Arbeitslosenversicherung. Sofern aktive Arbeitsmarktpolitik als notwendig erachtet wird, ist diese anderweitig zu finanzieren. Der Beitragssatz zur Arbeitslosenversicherung könnte so gesenkt werden. Daneben bergen regelmäßige Erfolgskontrollen und die Konzentration auf ausgesuchte Zielgruppen Einsparpotentiale, die eine Reduzierung des Umfangs dieser Programme rechtfertigen würden.[12] Ferner bietet dies die Möglichkeit, erfolgversprechendere Maßnahmen wie die Aus- und Weiterbildung auszubauen. Alternativ erscheint eine institutionelle Trennung von Versicherung und Vermittlung vorstellbar. Die Vermittlung (und damit auch die aktive Arbeitsmarktpolitik) sollte dabei privatwirtschaftlich organisiert und mithin für alle Arbeitsuchenden offen sein.[13]

Obwohl das Spektrum der Reformoptionen ökonomisch fundiert und breit gefächert ist, haften ihm doch zwei Probleme an. Erstens ist davon auszugehen, daß der überwiegende Teil der Maßnahmen erst mit einer beträchtlichen Zeitverzögerung wirksam wird. Zweitens ist, auch als Folge hiervon, ein fehlender politischer Wille zu ihrer Umsetzung zu befürchten. Ebenso werden Widerstände von Interessengruppen nicht ausbleiben. Der Ausweg aus diesem Dilemma dürfte in der von Boeri et al. (2001) vorgeschlagenen strategischen Bündelung von Reformen liegen, um eine große und heterogene Koalition von Befürwortern herbeizuführen. Koordinierte und ganzheitliche Reformen des Arbeitsmarktes bieten zudem die Möglichkeit, die von Coe & Snower (1997) identifizierten Komplementaritäten verschiedener Arbeitsmarktpolitiken auszunutzen. Die in dieser Arbeit vertretene anreizkompatiblere Ausgestaltung der Arbeitslosenversicherung kann dabei eine zentrale Rolle spielen, ohne jedoch das drängende Unterbeschäftigungsproblem alleine lösen zu können.

---

[12] Vgl. Hagen & Steiner (2000) zu einer umfassenden Untersuchung dieses Themenkreises.

[13] Vgl. IZA (2002), S. 4.

Literaturverzeichnis

Aarts, Leo J. M. (1997). *Private provision of social security*; in: de Jong, Philip R.; Theodore R. Marmor (Hrsg.), Social policy and the labour market, Ashgate Publ., Aldershot, S. 41-62.

Abbring, Jaap H.; Gerard J. van den Berg; Jan C. van Ours (2000). *The effect of unemployment insurance sanctions on the transition rate from unemployment to employment*; Mimeo, Tinbergen Institute, Amsterdam/Rotterdam.

Acemoglu, Daron (2001). *Good jobs versus bad jobs*; in: Journal of Labor Economics, Vol. 19, S. 1-21.

Acemoglu, Daron; Robert Shimer (1999). *Efficient unemployment insurance*; in: Journal of Political Economy, Vol. 107, S. 893-928.

Acemoglu, Daron; Robert Shimer (2000). *Productivity gains from unemployment insurance*; in: European Economic Review, Vol. 44, S. 1195-1224.

Adams, James D. (1986). *Equilibrium taxation and experience rating in a federal system of unemployment insurance*; in: Journal of Public Economics, Vol. 29, S. 51-77.

Addison, John T.; McKinley L. Blackburn (2000). *The effects of unemployment benefits on postunemployment earnings*; in: Labour Economics, Vol. 7, S. 21-53.

Addison, John T.; Pedro Portugal (1999). *Unemployment benefits and joblessness: A discrete duration model with multiple destinations*; ZEW discussion papers No. 99-03.

Agell, Jonas (2001). *Warum haben wir rigide Arbeitsmärkte? Rent-seeking versus soziale Sicherung*; in: Perspektiven der Wirtschaftspolitik, Vol. 2, S. 363-381.

Akerlof, George A. (1982). *Labor contracts as partial gift exchange*; in: Quarterly Journal of Economics, Vol. 97, S. 543-569.

Akerlof, George A. (1984). *Gift exchange and efficiency wage theory: Four views*; in: American Economic Review, Vol. 74, S. 79-83.

Akerlof, George A.; Janet L. Yellen (1986). *Efficiency wage models of the labor market*; Cambridge University Press, Cambridge.

Albrecht, James W.; Bo Axell (1984). *An equilibrium model of search unemployment*; in: Journal of Political Economy, Vol. 92, S. 824-840.

Albrecht, James W.; Susan B. Vroman (1999). *Unemployment compensation finance and efficiency wages*; in: Journal of Labor Economics, Vol. 17, S. 141-167.

Altenburg, Lutz; Martin Straub (1997). *Unemployment benefits in a unionized economy with efficiency wages*; Diskussionsbeiträge: Fachbereich Wirtschaftswissenschaften der Fernuniversität Hagen, No. 246.

Althammer, Wilhelm (1990). *Zur ökonomischen Theorie der Gewerkschaften*; Transfer-Verlag, Regensburg.

Alvi, Eskander (1998). *Unemployment insurance and experience rating in a simple model of involuntary unemployment*; in: Public Finance Review, Vol. 26, S. 291-303.

Anderson, Patricia M.; Bruce D. Meyer (1994). *The effects of unemployment insurance taxes and benefits on layoffs using firm and individual data*; NBER working paper No. 4960.

Andolfatto, David; Paul Gomme (1996). *Unemployment insurance and labor market activity in Canada*; in: Carnegie Rochester Conference Series on Public Policy, Vol. 44, S. 47-82.

Atkeson, Andrew; Robert E. Lucas Jr. (1995). *Efficiency and equality in a simple model of efficient unemployment insurance*; in: Journal of Economic Theory, Vol. 66, S. 64-88.

Atkinson, Anthony B. (1990). *Institutional features of unemployment insurance and the working of the labour market*; Welfare State Programme: Suntory-Toyota International Centre for Economics and Related Disciplines, London School of Economics, Discussion paper No. WSP/50.

Atkinson, Anthony B. (1995). *Incomes and the welfare state: Essays on Britain and Europe*; Cambridge University Press, Cambridge.

Atkinson, Anthony B. (1999). *The economic consequences of rolling back the welfare state*; MIT-Press, Cambridge.

Atkinson, Anthony B. (2000). *Reform of the welfare state and economic performance*; in: Hauser, Richard (Hrsg.), Die Zukunft des Sozialstaates, Schriften des Vereins für Socialpolitik, Bd. 271, Duncker & Humblot, Berlin, S. 53-72.

Atkinson, Anthony B.; John Micklewright (1991). *Unemployment compensation and labor market transitions: A critical review*; in: Journal of Economic Literature, Vol. 29, S. 1679-1727.

Atkinson, Anthony B.; John Micklewright; J. Gomulka; N. Rau (1984). *Unemployment benefit, duration and incentives in Britain: How robust is the evidence?*; in: Journal of Public Economics, Vol. 23, S. 3-26.

Axell, Bo; Harald Lang (1990). *The effects of unemployment compensation in general equilibrium with search unemployment*; in: Scandinavian Journal of Economics, Vol. 92, S. 531-540.

Azariadis, Costas (1975). *Implicit contracts and underemployment equilibria*; in: Journal of Political Economy, Vol. 83, S. 1183-1202.

Baily, Martin Neil (1974). *Wages and employment under uncertain demand*; in: Review of Economic Studies, Vol. 41, S. 37-50.

Baily, Martin Neil (1977a). *Unemployment insurance as insurance for workers*; in: Industrial and Labor Relations Review, Vol. 30, S. 495-504.

Baily, Martin Neil (1977b). *On the theory of layoffs and unemployment*; in: Econometrica, Vol. 45, S. 1043-1063.

Baily, Martin Neil (1978). *Some aspects of optimal unemployment insurance*; in: Journal of Public Economics, Vol. 10, S. 379-402.

Baker, Michael; Samuel A. Rea Jr. (1998). *Employment spells and unemployment insurance eligibility requirements*; in: Review of Economics and Statistics, Vol. 80, S. 80-94.

Ball, Laurence (1999). *Aggregate demand and long-run unemployment*; in: Brookings Papers on Economic Activity, S. 189-251.

Barron, John M.; Otis W. Gilley (1979). *The effect of unemployment insurance on the job search process*; in: Industrial and Labor Relations Review, Vol. 32, S. 363-366.

Barron, John M.; Wesley Mellow (1979). *Search effort in the labor market*; in: Journal of Human Resources, Vol. 14, S. 389-403.

Barron, John M.; Wesley Mellow (1981). *Changes in the labor force status among the unemployed*; in: Journal of Human Resources, Vol. 16, S. 427-441.

Bean, Charles R. (1994). *European unemployment: A survey*; in: Journal of Economic Literature, Vol. 32, S. 573-619.

Becker, Joseph M. (1972). *Experience rating in unemployment insurance: An experiment in competitive socialism*; Johns Hopkins University Press, Baltimore.

Beenstock, Michael; Valerie Brasse (1986). *Insurance for unemployment*; Allen & Unwin, London.

Beissinger, Thomas (1996). *Inflation und Arbeitslosigkeit in der Bundesrepublik Deutschland: eine Analyse anhand von Modellen mit unvollkommenem Wettbewerb*; Metropolis-Verlag, Marburg.

Beissinger, Thomas; Oliver Büsse (2001). *Bismarck versus Beveridge: Which unemployment compensation system is more prone to labor market shocks?*; in: Finanzarchiv, Vol. 58, S. 78-102.

Beissinger, Thomas; Joachim Möller (2000). *Unemployment: Theoretical explanations*; in: Wagner, Helmut (Hrsg.), Globalization and unemployment, Springer, Berlin, S. 89-133.

Bellman, Richard E. (1957). *Dynamic programming*; Princeton University Press, N.J.

Belot, Michele; Jan C. van Ours (2000). *Does the recent success of some OECD countries in lowering their unemployment rates lie in the clever design of their labour market reforms?*; CEPR working paper No. 2492.

Belzil, Christian (1995). *Unemployment insurance and unemployment over time: An analysis with event history data*; in: Review of Economics and Statistics, Vol. 77, S. 113-126.

Benhabib, Jess; Clive Bull (1983). *Job search: The choice of intensity*; in: Journal of Political Economy, Vol. 91, S. 747-764.

Ben-Horim, Moshe; Dror Zuckerman (1987). *The effect of unemployment insurance on unemployment duration*; in: Journal of Labor Economics, Vol. 3, S. 386-390.

Bentolila, Samuel; Giuseppe Bertola (1990). *Firing costs and labour demand: How bad is Eurosclerosis?*; in: Review of Economic Studies, Vol. 57, S. 381-402.

Berthold, Norbert; Bernhard Külp (1987). *Rückwirkungen ausgewählter Systeme der sozialen Sicherung auf die Funktionsfähigkeit der Marktwirtschaft*; Duncker & Humblot, Berlin.

Berthold, Norbert; Rainer Fehn; Sascha von Berchem (2001). *Arbeiten müssen, wollen und können - Ein Vorschlag für mehr Beschäftigung*; in: Wirtschaftsdienst, Vol. 81, S. 267-276.

Binmore, Kenneth G.; Ariel Rubinstein; Asher Wolinsky (1986). *The Nash bargaining solution in economic modelling*; in: Rand Journal of Economics, Vol. 17, S. 176-188.

Björklund, Anders; Robert Havemann; Robinson Hollister; Bertil Holmlund (1991). *Labour market policies and unemployment insurance*; Clarendon Press, Oxford.

Blanchard, Olivier Jean (1999). *European unemployment: The role of shocks and institutions*; Baffi Lecture, mimeo.

Blanchard, Olivier Jean; Peter A. Diamond (1989). *The beveridge curve*; in: Brookings Papers on Economic Activity, S. 1-76.

Blanchard, Olivier Jean; Peter Diamond (1992). *The flow approach to labor markets*; in: American Economic Review, Vol. 82, S. 354-359.

Blanchard, Olivier Jean; Peter Diamond (1994). *Ranking, unemployment duration, and wages*; in: Review of Economic Studies, Vol. 61, S. 417-434.

Blanchard, Olivier Jean; Nobuhiro Kiyotaki (1987). *Monopolistic competition and the effects of aggregate demand*; in: American Economic Review, Vol. 77, S. 647-666.

Blanchard, Olivier Jean; Lawrence H. Summers (1986). *Hysteresis and the European unemployment problem*; in: NBER Macroeconomics Annual, Vol. 1, S. 15-78.

Blanchard, Olivier Jean; Justin Wolfers (2000). *The role of shocks and institutions in the rise of European unemployment*; in: The Economic Journal, Vol. 110, S. C1-C33.

Blanchflower, David G.; Andrew J. Oswald (1995). *An introduction to the wage curve*; in: Journal of Economic Perspectives, Vol. 9, S. 153-167.

Blank, Rebecca M.; David E. Card (1991). *Recent trends in insured and uninsured unemployment: Is there an explanation?*; in: Quarterly Journal of Economics, Vol. 106, S. 1157-1189.

Blau, David M. (1991). *Search for nonwage job characteristics: A test of the reservation wage hypothesis*; in: Journal of Labor Economics, Vol. 9, S. 186-205.

Blau, David M. (1992). *An empirical analysis of employed and unemployed job search behavior*; in: Industrial and Labor Relations Review, Vol. 45, S. 738-752.

Blau, David M.; Philip K. Robins (1986). *Job search, wage offers and unemployment insurance*; in: Journal of Public Economics, Vol. 29, S. 173-197.

Blau, David M.; Philip K. Robins (1990). *Job search outcomes for the employed and the unemployed*; in: Journal of Political Economy, Vol. 98, S. 637-655.

Blaustein, Saul J.; Isabel Craig (1977). *An international review of unemployment insurance schemes*; W. E. Upjohn Institute for Employment Research, Kalamazoo.

Blaustein, Saul J.; Wilbur J. Cohen; William Haber (1993). *Unemployment insurance in the United States - The first half century*; W. E. Upjohn Institute for Employment Research, Kalamazoo.

Blöndal, Sveinbjörn; Mark Pearson (1995). *Unemployment and other non-employment benefits*; in: Oxford Review of Economic Policy, Vol. 11, S. 136-169.

Boadway, Robin; Nicolas Marceau (1991). *Publicly provided unemployment insurance and commitment*; Institute for Economic Research - Kingston, Ontario, Discussion paper No. 831.

Boadway, Robin; Andrew J. Oswald (1983). *Unemployment insurance and redistributive taxation*; in: Journal of Public Economics, Vol. 20, S. 193-210.

Boeri, Tito; Axel Börsch-Supan; Guido Tabellini (2001). *Would you like to shrink the welfare state? A survey of European citizens*; in: Economic Policy, Vol. 16, S. 9-44.

Boone, Jan; Jan C. van Ours (2000). *Modeling financial incentives to get unemployed back to work*; IZA discussion paper No. 108.

Boone, Jan; Peter Fredriksson; Bertil Holmlund; Jan C. van Ours (2001). *Optimal unemployment insurance with monitoring and sanctions*; CEPR discussion paper No. 3082.

Booth, Alison L. (1995). *The economics of the trade union*; Cambridge University Press, Cambridge.

Borjas, George J. (1996). *Labor Economics*; McGraw Hill, New York.

Boss, Alfred (2002). *Sozialhilfe, Lohnabstand und Leistungsanreize: empirische Analyse für Haushaltstypen und Branchen in West- und Ostdeutschland*; Springer, Berlin.

Bougrine, Hassan; Mario Seccareccia (1999). *Unemployment insurance and unemployment: An analysis of the aggregate demand-side effects for postwar Canada*; in: International Review of Applied Economics, Vol. 13, S. 5-21.

Brechling, Frank (1977). *The incentive effects of the US unemployment insurance tax*; in: Ehrenberg, Ronald G. (Hrsg.), Research in labor economics, Vol. 1, JAI-Press, Stamford, S. 41-102.

Brechling, Frank (1981). *Layoffs and unemployment insurance*; in: Rosen, Sherwin (Hrsg.), Studies in labor markets, University of Chicago Press, Chicago, S. 187-202.

Brechling, Frank; Louise Laurence (1995). *Permanent job loss and the US system of financing unemployment insurance*; W. E. Upjohn Institute for Employment Research, Kalamazoo.

Brown, Eleanor (1986). *Unemployment insurance taxes and cyclical layoff incentives*; in: Journal of Labor Economics, Vol. 4, S. 50-65.

Brown, Eleanor; Howard Kaufold (1988). *Human capital accumulation and the optimal level of unemployment insurance provision*; in: Journal of Labor Economics, Vol. 6, S. 493-514.

Brown, Murray; Elmar Wolfstetter (1988). *Optimal unemployment insurance and experience rating*; in: Scandinavian Journal of Economics, Vol. 90, S. 529-547.

Browning, Martin; Thomas F. Crossley (2001). *Unemployment insurance benefit levels and consumption changes*; in: Journal of Public Economics, Vol. 80, S. 1-23.

Brümmerhoff, Dieter (2001). *Finanzwissenschaft*; 8. Auflage, Oldenbourg, München.

Bruun, Brenda L. (1999). *Unemployment insurance research: An annotated bibliography*; UI occasional papers 99-3, Washington DC.

Budd, Alan; Paul Levine; Peter Smith (1987). *Long-term unemployment and the shifting u-v curve: A multi-country study*; in: European Economic Review, Vol. 31, S. 296-305.

Burda, Michael C. (1988). *Is there a capital shortage in Europe?*; in: Weltwirtschaftliches Archiv, Vol. 124, S. 38-57.

Burda, Michael C. (1997). *Unemployment compensation: Theory and practice*; in: Giersch, Herbert (Hrsg.), Reforming the welfare state, Springer, Berlin, S. 267-293.

Burda, Michael C.; Mark Weder (2002). *Complementarity of labor market institutions, equilibrium unemployment and the propagation of business cycles*; in: German Economic Review, Vol. 3, S. 1-24.

Burda, Michael C.; Charles Wyplosz (1994). *Gross worker and job flows in Europe*; in: European Economic Review, Vol. 38, S. 1287-1315.

Burdett, Kenneth (1979a). *Unemployment insurance payments as a search subsidy: A theoretical analysis*; in: Economic Inquiry, Vol. 17, S. 333-343.

Burdett, Kenneth (1979b). *Search, leisure and individual labor supply*; in: Lippman, Steven A.; John J. McCall (Hrsg.), Studies in the economics of search, North Holland, Amsterdam, S. 157-170.

Burdett, Kenneth; Bryce Hool (1983). *Layoffs, wages and unemployment insurance*; in: Journal of Public Economics, Vol. 21, S. 325-357.

Burdett, Kenneth; Dale T. Mortensen (1978). *Labor supply under uncertainty*; in: Ehrenberg, Ronald G. (Hrsg.), Research in labor economics, Vol. 2, JAI-Press, Stamford, S. 109-157.

Burdett, Kenneth; Dale T. Mortensen (1980). *Search, layoffs and labor market equilibrium*; in: Journal of Political Economy, Vol. 88, S. 652-672.

Burdett, Kenneth; Nicholas M. Kiefer; Sunil Sharma (1985). *Layoffs and duration dependence in a model of turnover*; in: Journal of Econometrics, Vol. 28, S. 51-69.

Burgess, Paul L.; Jerry L. Kingston (1976). *The impact of unemployment insurance on reemployment success*; in: Industrial and Labor Relations Review, Vol. 30, S. 25-31.

Burgess, Paul L.; Jerry L. Kingston (1981). *UI benefit effects on compensated unemployment*; in: Industrial Relations, Vol. 20, S. 258-270.

Burgess, Paul L.; Jerry L. Kingston (1990). *Monitoring claimant compliance with unemployment compensation criteria*; in: Hansen, W. Lee; James F. Byers (Hrsg.), Unemployment insurance: The second half-century, University of Wisconsin Press, Madison, S. 136-172.

Burtless, Gary (1987). *Jobless pay and high European unemployment*; in: Lawrence, Robert Z.; Charles L. Schultze (Hrsg.), Barriers to economic growth: A transatlantic view, Brookings Institution, Washington DC, S. 105-174.

Burtless, Gary (1990). *Unemployment insurance and labor supply: A survey*; in: Hansen, W. Lee; James F. Byers (Hrsg.), Unemployment insurance: The second half-century, University of Wisconsin Press, Madison, S. 69-107.

Cahuc, Pierre; Etienne Lehmann (2000). *Should unemployment benefits decrease with the unemployment spell*; in: Journal of Public Economics, Vol. 77, S. 135-153.

Cahuc, Pierre; Franck Malherbet (2002). *Unemployment compensation finance and labor market rigidity*; IZA discussion paper No. 581.

Calmfors, Lars (1995). *Labour market policy and unemployment*; in: European Economic Review, Vol. 39, S. 583-592.

Cannan, Edwin (1930). *The problem of unemployment*; in: The Economic Journal, Vol. 40, S. 45-55.

Card, David M.; Phillip B. Levine (1994). *Unemployment insurance taxes and the cyclical properties of unemployment*; in: Journal of Public Economics, Vol. 53, S. 1-29.

Carlin, Wendy; David Soskice (1990). *Macroeconomics and the wage bargain: a modern approach to employment, inflation and the exchange rate*; Oxford University Press, Oxford.

Carling, Kenneth; Per-Anders Edin; Anders Harkman; Bertil Holmlund (1996). *Unemployment duration, unemployment benefits, and labor market programs in Sweden*; in: Journal of Public Economics, Vol. 59, S. 313-334.

Carling, Kenneth; Bertil Holmlund; Altin Vejsiu (2001). *Do benefit cuts boost job findings? Swedish evidence from the 1990s*; in: The Economic Journal, Vol. 111, S. 766-790.

Carmichael, H. Lorne (1990). *Efficiency wage models of unemployment - One view*; in: Economic Inquiry, Vol. 28, S. 269-295.

Carone, Giuseppe; Aino Salomäki (2001). *Reforms in the tax-benefits systems in order to increase employment incentives in the EU*; Europäische Kommission (Brüssel), Economic papers No. 160.

Carruth, Alan A.; Andrew J. Oswald (1987). *On union preferences and labour market models: insiders and outsiders*; in: The Economic Journal, Vol. 97, S. 431-445.

Central Planning Bureau (1995). *Replacement rates: A transatlantic review*; The Hague, Working paper No. 80.

Chapin, Gene (1971). *Unemployment insurance, job search, and the demand for leisure*; in: Western Economic Journal, Vol. 9, S. 102-107.

Chiang, Alpha C. (1984). *Fundamental methods of mathematical economics*; 3. Auflage, McGraw Hill, New York.

Chiang, Alpha C. (1992). *Elements of dynamic optimization*; McGraw Hill, New York.

Chimerine, Lawrence; Theodore S. Black; Lester Coffey (1999). *Unemployment insurance as an automatic stabilizer: Evidence of effectiveness over three decades*; UI occasional paper No. 99-8, Washington DC.

Christensen, Björn (2002). *Reservation wages, offered wages, and unemployment duration - New empirical evidence*; Institut für Weltwirtschaft Kiel, Kieler Arbeitspapiere No. 1095.

Christl, Josef (1992). *The unemployment/vacancy curve*; Physica Verlag, Heidelberg.

Christofides, Louis N.; Chris J. McKenna (1995). *Unemployment insurance and moral hazard in employment*; in: Economics Letters, Vol. 49, S. 205-210.

Christofides, Louis N.; Chris J. McKenna (1996). *Unemployment insurance and job duration in Canada*; in: Journal of Labor Economics, Vol. 14, S. 286-312.

Chiu, W. Henry; Edi Karni (1998). *Endogenous adverse selection and unemployment insurance*; in: Journal of Political Economy, Vol. 106, S. 806-827.

Clark, Andrew E.; Andrew J. Oswald (1994). *Unhappiness and unemployment*; in: The Economic Journal, Vol. 104, S. 648-659.

Clark, Kim B.; Lawrence H. Summers (1979). *Labor market dynamics and unemployment: A reconsideration*; in: Brookings Papers on Economic Activity, S. 13-72.

Clark, Kim B.; Lawrence H. Summers (1982). *Unemployment insurance and labor market transitions*; in: Baily, Martin Neil (Hrsg.), Workers, jobs and inflation, The Brookings Institution, Washington DC, S. 279-323.

Classen, Kathleen P. (1977). *The effect of unemployment insurance on the duration of unemployment and subsequent earnings*; in: Industrial and Labor Relations Review, Vol. 30, S. 438-444.

Classen, Kathleen P. (1979). *Unemployment insurance and job search*; in: Lippman, Steven A.; John J. McCall (Hrsg.), Studies in the economics of search, North Holland, Amsterdam, S. 191-219.

Coe, David T.; Dennis J. Snower (1997). *Policy complementarities: The case for fundamental labor market reform*; in: IMF Staff Papers, Vol. 44, S. 1-35.

Compajien, Bernard; Johannes A. Viijlbrief (1994). *Benefits and unemployment in an open economy - An equilibrium analysis*; in: Applied Economics, Vol. 26, S. 765-774.

Cook, Zena (1997). *Temporary layoffs in the US unemployment insurance system: A comparison of two experience rating methods*; in: The Quarterly Review of Economics and Finance, Vol. 37, S. 823-841.

Corak, Miles R. (1994). *Unemployment insurance and the Canadian labour market: An overview*; Statistics Canada Research Paper Series.

Costain, James S. (1997). *Unemployment insurance with endogenous search intensity and precautionary saving*; Universitat Pompeu Fabra, Department of Economics and Business, Working paper No. 243.

Cross, Rod (Hrsg.) (1988). *Unemployment, hysteresis and the natural rate hypothesis*; Basil Blackwell, Oxford.

Cross, Rod (Hrsg.) (1995). *The natural rate of unemployment - Reflections on 25 years of the hypothesis*; Cambridge University Press, Cambridge.

Danforth, John P. (1979). *On the role of consumption and decreasing risk aversion in the theory of job search*; in: Lippman, Steven A.; John J. McCall (Hrsg.), Studies in the economics of search, North Holland, Amsterdam, S. 109-131.

Danziger, Sheldon H.; Robert H. Haveman; Robert D. Plotnick (1981). *How income transfer programs affect work, savings, and the income distribution: A critical review*; in: Journal of Economic Literature, Vol. 19, S. 975-1028.

Daveri, Francesco; Guido Tabellini (2000). *Unemployment and taxes - Do taxes affect the unemployment rate?*; in: Economic Policy, Vol. 15, S. 47-104.

Davidson, Carl; Stephen A. Woodbury (1997). *Optimal unemployment insurance*; in: Journal of Public Economics, Vol. 64, S. 359-387.

Davis, Steven J.; John C. Haltiwanger; Scott Schuh (1996). *Job creation and destruction*; MIT-Press, Cambridge.

Deere, Donald R. (1991). *Unemployment insurance and employment*; in: Journal of Labor Economics, Vol. 9, S. 307-324.

de Groot, Morris H. (1968). *Some problems of optimal stopping*; in: Journal of the Royal Statistical Society, Vol. 30, S. 108-122.

Dellas, Harris G. (1997). *Unemployment insurance and human capital accumulation*; in: European Economic Review, Vol. 41, S. 517-524.

den Haan, Wouter; Christian Haefke; Garey Ramey (2001). *Shocks and institutions in a job-matching model*; CEPR discussion paper No. 2970.

Deutsche Bundesbank (1989). *Die Finanzentwicklung der Bundesanstalt für Arbeit seit Mitte der achtziger Jahre*; in: Monatsbericht Januar 1989, Jg. 41, S. 13-21.

Deutsche Bundesbank (2000). *Bestimmungsgründe und gesamtwirtschaftliche Bedeutung von Produzenten- und Konsumentenlohn*; in: Monatsbericht Juli 2000, Jg. 52, S. 15-27.

Devine, Therese J.; Nicholas M. Kiefer (1991). *Empirical Labor Economics*; Oxford University Press, New York.

Diamond, Peter A. (1982a). *Wage determination and efficiency in search equilibrium*; in: Review of Economic Studies, Vol. 49, S. 217-227.

Diamond, Peter A. (1982b). *Aggregate demand management in search equilibrium*; in: Journal of Political Economy, Vol. 90, S. 881-984.

Dilnot, Andrew W.; C. N. Morris (1983). *Private costs and benefits of unemployment: Measuring replacement rates*; in: Oxford Economic Papers, Vol. 35, S. 645-664.

Disney, Richard (1984). *The regional impact of unemployment insurance in the United Kingdom*; in: Oxford Bulletin of Economics and Statistics, Vol. 46, S. 241-254.

di Tella, Rafael; Robert J. MacCulloch (2002). *The determination of unemployment benefits*; in: Journal of Labor Economics, Vol. 20, S. 404-434.

Dixit, Avinash; Joseph Stiglitz (1977). *Monopolistic competition and optimum product diversity*; in: American Economic Review, Vol. 67, S. 297-308.

Dolton, Peter J.; Donal O'Neill (1996). *Unemployment duration and the restart effect: some experimental evidence*; in: The Economic Journal, Vol. 106, S. 387-400.

Doudejins, Marco (2000). *Benefit systems and work incentives: An OECD database*; in: Gupta, Anil; Vishnu Kapur (Hrsg.), Microsimulation in government policy and forcasting, Elsevier, Amsterdam, S. 203-226.

Eeckhoff, Johann (1996). *Beschäftigung und soziale Sicherung*; Mohr, Tübingen.

Ehrenberg, Ronald G.; Ronald L. Oaxaca (1976). *Unemployment insurance, duration of unemployment, and subsequent wage gain*; in: American Economic Review, Vol. 66, S. 754-766.

Eichhorst, Werner; Stefan Profit; Eric Thode (2001). *Benchmarking Deutschland*; Springer, Berlin.

Eisen, Roland (1997). *Reformüberlegungen zur Arbeitslosenversicherung*; in: Hauser, Richard (Hrsg.), Reform des Sozialstaats, Schriften des Vereins für Socialpolitik, Bd. 251, 1, Duncker & Humblot, Berlin, S. 45-75.

Elmeskov, Jørgen; Maitland McFarlan (1993). *Unemployment persistence*; in: OECD Economic Studies, Vol. 21, S. 59-91.

Elmeskov, Jørgen; John P. Martin; Stefano Scarpetta (1998). *Key lessons for labour market reforms: evidence from OECD countries' experiences*; in: Swedish Economic Policy Review, Vol. 5, S. 205-252.

Engelhard, Peter; Heiko Geue (1998). *Arbeitslosenversicherung in tarifpartnerschaftlicher Regie*; in: List Forum, Vol. 24, S. 132-146.

Engen, Eric M.; Jonathan Gruber (2001). *Unemployment insurance and precautionary saving*; in: Journal of Monetary Economics, Vol. 47, S. 545-579.

Englander, Fred; Steven M. Director (1986). *Benefit levels, enforcement stringency, and the level of initial claims for unemployment insurance*; in: Southern Economic Journal, Vol. 52, S. 1140-1144.

Fabel, Oliver (1998). *Bündnis für Arbeit oder Beitragszwang in der Arbeitslosenversicherung? - Eine Analyse der Lohnnebenkosteneffekte auf die Arbeitsnachfrage*; in: Backes-Gellner, Uschi (Hrsg.), Quantitative und qualitative Personalanpassungsstrategien: Personalökonomische Analysen ihrer institutionellen Bedingtheit und ihrer Konsequenzen, Hampp, München, S. 163-186.

Fath, Julia; Clemens Fuest (2002). *Temporary layoffs and unemployment insurance: Is experience rating desirable?*; CESifo working paper No. 663.

Feldstein, Martin S. (1974). *Unemployment compensation: Adverse incentives and distributional anomalies*; in: National Tax Journal, Vol. 27, S. 231-244.

Feldstein, Martin S. (1975). *The importance of temporary layoffs*; in: Brookings Papers on Economic Activity, S. 725-745.

Feldstein, Martin S. (1976). *Temporary layoffs in the theory of unemployment*; in: Journal of Political Economy, Vol. 84, S. 937-957.

Feldstein, Martin S. (1978a). *The effect of unemployment insurance on temporary layoff unemployment*; in: American Economic Review, Vol. 68, S. 834-846.

Feldstein, Martin S. (1978b). *The private and social costs of unemployment*; in: American Economic Review, Vol. 68 (papers & proceedings), S. 155-158.

Feldstein, Martin S. (1994). *Commentary: Reducing supply-side disincentives to job creation*; in: Reducing unemployment - Current issues and policy options, A symposium sponsored by The Federal Reserve Bank of Kansas City, S. 221-229.

Feldstein, Martin S.; Daniel Altman (1998). *Unemployment insurance savings accounts*; NBER working paper No. 6860.

Feldstein, Martin S.; James Poterba (1984). *Unemployment insurance and reservation wages*; in: Journal of Public Economics, Vol. 23, S. 141-167.

Fields, Gary S. (1977). *Direct labor market effects of unemployment insurance*; in: Industrial Relations, Vol. 16, S. 1-14.

Fishe, Raymond P. H. (1982). *Unemployment insurance and the reservation wage of the unemployed*; in: Review of Economics and Statistics, Vol. 64, S. 12-17.

FitzRoy, Felix R.; Robert A. Hart (1985). *Hours, layoffs and the unemployment insurance funding: Theory and practice in an international perspective*; in: The Economic Journal, Vol. 95, S. 700-713.

Flemming, John S. (1978). *Aspects of optimal unemployment insurance - Search, leisure, savings and capital market imperfections*; in: Journal of Public Economics, Vol. 10, S. 403-425.

Fortin, Pierre (1984). *Unemployment insurance meets the classical labor supply model*; in: Economics Letters, Vol. 14, S. 275-281.

Fortin, Pierre (1989). *How 'natural' is Canada's high unemployment rate?*; in: European Economic Review, Vol. 33, S. 89-110.

Frankfurter Allgemeine Zeitung (1996). *Mehr Zustimmung als Ablehnung für private Arbeitslosenversicherung*; Ausgabe vom 18.01.1996.

Frankfurter Allgemeine Zeitung (1999). *BGH beanstandet private Arbeitslosenversicherung*; Ausgabe vom 25.03.1999.

Frankfurter Allgemeine Zeitung (2000). *"Problem der Arbeitslosigkeit verdrängt"*; Ausgabe vom 14.12.2000.

Franz, Wolfgang (1982). *The reservation wage of unemployed persons in the Federal Republic of Germany: Theory and empirical tests*; in: Zeitschrift für Wirtschafts- und Sozialwissenschaften, Vol. 102, S. 29-51.

Franz, Wolfgang (1987). *Die Beveridge-Kurve*; in: Wirtschaftswissenschaftliches Studium, Vol. 16, S. 511-514.

Franz, Wolfgang (1989). *Das Hysteresis-Phänomen*; in: Wirtschaftswissenschaftliches Studium, Vol. 18, S. 77-80.

Franz, Wolfgang (1990). *Hysteresis in economic relationships: An overview*; in: Empirical Economics, Vol. 15, S. 109-125.

Franz, Wolfgang (1996). *Theoretische Ansätze zur Erklärung der Arbeitslosigkeit: Wo stehen wir 1995?*; in: Gahlen, Bernhard (Hrsg.), Arbeitslosigkeit und Möglichkeiten ihrer Überwindung, Mohr, Tübingen, S. 3-45.

Franz, Wolfgang (1999). *Arbeitsmarktökonomik*; 4. Auflage, Springer, Berlin.

Franz, Wolfgang (2000). *Neues von der NAIRU?*; ZEW discussion paper No. 00-41.

Franz, Wolfgang (2002). *Systemumbau statt Symptomkosmetik*; in: ifo Schnelldienst, Vol. 55 (7), S. 3-5.

Fredriksson, Peter; Bertil Holmlund (2001). *Optimal unemployment insurance in search equilibrium*; in: Journal of Labor Economics, Vol. 19, S. 370-399.

Fredriksson, Peter; Bertil Holmlund (2003a). *Improving incentives in unemployment insurance: a review of recent research*; Department of Economics, Uppsala University, Working paper No. 2003.10.

Fredriksson, Peter; Bertil Holmlund (2003b). *Optimal unemployment insurance design: time limits, monitoring, or workfare?*; Department of Economics, Uppsala University, Working paper No. 2003.17.

Frerich, Johannes (1987). *Sozialpolitik: Das Sozialleistungssystem der Bundesrepublik Deutschland*; Oldenbourg, München.

Frerich, Johannes; Martin Frey (1993a). *Handbuch der Geschichte der Sozialpolitik in Deutschland - Band 1: Von der vorindustriellen Zeit bis zum Ende des Dritten Reiches*; Oldenbourg, München.

Frerich, Johannes; Martin Frey (1993b). *Handbuch der Geschichte der Sozialpolitik in Deutschland - Band 3: Sozialpolitik in der Bundesrepublik Deutschland bis zur Herstellung der deutschen Einheit*; Oldenbourg, München.

Friedman, Milton (1968). *The role of monetary policy*; in: American Economic Review, Vol. 58, S. 1-17.

Galler, Heinz P.; Ulrich Pötter (1987). *Unobserved heterogeneity in models of unemployment duration*; in: Mayer, Karl Ulrich; Nancy Brandon Tuma (Hrsg.), Applications of event history analysis in life course research, Max Planck Institut für Bildungsforschung, Berlin, S. 628-650.

Gangl, Markus (2002). *Unemployment benefits as a search subsidy: New evidence on duration and wage effects of unemployment insurance*; Wissenschaftszentrum Berlin discussion paper No. FS I 02-208.

Genosko, Joachim (1998). *Das Arbeitsförderungsreformgesetz: eine sozial- und arbeitsmarktpolitische Betrachtung ausgewählter Aspekte*;

in: Hauser, Richard (Hrsg.), Reform des Sozialstaats, Schriften des Vereins für Socialpolitik, Bd. 251, 2, Duncker & Humblot, Berlin, S. 81-123.

Genosko, Joachim; Reinhard Weber (2001). *Arbeitslosenversicherung und Dauer der Arbeitslosigkeit*; in: Schmähl, Winfried (Hrsg.), Wechselwirkungen zwischen Arbeitsmarkt und sozialer Sicherung, Schriften des Vereins für Socialpolitik, Bd. 285, Duncker & Humblot, Berlin, S. 79-102.

Genosko, Joachim; Georg Hirte; Reinhard Weber (1999a). *Quersubventionierung in der Arbeitslosenversicherung*; in: Wirtschaftsdienst, Vol. 79, S. 44-49.

Genosko, Joachim; Georg Hirte; Reinhard Weber (1999b). *Cross-subsidization and experience rating: A case study for the German unemployment insurance system*; in: Dahiya, Shri Bhagwan (Hrsg.), The current state of economic science, Vol. 4, Spellbound Publ., Rohtak, S. 2065-2084.

Glismann, Hans H.; Klaus Schrader (2000). *Zur Reform der deutschen Arbeitslosenversicherung - Probleme und Lösungsansätze in der deutschen Literatur*; Institut für Weltwirtschaft Kiel, Kieler Arbeitspapiere No. 995.

Glismann, Hans H.; Klaus Schrader (2001a). *Alternative Systeme der Arbeitslosenversicherung - Das Beispiel der Vereinigten Staaten und des Vereinigten Königreiches*; Institut für Weltwirtschaft Kiel, Kieler Arbeitspapiere No. 1032.

Glismann, Hans H.; Klaus Schrader (2001b). *Optionen einer effizienten Ausgestaltung der Arbeitslosenversicherung*; Institut für Weltwirtschaft Kiel, Kieler Arbeitspapiere No. 1052.

Glismann, Hans H.; Klaus Schrader (2001c). *Ein funktionstüchtiges System privater Arbeitslosenversicherung*; Institut für Weltwirtschaft Kiel, Kieler Arbeitspapiere No. 1076.

Glismann, Hans H.; Klaus Schrader (2002a). *Die Reform der deutschen Arbeitslosenversicherung vor dem Hintergrund ihrer Geschichte*; Institut für Weltwirtschaft Kiel, Kieler Arbeitspapiere No. 1112.

Glismann, Hans H.; Klaus Schrader (2002b). *Zur Einführung privater Arbeitslosenversicherungen in Deutschland*; Institut für Weltwirtschaft Kiel, Kieler Arbeitspapiere No. 1144.

Goerke, Laszlo (2000). *Bismarck versus Beveridge - Flat rate and earnings related unemployment insurance in a general efficiency wage framework*; in: Finanzarchiv, Vol. 57, S. 243-260.

Goerke, Laszlo; Manfred J. Holler (1997). *Arbeitsmarktmodelle*; Springer, Berlin.

Gomes, Joao; Jeremy Greenwood; Sergio Rebelo (2001). *Equilibrium unemployment*; in: Journal of Monetary Economics, Vol. 48, S. 109-152.

Gordon, Donald F. (1974). *A neo-classical theory of Keynesian unemployment*; in: Economic Inquiry, Vol. 12, S. 431-459.

Gorter, Dirk; Cees Gorter (1993). *The relation between unemployment benefits, the reservation wage and search duration*; in: Oxford Bulletin of Economics and Statistics, Vol. 55, S. 199-214.

Graafland, Johan J. (1993). *Modelling the effects of minimum wages and unemployment benefits*; Central Planning Bureau, The Hague, Working paper No. 106.

Green, David A.; W. Craig Riddell (1993). *The economic effects of unemployment insurance in Canada: An empirical analysis of UI disentitlement*; in: Journal of Labor Economics, Vol. 11, S. S96-S147.

Green, David A.; W. Craig Riddell (1997). *Qualifying for unemployment insurance: An empirical analysis*; in: The Economic Journal, Vol. 107, S. 67-84.

Green, David A.; Timothy C. Sargent (1998). *Unemployment insurance and job durations: seasonal and non-seasonal jobs*; in: Canadian Journal of Economics, Vol. 31, S. 247-278.

Gritz, R. Mark; Thomas MaCurdy (1992). *Unemployment compensation and episodes of nonemployment*; in: Empirical Economics, Vol. 17, S. 183-204.

Grossekettler, Heinz (2002). *Ursprünge und Entwicklungslinien sozialer Sicherungssysteme in Deutschland*; in: Apolte, Thomas; Uwe Vollmer (Hrsg.), Arbeitsmärkte und soziale Sicherungssysteme unter Reformdruck, Schriften zu Ordnungsfragen der Politik, Bd. 68, Lucius & Lucius, Stuttgart, S. 47-81.

Grossman, Sanford J.; Oliver D. Hart (1981). *Implicit contracts, moral hazard, and unemployment*; in: American Economic Review, Vol. 71, S. 301-307.

Grubb, David (2000). *Eligibility criteria for unemployment benefits*; in: OECD Economic Studies, Vol. 31, S. 147-184.

Grubel, Herbert G. (1995). *Wohlfahrtsstaat und Effizienz: Gibt es akzeptable Kompromisse?*; Institut für Weltwirtschaft Kiel, Kieler Vorträge, N. F., 125.

Grubel, Herbert G.; Dennis R. Maki (1976). *The effects of unemployment benefits on US unemployment rates*; in: Weltwirtschaftliches Archiv, Vol. 112, S. 274-299.

Grubel, Herbert G.; Michael A. Walker (1978). *Moral hazard, unemployment insurance and the rate of unemployment*; in: Grubel, Herbert G.; Michael A. Walker (Hrsg.), Unemployment insurance: Global evidence of its effects on unemployment, Fraser Institute, Vancouver, S. 1-35.

Grubel, Herbert G.; Dennis R. Maki; Shelley Sax (1975). *Real and insurance-induced unemployment in Canada*; in: Canadian Journal of Economics, Vol. 8, S. 174-191.

Gruber, Jonathan (1997). *The consumption smoothing benefits of unemployment insurance*; in: American Economic Review, Vol. 87, S. 192-204.

Gruber, Jonathan (1998). *Unemployment insurance, consumption smoothing, and private insurance: Evidence from PSID and CEX*; in: Bassi, Laurie J.; Stephen A. Woodbury (Hrsg.), Research in employment policy, JAI-Press, Stamford, S. 3-32.

Gruber, Jonathan (2001). *The wealth of the unemployed*; in: Industrial and Labor Relations Review, Vol. 55, S. 79-94.

Hagen, Tobias; Viktor Steiner (2000). *Von der Finanzierung der Arbeitslosigkeit zur Förderung von Arbeit: Analysen und Handlungsempfehlungen zur Arbeitsmarktpolitik*; ZEW Wirtschaftsanalysen, Bd. 51, Nomos-Verlag, Baden-Baden.

Halpin, Terrence C. (1979). *The effect of unemployment insurance on seasonal fluctuations in employment*; in: Industrial and Labor Relations Review, Vol. 32, S. 353-362.

Halpin, Terrence C. (1980). *Employment stabilization*; in: Munts, Raymond (Hrsg.), Unemployment compensation: Studies and Research, Washington, S. 415-423.

Ham, John C.; Samuel A. Rea Jr. (1987). *Unemployment insurance and male unemployment duration in Canada*; in: Journal of Labor Economics, Vol. 5, S. 325-353.

Hamermesh, Daniel S. (1977a). *A note on income and substitution effects in search unemployment*; in: The Economic Journal, Vol. 87, S. 312-314.

Hamermesh, Daniel S. (1977b). *Jobless pay and the economy*; Johns Hopkins University Press, Baltimore.

Hamermesh, Daniel S. (1979). *Entitlement effects, unemployment insurance and employment decisions*; in: Economic Inquiry, Vol. 17, S. 317-332.

Hamermesh, Daniel S. (1980a). *Unemployment insurance and labor supply*; in: International Economic Review, Vol. 21, S. 517-527.

Hamermesh, Daniel S. (1980b). *Unemployment insurance and consumption*; in: Munts, Raymond (Hrsg.), Unemployment compensation: Studies and Research, Washington, S. 223-241.

Hamermesh, Daniel S. (1982). *Social insurance and consumption: An empirical inquiry*; in: American Economic Review, Vol. 72, S. 101-113.

Hamermesh, Daniel S. (1996). *Labor demand*; Princeton University Press, Princeton.

Hamermesh, Daniel S.; Daniel T. Slesnick (1998). *Unemployment insurance and household welfare: Microeconomic evidence 1980-1993*; in: Bassi, Laurie J.; Stephen A. Woodbury (Hrsg.), Research in employment policy, JAI-Press, Stamford, S. 33-61.

Hansen, Gary D.; Ayse Imrohoroglu (1992). *The role of unemployment insurance in an economy with liquidity constraints and moral hazard*; in: Journal of Political Economy, Vol. 100, S. 118-142.

Hansen, Gerd (1996). *Unemployment and the wage wedge in Germany: Simulations of a small cointegrated system*; in: Zeitschrift für Wirtschafts- und Sozialwissenschaften, Vol. 116, S. 167-183.

Hargreaves Heap, Shaun P. (1980). *Choosing the wrong natural rate: Accelerating inflation or decelerating employment and growth*; in: The Economic Journal, Vol. 90, S. 611-620.

Harrison, Alan; Bob Hart (1982). *A labour-market model of unemployment insurance*; Wissenschaftszentrum Berlin, IIM/LMP, Discussion paper No. 82-19.

Hartmann, Phillip (1998). *Grenzen der Versicherbarkeit: private Arbeitslosenversicherung*; Peter Lang Verlag, Frankfurt am Main.

Hartz, Peter (2002). *Moderne Dienstleistungen am Arbeitsmarkt*; Bericht der Kommission "Moderne Dienstleistungen am Arbeitsmarkt" vom 16. August 2002, Bundesministerium für Arbeit und Sozialordnung, Berlin.

Hassler, John; Jose V. Rodriguez Mora (1999). *Employment turnover and the public allocation of unemployment insurance*; in: Journal of Public Economics, Vol. 73, S. 55-83.

Hassler, John; Jose V. Rodriguez Mora (2002). *Should UI benefits really fall over time?*; IZA discussion paper No. 622.

Hassler, John; Jose V. Rodriguez Mora; Kjetil Storesletten; Fabrizio Zillibotti (1999). *Equilibrium unemployment insurance*; CEPR discussion paper No. 2126.

Heckman, James J.; George J. Borjas (1980). *Does unemployment cause future unemployment? Definitions, questions and answers from a continuous time model of heterogeneity and state dependence*; in: Economica, Vol. 47, S. 247-283.

Heer, Burkhard (2002). *The German unemployment compensation system: effects on aggregate savings and wealth distribution*; in: The Review of Income and Wealth, Vol. 48, S. 371-394.

Heitger, Bernd (2000). *Unemployment and labor market rigidities in OECD countries - The impact of taxes*; Institut für Weltwirtschaft Kiel, Kieler Arbeitspapiere No. 985.

Hey, John D.; Kostas Gr. Mavromaras (1981). *The effect of unemployment insurance on the riskiness of occupational choice*; in: Journal of Public Economics, Vol. 16, S. 317-341.

Henning, Andreas (1997). *Beveridge-Kurve, Lohnsetzung und Langzeitarbeitslosigkeit: eine theoretische Untersuchung unter Berücksichtigung des Insider-Outsider-Ansatzes und der Entwertung des Humankapitals*; Peter Lang Verlag, Frankfurt am Main.

Hills, Stephen M. (1981). *Estimating the relationship between unemployment compensation and the duration of unemployment: The problem of eligible nonfilers*; in: Journal of Human Resources, Vol. 17, S. 460-470.

Holen, Arlene (1977). *Effects of unemployment insurance entitlement on duration and job search outcome*; in: Industrial and Labor Relations Review, Vol. 30, S. 445-450.

Holen, Arlene; Stanley A. Horowitz (1974). *The effect of unemployment insurance and eligibility enforcement on unemployment*; in: Journal of Law and Economics, Vol. 17, S. 403-431.

Holler, Manfred J.; Gerhard Illing (1996). *Einführung in die Spieltheorie*; 3. Auflage, Springer, Berlin.

Holmlund, Bertil (1998). *Unemployment insurance in theory and practice*; in: Scandinavian Journal of Economics, Vol. 100, S. 113-141.

Holmlund, Bertil; Per Lundborg (1988). *Unemployment insurance and union wage setting*; in: Scandinavian Journal of Economics, Vol. 90, S. 161-172.

Holmlund, Bertil; Per Lundborg (1989). *Unemployment insurance schemes for reducing the natural rate of unemployment*; in: Journal of Public Economics, Vol. 38, S. 1-15.

Holmlund, Bertil; Per Lundborg (1999). *Wage bargaining, union membership, and the organization of unemployment insurance*; in: Labour Economics, Vol. 6, S. 397-415.

Hopenhayn, Hugo A.; Juan Pablo Nicolini (1997). *Optimal unemployment insurance*; in: Journal of Political Economy, Vol. 105, S. 412-438.

Hosios, Arthur J. (1990a). *Factor market search and the structure of simple general equilibrium models*; in: Journal of Political Economy, Vol. 98, S. 325-355.

Hosios, Arthur J. (1990b). *On the efficiency of matching and related models of search and unemployment*; in: Review of Economic Studies, Vol. 57, S. 279-298.

Hujer, Reinhard; Hilmar Schneider (1997). *Wirkungen der Unterstützungsleistungen auf die Arbeitslosigkeitsdauer in der BRD: Eine Analyse der Querschnitts- und Längsschnittsdimension*; in: Hujer, Reinhard (Hrsg.), Wirtschafts- und sozialpolitische Panelstudien: Datenstrukturen und Analyseverfahren, Vandenhoeck & Ruprecht, Göttingen, S. 71-88.

Hujer, Reinhard; Hilmar Schneider (1998). *Initial- und Verlaufseffekte der "replacement ratio" auf die individuelle Arbeitslosigkeitsdauer*; in: Galler, Heinz P. (Hrsg.), Empirische Forschung und wirtschaftspolitische Beratung, Campus-Verlag, Frankfurt am Main, S. 184-199.

Hujer, Reinhard; Oded Löwenbein; Hilmar Schneider (1990). *Wages and unemployment - A microeconometric analysis for the FRG*; in: König, H. (Hrsg.), Economics of wage determination, Springer, Berlin, S. 299-323.

Hunt, Jennifer (1995). *The effect of unemployment compensation on unemployment duration in Germany*; in: Journal of Labor Economics, Vol. 13, S. 88-120.

Ioannides, Yannis M. (1979). *On temporary layoffs and job search theory*; in: Economics Letters, Vol. 2, S. 281-285.

Ioannides, Yannis M. (1981). *Job search, unemployment and savings*; in: Journal of Monetary Economics, Vol. 7, S. 355-370.

IZA (2002). *Bessere Rahmenbedingungen für mehr Beschäftigung: Sieben Bausteine für eine moderne Arbeitsmarktpolitik*; in: IZA Compact, Sonderausgabe November 2002.

Jackman, Richard A.; Peter R. G. Layard; Christopher A. Pissarides (1989). *On vacancies*; in: Oxford Bulletin of Economics and Statistics, Vol. 51, S. 377-394.

Jackman, Richard A.; Christopher A. Pissarides; Savvas Savouri (1990). *Labour market policies and unemployment in the OECD*; in: Economic Policy, Vol. 5, S. 450-490.

Jerger, Jürgen (2003). *NAIRU - Theorie, Empirie und Politik*; in: Hein, Eckhard; Arne Heise; Achim Truger (Hrsg.), Neu-Keynesianismus: Der neue wirtschaftspolitische Mainstream?, Metropolis-Verlag, Marburg, S. 55-84.

Johnson, Georg E.; Peter R. G. Layard (1986). *The natural rate of unemployment - Explanation and policy*; in: Ashenfelter, Orley C.; Peter R. G. Layard (Hrsg.), Handbook of Labor Economics, Vol. 2, Chapter 16, S. 921-999.

Johnson, Terry R.; Daniel H. Klepinger (1994). *Experimental evidence on unemployment insurance work-search policies*; in: Journal of Human Resources, Vol. 29, S. 695-717.

Jones, Stephen R. G. (1986). *Unemployment insurance and involuntary unemployment: The case of adverse selection*; in: Journal of Public Economics, Vol. 30, S. 317-328.

Jones, Stephen R. G. (1989). *Job search methods, intensity and effects*; in: Oxford Bulletin of Economics and Statistics, Vol. 51, S. 277-296.

Jovanovic, Boyan (1979). *Job matching and the theory of turnover*; in: Journal of Political Economy, Vol. 87, S. 972-990.

Kahneman, Daniel; Amos Tversky (1979). *Prospect theory: An analysis of decision under risk*; in: Econometrica, Vol. 47, S. 263-291.

Kaliski, S. F. (1976). *Unemployment and unemployment insurance: Testing some corollaries*; in: Canadian Journal of Economics, Vol. 9, S. 705-712.

Karni, Edi (1999). *Optimal unemployment insurance - A survey*; in: Southern Economic Journal, Vol. 66, S. 442-465.

Kasper, Hirschel (1967). *The asking price of labor and the duration of unemployment*; in: Review of Economics and Statistics, Vol. 49, S. 165-172.

Katz, Arnold (1977). *The economics of unemployment insurance: a symposium*; in: Industrial and Labor Relations Review, Vol. 30, S. 431-437.

Katz, Arnold; Jack Ochs (1980). *Implications of potential duration policies*; in: Munts, Raymond (Hrsg.), Unemployment compensation: Studies and Research, Washington, S. 111-126.

Katz, Lawrence F. (1986a). *Layoffs, recall and the duration of unemployment*; NBER working paper No. 1825.

Katz, Lawrence F. (1986b). *Efficiency wage theories: a partial evaluation*; in: NBER macroeconomics annual, MIT-Press, Cambridge, S. 235-276.

Katz, Lawrence F.; Bruce D. Meyer (1990a). *The impact of the potential duration of unemployment benefits on the duration of unemployment*; in: Journal of Public Economics, Vol. 41, S. 45-72.

Katz, Lawrence F.; Bruce D. Meyer (1990b). *Unemployment insurance, recall expectations, and unemployment outcomes*; in: Quarterly Journal of Economics, Vol. 105, S. 973-1002.

Keil, Manfred W.; James S. V. Symons (1990). *An analysis of Canadian unemployment*; in: Canadian Public Policy, Vol. 16, S. 1-16.

Kiefer, Nicholas M. (1988). *Economic duration data and hazard functions*; in: Journal of Economic Literature, Vol. 26, S. 646-679.

Kiefer, Nicholas M.; George R. Neumann (1979a). *Estimation of wage offer distributions and reservation wages*; in: Lippman, Steven A.; John J. McCall (Hrsg.), Studies in the economics of search, North Holland, Amsterdam, S. 171-189.

Kiefer, Nicholas M.; George R. Neumann (1979b). *An empirical job-search-model, with a test of the reservation hypothesis*; in: Journal of Political Economy, Vol. 87, S. 89-107.

Kingston, Jerry L.; Paul L. Burgess (1977). *How do UI benefits affect the benefit utilization rate*; in: Industrial Relations, Vol. 16, S. 15-25.

Kittner, Michael (1999). *Arbeits- und Sozialordnung (Ausgewählte und eingeleitete Gesetzestexte)*; 24. Auflage, Bund-Verlag, Frankfurt am Main.

Kreiner, Claus Thustrup; Hans Jørgen Whitta-Jacobson (2002). *Duration dependent unemployment benefits in trade union theory*; in: European Economic Review, Vol. 46, S. 1229-1251.

Kröger, Martin; Martin Leschke (2002). *Pekuniäre Arbeitsanreize für Empfänger von staatlichen Lohnersatzleistungen in Deutschland: Status quo und Alternativen*; in: Apolte, Thomas; Uwe Vollmer (Hrsg.), Arbeitsmärkte und soziale Sicherungssysteme unter Reformdruck, Nr. 234, Lucius & Lucius, Stuttgart, S. 113-139.

L'Haridon, Olivier; Franck Malherbet (2002). *Unemployment compensation finance and aggregate employment fluctuations*; CEPR discussion paper No. 3614.

Lagos, Ricardo (2000). *An alternative approach to search frictions*; in: Journal of Political Economy, Vol. 108, S. 851-873.

Lalive, Rafael; Josef Zweimüller (2002). *Benefit entitlement and the labour market: Evidence from a large scale policy change*; IZA discussion paper No. 444.

Lalive, Rafael; Jan C. van Ours; Josef Zweimüller (2000). *The impact of active labour market policies and benefit entitlement rules on the duration of unemployment*; CEPR discussion paper No. 2451.

Lalive, Rafael; Jan C. van Ours; Josef Zweimüller (2002). *The effect of benefit sanctions on the duration of unemployment*; CEPR discussion paper No. 3311.

Lampert, Heinz (1989). *20 Jahre Arbeitsförderungsgesetz*; in: Mitteilungen aus der Arbeitsmarkt- und Beschäftigungspolitik, Vol. 22, S. 173-186.

Lampert, Heinz (1991). *Lehrbuch der Sozialpolitik*; 2. Auflage, Springer, Berlin.

Lampert, Heinz; Jörg Althammer (2001). *Lehrbuch der Sozialpolitik*; 6. Auflage, Springer, Berlin.

Lancaster, Tony (1979). *Econometric methods for the duration of unemployment*; in: Econometrica, Vol. 47, S. 939-956.

Lancaster, Tony; A. Chesher (1983). *An econometric analysis of reservation wages*; in: Econometrica, Vol. 51, S. 1661-1676.

Lancaster, Tony; Stephen Nickell (1979). *The analysis of reemployment probabilities for the unemployed*; in: Journal of the Royal Statistical Society, Vol. 135 und 143, S. 257-271 und 141-165.

Landmann, Oliver; Jürgen Jerger (1999). *Beschäftigungstheorie*; Springer, Berlin.

Lang, Harald (1985). *On measuring the impact of unemployment benefits on the duration of unemployment spells*; in: Economics Letters, Vol. 18, S. 277-281.

Lang, Kevin; Shulamit Kahn (1990). *Efficiency wage models of unemployment: A second view*; in: Economic Inquiry, Vol. 28, S. 296-306.

Laurence, Louise (1987). *A microeconomic analysis of cross-subsidization in unemployment insurance*; UMI, Ann Arbor.

Laurence, Louise (1991). *How do firm characteristics affect the subsidies provided by the unemployment insurance system?*; in: Applied Economics, Vol. 23, S. 1529-1534.

Laurence, Louise (1993). *How large are the subsidies provided by the system of financing unemployment insurance?*; in: Quarterly Review of Economics and Finance, Vol. 33, S. 233-245.

Layard, Peter R. G.; Charles Bean (1989). *Why does unemployment persist?*; in: Scandinavian Journal of Economics, Vol. 91, S. 371-396.

Layard, Peter R. G.; Stephen Nickell (1986). *Unemployment in Britain*; in: Economica, Vol. 53 (supplement), S. S121-S169.

Layard, Peter R. G.; Stephen Nickell (1990). *Is unemployment lower if unions bargain over employment?*; in: Quarterly Journal of Economics, Vol. 105, S. 773-787.

Layard, Peter R. G.; Stephen Nickell; Richard Jackman (1991). *Unemployment, macroeconomic performance and the labor market*; Oxford University Press, Oxford.

Layard, Peter R. G.; Stephen Nickell; Richard Jackman (1996). *Combating unemployment: Is flexibility enough?*; in: OECD, Macroeconomic policies and structural reform, Paris, S. 19-49.

Lehmann, Etienne; Bruno van der Linden (2002). *On the optimality of search matching equilibrium when workers are risk averse*; IRES discussion paper No. 2002, 23.

Leibfritz, Willi; John Thornton; Alexandra Bibbee (1997). *Taxation and economic performance*; OECD Economics Department working paper No. 176.

Leigh, J. Paul (1986). *Unemployment insurance and the duration of unemployment: The case for reciprocal effects*; in: Journal of Post Keynesian Economics, Vol. 8, S. 387-399.

Lemieux, Thomas; Bentley W. MacLeod (2000). *Supply side hysteresis: The case of the Canadian unemployment system*; in: Journal of Public Economics, Vol. 78, S. 139-170.

Leontief, Wassily (1946). *The annual guaranteed wage contract*; in: Journal of Political Economy, Vol. 54, S. 76-79.

Lilien, David M. (1980). *The cyclical pattern of temporary layoffs in United States manufacturing*; in: Review of Economics and Statistics, Vol. 62, S. 24-31.

Lindbeck, Assar (1993). *Unemployment and macroeconomics*; MIT-Press, Cambridge.

Lindbeck, Assar (1999). *Unemployment - structural*; Institute for International Economic Studies, Seminar paper No. 676.

Lindbeck, Assar; Dennis J. Snower (1986). *Wage setting, unemployment, and insider-outsider relations*; in: American Economic Review, Vol. 76, S. 235-239.

Lindbeck, Assar; Dennis J. Snower (1988). *The insider-outsider theory of employment and unemployment*; MIT-Press, Cambridge.

Lindbeck, Assar; Dennis J. Snower (2001). *Insiders versus outsiders*; in: Journal of Economic Perspectives, Vol. 15, S. 165-188.

Lindbeck, Assar; Dennis J. Snower (2002). *The insider-outsider theory: A survey*; IZA discussion paper No. 534.

Lindeboom, Maarten; Jules Theeuwes (1993). *Search, benefits and entitlement*; in: Economica, Vol. 60, S. 327-346.

Lippman, Steven A.; John J. McCall (1976a). *The economics of job search: A survey*; in: Economic Inquiry, Vol. 14, S. 155-189.

Lippman, Steven A.; John J. McCall (1976b). *The economics of job search: A survey*; in: Economic Inquiry, Vol. 14, S. 347-368.

Lippman, Steven A.; John J. McCall (1980). *Search unemployment: Mismatches, layoffs and unemployment insurance*; in: Scandinavian Journal of Economics, Vol. 82, S. 253-272.

Ljungqvist, Lars (1999). *Squandering European unemployment - Social safety nets in times of economic turbulences*; in: Scottish Journal of Political Economy, Vol. 46, S. 367-388.

Ljungqvist, Lars; Thomas J. Sargent (1995a). *The Swedish unemployment experience*; in: European Economic Review, Vol. 39, S. 1043-1070.

Ljungqvist, Lars; Thomas J. Sargent (1995b). *Welfare states and unemployment*; in: Economic Theory, Vol. 6, S. 143-160.

Ljungqvist, Lars; Thomas J. Sargent (1996). *A supply-side explanation of European unemployment*; in: Economic Perspectives (Review from the Federal Reserve Bank of Chicago), Vol. 20, S. 2-15.

Ljungqvist, Lars; Thomas J. Sargent (1998). *The European unemployment dilemma*; in: Journal of Political Economy, Vol. 106, S. 514-550.

Ljungqvist, Lars; Thomas J. Sargent (2000). *Recursive macroeconomic theory*; MIT-Press, Cambridge.

Lucas, Robert E. Jr.; Edward C. Prescott (1974). *Equilibrium search and unemployment*; in: Journal of Economic Theory, Vol. 7, S. 188-209.

Madsen, Jakob B. (1998). *General equilibrium models of unemployment: Can they explain the unemployment path in the OECD?*; in: The Economic Journal, Vol. 108, S. 850-867.

Maki, Dennis; Zane A. Spindler (1975). *The effect of unemployment compensation on the rate of unemployment in Great Britain*; in: Oxford Economic Papers, Vol. 27, S. 440-454.

Marimon, Ramon; Fabrizio Zillibotti (1999). *Unemployment vs. mismatch of talents: reconsidering unemployment benefits*; in: The Economic Journal, Vol. 109, S. 266-291.

Marston, Stephen T. (1975). *The impact of unemployment insurance on job search*; in: Brookings Papers on Economic Activity, S. 3-45.

Martin, John P. (1996). *Measures of replacement rates for the purpose of international comparisons: A note*; in: OECD Economic Studies, Vol. 26, S. 99-115.

Mavromaras, Kostas Gr. (1987). *Unemployment benefits and unemployment revisited - A general equilibrium job search model*; in: Journal of Public Economics, Vol. 32, S. 101-118.

Mayhew, Ken; Peter Turnbull (1989). *Models of trade union behaviour: a critique of recent literature*; in: Drago, R., R. Pearlman (Hrsg.), Microeconomic issues in labour economics, Harvester Wheatsheaf, New York, S. 105-129.

McCall, Brian P. (1995). *The impact of unemployment insurance benefit levels on recipiency*; in: Journal of Business and Statistics, Vol. 13, S. 189-198.

McCall, John J. (1970). *Economics of information and job search*; in: Quarterly Journal of Economics, Vol. 84, S. 113-126.

McCormick, Barry (1990). *A theory of signalling during job search, employment efficiency, and stigmatised jobs*; in: Review of Economic Studies, Vol. 57, S. 299-313.

McDonald, Ian M.; Robert M. Solow (1981). *Wage bargaining and employment*; in: American Economic Review, Vol. 71, S. 896-908.

McKenna, Chris J. (1987). *Labour market participation in matching equilibrium*; in: Economica, Vol. 54, S. 325-333.

Meyer, Bruce D. (1989). *A quasi-experimental approach to the effects of unemployment insurance*; NBER working paper No. 3159.

Meyer, Bruce D. (1990). *Unemployment insurance and unemployment spells*; in: Econometrica, Vol. 58, S. 757-782.

Meyer, Bruce D. (1995). *Lessons from the US unemployment insurance experiments*; in: Journal of Economic Literature, Vol. 33, S. 91-131.

Meyer, Bruce D.; Dan T. Rosenbaum (1996). *Repeat use of unemployment insurance*; NBER working paper No. 5423.

Michaelis, Jochen (1998). *Zur Ökonomie von Entlohnungssystemen*; Mohr Siebeck, Tübingen.

Micklewright, John (1985). *On earnings-related benefits and their relation to earnings*; in: The Economic Journal, Vol. 95, S. 133-145.

Milbourne, Ross D.; Douglas D. Purvis; W. David Scoones (1991). *Unemployment insurance and unemployment dynamics*; in: Canadian Journal of Economics, Vol. 24, S. 804-826.

Millard, Stephen P. (1997). *The cyclical effects of labour market policy*; in: Hairault, Jean-Oliver (Hrsg.), Business cycles and macroeconomic stability: should we rebuild built-in stabilizers?, Kluwer Academic Publishers, Boston, S. 211-230.

Millard, Stephen P.; Dale T. Mortensen (1997). *The unemployment and welfare effects of labor market policy: a comparison of the USA and the UK*; in: Snower, Dennis J.; Guillermo de la Dehesa Romero (Hrsg.), Unemployment policy: government options for the labour market, Cambridge University Press, Cambridge, S. 545-578.

Minford, Patrick; Ruthira Naraidoo (2002). *Vicious and virtuous circles - the political economy of unemployment*; CEPR discussion paper No. 3618.

Möller, Joachim (1991). *Die Insider-Outsider-Theorie*; in: Wirtschaftswissenschaftliches Studium, Vol. 20, S. 333-339.

Moffitt, Robert (1985). *Unemployment insurance and the distribution of unemployment spells*; in: Journal of Econometrics, Vol. 28, S. 85-101.

Moffitt, Robert; Walter Nicholson (1982). *The effect of unemployment insurance on unemployment - The case of federal supplemental benefits*; in: Review of Economics and Statistics, Vol. 64, S. 1-11.

Mortensen, Dale T. (1970a). *Job search, the duration of unemployment and the Phillips curve*; in: American Economic Review, Vol. 60, S. 847-862.

Mortensen, Dale T. (1970b). *A theory of wage and employment dynamics*; in: Phelps, Edmund S. (Hrsg.), Microeconomic foundations of employment and inflation theory, W. W. Norton & Company, New York, S. 167-211.

Mortensen, Dale T. (1977). *Unemployment insurance and job search decisions*; in: Industrial and Labor Relations Review, Vol. 30, S. 505-517.

Mortensen, Dale T. (1982a). *Property rights and efficiency in mating, racing, and related games*; in: American Economic Review, Vol. 72, S. 968-979.

Mortensen, Dale T. (1982b). *The matching process as a noncooperative bargaining game*; in: McCall, John J. (Hrsg.), The economics of information and uncertainty, University of Chicago Press, Chicago, S. 233-254.

Mortensen, Dale T. (1983). *A welfare analysis of unemployment insurance: Variations on second-best themes*; in: Carnegie Rochester Conference Series, Vol. 19, S. 67-98.

Mortensen, Dale T. (1986). *Job search and labor market analysis*; in: Ashenfelter, Orley C.; Peter R. G. Layard (Hrsg.), Handbook of Labor Economics, Vol. 2, Chapter 15, S. 849-919.

Mortensen, Dale T. (1989). *The persistence and indeterminancy of unemployment in search equilibrium*; in: Scandinavian Journal of Economics, Vol. 91, S. 347-370.

Mortensen, Dale T. (1990). *A structural model of unemployment insurance benefit effects on the incidence and duration of unemployment*; in: Weiss, Yoram; Gideon Fishelson (Hrsg.), Advances in the theory and measurement of unemployment, MacMillan Press, London, S. 57-81.

Mortensen, Dale T. (1994). *Reducing supply-side disincentives to job creation*; in: Reducing unemployment - Current issues and policy options, A symposium sponsored by The Federal Reserve Bank of Kansas City, S. 189-219.

Mortensen, Dale T.; Christopher A. Pissarides (1994). *Job creation and job destruction in the theory of unemployment*; in: Review of Economic Studies, Vol. 61, S. 397-415.

Mortensen, Dale T.; Christopher A. Pissarides (1998). *New developments in models of search in the labour market*; in: Ashenfelter, Orley C.; Peter R. G. Layard (Hrsg.), Handbook of Labor Economics, Vol. 3C, Chapter 39, S. 2567-2627.

Mortensen, Dale T.; Christopher A. Pissarides (1999a). *Job reallocation, employment fluctuations and unemployment*; in: Taylor, John B.; Michael Woodford (Hrsg.), Handbook of Macroeconomics, Vol. 1b, Chapter 18, S. 1172-1228.

Mortensen, Dale T.; Christopher A. Pissarides (1999b). *Unemployment responses to 'skill-biased' technology shocks: The role of labour market policy*; in: The Economic Journal, Vol. 109, S. 242-265.

Narendranathan, Wiji; Stephen Nickell (1985). *Modelling the process of job search*; in: Journal of Econometrics, Vol. 28, S. 29-49.

Narendranathan, Wiji; Stephen Nickell; J. Stern (1985). *Unemployment benefits revisited*; in: The Economic Journal, Vol. 95, S. 307-329.

Nash, John F. (1950). *The bargaining problem*; in: Econometrica, Vol. 18, S. 155-162.

Nash, John F. (1953). *Two-person cooperative games*; in: Econometrica, Vol. 21, S. 128-140.

Nelson, P. (1970). *Information and consumer behavior*; in: Journal of Political Economy, Vol. 78, S. 311-329.

Nicholson, Walter (1985). *A statistical model of exhaustion of unemployment insurance benefits*; in: The Journal of Human Resources, Vol. 16, S. 117-128.

Nickell, Stephen (1979a). *The effect of unemployment and related benefits on the duration of unemployment*; in: The Economic Journal, Vol. 89, S. 34-49.

Nickell, Stephen (1979b). *Estimating the probability of leaving unemployment*; in: Econometrica, Vol. 47, S. 1249-1266.

Nickell, Stephen; Peter R. G. Layard (1999). *Labor market institutions and economic performance*; in: Ashenfelter, Orley C.; Peter R. G. Layard (Hrsg.), Handbook of Labor Economics, Vol. 3C, Kap. 46, S. 3029-3084.

Nickell, Stephen; Jan C. van Ours (2000). *The Netherlands and the United Kingdom: a European unemployment miracle?*; in: Economic Policy, Vol. 15, S. 137-180.

O'Leary, Christopher J. (1998). *The adequacy of unemployment insurance benefits*; in: Bassi, Laurie J.; Stephen A. Woodbury (Hrsg.), Research in employment policy, JAI-Press, Stamford, S. 63-110.

O'Leary, Christopher J.; Stephen A. Wandner (1997). *Unemployment insurance in the United States: Analysis of policy issues*; W. E. Upjohn Institute for Employment Research, Kalamazoo.

Ochel, Wolfgang; Martin Werding (2002). *Und wo kommen die Arbeitsplätze her? Kritische Anmerkungen zu den Vorschlägen der Hartz-Kommission*; in: ifo Schnelldienst, Vol. 55 (15), S. 10-18.

OECD (1988). *Description of unemployment benefit systems in OECD countries*; in: OECD Employment outlook, S. 115-128.

OECD (1994). *OECD jobs study*; Paris.

OECD (1996). *Making work pay*; in: OECD Employment outlook, S. 25-58.

OECD (1997). *Making work pay - A thematic review of taxation, benefits, employment and unemployment*; Paris.

OECD (1998). *Benefit systems and work incentives*; Paris.

OECD (2000). *Eligibility criteria for unemployment benefits*; in: OECD Employment outlook, S. 129-153.

OECD (2002a). *Benefits and wages: OECD indicators*; Paris.

OECD (2002b). *OECD employment outlook 2002*; Paris.

Okun, Arthur M. (1975). *Equality and efficiency: The big tradeoff*; The Brookings Institution, Washington DC.

Orszag, Michael J.; Dennis J. Snower (2002). *From unemployment benefits to unemployment accounts*; IZA discussion paper No. 532.

Osborne, Martin J.; Ariel Rubinstein (1990). *Bargaining and markets*; Academic Press, San Diego.

Oschmiansky, Frank; Silke Kull; Günther Schmid (2001). *Faule Arbeitslose? Politische Konjunkturen einer Debatte*; Wissenschaftszentrum Berlin discussion paper No. FS I 01-206.

Osman, Jack W.; Yuoko Ylä-Liedenpohja, (2002). *The monetary policy of the ECB and automatic stabilizers: Will they work?*; in: CESifo Forum, Vol. 3(4), S. 31-32.

Oswald, Andrew J. (1985). *The economic theory of trade unions: An introductory survey*; in: Scandinavian Journal of Economics, Vol. 87, S. 160-193.

Oswald, Andrew J. (1986). *Unemployment insurance and labor contracts under asymmetric information: Theory and facts*; in: American Economic Review, Vol. 76, S. 365-377.

Oswald, Andrew J. (1993). *Efficient contracts are on the labour demand curve: Theory and facts*; in: Labour Economics, Vol. 1, S. 85-113.

Oswald, Andrew J. (1997). *Happiness and economic performance*; in: The Economic Journal, Vol. 107, S. 1815-1831.

Parsons, Donald O. (1977). *Models of labour market turnover: A theoretical and empirical survey*; in: Ehrenberg, Ronald G. (Hrsg.), Research in labor economics, Vol. 1, JAI-Press, Stamford, S. 185-223.

Pedersen, Peter; Niels Westergard-Nielsen (1986). *A longitudinal study of unemployment: History dependence and insurance effects*; in: Blundell, Richard; Ian Walker (Hrsg.), Unemployment, search and labour supply, Cambridge University Press, Cambridge, S. 44-59.

Pedersen, Peter; Niels Westergard-Nielsen (1993). *Unemployment: A review of the evidence from panel data*; in: OECD Economic Studies, Vol. 20, S. 65-114.

Pencavel, John (1985). *Wages and employment under trade unionism: Microeconomic models and macroeconomic applications*; in: Scandinavian Journal of Economics, Vol. 87, S. 197-225.

Peters-Lange, Susanne (1992). *Zumutbarkeit von Arbeit: ein Plädoyer zur Rechtsfortentwicklung*; Bund-Verlag, Köln.

Petrongolo, Barbara; Christopher A. Pissarides (2001). *Looking into the black box: A survey of the matching function*; in: Journal of Economic Literature, Vol. 34, S. 390-431.

Phelps, Edmund S. (1972). *Inflation policy and unemployment theory: the cost-benefit approach to monetary planning*; MacMillan, London.

Phelps, Edmund S. (1994). *Structural slumps*; Harvard University Press, Cambridge.

Phelps, Edmund S. (1995). *The structuralist theory of employment*; in: American Economic Review, Vol. 85, S. 226-231.

Phipps, Shelley (1990). *Quantity-constrained household response to UI reform*; in: The Economic Journal, Vol. 100, S. 124-140.

Phipps, Shelley (1991). *Behavioural response to UI reform in constrained and unconstrained models of labour supply*; in: Canadian Journal of Economics, Vol. 24, S. 34-54.

Pissarides, Christopher A. (1976). *Job search and participation*; in: Economica, Vol. 43, S. 33-49.

Pissarides, Christopher A. (1982). *Job search and the duration of layoff unemployment*; in: The Quarterly Journal of Economics, Vol. 97, S. 595-612.

Pissarides, Christopher A. (1983). *Efficiency aspects of the financing of unemployment insurance and other government expenditure*; in: Review of Economic Studies, Vol. 50, S. 57-69.

Pissarides, Christopher A. (1984). *Efficient job rejection*; in: The Economic Journal, Vol. 94 (supplement), S. 97-108.

Pissarides, Christopher A. (1985a). *Short-run equilibrium dynamics of unemployment, vacancies, and real wages*; in: American Economic Review, Vol. 75, S. 676-690.

Pissarides, Christopher A. (1985b). *Taxes, subsidies and equilibrium unemployment*; in: Review of Economic Studies, Vol. 52, S. 121-133.

Pissarides, Christopher A. (1987). *Search, wage bargains and cycles*; in: Review of Economic Studies, Vol. 54, S. 473-483.

Pissarides, Christopher A. (1990). *Job search and the duration of unemployment*; in: Quarterly Journal of Economics, Vol. 105, S. 595-612.

Pissarides, Christopher A. (1992). *Loss of skill during unemployment and the persistence of employment shocks*; in: Quarterly Journal of Economics, Vol. 107, S. 1371-1391.

Pissarides, Christopher A. (1994). *Search unemployment with on-the-job search*; in: Review of Economic Studies, Vol. 61, S. 457-475.

Pissarides, Christopher A. (1998). *The impact of employment tax cuts on unemployment and wages - The role of unemployment benefits and tax structure*; in: European Economic Review, Vol. 42, S. 155-183.

Pissarides, Christopher A. (2000). *Equilibrium unemployment theory*; 2. Auflage, MIT-Press, Cambridge.

Pohlmeier, Winfried; Baldev Raj (Hrsg.) (1998). *Empirical Economics: Special issue on long term unemployment and social assistance*; Springer, Berlin.

Risch, Bodo (1980). *Arbeitslosenversicherung, Gewerkschaften und Beschäftigungsgrad*; in: Die Weltwirtschaft, Vol. 2, S. 49-57.

Robertson, Matthew (1989). *Temporary layoffs and unemployment in Canada*; in: Industrial Relations, Vol. 28, S. 82-90.

Røed, Knut (1997). *Hysteresis in unemployment*; in: Journal of Economic Surveys, Vol. 11, S. 389-418.

Røed, Knut; Tao Zhang (2003). *Does unemployment compensation affect unemployment duration?*; in: The Economic Journal, Vol. 113, S. 190-206.

Rosen, Sherwin (1983). *Unemployment and insurance*; in: Carnegie Rochester Conference Series, Vol. 19, S. 5-50.

Rosen, Sherwin (1985). *Implicit contracts: A survey*; in: Journal of Economic Literature, Vol. 23, S. 1144-1175.

Rothschild, Michael (1974). *Searching for the lowest price when the distribution of prices is unknown*; in: Journal of Political Economy, Vol. 82, S. 689-712.

Rubinstein, Ariel (1982). *Perfect equilibrium in a bargaining model*; in: Econometrica, Vol. 50, S. 97-109.

Sachverständigenrat zur Begutachtung der gesamtwirtschaftlichen Entwicklung (1996). *Jahresgutachten 1996/1997: Reformen voranbringen*; Metzler-Poeschel, Stuttgart.

Sachverständigenrat zur Begutachtung der gesamtwirtschaftlichen Entwicklung (1999). *Jahresgutachten 1999/2000: Wirtschaftspolitik unter Reformdruck*; Metzler-Poeschel, Stuttgart.

Sachverständigenrat zur Begutachtung der gesamtwirtschaftlichen Entwicklung (2001). *Jahresgutachten 2001/2002: Für Stetigkeit - gegen Aktionismus*; Metzler-Poeschel, Stuttgart.

Sachverständigenrat zur Begutachtung der gesamtwirtschaftlichen Entwicklung (2002). *Jahresgutachten 2002/2003: Zwanzig Punkte für Wachstum und Beschäftigung*; Metzler-Poeschel, Stuttgart.

Sachverständigenrat zur Begutachtung der gesamtwirtschaftlichen Entwicklung (2003). *Jahresgutachten 2003/2004: Staatsfinanzen konsolidieren - Steuersystem reformieren*; Metzler-Poeschel, Stuttgart.

Saffer, Henry (1980). *The effects of experience rating on the unemployment rate*; in: Munts, Raymond (Hrsg.), Unemployment compensation: Studies and research, Washington DC, S. 425-430.

Saffer, Henry (1982). *Layoffs and unemployment insurance*; in: Journal of Public Economics, Vol. 19, S. 121-129.

Saint-Paul, Gilles (1996). *Exploring the political economy of labour market institutions*; in: Economic Policy, Vol. 23, S. 265-300.

Saint-Paul, Gilles (2000). *The political economy of labour market institutions*; Oxford University Press, Oxford.

St. Louis, Robert D.; Paul L. Burgess; Jerry L. Kingston (1986). *Reported vs. actual job search by unemployment insurance claimants*; in: Journal of Human Resources, Vol. 21, S. 92-117.

Salomäki, Aino (2001). *Net replacement rates of the unemployed: Comparisons of various approaches*; in: Buti, Marco; Paolo Sestito; Hans Wijkander (Hrsg.), Taxation, welfare and the crisis of unemployment in Europe, Edward Elgar Publ., Cheltenham, S. 95-125.

Salomäki, Aino; Teresa Munzi (1999). *Net replacement rates of the unemployed: Comparison of various approaches*; OECD Economic Papers No. 133.

Salop, Steven C. (1974). *Systematic job search and unemployment*; in: Review of Economic Studies, Vol. 40, S. 225-243.

Salop, Steven C. (1979). *A model of the natural rate of unemployment*; in: American Economic Review, Vol. 69, S. 117-125.

Sampson, A. A. (1978). *Optimal redundancy compensation*; in: Review of Economic Studies, Vol. 45, S. 447-452.

Sargent, Thomas J. (1987). *Dynamic Macroeconomics*; Harvard University Press, Cambridge.

Sargent, Timothy C. (1995). *An index of unemployment insurance disincentives*; Economic and Fiscal Policy Branch, Department of Finance Canada, Working paper No. 95-10.

Sargent, Timothy C. (1998). *An updated EI disincentives index for Canada*; mimeo.

Sattinger, Michael (1995). *General equilibrium effects of unemployment compensation with labor force participation*; in: Journal of Labor Economics, Vol. 13, S. 623-652.

Scarpetta, Stefan (1996). *Assessing the role of labour market policies and institutional settings on unemployment: A cross country study*; in: OECD Economic studies, Vol. 26, S. 43-98.

Scherl, Hermann (2003). *Die Vorschläge der Hartz-Kommission und deren Umsetzung: Eine Zwischenbilanz*; in: List Forum, Vol. 29, S. 216-236.

Schmid, Günther (2002). *Wege in eine neue Vollbeschäftigung - Übergangsarbeitsmärkte und aktivierende Arbeitsmarktpolitik*; Campus-Verlag, Frankfurt am Main.

Schmid, Günther; Bernd Reissert; Gert Bruche (1992). *Unemployment insurance and active labor market policy - An international comparison of financing systems*; Wayne State University Press, Detroit.

Schmid, Hans; Eckehard F. Rosenbaum (1995). *Arbeitslosigkeit und Arbeitslosenversicherung aus ökonomischer Sicht*; Verlag Paul Haupt, Bern.

Schmitt, John; Jonathan Wadsworth (1993). *Unemployment benefit levels and search activity*; in: Oxford Bulletin of Economics and Statistics, Vol. 55, S. 1-24.

Schneider, Hilmar (1998). *Unemployment duration and unemployment compensation in Germany*; in: Lange, Thomas (Hrsg.), Unemployment in theory and practice, Edward Elgar Publ., Cheltenham, S. 245-260.

Schneider, Hilmar; Olaf Fuchs (2000). *Anreizwirkungen der Arbeitslosenunterstützung auf die Arbeitssuche*; in: Wirtschaft im Wandel, Jg. 2000 (11), S. 312-317.

Sell, Stefan (2002). *Arbeitsvermittlung und Arbeitslosenversicherung - beschäftigungsorientiert modernisieren*; in: ifo Schnelldienst, Vol. 55 (7), S. 6-9.

Sesselmeier, Werner; Georg Blauermel (1997). *Arbeitsmarkttheorien - Ein Überblick*; 2. Auflage, Physica-Verlag, Heidelberg.

Shapiro, Carl; Joseph E. Stiglitz (1984). *Equilibrium unemployment as a worker discipline device*; in: American Economic Review, Vol. 74, S. 433-444.

Shavell, Steven; Laurence Weiss (1979). *The optimal payment of unemployment insurance benefits over time*; in: Journal of Political Economy, Vol. 87, S. 1347-1362.

Smith, Stephen W. (1994). *Labour economics*; Routhledge, New York.

Snower, Dennis J. (1994). *Converting unemployment benefits into employment subsidies*; in: American Economic Review, Vol. 84 (papers & proceedings), S. 65-70.

Snower, Dennis J. (1995). *Unemployment benefits - An assessment of proposals for reform*; in: International Labour Review, Vol. 134, S. 624-647.

Snower, Dennis J. (1997). *The simple economics of benefits transfers*; in: Snower, Dennis J.; Guillermo de la Dehesa Romero (Hrsg.), Unemployment policy: government options for the labour market, Cambridge University Press, Cambridge, S. 163-205.

Snower, Dennis J. (2000). *Evolution of the welfare state*; in: Hauser, Richard (Hrsg.) - Die Zukunft des Sozialstaates, Schriften des Vereins für Socialpolitik, Bd. 271, Duncker & Humblot, Berlin, S. 35-52.

Spiezia, Vincenzo (2000). *The effects of benefits on unemployment and wages - A comparison of unemployment compensation schemes*; in: International Labour Review, Vol. 139, S. 73-90.

Stadler, Manfred (1996). *Elemente und Funktionsweise des strukturalistischen Ansatzes zur Erklärung der Arbeitslosigkeit*; in: Gahlen, Bernhard (Hrsg.), Arbeitslosigkeit und Möglichkeiten ihrer Überwindung, Mohr, Tübingen, S. 307-326.

Staiger, Douglas; James H. Stock; Mark M. Watson (1997). *The NAIRU, unemployment and monetary policy*; in: Journal of Economic Perspectives, Vol. 11, S. 33-49.

Steffen, Johannes (2001). *Sozialpolitische Chronik*; Arbeitnehmerkammer Bremen.

Steiner, Viktor (1997a). *Extended benefit-entitlement periods and the duration of unemployment in West-Germany*; ZEW discussion paper No. 97-14.

Steiner, Viktor (1997b). *Kann die Effizienz der deutschen Arbeitslosenversicherung erhöht werden?*; in: Wilkens, Herbert (Schriftleiter), Wie sicher ist unsere Zukunft? Entwicklungsperspektiven der sozialen Sicherung, Beihefte der Konjunkturpolitik, Heft 46, Duncker & Humblot, Berlin, S. 137-168.

Stern, Jon (1986). *Repeat unemployment spells: The effect of unemployment benefits on unemployment entry*; in: Blundell, Richard; Ian Walker (Hrsg.), Unemployment, search and labour supply, Cambridge University Press, Cambridge, S. 23-43.

Stigler, George J. (1961). *The economics of information*; in: Journal of Political Economy, Vol. 69, S. 213-225.

Stigler, George J. (1962). *Information in the labor market*; in: Journal of Political Economy, Vol. 70, S. 94-105.

Stiglitz, Joseph (1997). *Reflections on the natural rate hypothesis*; in: Journal of Economic Perspectives, Vol. 11, S. 3-10.

Stobbe, Alfred (1991). *Mikroökonomik*; 2. Auflage, Springer, Berlin.

Stobernack, Michael (1990). *Die Bedeutung der Arbeitslosenversicherung für Erwerbslosigkeit und Arbeitsangebot*; Campus-Verlag, Frankfurt am Main.

Stobernack, Michael (1991). *Der Zusammenhang von Arbeitslosenversicherung und Arbeitslosigkeit im Lichte der Empirie: Ein Literatursurvey*; in: Zeitschrift für Wirtschafts- und Sozialwissenschaften, Vol. 111, S. 251-271.

Stutzer, Alois; Rafael Lalive (2001). *The role of social work norms in job searching and subjective well-being*; IZA discussion paper No. 300.

Tannery, Fredrick J. (1983). *Search effort and unemployment insurance reconsidered*; in: Journal of Human Resources, Vol. 18, S. 432-440.

Topel, Robert H. (1982). *Inventories, layoffs, and the short-run demand for labor*; in: American Economic Review, Vol. 72, S. 769-787.

Topel, Robert H. (1983). *On layoffs and unemployment insurance*; in: American Economic Review, Vol. 73, S. 541-559.

Topel, Robert H. (1984). *Experience rating of unemployment insurance and the incidence of unemployment*; in: Journal of Law and Economics, Vol. 27, S. 61-90.

Topel, Robert H. (1985). *Unemployment and unemployment insurance*; in: Ehrenberg, Ronald G. (Hrsg.), Research in labor economics, Vol. 7, JAI-Press, Stamford, S. 91-135.

Topel, Robert H. (1990). *Financing unemployment insurance: History, incentives and reform*; in: Hansen, W. Lee; James F. Byers (Hrsg.), Unemployment insurance: The second half-century, University of Wisconsin Press, Madison, S. 108-135.

Topel, Robert H.; Finis Welch (1980). *Unemployment insurance - Survey and extensions*; in: Economica, Vol. 47, S. 351-379.

Usategui, Jose M. (1993). *Finite duration of unemployment insurance, reservation wages and participation in the job market*; in: Journal of Public Economics, Vol. 50, S. 407-427.

Valdivia, Victor H. (1996). *Policy evaluation in heterogenous agent economies: The welfare impact of unemployment insurance*; Northwestern University, mimeo.

van den Berg, Gerard J. (1990a). *Nonstationarity in job search theory*; in: Review of Economic Studies, Vol. 57, S. 255-277.

van den Berg, Gerard J. (1990b). *Search behaviour, transitions to nonparticipation and the duration of unemployment*; in: The Economic Journal, Vol. 100, S. 842-865.

van den Berg, Gerard J.; Bas van der Klaauw (2001). *Counseling and monitoring of unemployed workers: Theory and evidence from a social experiment*; IFAU working paper No. 2001:12.

van Suntum, Ulrich; Carsten Rolle (1997). *Langzeitarbeitslosigkeit und soziale Absicherung: Deutschland, Österreich, Schweiz, USA*; Verlag Bertelsmann Stiftung, Gütersloh.

Vickery, Clair (1979). *Unemployment insurance: A positive reappraisal*; in: Industrial Relations, Vol. 18, S. 1-17.

Vijlbrief, Johannes A. (1992). *Unemployment insurance and the Dutch labour market*; Thesis Publishers, Tinbergen Institute research series No. 34, Amsterdam.

Vijlbrief, Johannes A. (1993). *Equity and efficiency in unemployment insurance*; in: De Economist, Vol. 141, S. 214-237.

Vishwanath, Tara (1989). *Job search, stigma effects, and escape rate from unemployment*; in: Journal of Labor Economics, Vol. 7, S. 487-502.

Wadsworth, Jonathan (1991). *Unemployment benefits and search effort in the UK labour market*; in: Economica, Vol. 58, S. 17-34.

Wagner, Thomas; Elke J. Jahn (1997). *Neue Arbeitsmarkttheorien*; wisu-Texte, Werner Verlag, Düsseldorf.

Wagner, Thomas; Elke J. Jahn (2000). *Does active job search reduce unemployment*; in: de Gijsel, Peter; Ralph Olthoff; Thomas Zwick (Hrsg.), The unemployment debate: Current issues, Metropolis-Verlag, Marburg, S. 155-183.

Wang, Cheng; Stephen Williamson (1996). *Unemployment insurance with moral hazard in a dynamic economy*; in: Carnegie Rochester Conference Series, Vol. 44, S. 1-41.

Wang, Cheng; Stephen Williamson (2002). *Moral hazard, optimal unemployment insurance, and experience rating*; in: Journal of Monetary Economics, Vol. 49, S. 1337-1371.

Weber, Reinhard (1999). *Unemployment spells and the duration of unemployment benefits*; Diskussionbeiträge der Wirtschaftswissenschaftlichen Fakultät Ingolstadt der Katholischen Universität Eichstätt No. 127.

Weber, Reinhard (2003). *Persistente Arbeitslosigkeit*; Metropolis-Verlag, Marburg.

Weiss, Andrew (1980). *Job queues and layoffs in labor markets with flexible wages*; in: Journal of Political Economy, Vol. 88, S. 526-538.

Welch, Finis (1977). *What have we learned from empirical studies of unemployment insurance*; in: Industrial and Labor Relations Review, Vol. 30, S. 451-461.

Werner, Heinz; Werner Winkler (2003). *Systeme des Leistungsbezugs bei Arbeitslosigkeit - Ein zwischenstaatlicher Vergleich*; IAB Werkstattbericht Nr. 4/2003.

Wilde, Louis L. (1979). *An information theoretic approach to job quits*; in: Lippman, Steven A.; John J. McCall (Hrsg.), Studies in the economics of search, North Holland, Amsterdam, S. 35-52.

Winter-Ebmer, Rudolf (1991). *Die Beveridge-Kurve: Ein altes Konzept neu interpretiert*; in: Konjunkturpolitik, Vol. 37, S. 45-65.

Winter-Ebmer, Rudolf (1998). *Potential unemployment benefit duration and spell length: Lessons from a quasi-experiment in Austria*; in: Oxford Bulletin of Economics and Statistics, Vol. 60, S. 33-45.

Wolcowitz, Jeffrey (1984). *Dynamic effects of the unemployment insurance tax on temporary layoffs*; in: Journal of Public Economics, Vol. 25, S. 35-51.

Wolff, Joachim (2003). *Unemployment benefits and the duration of unemployment in East Germany*; Mimeo.

Wolpin, Kenneth I. (1995). *Empirical methods for the study of labor force dynamics*; Harwood Academic Publishers, Luxembourg.

Woodford, Michael (1994). *Structural slumps*; in: Journal of Economic Literature, Vol. 32, S. 1784-1815.

Wright, Randall (1986a). *The redistributive role of unemployment insurance and the dynamics of voting*; in: Journal of Public Economics, Vol. 31, S. 377-399.

Wright, Randall (1986b). *Job search and cyclical unemployment*; in: Journal of Political Economy, Vol. 94, S. 38-55.

Wright, Randall (1987). *Search, layoffs and reservation wages*; in: Journal of Labor Economics, Vol. 5, S. 354-365.

Wurzel, Eckhard (1990). *Staggered entry and unemployment durations: An application to German data*; in: Hartog, Joop; Geert Ridder; Jules Theeuwes (Hrsg.), Panel data and labor market studies, North Holland, Amsterdam.

Wurzel, Eckhard (1993). *An econometric analysis of individual unemployment duration in West Germany*; Physica Verlag, Heidelberg.

Yellen, Janet L. (1984). *Efficiency wage models of unemployment*; in: American Economic Review, Vol. 74, S. 200-205.

Zerche, Jürgen; Werner Schönig; David Klingenberger (2000). *Arbeitsmarktpolitik und -theorie*; Oldenbourg, München.

Zimmermann, Guido (2002). *Der institutionalistische Ansatz der Beschäftigungstheorie*; in: Wirtschaftswissenschaftliches Studium, Vol. 31, S. 511-517.

Zimmermann, Guido (2003). *Der strukturalistische Ansatz der Beschäftigungstheorie*; in: Wirtschaftswissenschaftliches Studium, Vol. 32, S. 154-160.

Zuckerman, Dror (1985). *Optimal unemployment insurance policy*; in: Operations Research, Vol. 33, S. 263-276.

Gesetzestexte

Grundgesetz der Bundesrepublik Deutschland.

Gesetz über Arbeitsvermittlung und Arbeitslosenversicherung (AVAVG). Bundesgesetzblatt I 1957, S. 321.

2. AVAVG-Änderungsgesetz. Bundesgesetzblatt I 1959, S. 705.

Arbeitsförderungsgesetz (AFG). Bundesgesetzblatt I 1969, S. 582.

3. AFG-Änderungsgesetz. Bundesgesetzblatt I 1974, S. 1481.

Haushaltsstrukturgesetz 1976. Bundesgesetzblatt I 1975, S. 3091.

4. AFG-Änderungsgesetz. Bundesgesetzblatt I 1977, S. 2557.

5. AFG-Änderungsgesetz. Bundesgesetzblatt I 1978, S. 1189.

Gesetz zur Konsolidierung der Arbeitsförderung (AFKG). Bundesgesetzblatt I 1981, S. 1497.

Haushaltsbegleitgesetz 1983. Bundesgesetzblatt I 1982, S. 1857.

Haushaltsbegleitgesetz 1984. Bundesgesetzblatt I 1983, S. 1532.

Arbeitsförderungs- und Rentenversicherungs-Änderungsgesetz. Bundesgesetzblatt I 1984, S. 1713.

7. AFG-Änderungsgesetz. Bundesgesetzblatt I 1985, S. 2484.

Gesetz zur Verlängerung des Versicherungsschutzes bei Arbeitslosigkeit und Kurzarbeit 1987. Bundesgesetzblatt I 1987, S. 1542.

Gesetz zur Umsetzung des Föderalen Konsolidierungsprogrammes. Bundesgesetzblatt I 1993, S. 944.

1. Gesetz zur Umsetzung des Spar-, Konsolidierungs- und Wachstumspaktes 1994. Bundesgesetzblatt I 1993, S. 2353.

Sozialgesetzbuch III (SGB III) i.d.F. vom 1.1.1998. Bundesgesetzblatt I 1997, S. 594.

Sozialgesetzbuch III (SGB III) i.d.F. vom 1.1.2003. Bundesgesetzblatt I 2002, S. 4607.

Sozialgesetzbuch III (SGB III) i.d.F. vom 1.1.2004. Bundesgesetzblatt I 2003, S. 3022.

Viertes Gesetz für moderne Dienstleistungen am Arbeitsmarkt. Bundesgesetzblatt I 2003, S. 2954.

Datenquellen

Amtliche Nachrichten der Bundesanstalt für Arbeit; laufende Jahrgänge.

Jahreszahlen der Amtlichen Nachrichten der Bundesanstalt für Arbeit; laufende Jahrgänge.

Bundesministerium für Wirtschaft und Arbeit. Website: www.bmwi.de

CESifo (2002). *Ifo's Database for Institutional Comparisons in Europe (DICE).*

Deutsche Bundesbank (1975). Monatsbericht der Deutschen Bundesbank, Jg. 27, Juni 1975.

Deutsche Bundesbank (1979). Monatsbericht der Deutschen Bundesbank, Jg. 31, Juni 1979.

Deutsche Bundesbank (1990). Monatsbericht der Deutschen Bundesbank, Jg. 42, Juni 1990.

Deutsche Bundesbank (1994). Monatsbericht der Deutschen Bundesbank, Jg. 46, April 1994.

Deutsche Bundesbank (2001). Monatsbericht der Deutschen Bundesbank, Jg. 53, April 2001.

Statistisches Bundesamt. Website: www.destatis.de

Statistisches Jahrbuch des Statistischen Bundesamtes; laufende Jahrgänge.

SCHRIFTEN ZUR WIRTSCHAFTSTHEORIE UND WIRTSCHAFTSPOLITIK

Herausgegeben von Rolf Hasse, Jörn Kruse, Wolf Schäfer,
Thomas Straubhaar, Klaus W. Zimmermann

Band 1 Lars Bünning: Die Konvergenzkriterien des Maastricht-Vertrages unter besonderer Berücksichtigung ihrer Konsistenz. 1997.

Band 2 Andreas Henning: Beveridge-Kurve, Lohnsetzung und Langzeitarbeitslosigkeit. Eine theoretische Untersuchung unter Berücksichtigung des Insider-Outsider-Ansatzes und der Entwertung des Humankapitals. 1997.

Band 3 Iris Henning: Die Reputation einer Zentralbank. Eine theoretische Untersuchung unter besonderer Berücksichtigung der Europäischen Zentralbank. 1997.

Band 4 Rüdiger Hermann: Ein gemeinsamer Markt für Elektrizität in Europa. Optionen einer Wettbewerbsordnung zwischen Anspruch und Wirklichkeit. 1997.

Band 5 Alexander Tiedtke: Japan und der Vorwurf des Trittbrettfahrerverhaltens in der US-amerikanisch-japanischen Allianz. 1997.

Band 6 Wolfgang Grimme: Ordnungspolitisches Konzept der Regionalpolitik. Darstellung der Defizite und des Reformbedarfs der Regionalpolitik am Beispiel Mecklenburg-Vorpommerns. 1997.

Band 7 Christian Ricken: Determinanten der Effektivität der Umweltpolitik. Der nationale Politikstil im Spannungsfeld von Ökonomie, Politik und Kultur. 1997.

Band 8 Christian Schmidt: Real Convergence in the European Union. An Empirical Analysis. 1997.

Band 9 Silvia Marengo: Exchange Rate Policy for MERCOSUR: Lessons from the European Union. 1998.

Band 10 Jens Kleinemeyer: Standardisierung zwischen Kooperation und Wettbewerb. Eine spieltheoretische Betrachtung. 1998.

Band 11 Stefan M. Golder: Migration und Arbeitsmarkt. Eine empirische Analyse der Performance von Ausländern in der Schweiz. 1999.

Band 12 Stefan Kramer: Die Wirkung einer Internationalisierung des Yen auf die japanischen Finanzmärkte, die japanische Geldpolitik und die Usancen der Fakturierung. 1999.

Band 13 Antje Marielle Gerhold: Wirtschaftliche Integration und Kooperation im asiatisch-pazifischen Raum. Die APEC. 1999.

Band 14 Tamim Achim Dawar: Deutsche Direktinvestitionen in Australien. Eine Evaluation der theoretischen Erklärungsansätze und der Standortattraktivität des Produktions- und Investitionsstandortes Australien. 1999.

Band 15 Hans-Markus Johannsen: Die ordnungspolitische Haltung Frankreichs im Prozeß der europäischen Einigung. 1999.

Band 16 Annette Schönherr: Vereinigungsbedingte Dimensionen regionaler Arbeitsmobilität. Wirkungen unter analytisch einfachen Bedingungen und potentielle individuelle Migrationsgewinne in Deutschland nach der Vereinigung. 1999.

Band 17 Henrik Müller: Wechselkurspolitik des Eurolandes. Konfliktstoff für die neue währungspolitische Ära. 1999.

Band 18 Lars H. Wengorz: Die Bedeutung von Unternehmertum und Eigentum für die Existenz von Unternehmen. Eine methodenkritische Analyse der Transformation des Wirtschaftssystems in Russland. 2000.

Band 19 Eckart Bauer: Konzeptionelle Grundfragen eines Kinderleistungsausgleichs im Rahmen einer umlagefinanzierten zwangsweisen Rentenversicherung. 2000.

Band 20 Hubertus Hille: Enlarging the European Union. A Computable General Equilibrium Assessment of Different Integration Scenarios of Central and Eastern Europe. 2001.

Band 21 Tobias Just: Globalisierung und Ideologie. Eine Analyse der Existenz und Persistenz von Partisaneffekten bei zunehmender Internationalisierung der Märkte. 2001.

Band 22 Simone Claber: Großbritannien und die Europäische Integration unter besonderer Berücksichtigung ordnungspolitischer Aspekte. 2002.

Band 23 Silvia Rottenbiller: Essential Facilities als ordnungspolitisches Problem. 2002.

Band 24 Peggy Dreyhaupt von Speicher: Die Regionen Polens, Ungarns und der Tschechischen Republik vor dem EU-Beitritt. Interregionale Disparitäten, Bestimmungsfaktoren und Lösungsansätze. 2002.

Band 25 Gerhard Rösl: Seigniorage in der EWU. Eine Analyse der Notenbankgewinnentstehung und -verwendung des Eurosystems. 2002.

Band 26 Jörn Quitzau: Die Vergabe der Fernsehrechte an der Fußball-Bundesliga. Wohlfahrtsökonomische, wettbewerbspolitische und sportökonomische Aspekte der Zentralvermarktung. 2003.

Band 27 Małgorzata Stankiewicz: Die polnische Telekommunikation vor dem EU-Beitritt. 2003.

Band 28 Sarah Schniewindt: Einführung von Wettbewerb auf der Letzten Meile. Eine ökonomische Analyse von Netzinfrastruktur und Wettbewerbspotential im Teilnehmeranschlussbereich. 2003.

Band 29 Jens Bruderhausen: Zahlungsbilanzkrisen bei begrenzter Devisenmarkteffizienz. Ein kapitalmarkttheoretischer Ansatz. 2004.

Band 30 Philip Jensch: Einkommensteuerreform oder Einkommensteuerersatz? Alternative Ansätze einer Reform der direkten Besteuerung unter besonderer Berücksichtigung steuerpraktischer Gesichtspunkte. 2004.

Band 31 Karsten J. Adamski: Mikroanalyse eines Grundrentenkonzeptes der Alterssicherung. Eine empirische Studie zur Wirkung einer Grundrente auf Basis des Sozioökonomischen Panels. 2004.

Band 32 Sven Schulze: Anreizwirkungen und Arbeitsmarkteffekte der Ausgestaltung einer Arbeitslosenversicherung. 2004.

www.peterlang.de

FSC
www.fsc.org
MIX
Papier | Fördert
gute Waldnutzung
FSC® C083411

Kolibri 360 GmbH
Ferdinand-Jühlke-Straße 7
99095 Erfurt, Deutschland
produktsicherheit@kolibri360.de

Druck:
CPI Druckdienstleistungen GmbH
im Auftrag der
Kolibri 360 GmbH
Ferdinand-Jühlke-Str. 7
99095 Erfurt